从历史中醒来

孙机谈中国古文物

孙机 著

三联书店

目　录

1 鸷鸟、神面与少昊

天津博物馆所藏徐世章先生捐赠的一件玉雕，为山东龙山文化遗物中的极精之品，其图案具有徽识性的典型意义，而且造型优美，在我国新石器时代玉器中实属罕见（图1-1）[1]。从结构上分析，它由三部分组成：上部为一昂首展翅的鸟，当中为人首，下部为承托上方二物的基座。

先对当中的人首试作探讨。这一部分的纹样虽简单，然而特点鲜明。其顶部呈介字形，脸上有一对由旋涡纹构成的圆眼睛，两侧是两只向下弯曲的大耳朵。以前曾将此玉件定名为"青玉鹰攫人首佩"，恐不确。因为这里的人首应代表神面，而不是"被鹰攫取吞食"的"祭品"[2]。只要拿它和山东日照两城镇出土之著名的龙山玉圭及台北故宫博物院所存清宫旧藏之龙山玉圭上的刻纹相对照，便不难识别（图1-2）[3]。三件神面的顶部均呈介字形，并向外探出短檐，耳部左右伸张，眼睛均由旋涡纹卷绕而成，造型的基本特点完全相同。顶部呈介字形的神面，首先出现在良渚文化中，较完整的图像见于浙江余杭反山及瑶山等地大型墓葬所出玉器上（图1-3:1、2）[4]。尤以反山12号墓之98号大玉琮的刻纹最为

图1-1 山东龙山文化
玉鸷
天津博物馆藏

精细，琮上的神人戴羽冠，冠顶端合尖突起，两侧平扩复下衍，构成了介字形的轮廓。但介字形顶虽然在良渚神面上广泛出现，却并非全都代表羽冠；有的从构图上看显然并非羽冠，可是也呈介字形顶，因知这一轮廓乃是良渚神面上习用的标志（图 1-3:3）。此种造型为山东龙山文化所接纳，这里的神面亦呈介字形顶。不过良渚玉器上的神面又分两种：一种无獠牙，另一种有獠牙；无獠牙的多为梭形眼，有獠牙的多为圆眼或旋涡形眼。后一种虽与立鸟玉件上的神面之眼均为旋涡形，构图却有微妙的区别：形成良渚旋涡眼的沟槽是从外眼角向内卷绕；形成立鸟玉件神面之眼的线条则从内眼角向外卷绕。不仅这一玉件如此，存世山东龙山文化玉器上的介字顶神面之有旋涡眼者也大都如此。值得注意的是，山东龙山文化之神面的眼型虽与良渚文化有别，却和红山文化之玉神面上的眼型一致。红山玉神面体横而扁，两侧有突榫及勾形物，和那里的勾云形玉佩之意匠约略相通。其旋涡眼系由两颊下部琢出的沟槽沿抛物线向额前延伸，再从内眼角向外卷绕，围住镂成圆孔的目睛，和此立鸟玉件之神面上的眼型如出一辙。红山玉神面的底部皆雕出一排巨齿，或五枚，或七枚，极具特色。

图1-4 红山文化的玉神面

1、2.香港关善明氏藏
3.台北故宫博物院藏
4.台湾仰德堂藏
5.美国波士顿美术馆藏
6.天津博物馆藏
7.美国赛克勒博物馆藏
8.辽宁凌源牛河梁出土

《山海经·海外南经》与《淮南子·本经》均提到古有神人或神兽名"凿齿",郭璞、高诱在注释中都说其齿状如凿,则正和红山神面上的大牙相合,故不妨暂称这类神面为玉凿齿。由于红山文化的年代较早,所以山东龙山玉件上的旋涡眼应接受过红山文化的影响。可是红山玉凿齿的顶部仅稍稍拱起(图1-4:1、3、5、7),或径作直线(图1-4:2、4、6、8),无呈介字形顶者[5]。从而又可以推知山东龙山文化玉件上的神面之介字顶与旋涡眼并非同出一源,而是分别得自良渚与红山。

然而从整体上看,此玉件最引人注目之处还是上面的鸟,它高踞神面之巅,复为既对称又铺张之华丽的基座所承托,睥睨傲岸,大有不可一世之气势;与其构图相类似的玉器尚未发现过第二例。但山东龙山文化遗物中有一类玉圭,一面琢立鸟纹,另一面琢神面纹,已将上述立鸟玉件之图案的基本要素包含在内,只不过把二者分镌于器物的两面而

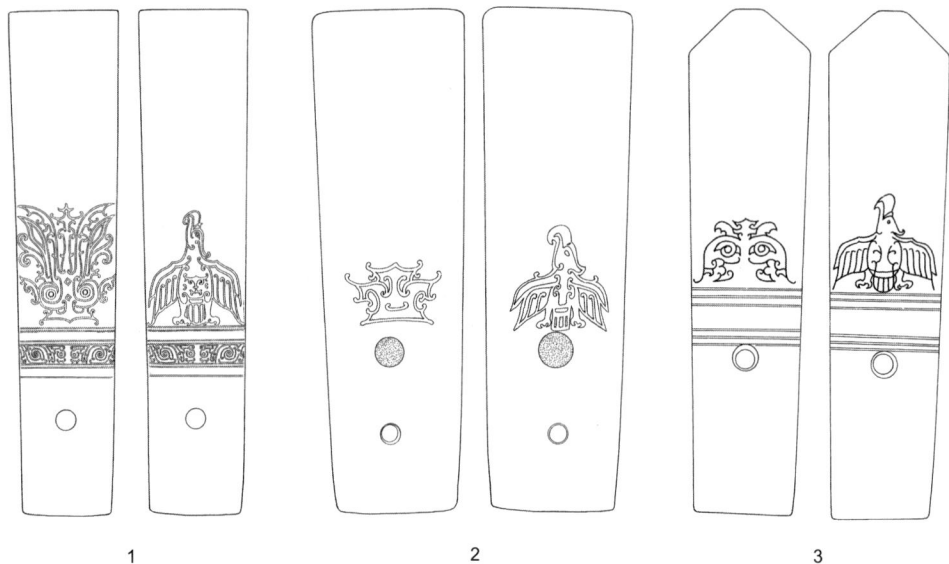

已。其中工艺最精的是台北故宫博物院所存清宫旧藏的一件，长 30.5、最宽处 7.2 厘米（图 1-5:1）[6]。台北故宫博物院还有一件此式小型玉圭，长 14、最宽处 4.4 厘米（图 1-5:2）[7]。天津博物馆藏玉圭，长 25.2、最宽处 6.2 厘米，但上部两角已被磨去，似经过后世加工（图 1-5:3）[8]。上海博物馆所藏此式玉圭，长 14.8、宽 6 厘米。此外，美国华盛顿弗利尔美术馆也藏有一件琢出立鸟与神面的玉圭，但其鸟纹刻得太浅，只能隐约地辨识出大致的轮廓。但这几件玉圭的出土地不明，所以有人怀疑它们是否属于山东龙山文化。其实尹达先生于 1936 年发掘日照两城镇时就注意到这类器物，他指出这里的龙山文化墓葬的出土物中"有玉质的带孔扁平式斧，它略似殷代的圭。这样的东西和两城镇遗址中一种石斧相似"[9]。邵望平先生对此也举出日照尧王城和栖霞杨家圈出土的玉圭为例[10]。可见玉圭是山东龙山文化的典型器物之一。特别是 1963 年两城镇又出土了那件两面均刻出神面的玉圭，其图案与台北故宫博物院所藏玉圭上的刻纹极相似，更为后者的考古学文化归属提供了有力的证据（图 1-2）。立鸟则见于山西侯马牛村春秋晋国祭祀坑出土的玉圭，显然是后世对古物的再利用[11]。又山东滕州前掌大

图 1-5　山东龙山文化玉圭
1、2. 台北故宫博物院藏
3. 天津博物馆藏

晚商遗址出土的残玉件上，尚可见琢出的鸟翼与鸟足，其完整的图形也应和上述玉圭上的立鸟接近（图1-6）；这就是本地之前代的遗存了[12]。所以无论玉圭的形制以及神面和立鸟，均有出自山东龙山文化的证据。不过上述台北故宫博物院的两件玉圭与上海博物馆所藏玉圭之花纹均为凸起的阳线，两城镇玉圭上的神面却是阴刻；工艺技法上的区别又为问题的提出留有余地；前三件玉圭与两城镇玉圭是否属于同一考古学文化，遂又引起怀疑。实际上这几种技法是可以共存的，天津博物馆所藏玉圭两面的图纹就是阴刻。北京故宫博物院所藏另一玉圭上既有阴刻的神面纹，也有以剔地阳线表现出的神面纹，而这件玉圭也被研究者定为山东龙山文化遗物[13]。相反，红山文化和良渚文化玉器的花纹多用阴线刻出，良渚玉器上虽有凸起的面，却缺乏凸起的线。而以剔地阳线即现代所称勾彻技法刻出纹饰的圭，即所谓"琢圭"。《玉篇·玉部》："琢，圭有圻鄂也。"《说文·玉部》："琢，圭、璧上起兆琢也。从玉，象声。《周礼》曰：'琢圭璧。'"所引经文见《春官·典瑞》，郑注引郑司农曰："琢有圻鄂琢起。"孙诒让疏："此琢圭亦有刻文隆起，故云有圻鄂琢起也。"上文所引三例起阳线的圭，则可视为琢圭之早期的实例，它们正是在山东龙山文化中创造出来的。台北故宫博物院饰立鸟与神面的小型圭于近底端之中部有单面钻成的圆穿，其上方有一较大的圆孔，孔内镶绿松石圆片。镶嵌绿松石本是大汶口—龙山系统玉器工艺的特色。山东五莲丹土遗址的窖穴中与龙山陶片共出的玉钺，长30.8、宽8.8厘米，接近圭形，其居中偏上的圆孔内镶绿松石片[14]。山东临朐朱封龙山大墓出土的玉头饰，在白玉饰件上反正两面牢固地镶有四颗绿松石圆片[15]。台北故宫博物院之小型玉圭的做法也遵循这一传统。故构成上述饰立鸟与神面的玉圭之诸要素，均符合山东龙山文化的性格。

在图1-5:1所举台北故宫博物院所藏玉圭上，其立鸟于腹部正中还刻出一人面，虽已高度图案化，但耳、目、口、鼻都很清楚。其他几件玉圭之鸟腹上的人面更为简化，初看时几乎认不出，但经过比较，仍能找到其演变的轨迹。特别是上海博物馆收藏的一件玉神面，顶部也呈介字形，背面却雕琢出凸起的立鸟纹，已将鸟和神面完全结合在一起（图1-12:4）[16]。这种安排传达出一个明确的信息，即此鸟具有

图1-6　立鸟纹残玉件，商晚期
山东滕州前掌大遗址出土

人格神身分。联系山东地区上古时代的传说加以考察，又应与东夷集团的先祖少昊有关。少昊族的活动范围以曲阜为中心。《左传·定公四年》称："因商奄之民，命以伯禽而封于少昊之虚。"《左传·昭公十七年》又记郯子对鲁昭公说其先祖少昊名挚。郯子为少昊的后人，是一位学者，孔子曾向他请益，所言应有一定的可信性。《逸周书·尝麦篇》也说："乃命少昊清司马（孙诒让《周书斠补》疑'司马'当作'始为'）鸟师，以正五帝之官，故名曰质。"质、挚古通（《考工记·函人》郑注），在这里应读鸷。《诗·周南·关雎》毛传"鸟挚而有别"，陆德明释文："挚，本亦作鸷。"《慧琳音义》卷三二"鸷鸟"注引《通俗文》更称："挚，鹃鸷之类，鹰鹯之属也。"少昊名挚，即鸷，正与其统领鸟师的地位相称。上述天津博物馆所藏玉件上的立鸟，钩喙利距，十分英武，头上的冠毛和翼上的翎毛都被着意刻画，固非猛禽莫属，联系《通俗文》之说，此鸟应即鸷鸟。再看其他几件玉圭上的立鸟，无例外地都采取鸷鸟的造型。这一点与良渚玉器上的鸟纹颇不相同，后者并未强调其喙爪之尖利，就显得不那么威风了（图1-7）。

说立鸟即鸷、代表少昊，并非望文生义。把它和上述天津博物馆玉件的基座结合起来考察，其中的含义会透露得更加清晰。此基座顶部有两条扬起的带鸟头的弧状物向左右探出，呈倒八字形。在大汶口—龙山文化的刻纹中，这一图形并不陌生。山东莒县陵阳河、大朱村及诸城前寨等地之大汶口文化的遗址和墓葬中出土了许多厚胎大陶尊，有的在显著位置上刻出图形符号。其中一种与立鸟玉件之基座部分相类似的符号涂有朱色（图1-8:1）[17]。不仅此符号涂朱，而且它上部正中的 ⊥ 形有时还单独刻在尊上，也涂朱（图1-8:4）[18]；地位之尊显自不待言。研究者或谓图1-8:1、2之形代表"盆式器"，不确[19]。因为单独的 ⊥ 形与一期甲文"示"字作 ⊥ 、⊥ 形者肖似[20]。示就是神主之主。甲文"示壬"（《合》1253 正）、"示癸"（《合》1257），《史

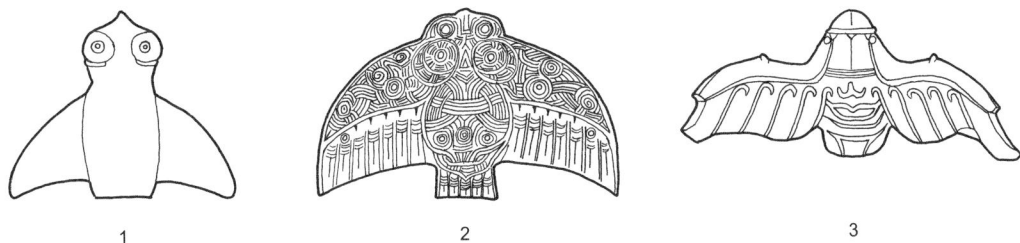

1　　　　　　　　　2　　　　　　　　　3

图 1-7　玉立鸟
1、2. 太湖地区良渚文
化遗址出土
3. 湖北天门肖家屋脊石
家河文化遗址出土

记·殷本纪》作"主壬"、"主癸"。"主谓木主也"（《周礼·司巫》杜注），"主盖神之所冯"（《穀梁传·文公二年》范注）。故图1-8:1、2之陶文实代表置于基座上的木神主。上述玉件上的鸷鸟和神面的组合正相当大汶口陶文上的神主，只不过更加形象化，更加矜贵、直观而具体。神主当然是用于祖先崇拜的。因此以基座承托起的鸷鸟与神面，应当被认为是相当神主的复合神徽，代表其祖先神少昊。

　　少昊族有"以鸟名官"的传说。"凤鸟氏，历正也；玄鸟氏，司分者也；伯赵氏，司至者也；青鸟氏，司启者也；丹鸟氏，司闭者也。祝鸠氏，司徒也；鴡鸠氏，司马也；鸤鸠氏，司空也；爽鸠氏，司寇也；鹘鸠氏，司事也。五鸠，鸠民者也。五雉为五工正，利器用，正度量，夷民者也"（《左传·昭公十七年》）。研究者或以此作为我国古代存在图腾制的证据，认定少昊族为鸟图腾；故此玉鸷也随之而成为图腾崇拜物了。但《左传》在下文中接着说："自颛顼以来，不能纪远，乃及于近。为民师而命以民事，则不能故也。"杨伯峻注："颛顼乃继少皞为帝，其官有南正、火正，不用鸟、云、龙、火、水等名为官名，即'为民师而命以民事'，其不能以龙、鸟纪者，无远来之天瑞，故以就近之民事为官名。"可见五鸟、五鸠等纯属职官之名；至颛顼时此制已废，"以就近之民事为官名"，说明它仅为一代之官制，存在的时间并不长，更与氏族组织无密不可分的联系。又如金景芳先生认为："这段文字所说的历正、司分、司至、司启、司闭等专职和司徒、司马、司空、司寇、司事以及五工正、九农正等等，都是后世始有，在当时是不可能有的"[21]。果如是，则主张"以鸟名官"代表图腾之说更失去依据。这件玉鸷只能被看作是备受尊崇的具象化的始祖神，而不宜与图腾制度相牵附。

有学者认为图腾制是人类原始时期的普遍存在，是为稳定族外对婚制而建立起的社会制度。但这一论断难以适用于整个人类社会。我国新石器时代绵延数千年，已发掘的墓葬数不胜数，然而并未获得坚实可靠之证明图腾制存在的根据，在许多考古学文化中都找不出它有哪种特殊的图腾符号。就婚姻制度而论，我国古代实行的是"同姓不婚"。姓来自氏族，同姓不婚就可以避免在同一氏族内部通婚。《国语·晋语四》："异姓则异德，异德则异类。异类虽近，男女相及，以生民也。同姓……虽远，男女不相及，畏黩敬也。黩则生怨，怨乱毓灾，灾毓灭姓。是故娶妻避其同姓，畏乱灾也。"因此，无须通过图腾制也能理顺婚姻关系。又有学者认为商代铜器中有"玄鸟妇壶"（《三代》12·2·1），谓："玄鸟妇三字合文，宛然是一幅具体的图绘文字，它象征着作壶的贵妇人系玄鸟图腾的后裔是很明显的。"[22]《诗·商颂·玄鸟》中还有"天命玄鸟，降而生商"之句，毛传："玄鸟，鳦也。"鳦即燕子。郑笺："天使鳦下而生商者，谓鳦遗卵，娀氏之女简狄吞之而生契。"因而不少人认为商王室以玄鸟为图腾。但世界上许多民族都有自己的始祖诞生神话，却并不都发展成图腾制度。玄鸟生商，履武兴周。《史记·周本纪》说："姜原出野，见巨人迹，践之而身动，及期而生稷。"如果商人以玄鸟为图腾，则周人岂不应以大脚印为图腾？这种设想，显然是讲不通的。玄鸟与商族的关系虽于文献有征，但未得到考古学的证实。商的高祖王亥之亥字，甲文中有时书作夒[23]，也被往鸟图腾上牵合。其实均经不起推敲。李学勤先生说："玄鸟妇壶""实际是一件方罍，最早著录于《西清古鉴》19·14，……照片见《商周彝器通考》778。""方罍铭应合读为'亚夨，鸰妇'。'亚夨'是族氏，'鸰妇'是器主。""甲骨卜辞'兹用'，有时省成'幺用'，因而'鸰'很可能就是'鹚'字。'鹚'字在青铜器铭文中也出现过。这样看来，青铜器铭文中并未出现'玄鸟'一词。"[24]至于王亥之亥字，卜辞中也并不都写作"夒"，写作"亥"的场合也很多（《后上》1·1，19·1，21·13；《南明》66，476；《粹》75）。夒应是一种鸟名，借作亥字。如果认为王夒之亥上的隹代表图腾，那么它只能是玄鸟（燕子），但卜辞中未见王亥之亥作夒形者。相反，此字或作夒（《粹》51），亥上之字为萑。《说文·萑部》："萑，鸱属。从隹，从丫，有毛角。所鸣其民有祸。"卜辞

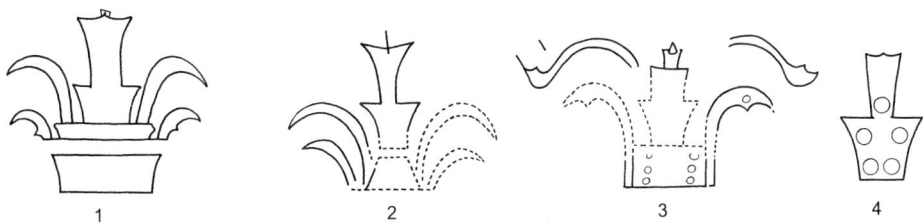

图1-8　大汶口文化与
良渚文化陶尊上的刻纹
1.山东莒县陵阳河17
号墓出土
2.陵阳河11号墓出土
3.江苏南京北阴阳营
良渚文化遗址出土
4.陵阳河采集

中萑之繁体作蘿，也被视为不祥之鸟。如云，"王其遘萑，又大乙"（《南明》545），即因为遘遇萑鸟而向大乙侑祭以求福佑。本来说商王室的图腾是玄鸟，在这里却变成萑即猫头鹰之类恶鸟，势将无法解释。又王亥之亥或作 ![符号]（《宁》1·141；《京》3926；《掇》1·455）。上部从隹从又，乃是隻字，即获，训捕获，将它加在亥字上，殊无义理。目前虽不明其造字之用意，但鸟图腾总不能用"隻"字来表示。又主图腾说者或引《山海经·大荒东经》"有人曰王亥，两手操鸟"，以证明王亥与鸟图腾的关系[25]。其实所引之句全文为："有人曰王亥，两手操鸟，方食其头。"那么王亥是正在吃他的图腾，就更讲不通了。可是上世纪前半叶，图腾主义曾在我国学术界泛滥一时，有些大名家也说了不少过头话；近年图腾说又有回潮之势。对此，社科院文学所的施爱东先生认为："文献记载也好，图像表达也好，出现动植物，以及动物神、植物神，其实都是很正常的事，与所谓的图腾主义可以毫无关系。可是，图腾学者们只要从中看见一点动植物的影子，马上就将之断为图腾，以至于无时无处不图腾，这实在有点让人啼笑皆非。"[26]

　　撇开图腾说，在这件体积不大的玉鸷形神主上，还可以清楚地看到各部族之间通过影响、交流、吸收、融汇，而在意识形态的深层中产生的共性。山东龙山文化与良渚文化之间的密切联系，久为人所熟知。大汶口之带座神主式的记号曾在南京北阴阳营所出良渚陶尊残片上发现（图1-8:3）[27]。美国弗利尔美术馆所藏良渚玉镯，一面刻有大汶口式的意符文字，另一面刻出一个带座神主的形象（图1-9）。其顶部的图案类似良渚之玉梳背，而玉梳背上缘之独特的曲线在当时具有神圣的意味[28]。有些梳背当中饰以神面，神面两侧为喙部外向之二鸟（图1-10）。而天津博

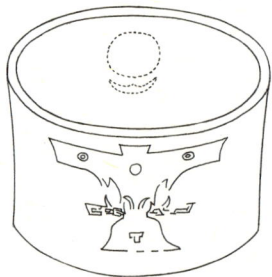

物馆的玉鸷形神主的基座上部也刻出相背之二鸟。又良渚玉件中还有在神面左右安排两个侧视的人像者（图1-11:1、2），而在山东龙山文化玉件的刻纹中也有这类构图（图1-11:3）。它们中间竟有如此众多的相通之处，实足令人惊异。

如果把视野再放宽一些，还能发现这种共性存在于时空距离极其悬远的中国上古时代的各考古学文化之间。如台北故宫博物院所存清宫旧藏之山东龙山文化玉圭上的神面纹，与美国旧金山亚洲艺术博物馆、福格美术博物馆及上海博物馆所藏神面形玉件的图案极相似（图1-12:1~4）[29]；后三件亦应属于龙山文化。在石家河文化中，神面变成平顶，但面部一仍旧贯（图1-12:5）[30]。美国史密森宁研究院所藏神面形玉件沿袭了这种形制，但已经进入历史时期，似是夏或早商之物（图1-12:6）[31]。江西新干大洋洲商墓所出者[32]、与陕西长安县沣西17号西周墓所出者仍无多大变化（图1-12:7、8）[33]。直接将山东龙山文化与西周文化联系起来是很困难的，所以只能从上古中国人在精神层面上的共性来解释。又以前曾将这类神面上部两侧的凸起物视作角，甚至指为牛角；从而把石家河出土的玉神面断为蚩尤族群在黄淮下游败绩后迁移至长江中游时所制"头戴牛角"的蚩尤神像[34]。而将视角转移到上古中国人的共性上，则对它似不必作出如此迂回的解释。何况与四川广汉三星堆2号坑所出青铜人面相较，此突出物其实不是角，而是耳朵（图1-13）[35]。古代中国仙灵以大耳为特征。湖北随州曾侯乙墓之内棺所绘操多援戈及多戈戟的神怪，耳朵就非常大（图1-14）[36]。直

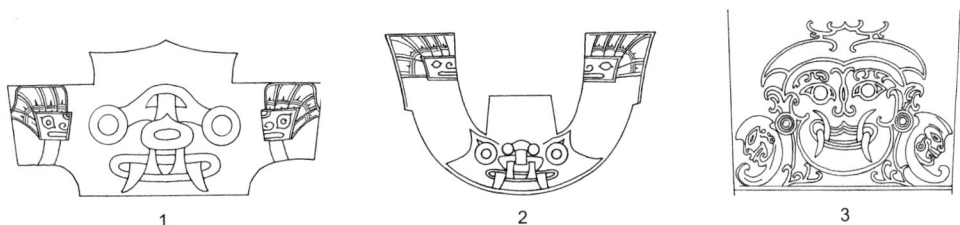

图 1-11　良渚文化与
山东龙山文化之玉器
刻纹的比较
1. 良渚文化玉冠饰，
反山 16 号墓出土
2. 良渚文化玉三叉形
器，瑶山 7 号墓出土
3. 山东龙山文化玉圭，
台北故宫博物院藏

到汉晋时，仙人仍然"耳出于顶"[37]。考虑到这一层，则石家河之玉神面上如果没有进一步的证据，就不一定和蚩尤相联系了。

再如在我国许多考古学文化的出土物中，都有将龟背甲与腹甲相缚合、内盛石子等物之龟盒，据推测乃是一种占卜用具。它在河南舞阳贾湖裴李岗文化墓葬、山东泰安大汶口及江苏邳县刘林等大汶口文化墓葬、四川巫山大溪之大溪文化墓葬中都发现过[38]。古人还有此型玉制品。辽宁朝阳牛河梁第 2 地点的红山文化墓葬、安徽含山凌家滩的薛家岗文化墓葬、河南安阳殷墟商代房址、北京琉璃河西周燕国墓、山西曲沃曲村西周晋侯墓中均曾出土（图 1-15）[39]。和玉神面一样，它们也必然以相同的宗教意念和神话背景为土壤，而且这种认识看来还相当牢固，相当深入人心。上古时代，华夏族尽管分布在全国各地，支派众多，却拥有基本相同的语言文字。孔子周游列国时不用带翻译，秦始皇时之"书同文"也只不过是统一了同一种文字的字体。中华古民族在遥远的时代中已经形成了一个庞大的文化共同体。各地出土的若干生活用品如陶器之造型上的差别，和这种笼罩天下、超越区系的共性相比较，就显得未免次要了。因为只有这样，那些相当独特的纹样和器物，才能穿越广袤的时空，在不同的考古学文化中以基本相同的面貌出现。

中华古民族的文化是多源的，但彼此之间并不是互相封闭，各自独立发展的；而是多源共汇，形成了统一的中华古文化。这件小小的玉鸷形神主也在这方面给人以宝贵的启示。

图1-12　神面纹

1. 山东龙山文化玉圭刻纹，台北故宫博物院藏
2. 新石器时代晚期玉神面，美国旧金山亚洲艺术博物馆藏
3. 新石器时代晚期玉神面，美国福格美术馆藏
4. 山东龙山文化玉神面，背面刻立鸟纹，上海博物馆藏
5. 石家河文化玉神面，湖北钟祥六合出土
6. 夏至早商玉神面，美国史密森宁研究院藏
7. 商代玉神面，江西新干大洋洲出土
8. 西周玉神面，陕西长安沣西17号墓出土

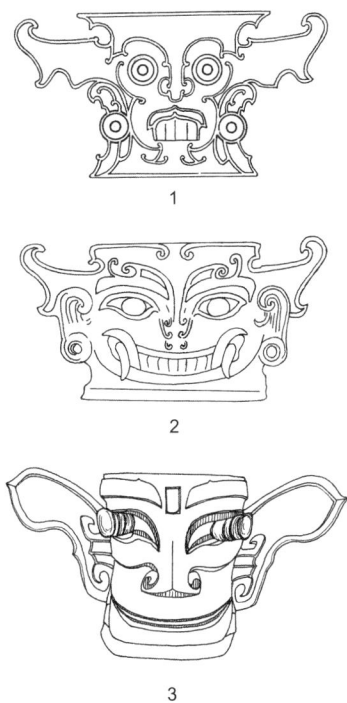

图1-13 大耳神面
1. 美国芝加哥美术研究所藏
2. 美国史密森宁研究院藏
3. 四川广汉三星堆2号坑出土

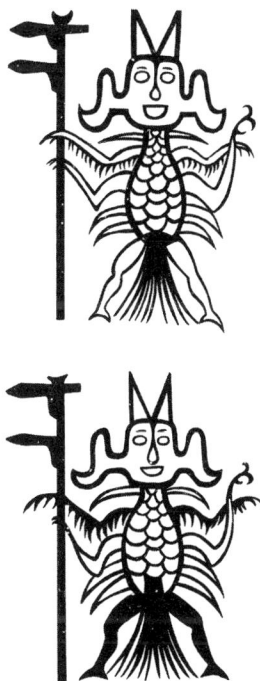

图1-14 大耳神怪
湖北随州曾侯乙墓内棺彩绘

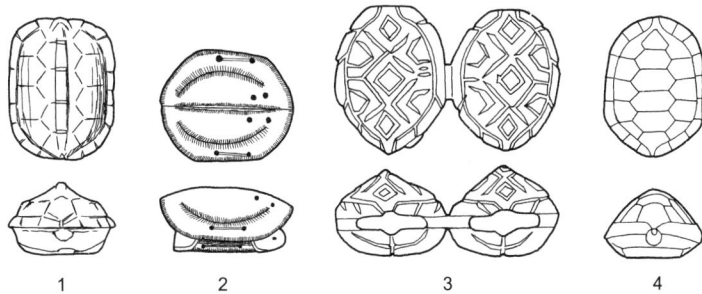

图1-15 玉龟盒
1. 朝阳牛河梁第2地点出土
2. 安徽含山凌家滩出土
3. 安阳小屯F11商代房址出土
4. 曲沃曲村63号西周晋侯墓出土

（原载《远望集》卷上，陕西人民美术出版社，1998 年，

收入本集时作了修改）

注释

［1］《天津市艺术博物馆》图 175，文物出版社，1984 年。

［2］石志廉：《对故宫博物院旧藏两件古玉圭的一些看法》，《中国历史博物馆刊》第 3 期，1981 年。

［3］两城镇出土者，见刘敦愿：《记日照两城镇发现的两件石器》，《考古》1972 年第 4 期。台北故宫博物院所藏者，见邓淑苹：《国立故宫博物院藏新石器时代玉器图录》图 117，台北故宫博物院，1992 年。

［4］浙江省文物考古研究所反山考古队：《浙江余杭反山良渚墓地发掘简报》；浙江省文物考古研究所：《余杭瑶山良渚文化祭坛遗址发掘简报》，均载《文物》1988 年第 1 期。

［5］关善明藏品见《关氏所藏中国古玉》图 5、6，香港，1994 年。台北故宫博物院藏品见《蓝田山房藏玉百选》图 8，台北，1995 年。仰德堂及波士顿美术馆藏品见《故宫文物月刊》11 卷第 6 期，1993 年。天津市艺术博物馆藏品见《中国玉器全集》卷 1，图 14，河北美术出版社，1993 年。赛克勒博物馆藏品见《故宫文物月刊》第 10 卷第 6 期，1992 年。牛河梁出土者见《中国文物精华》图 26，文物出版社，1997 年。

［6］《国立故宫博物院藏新石器时代玉器图录》图 118。

［7］《蓝田山房藏玉百选》图 20。

［8］《中国玉器全集》卷 1，图 50、51。

［9］尹达：《中国新石器时代》页 60，三联书店，1979 年。

［10］邵望平：《海岱系古玉略说》，载《中国考古学论丛》，科学出版社，1995 年。

［11］黄景略等：《晋都新田》页 264，山西人民出版社，1996 年。

［12］邓淑苹：《再论神祖面纹玉器》，载《东亚玉器》卷 1，香港中文大学中国考古艺术研究中心，1998 年。

［13］周南泉：《故宫博物院藏的几件新石器时代饰纹玉器》，《文物》1984 年第 10 期。

［14］杜在忠：《论潍、淄流域的原始文化》，载《山东史前文化论文集》，齐鲁书社，1986 年。唯文中将绿松石嵌片误记为"翠珠"。

［15］中国社会科学院考古所山东工作队：《山东临朐朱封龙山文化墓葬》，《考古》1990 年第 7 期。

［16］上海博物馆：《中国古代玉器馆陈列图录》页 11。

［17］王树明：《谈陵阳河与大朱村出土的陶尊"文字"》，载《山东史前文化论文集》。

［18］同注［17］。

［19］同注［17］。

［20］所举卜辞一期之"示"字，见《小屯·殷虚文字乙编》8670，《殷契遗珠》628 等处。此字亦作 T（《小屯·殷虚文字甲编》742）、作 ㅂ（《京都大学人文科学研究所藏甲骨文字》2982），两相对照，证明木主确有基座。而有些示字在 T 之左右增加点划，应

代表基座上的装饰物。

［21］金景芳：《中国古代思想的渊源》，《社会科学战线》1981年第4期。

［22］于省吾：《略论图腾与宗教起源和夏商图腾》，《历史研究》1959年第11期。

［23］见《殷契拾掇》1·455，《殷契佚存》888，《殷虚卜辞》738等处所录。

［24］李学勤：《古文献丛论》页220—221，上海远东出版社，1996年。

［25］胡厚宣：《甲骨文所见商族鸟图腾的新证据》，《文物》1977年第2期。

［26］施爱东：《中国龙的发明》，页244，三联书店，2014年。参看拙文《神龙出世六千年》，载《仰观集》，文物出版社，2012年。

［27］见《文物》1987年第12期，页79。《考古》1992年第10期，页917。

［28］蒋卫东：《良渚文化玉梳背研究》，"中国古代玉器与玉文化高级研讨会"论文，北京大学，2000年。

［29］张长寿：《记沣西新发现的兽面玉饰》，《考古》1987年第5期。

［30］《中国文物精华》图57，文物出版社，1992年。

［31］同注［29］。

［32］江西省文物考古研究所等：《江西新干大洋洲商墓发掘简报》，《文物》1991年第10期。

［33］同注［29］。

［34］杨建芳：《石家河文化玉器及其相关问题》，载《中国艺术文物讨论会文集》，台北，1992年。王树明：《蚩尤辨证》，《中原文物》1993年第1期。

［35］四川省文物管理委员会等：《广汉三星堆遗址二号祭祀坑发掘简报》，《文物》1989年第5期。

［36］湖北省博物馆：《曾侯乙墓》上册，页36，文物出版社，1989年。

［37］汉诗《长歌行》："仙人骑白鹿，发短耳何长！"王嘉《拾遗记》："有黄发老叟五人，或乘鸿鹤，或衣羽毛，耳出于顶。"参看拙文《孟津所出银壳画像镜小议》，载《寻常的精致》，辽宁教育出版社，1996年。

［38］高广仁、邵望平：《中国史前时代的龟灵与犬牲》，载《中国考古学研究》，文物出版社，1986年。

［39］牛河梁所出者，见《文物》1997年第8期，页10。含山凌家滩所出者，见《文物》1989年第4期，页6。殷墟所出者，见《殷墟的发现与研究》页345，科学出版社，1994年。琉璃河所出者，见《琉璃河西周燕国墓地》页233、235，文物出版社，1995年。曲村所出者，见《文物》1994年第8期，页19。此外，在山东济阳刘台子西周早期墓中还发现一串玉龟壳，见《中国玉器全集》卷2，图272。

2　三足乌

据说有人将一只三足乌献给武则天，左右侍臣指出其一足系伪制。武则天笑道："但史册书之，安用察其真伪乎？"（《酉阳杂俎·贬误篇》）乌鸦是飞禽，本无强调足部的必要，何况把足增为三只，就连行走也不方便了；所以不可能有真正的三足乌。对于这类进献和谏诤，武则天一笑置之，不求甚解，正是她的高明之处。

但是从研究古代神话的角度说，神禽异兽的形象不外是将世间生物的形体在幻想中重新组合：鹰首狮身，人面蛇躯；其为神物，一望可知。但给乌鸦组合上一条多余的第三只足，而奉之为太阳的象征，却未免难以理解，从而也就成为一个耐人寻味的问题了。

太阳周天，日复一日。但西沉的落照与东升的朝暾是不是同一个个体？先民对此感到困惑，于是产生了天有十日的神话。《山海经·海外东经》说："汤谷上有扶桑，十日所浴，居水中。九日居下枝，一日居上枝。"不过十日如果同时临空，会烤得草木枯焦，那就得请后羿出来射掉几个才行。其实神话中对此本有安排，原是让它们迭次轮流升沉的。即如《大荒东经》所说："汤谷上有扶木，一日方至，一日方出，皆载于乌。"也就是说，它们是以乌鸦作为运载工具，在天上循环往复，所以秩序井然。为何选择乌鸦载日，是否因为看到鸦噪夕阳而生此联想？这一点虽无法断定，但乌鸦和太阳在中国神话中的关系实在太密切了。陕西华县泉护村出土的仰韶文化庙底沟类型的彩陶上，就有鸟和日组合在一起的图案（图2-1）。此鸟虽难确指为乌，但亦不无可能。河南南阳英庄出土的汉画像石上更有乌鸦载日的形象（图2-2:1）。四川成都出土的汉画像砖上，载日的乌被加上人首，可能代表日神羲和

图 2-1 仰韶文化彩陶图案中的太阳与鸟
陕西华县泉护村出土

图 2-2 汉画像石上所见
之金乌（1）与羲和（2）

1

2

（图 2-2:2）。由于其构图与前者相同，故应演嬗自同一母题。唐代的李阳冰解释象形的"日"字时甚至断言"古人正圜象日形，其中一点象乌"（《说文系传》引）。他简直认为远在造字之初，日和乌已经密不可分。但应当指出的是：这些乌并没有三足，它们并不是三足乌。

　　三足乌可能是通过另外一个渠道诞生的。世所公认，我国最先发现太阳黑子。《汉书·五行志》已有"永光元年（前43年）四月，日中黑子大如弹丸"的记载。黑子出现在太阳中，会被古人把它和某种动物的形象相联系。但仅以目测，看不出黑子的运动，所以未把它比拟成飞鸟，只把它当作一只据地不动的乌鸦，金雀山和马王堆出土的西汉帛画上的日中之乌就是这样的（图 2-3:1、2）。故《淮南子·精神》说："日中有踆乌。"踆即古蹲字，见《庄子·外物篇》释文。但可怪的是，蹲乌后来却变成了三足乌，如《精神》高诱注说，踆乌"谓三足乌"。

　　踆乌的第三只足是从哪里来的呢？要回答这个问题，得先从古代鸟形器的造型说起。在新石器时代，无论黄河流域的仰韶文化或长江流域的马家浜文化，当制作鸟形陶器时，因为只用两只足难以使器物

图 2-3　日中之乌（1、2）
与三足乌（3~5）
1. 金雀山汉墓帛画
2. 马王堆汉墓帛画
3. 江苏铜山小李村汉画
像石
4. 敦煌石室出土《日前
摩利支天图》
5. 明代的"十二章"中
之日（据《三才图会》）

立得稳，所以往往在其尻部或尾部另加一根短支柱。比如陕西华县太平庄属于仰韶文化庙底沟类型晚期的一座墓葬里出土的黑色泥质大型陶鸮尊就是这样的（图 2-4:1）。它的支柱距两足较近，鼎立而三。属于马家浜文化的江苏吴县草鞋山遗址出土的红陶鸟形尊，因有长尾，所以将支柱安置在腹后近尾之处（图 2-4:2）。造型和它们相类似的器物，虽然数量并不太多，但分布得却很广，不仅见于河南偃师二里头遗址的出土物中，而且见于时代晚得多、地域也相距甚远的内蒙古完工出土的鲜卑早期遗物中。有意思的是，为鸟形器加上第三只足以使其便于放置的实例，在更加遥远的西方，小亚细亚西部大门德雷斯河上游出土之前赫提时代的遗物中也能看到。这里的三足鸟形陶壶，其造型

图 2-4　设三足的鸟
形器

1. 陕西华县出土陶
   鸮尊
2. 江苏吴县出土陶鸟
   形尊
3. 辽宁凌源出土铜
   鸭尊
4. 江苏丹徒出土铜
   鸭尊
5. 陕西宝鸡出土三足
   乌形铜尊

与上述诸器实有异曲同工之妙，但不必非说成是谁影响了谁（图 2-5）。要使两足的鸟形器得以直立，在后部增加一个支点显然是最方便的做法。可见对鸟形器而言，第三只足的出现，是因实际需要而使然，不同地区的古人有时会不约而同地各自想出这一招。

　　在古代中国，不仅陶器如此，西周青铜器中也有这类器物。比如辽宁凌源海岛营子和江苏丹徒母子墩都出土过青铜的鸭尊（图 2-4:3、4）。这两个地点虽相距遥远，天各一方，但两件鸭尊的造型却有肖似之处，尻部都装有支柱。而在陕西宝鸡西周強伯墓所出鸟形铜尊上，这根支柱更变成了毫不含糊的第三只足（图 2-4:5）。结合其头部的造型看，可以认为这时已出现了真正的三足乌。而且三足乌的出现在当时的神话中也能找到根据。《尚书大传》本《泰誓》说："武王伐纣，观兵于孟津，有火流于王屋，化为赤乌，三足。"宝鸡三足乌的造型中应有这一神话的影子。不过这时它似乎尚未与太阳相联系。及至汉代将日中的黑子幻化成蹲乌以后，遂与这一古老的神话结合起来，太阳里的神乌乃增为三足。

　　可是在汉代的画像石上，由于未能将透视关系处理好，乌的三只

图 2-5　陶三足鸟形壶，小亚细亚大门德雷斯河
上游出土，前赫提时代之哈梯人的遗物

足一顺儿并排着，显得有点别扭（图 2-3:3）。然而刻绘者相沿成习，
并排的三只足成为固定的模式。敦煌石室所出唐代绘画中的三足乌，
身姿类凤，显得挺精神，足的安排则无变化（图 2-3:4）。明代皇帝冕服
上的十二章中之三足乌，足部虽稍作调整，身姿却像公鸡（图 2-3:5）。
如果不寻根问底，几乎就认不出它原来是神话中的乌鸦了。

（原载《文物天地》1990 年第 1 期）

3 古文物中所见之犀牛

西安汉南陵第 20 号从葬坑发现犀牛骨骼的报告曾引起读者广泛注意[1]。这种动物今天在我国绝大部分地区已经绝迹，因而南陵殉葬的犀牛是否为中国所产，自然成为人们关心的问题。关于这一点，原清理者王学理先生在他的文章中已有说明。本文谨就古文物中之所见，对王说略事印证与补充。

中国古代是产犀牛的。不仅产，而且相当多；不仅华南产，而且在华北大平原上也成群结队地出现。且不说新石器时代遗址中已多次发现犀骨[2]，在以后的文字记载中，犀牛也不绝于书。甲骨文中有 𢓅 字，这是殷人田猎的对象之一。卜辞中常提到殷王逐 𢓅。逐的结果，时有所获，少则一头（《前》7·41·1）、两头（《前》2·31·4），多则 11 头（《前》4·47·6）、36 头（《屯南》2857）。有一条记载焚林而猎的刻辞说，那一次就获 𢓅 71 头（《乙》2507）；可见这种动物为数确乎不少。殷墟还曾出土过一个大兽头骨，上有刻辞："于偻田□□获白 𢓅。"董作宾先生将 𢓅 字误释为麟[3]。误释倒也罢了，还进一步把它说成是从亚述、巴比伦跑来的神牛；未免不够实事求是。这个字后经唐兰先生指出，应当释作兕[4]。兕就是犀牛，所以这具头骨应即殷代所猎犀牛的遗骨。本来，早在五十多年前，杨钟健先生对殷墟动物群所作的鉴定，已证明其中有犀牛[5]。中国国家博物馆所藏"宰丰骨匕"，刻辞表明是因受王赐予猎获之"商戠兕"而作，经鉴定此匕用料正是犀牛肋骨（图 3-1）。商代猎获猛兽后，或在其骨上刻文为记。加拿大安大略博物馆所藏怀特氏甲骨之 B1915 片为虎骨刻辞，云："隻（获）大霍虎。"经鉴定为虎之右上膊骨。与"宰丰骨匕"的作法相同。猎犀在殷及西周

图 3-1 宰丰骨匕
刻文："壬午，王田于麦录，隻（获）商戠兕。
王易（锡）宰丰，寝小㺁兄（祝）。才（在）五月，
隹（惟）王六祀，彡日。"

图 3-2 商四祀𠨘其卣

是田猎中的盛事，常动用龟卜求兆，周原卜骨中也发现"狩兕"的刻辞[6]。故《逸周书·世俘解》说武王狩猎，擒"犀十有二"。《孟子·滕文公》称周公"驱虎、豹、犀、象"，看来均非虚语。

在现代，亚洲还生存着三种犀牛，其中"苏门犀"是双角犀；另两种，"印度犀"和"爪哇犀"都是独角犀。苏门犀的体形较后两种略小。上引卜辞中的兕，很可能指的就是苏门犀。因为在殷代工艺品中一再出现它的形象。北京故宫博物院所藏商代长铭铜器"四祀𠨘其卣"，其提

梁末端就铸有双角的犀首（图3-2）[7]。特
别值得注意的是山东寿张出土的"小臣艅
尊"（图3-3），它的造型就是一只苏门犀，
鼻角、额角、耸立的耳朵、下垂的尖尖的
上唇，以至于三趾的足，都铸造得很写实，
说明当时的铸工对这种动物是熟悉的。但
古文献中如《尔雅》晋·郭璞注、南朝·刘
欣期《交州记》、宋·罗愿《尔雅翼》等处
都说兕指独角犀，犀指双角犀。可见我国

图3-3　商"小臣艅尊"
山东寿张出土

古代在苏门犀之外，对独角犀也有所认识。不过从文字孳乳的规律来
看，兕应是象形的初文，而犀是后起的形声字。象形、指事、会意三
书的字往往有这类后起的形声字，这一点杨树达先生曾反复论证，并
把它总结为研究古文字学的方法的"五纬"之一[8]。所以不能据郭璞、
刘欣期等人的晚出之说，将卜辞中的兕释为独角犀。至于《本草纲目》
引唐·陈藏器说与宋·张世南《游宦纪闻》引或说，以为兕是犀之雌者，
则更为晚出，与卜辞之兕全然联系不上了。

　　殷周时代，我国不但产犀[9]，而且还将犀角与犀革利用起来。用
犀角做的兕觥，在《诗·周南·卷耳》、《豳风·七月》、《小雅·桑扈》
中都出现过。这种器物不太小，据《诗疏》引《韩诗》说："兕觥，以
兕角为之，容五升。"过去不太清楚兕觥到底是什么样子，认为它只不
过是一般的"角爵"[10]，有人甚至把南北朝以后由西亚传来的与我国
仿制的来通（rhyton）都当成兕觥（图3-4:3、4）。近年山西石楼出土
了一件青铜器（图3-4:2），它的轮廓与长沙马王堆出土的木犀角（图
3-4:1）基本一致；《桑扈》之所谓"兕觥其觩"，正是对这种曲线的描
写。这就使我们解除了千年的疑窦，认识了兕觥的真面目。除了用犀
角制觥外，犀牛最主要的用途是用它的革制甲。《考工记·函人》中提
到过犀甲，孙诒让《正义》："牛革虽亦可为甲，然甲材究以犀兕为最
善。"所以在铁铠兴盛以前，犀甲是春秋、战国时各国战士所艳羡的武
备。《国语·晋语》："唐叔射兕于徒林，殪以为大甲。"《左传》宣公二
年记宋国人列举制甲的材料时也说："牛则有皮，犀兕尚多。"可见中

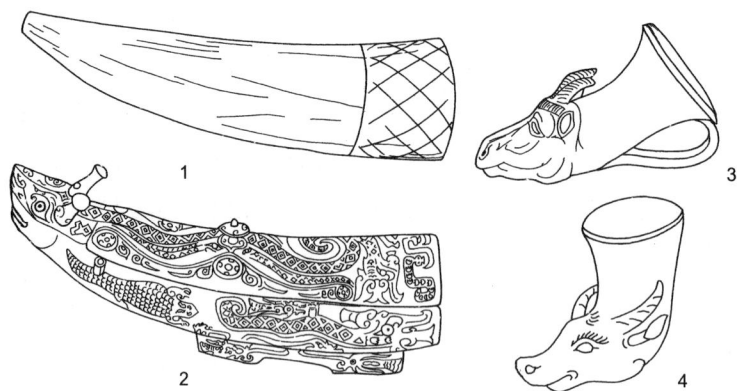

图 3-4　兕觥与牛首杯
1. 马王堆 1 号墓出土的木犀角
2. 山西石楼出土铜兕觥
3. 古代西方的陶来通
4.《金索》所载"周兕觥"

原地区当时产犀。河北平山中山王陵出土的有翼铜犀[11]，虽然制作者企图塑造出一只神兽，但实际上只是犀牛造型的夸张神化。先秦文献又往往强调长江流域是犀的主要产地。《尔雅·释地》："南方之美，有梁山之犀、象焉。"《山海经·中山经》："岷山，其兽多犀、象。"《国语·楚语》："巴浦之犀犛兕象，其可尽乎？"《墨子·公输篇》："荆有云梦，犀兕麋鹿满之。"所以当时南方各国犀甲的产量应更大。《越语》称："今夫差衣水犀之甲者，亿有三千。"《荀子·议兵篇》称："楚人鲛革犀兕以为甲，鞈如金石。"《楚辞·国殇》中也说："操吴戈兮披犀甲。"在兵戈扰攘的战国时代，对犀甲的需求量是很大的，为了军需的目的而长期滥肆捕杀，就使这种生殖率很低的野生动物在我国、特别是北方，迅速地减少了。

秦汉以后，虽然犀牛在北方已不多见，但江淮一带还有。晋·常璩《华阳国志·巴志》称，其地产"灵龟巨犀"；同书《蜀志》称，其宝有"犀、象"。在这里并出现了以犀牛为题材的大型石雕。《华阳国志》记秦代蜀守李冰"作石犀五头，以厌水精"。这些石犀，唐代的杜甫和宋代的陆游还都见过[12]。在四川昭化宝轮院秦或汉初的船棺葬中发现的两件金银错犀形铜带钩，在江苏盱眙大云山江都王陵出土的铜犀，形象都是双角的苏门犀（图 3-5）。可以看作这时江淮一带尚产犀的佐证。

图 3-5 犀牛形铜器
1. 秦或汉初的错金银铜带钩，四川昭化宝轮院船棺墓出土
2. 铜犀，江苏盱眙大云山汉墓出土

至于关中地区，最迟到西汉晚期犀牛已经绝迹。平帝元始中，王莽辅政，为了炫耀"威德"，厚遗黄支国王，让他遣使献活犀牛，黄支王也果然把犀牛送到长安[13]。黄支国在"日南之南"（《汉书·平帝纪》颜师古注引应劭说，《后汉书·南蛮传》），但其具体地望各家说法不一。据周连宽等新近的考证，应位于苏门答腊西北部[14]，这里正是苏门犀的故乡。很显然，如果当时关中和中原一带尚有野生犀牛的话，那么王莽动员黄支王万里来献，就没有多少隆重的意味，也达不到沽名钓誉的目的了。所以关中产犀时期的下限，可能比这时还要早些。但在这里的犀牛最后绝迹、使当时的铸工无由取法借鉴之前，古文物中还留下了一件反映苏门犀形象的杰作，即 1963 年在陕西兴平发现的错金银铜犀尊（图 3-6）。此尊造型生气郁勃，孔武有力。它和"小臣艅尊"遥相辉映，堪称我国北方产犀时代中一早一晚两个闪光的纪念杯。它的制作时代，有战国、秦、西汉三说。经研究，实应制于西汉初，即与昭化犀带钩的时代约略相当的时期，但它应早于南陵殉犀。因为

图 3-6　汉代犀尊
陕西兴平出土

鉴定证明，南陵殉犀是爪哇独角犀[15]，产地应是距黄河流域较远的东南亚一带。而如上所述，此前在我国北方的出土文物中没有发现过独角犀的形象。所以，较合理的推测是，由于营南陵之际，关中、中原已无野生的苏门犀，故而不得不从远方寻觅。到王莽时，更须求之于南海的黄支国了。

由于犀牛的减少，大概自汉代开始已从国外进口犀角。广州几座汉墓中曾出土作为明器的陶犀角二十余件[16]。联系到《游宦纪闻》所记五羊（广州）的犀角"往往来自蕃舶"之说，则这条自海外经广州进口犀产品的通商路线，可能在汉代已经开拓出来。所以王莽时如由苏门答腊经广州运入生犀，是有条件做到的。

至唐代，华南山区仍有野生的犀牛。《新唐书·地理志》列出了澧、朗等十三个州的土贡方物中有犀角。但中原一带见到生犀牛的机会却不多。京畿苑囿中偶尔豢养一两只从国外得来的贡品，但这些自热带、亚热带输入的犀牛与以前本地原有的品种不同，它们往往适应不了长安等地的水土气候。白居易《新乐府·驯犀》就记述了一只国外运来的犀牛在长安冻死的情况。以致唐代一般人对犀牛的印象很含糊，工艺品中出现的犀牛也经常被描绘得走了样，或把犀的额角给搬到头顶上去，或把犀的体形画得一无似处（图 3-7）。只有唐高祖李渊献陵的石犀雕刻得比较逼真（图 3-8）。李渊死于贞观九年，而林邑国（在今

图 3-7　唐代的犀牛纹

1. "穆惊"银盒，中国社会科学院考古所藏
2. 银盒，西安何家村出土
3. 银盒，日本白鹤美术馆藏
4. 螺钿镜，日本正仓院藏
5. 织锦，日本正仓院藏
6. 丛篁双犀镜，中国国家博物馆藏

越南中部）于"贞观初遣使贡驯犀"[17]，所以修陵时得据以雕刻。并且其石座上有铭文"（高）祖怀（远）之德"六字[18]，则此石雕当是为了纪念外国献犀而专门制作的。从形象看，它是独角的，与双角的苏门犀不同；身上虽刻出皱襞，却又比印度犀的皱襞浅些。因而它可能与南陵殉犀一样，也是爪哇犀。

犀牛在唐代既已罕见，犀角于是也日益珍贵，随之出现了一些关于犀角的奇谈。如所谓"却尘犀"、"辟水犀"（均见唐·刘恂《岭表录异》卷中）、"辟暑犀"、"夜明犀"（均见唐·苏鹗《杜阳杂编》卷中）、"蠲忿犀"（同上书卷下）、"辟寒犀"（五代·王仁裕《开元天宝遗事》卷上）等，把犀角说得神乎其神。这些光怪陆离的神话，当巴浦还是

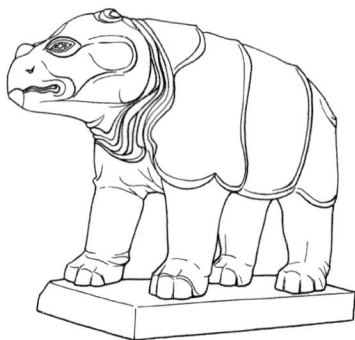

图 3-8   陕西三原唐献陵石犀

"犀犎兕象其可尽乎"、云梦还是"犀兕麋鹿满之"的时候，是没有存身之地的。

唐代的犀牛虽少，犀角虽珍，但需求量却大增。这时虽因普遍使用铁铠，对犀甲的需求已经不那么殷切了，然而腰带上的一种装饰品——带銙，却讲究用犀角制作，为犀角的用途开辟了一个新领域。原先在汉代，束腰多用装带钩的郭落带，那上面并不装带銙。南北朝以后，装带扣的鞓鞢带代替了郭落带，带鞓上鞢鞢基部的垫片逐渐演变为带銙。唐代制銙的材料有金、玉、银、鍮石、铜、铁以至黑木等多种[19]，而尤贵犀銙。《新唐书·车服志》："宴会之服，一品、二品服玉及通犀，三品服花犀、斑犀。"又说："六品以上（銙）以犀。"通天犀、花犀、斑犀皆为犀角之不同的品种。其中价值最高的是通天犀，指犀角中心有白缕直上彻端者，这种犀角据说能"出气通天"，因而"计价巨万"。它十分稀有，一代名相李德裕在所撰《通犀带赋》的序中说："客有以通犀带示余者，嘉其珍物，古人未有词赋，因抒此作。"[20]可见连他也不经常服御。"通天白犀带，照地紫麟袍"[21]，一条高级犀带是极其引人注意的。六品以上官员人数众多，他们追求犀銙的热潮，自唐至五代持续了近三百年。这是我国犀牛生存史上的第二次厄运。直到北宋，才兴起"玉不离石，犀不离角，可贵者金也"之说[22]，转以金銙为尚。可是这时犀牛在我国大部分地区已灭绝了，《宋史·地理志》所载各地土贡方物的名单中已无犀角。

图 3-9 明缂丝襜子上
之犀（左）

图 3-10 1446 年所铸
镇河铁犀
河南开封辛庄（右）

宋代既不产犀，一般人对这种动物遂愈益隔膜。嘉祐三年（1058年）交阯进二兽，《宋史·五行志》说它们"状如水牛，被肉甲，鼻端有角，食生刍果"，看来无疑应是犀牛，当时也有人正确地指出这是"山犀"[23]。但交阯却报称是麒麟，惹得满朝议论纷纷，后来以"异兽"的名义收下了。然而并世硕学如沈括、范镇却或以为这是"天禄"，或以为这是水牛与蛟龙的混血儿[24]。天禄是和辟邪组合成对的神兽的名字，自然界中并无其物；水牛、蛟龙云云，更反映出当时的惶惑不解之态。湖南茶陵洣水旁的南宋铁犀，呈独角黄牛状，说明当时对犀牛的认识与实际情况相去已远[25]。

明清人一般也不认识犀牛。犀角除少量用于制造工艺品外，大部分供药用。可是医药家只注意犀角的药性，对产于国外的犀牛的生态则不甚了然。明刊《证类本草》（1523年刊）中所绘之犀是头生独角的黄牛。权威性的百科全书《三才图会》（1607年刊）中所绘者也是如此。试看明代武官补服上的犀牛（图 3-9），便知这时对犀牛的理解。于谦在开封所铸著名的镇河铁犀（图 3-10），其造型也离不开这个格式[26]。不难看出，它们同生物界的犀牛几乎没有多少共同点。由于这些情况，所以清康熙朝在钦天监任职的比利时人南怀仁根据外国文献编成的《坤舆图说》中，虽然画出了印度独角犀的图像，却另给它起了一个"鼻角兽"的名字（图 3-11）。因为这时的中国读者已经无法把这种形象和习惯上所认为的犀牛联系在一起了。

图 3-11　《坤舆图说》中的"鼻角兽"

中国古代产犀由盛而衰的过程告诉我们，人为的无节制的猎捕和生态平衡的破坏，是使这种动物走上灭绝之途的根本原因；而历史时期中年平均温度的变动所起的影响，可能并不是最主要的。对这一过程的考察也使我们从一个侧面进一步体会到，把我国的文献记载和考古实据结合起来，有可能构成一面何等博大的历史镜子，客观存在总要在其中反映出自己的形象；而时过境迁之后，残余的传闻与稽古之臆想，则只能抛射出一些驳杂模糊的散光。

（原载《文物》1982 年第 8 期）

注释

[1]　王学理：《汉南陵从葬坑的初步清理——兼谈大熊猫头骨及犀牛骨骼出土的有关问题》，《文物》1981 年第 11 期。

[2]　浙江余姚河姆渡、广西南宁及河南淅川下王岗等处的新石器时代遗址中，均曾发现犀骨。

[3]　《"获白麟"解》，《安阳发掘报告》第 2 期，1930 年。

[4]　《获白兕考》，《史学年报》1 卷 4 期，1932 年。

[5]　杨钟健、刘东生：《安阳殷墟之哺乳动物群补遗》，《中国考古学报》1949 年第 4 期。

[6]　李学勤：《西周甲骨的几点研究》，《文物》1981 年第 9 期。

［7］ 此卣的真伪久存争议。但最近对它进行的 X 射线检测分析证实其底部与圈足是完整的，铭文在原底上（丁孟、建民：《釯其卣的 X 射线检测分析》，《故宫博物院院刊》1999 年第 1 期）。又据王文昶先生说，此卣于 1940 年在安阳出土，1956 年由故宫收购后只有颈部纹带以下与圈足以上有修配，梁、盖、口、底均是完整的（王文昶：《铜卣辨伪》，《故宫博物院院刊》1983 年第 2 期）。朱凤瀚先生说此卣所注明之周祭祀典是可信的。"在 40 年代以前，不可能有作伪者编造出合乎周祭祀谱祀典历日"（《有关釯其卣的几个问题》，《故宫博物院院刊》1998 年第 4 期）。现在看来，作伪者当时要在提梁两端设计出符合商代风格的犀首来，也是难以想象的事。

［8］ 见《积微居小学述林·自序》。这种例子如："互"训"可以收绳"，"篗"训"所以收丝"；篗是互的形声字。"亘"从古文回，"淀"训"回泉"；淀是亘的形声字。児和犀的情况也正相同。

［9］ 除殷代的犀尊外，陕西岐山曾出周代铜犀尊，资料待发表。

［10］《诗·周南·卷耳》毛传。

［11］ 见《文物》1979 年第 1 期，图版 4:2。

［12］《杜工部草堂诗笺·石犀行》。《老学庵笔记》卷五。

［13］ 事详《汉书·平帝纪》又《王莽传》。扬雄《交州箴》。

［14］ 周连宽：《汉使航程问题》，《中山大学学报》（社科版）1964 年第 3 期。周连宽、张荣芳：《汉代我国与东南亚国家的海上交通和贸易关系》，《文史》第 9 辑，1980 年。

［15］ 此据古脊椎动物与古人类研究所邱占祥先生鉴定结果。承允引用，谨致谢意。

［16］《广州汉墓》上册，页 128、281，文物出版社，1981 年。

［17］《旧唐书·林邑国传》。

［18］ 石犀原在陕西三原献陵前。本为一对，已残。其中之一已迁入陕西省博物馆，并予修复。关于石座铭文之考释，见何正璜《石刻双狮和犀牛》，《文物》1961 年第 12 期。

［19］ 金、玉至铁带铐之制，见《新唐书·车服志》。黑木带铐见南唐·沈汾《续神仙传·蓝采和》（《太平广记》卷二二）。

［20］《李文饶集·别集》卷一。

［21］《白香山诗集·后集》卷一五。

［22］ 宋太宗语。见宋·王巩《甲申杂记·补阙》；宋·欧阳修《归田录》卷二。

［23］ 宋·王得臣：《麈史》卷中。

［24］《梦溪笔谈》卷二一。《东斋纪事》卷一。

［25］ 见《湖南文物》第 3 辑，1988 年。

［26］ 益安、梁立：《黄河水患话铁犀》，《河南师大学报》1980 年第 4 期。孙月娥：《镇河铁犀》，《中州今古》1984 年第 3 期。

4 古文物中所见之貘

　　古代中原地区的气温和湿度与现代略有差别，特别是当时还存在着大面积的森林及沼泽，所以生态环境与现代的差异更大。当时在这里蕃衍生息的野生兽类，有好些种现代已然绝迹，比如象，先秦时代在中原地区尚为数不少。甲文中"🐘（为）"字，即用手牵象之形。徐中舒先生说，《禹贡》中豫州之"豫"，其予旁原是邑字，故豫乃象、邑二字之合文。豫是今河南一带，此地久已无象，但当时却把象当作这里的特征而在地名里标出来。又如犀，商代的"小臣艅尊"和陕西兴平所出西汉初年的犀尊，都铸成了它的形象。《竹书纪年》称："夷王六年，王猎于杜林，获犀牛一以归。"则在西周的王畿之内尚可猎犀。《盐铁论》称："强齐劲郑有犀兕之甲。"证明北方的犀应为数不少，南方就更多。《墨子·公输篇》谓："荆有云梦，犀兕麋鹿满之。"可以想见其盛况。

　　除了象、犀之外，貘也是古代中国并不罕见的兽类，现代却只能在几个大动物园中看到貘，许多人对之已经相当陌生了。貘是一种体形中等、矮足短尾、皮厚毛稀的食草动物。它的前肢有四趾，后肢只有三趾，在奇蹄目中属于最原始的种类。它喜欢生活在林密水多的地区，以植物的嫩叶为食。现代貘的产地主要是中南美洲；亚洲只有一种马来貘，产于马来西亚、苏门答腊和泰国。成年雄貘肩高在 1.05～1.15 米之间，体重 250 公斤左右。马来貘身体的中部为灰白色，其余部分为棕黑色。它的最具特色的体征是鼻子的前端很突出，能自由伸缩，犹如象鼻，但比象鼻短些（图 4-1）。湖北天门邓家湾所出新石器时代石家河文化之红陶小塑像中有象也有貘，二者不仅体态不同，鼻子的造

图 4-1 马来貘

图 4-2 陶象与陶貘
湖北天门石家河文化
遗址出土

型亦各异，表现手法十分写实（图 4-2）。河南安阳发现过貘骨，说明商代有貘。周代则留下了四件貘尊。容庚《善斋彝器图录》中著录的"遽父乙尊"，原书以为是象的形象，实际上所塑造的是一只惟妙惟肖的貘（图 4-3）[1]。不但其鼻部与圆圆的耳朵和实物十分肖似，而且貘的眼眶周围的肤色略淡，看上去好像有一圈大眼窝；貘背从髂骨以下急剧塌缩，臀部显得比较瘦；这些特点在此尊上也都表现得很清楚。陕西宝鸡茹家庄 2 号墓出土的另一件貘尊，虽然铸造得不像前一件那么写实，发掘简报中称之为羊尊[2]，但与前者相对比，它的造型也无疑是貘（图 4-4:1）。根据铭文，这件器物是弪伯为他的妻子井姬制作的。还有一件出土于山西绛县西周墓（图 4-4:2）。另一件造

图 4-3　西周遽父乙尊

型与之相近的貘尊，为美国赛克勒医生所藏（图 4-4:3）。而山西曲沃晋侯墓地出土的铜卣，则在提梁两端铸出貘首（图 4-4:4）。

不但在先秦铜器中能见到貘，在汉代的画像石中貘也屡次出现。山东平阴孟庄汉墓中的一根石柱上刻出的貘，除尾部稍嫌长些之外，其余部分的造型都比较符合实际情况（图 4-5:1）。它前面有一人正在抚弄其鼻，看来这头貘已经处于半驯化的状态。另外，山东滕州西户口汉画像石中也有貘的形象[3]（图 4-5:2）。由于貘的鼻子突出，所以在图像中容易和象鼻相混，白居易《貘屏赞》的序里就说貘是"象鼻，犀目"。但有意思的是，在古文物中貘和象常一同出现。上述宝鸡茹家庄西周墓中除出貘尊外，也出了一件象尊。而滕州山亭汉画像石中还一前一后刻出了一只貘和一只象。画面上的象个子大，耳朵下垂，鼻子也长。而貘的个子和鼻子都小些，圆耳上耸，与象的体型显然不同。在登封太室阙、启母阙的画像石中也有类似的形象，有人怀疑它们也是貘，看来是很有可能的。既然华北在汉代仍有貘，华南和西南一带当更不例外。《后汉书·西南夷·哀牢夷传》就说该地产"貊兽"。

魏晋时江南仍产貘，故左思《吴都赋》描写吴王出猎时有"仰攀藄駷，俯蹴豺貘"之句。这种情况至南朝早期仍无变化。江苏金坛白塔出土的青瓷扁壶，两肩各塑出一貘形钮（图 4-6），可证[4]。到了唐代，如上揭白居易文则说貘生"南方山谷中，寝其皮辟瘟，图其形辟邪"。又说"此兽食铁与铜，不食他物"。当然实际情况并非如此。但貘喜水善泳，故说貘皮能隔潮还是对的。《白氏六帖》引《广志》："貘

1

2

3

4

图 4-4 饰貘形的铜器
1. 西周貘尊，陕西宝鸡茹家庄 2 号墓出土
2. 西周貘尊，山西绛县横水 2158 号墓出土
3. 东周貘尊，美国赛克勒氏藏
4. 西周铜卣，提梁两端与口沿下均饰貘首，山西曲沃晋侯墓地出土

1

2

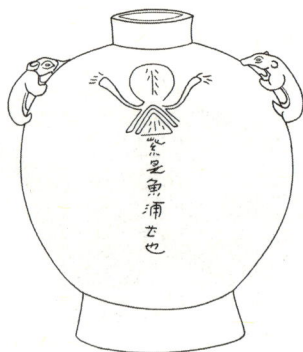

图 4-6　上虞窑貘钮青瓷扁壶
江苏金坛出土（右）

图 4-5　汉画像石中所见之貘
1. 山东平阴孟庄出土（左上）
2. 山东滕州西户口出土（左下）

大如驴……其皮温暖。"《旧唐书·薛万彻传》说："太宗尝召司徒长孙无忌等十余人宴于丹霄殿，各赐以貘皮。"或即着眼于此。但说貘能辟邪并专食铜铁，那就是神话了。貘是一种胆子很小的动物，根本没有多大的威力。其所以产生出这种传说，只能是由于此兽逐渐稀少，当时在我国北方可能已经绝迹，人们对它已不熟悉之故。这些说法早在晋·郭璞注《尔雅》时已见端倪，以后就说得更玄了。貘字的异体作貊，《酉阳杂俎》中称之为貊泽，说用它的脂肪做的油膏放在铜、铁、瓦器中，"贮悉透"，显然是无稽之谈。貊泽又作白泽。《唐六典·武库令·旗制》中有"白泽旗"。《新唐书·五行志》还说："韦后妹七姨嫁将军冯太和，为豹头枕以辟邪，白泽枕以辟魅。"竟把它视作神兽。可见在人们的认识中，神兽白泽与生物界的貘的距离已被越拉越远。不过从各书中一再指出的：貘色"黑白驳"（《尔雅》郭注）、"大如驴"（《白氏六帖》、《后汉书·西南夷传》李注引《南中八郡志》）、"象鼻"（《貘屏赞》）等特征看来，均与马来貘相合。故我国古代所说的貘，就是现代仍然生存在亚洲的马来貘；而不是像有的学者所主张的：古代说的貘是指熊猫而言[5]。到了宋代以后，文献中关于貘的记载更加零星、模糊而失实，大约这时在我国的土地上已经很难看到这种动物的踪迹了。

（原载《文物天地》1986 年第 5 期，收入本集时作了修改）

注释

[1]　本文草成后，获读林巳奈夫：《殷、西周時代の動物意匠に采られた野生動物六種》（载《展望アジアの考古学》，东京，1983）一文，看到林先生已指出这一点。参考他的意见，又对本文略作修改。

[2]　宝鸡茹家庄西周墓发掘队：《陕西省宝鸡市茹家庄西周墓发掘简报》，《文物》1976 年第 4 期。

[3]　山东省博物馆、山东省文物考古研究所：《山东汉画像石选集》图 496，齐鲁书社，1982 年。

[4]　宋捷、刘兴：《介绍一件上虞窑青瓷扁壶》，《文物》1976 年第 9 期。

[5]　黄金贵主编：《解物释名》页 125，上海辞书出版社，2008 年。

5　麒麟与长颈鹿

上古时代，东西方都有关于洪水的传说。在滔滔洪水面前，西方出现了挪亚的方舟。及至雨过天晴，彩虹高挂，一只衔着橄榄枝的白鸽飞来了。它报道了洪水消退的信息，它代表着重建新生活的前景。它是希望之光，和平之鸟。

而东方的大陆国家——中国，她的洪水则是夏禹采用疏导法、通过开挖沟渠慢慢引走的。在这里，在一望无际的黄土地上，孕育文明的大河是黄河，种植的粮食是金灿灿的粟米。这里朴实的人民缺少点西方的浪漫气质，却更需要在和平中建设自己的家园。作为象征物，他们创造了麒麟这样一个美好的形象。它是仁兽，和平之兽。

有关麒麟的传说出现在春秋时。这是一只黄色的，像鹿一样的动物。它是无比的驯良和善。它的头上生着独角，但角端包着肉。如《孝经·古契》说：麒麟如麕，"头上有角，其末有肉"（《初学记》卷二九引）。《公羊传》何休注也说麒麟"一角戴肉，设武备而不为害"。描述得更加详细的是陆玑《诗疏》，谓："麟，麕身，牛尾，马足，黄色，圆蹄。一角，角端有肉。音中钟吕，行中规矩。游必择地，详而后处。不履生虫，不践生草。不群居，不侣行。不入陷阱，不罹罗网。王者至仁则出。"简直把当时认为的各种美德全集中在它身上。它不仅像墨家那样讲兼爱，而且像儒家那样守礼法，像道家那样遗世独立、超脱凡尘。当然，自然界中并无这样的动物。所以韩愈说："角者，吾知其为牛；鬣者，吾知其为马；犬、豕、豺、狼、麋、鹿，吾知其为犬、豕、豺、狼、麋、鹿；唯麟也不可知。"[1]

可是自然界中并不存在的麒麟，在艺术品中却被表现得很具体。

如山东嘉祥东汉武氏祠画像石中的麟，头生独角，角端有一圆球，表示包在角端的一团肉（图5-1:3）。像侧榜题："麟，不刲胎，残少，则至。"这是根据所谓"天人感应说"题写的，如纬书《春秋感精符》就说："麟一角，明海内共一主也。王者不刲胎、不剖卵，则出于郊。"这种学说认为，世间有德行的贤明之君能感致祥瑞，如野生嘉禾、地涌醴泉、山出器车之类，麒麟的出现也是祥瑞的表征之一。不过历史上却没有谁真的看到过麒麟。相传孔子作《春秋》，绝笔于获麟，那么他应当见过麒麟了。但《公羊传》哀公十四年记此事时只说："有以告者曰：'有麇而角者。'孔子曰：'孰为来哉？孰为来哉？'反袂拭面，涕沾袍。"则孔子见到的仅是一只有角的小鹿，他的感慨可能是在借题发挥。后来汉武帝时也曾猎获一只被称为麟的动物，可是据《汉书·终军传》说，那只麟不过是"野兽并角"，《论衡·异虚篇》认为是"两角共抵"；也就是说，那是一只两个角并在一起的畸形之鹿。至于其他文献中有关获麟的记事，也大都不足深究。尽管如此，古文物中的麟却相当定型，它的包着肉球的独角，早在山西浑源李峪出土的战国铜器纹饰中就能见到（图5-1:1），以后在汉代画像石和铜器中，这样的麟一再出现（图5-1:2、4、5）。南北朝时期，麟的独角的形状稍有变化，其顶部勾曲翻卷而不再包肉，北魏神龟三年（520年）元晖墓志盖所刻五灵中的麒麟可以作为代表（图5-1:7）。不过这种变化首先发生在中原地区，边远地区如吉林集安三室冢壁画中的麟，虽然身躯之造型已呈南北朝时的格调，但角却保持老样子（图5-1:6）。到了唐代，麟的形象更加威武雄壮。它的高高耸起的独角这时呈现出流利强劲的曲线，它的身躯已经更接近马，而且经常表现为奔腾而不是静止的姿势。它的羽翼已经演变成肩膊上扬起的火焰。华鬣飘拂，骏足逸尘。这时麒麟已不仅是代表祥瑞的符号，而是唐代艺术家创造的有生命的美的精灵（图5-1:8、10）。这时麒麟并东渡到日本，在正仓院珍藏的唐象牙拨镂琵琶拨子、象牙尺、银钵等物上，都有它的形象（图5-1:9）。还有一些日本艺术家的作品，式样也大致相同（图5-2）。

　　宋以后，情况又发生了变化，这时人们常把牛产的怪胎称为麟，遂使它的造型又添上了新的特征。《元史·五行志》说："至大年，大

图5-1　麒麟（1.战国 2～5.东汉 6、7.南北朝 8～10.唐 11.宋 12.明）

1. 狩猎纹铜豆，山西浑源出土
2. 陕西绥德永元十二年王德元墓画像石
3. 山东嘉祥武氏祠画像石
4. 严氏杅，美国波士顿美术馆藏
5. 沂南画像石
6. 吉林集安三室冢壁画
7. 北魏神龟三年元晖墓志
8. 顺陵石麟
9. 银钵，日本正仓院藏
10. 唐大中九年王元逵墓志，河北正定出土
11. 宋元祐三年墓壁画，山西长治出土
12. 青花瓷盘，英国牛津东方艺术博物馆藏

图 5-2　日本正仓院藏
飞白体绘纸中的麒麟

同宣宁县民家牛生一犊，其质有鳞，无毛。其色青黄若麟者。以其鞟上之。"到了明代的嘉靖、万历年间，牛产麒麟的传说更喧腾一时，在《异林》、《空同子》、《新蔡县志》、《西平县志》、《丹徒县志》等处不乏记载，这些书中描写的牛产之麟，不是说它"遍身肉鳞"，就是说它"通体鳞纹"。因而宋、明以来刻画的麒麟也就体生鳞甲，形象变得和以前大不相同（图 5-1:11、12）。直到清代前期，牛产麒麟之事仍时有所闻（图 5-3）。

至于长颈鹿，进入历史时期后它只生存于非洲。宋代以前的中国人对它是不了解的。我国古文献中关于长颈鹿的记载最初见于南宋初李石的《续博物志》卷一〇，谓"拨拔力（Barbary，即东非索马里之柏培拉）国有异兽，名驼牛。皮似豹，蹄类牛，无峰，项长九尺，身高一丈余"。李石所根据的材料可能是从波斯方面辗转得来的，他所用的"驼牛"一名称，就是波斯的叫法。波斯语称长颈鹿为 ushtur-gāw，ushtur 是骆驼的意思，gāw 是牛。这个名称曾见于 10 世纪的阿拉伯作家马苏底（Masüdi）的作品中。

李石之后，关于长颈鹿的记载又见于赵汝适的《诸蕃志》（1225年）。赵汝适当时担任"提举福建市舶"之职，《诸蕃志》中的材料除因袭周去非《岭外代答》（1178 年）者外，大都是"询诸贾胡"而得来的。南宋时，在当时经营对外贸易的主要港口泉州居住着不少阿拉伯商人，

乾隆四年二月一日午時鳳陽府靈璧縣天產麒麟
麕身牛尾馬蹄五彩腹下黄一角二端有肉縣
宰即繪圖申報進
御覽　呈
東吳程致遠臨

图 5-3　清代牛产的
麒麟

图 5-4　明代被当作麒
麟的长颈鹿
1. 明·徐俌墓出土麒麟
　 褙子
2. 明成化二十一年所
　 绘麒麟图

所以《诸蕃志》中对阿拉伯一带的情况有一定了解。此书中的"弼琶罗国"（也是指柏培拉）条记该国产"借蜡"，"状如骆驼而大如牛，色黄，前脚高五尺，后低三尺。头高向上，皮厚一寸。"借蜡是阿拉伯语zurāfa（长颈鹿）的译音。有些阿拉伯语的研究者认为这是一个纯粹的阿拉伯字，是由阿拉伯语根 zrf（集合）衍生出来的，这是因为长颈鹿喜欢群居的缘故。而中国古文献中却说麒麟"不群居，不侣行"，独往独来，和长颈鹿的生活习性大相径庭。何况长颈鹿是著名的哑兽，即使在最危急的情况下也不叫一声，更不会像麒麟那么优雅地"音中钟吕"了。

活的长颈鹿在明永乐时才输入中国，这是郑和远航的一项收获。但在郑和的随员巩珍所著《西洋蕃国志》（1434年）和马欢所著《瀛涯胜览》（1451年）中，都把长颈鹿叫作"麒麟"。法国汉学家费琅（G. Ferrand）以为这种叫法是直接从索马里语 giri 译出来的。此说从之者颇多，然而却不足信。因为巩珍、马欢等人都说"麒麟"产于阿丹国（即亚丁），并说那里通用阿拉伯语；既然如此，那么当地就不会用 giri 称长颈鹿。而且据郑和等在娄东刘家港天妃宫所刻的《通蕃事迹记》与在福建长乐南山寺所刻的《天妃之神灵应记》二文，都说"永乐十五年统领舟师往西域……阿丹国进麒麟，番名祖剌法，并长角马哈兽"。可见此次出洋诸使臣所听到的长颈鹿的"番名"确为阿拉伯语祖剌法，即 zurāfa。至于他们之所以要把长颈鹿和麒麟附会到一起，那是因为一来麒麟在古文献中的记载本来就含含糊糊，如所谓"麕身、牛尾"等形状，可容长颈鹿比附。二来麒麟是有名的瑞兽，它的到来表明上有仁君。出洋诸臣能从远方赍致此物，当然是一件不小的功绩。而这样的效果也果然起到了。明代大朝会时，就曾将长颈鹿当作麒麟陈于殿庭。明·祝允明《野记》中说，正统间每次燕享，"近陛之东西（陈）二兽，东称麒麟，身似鹿……颈特长，殆将二丈"。颈长二丈云云，虽不免夸张，但此兽是长颈鹿无疑。又明·谢肇淛《五杂组》卷九说："永乐中曾获麟，命工图画，传赐大臣。余尝于一故家见之。其身全似鹿，但颈特长，可三四尺耳。所谓麕身、牛尾、马蹄者近之。与今所画，迥不类也。"如果当时郑和等奏报，这种兽是与麒麟并无关系的祖剌法，恐怕是不会这样耸人听闻的。试看由阿丹国与长颈鹿一同得来的"长角马哈兽"（非洲大羚羊）就寂寂无闻，便是明证。

明初所绘之长颈鹿图如上引《五杂组》中所提到的，想必不止一件。而明代东南亚和西亚诸国赠送所谓"麒麟"之举也不止一次（见《明史》卷三二五、三二六、三三二等处）。因此，这类图画有的尚保存至今（图 5-4:2）[2]。有意思的是近年在南京发掘了明·徐达五世孙徐俌夫妇墓，所出官服上的"麒麟褙子"竟然绣的也是一只长颈鹿（图 5-4:1）[3]。可见用长颈鹿充当麒麟，在明代确已得到官方的正式承认。明代人见到了长颈鹿，他们绘制的长颈鹿遂惟妙惟肖，拿它和明代以前的麒麟图像相比较，则二者指的并非同一种动物，便不难得出清楚的结论了。

（原载《文物丛谈》，文物出版社，1991 年）

注释

[1] 韩愈：《韩昌黎集·进学解》。

[2] 有一张传说是明·沈度画的长颈鹿，乃是赝品。此图是根据《古今图书集成·禽虫典》的附图摹绘而成，唯在长颈鹿身上加了些莫名其妙的锯齿纹。《图书集成》那张图出自南怀仁《坤舆图说》，而《坤舆图说》则系摹自陶普歇尔（E. Topsell）《四足兽的历史》（1607 年）一书中的插图；其原图是 Melchior Luorigus 于 1559 年在君士坦丁堡画的（关于陶普歇尔之书，见 B. Laufer, *The Giraffe in History and Art.*）。只要把这几种材料放在一起加以比较，临摹的来龙去脉便不难立辨。

[3] 南京市文物保管委员会、南京市博物馆：《明徐达五世孙徐俌夫妇墓》，《文物》1982 年第 2 期。

6　猎　豹

古代用于助人狩猎的动物世所熟知者是鹰、犬。东坡词："老夫聊发少年狂，左牵黄，右擎苍。"其所谓苍、黄，即指苍鹰与黄犬。但此外古人还曾使用猎豹。这种做法最早出现在古埃及。但就亚洲而言，研究者认为猎豹是印度孔雀王朝瓶沙王（频毗娑罗王〔Bimbisāra〕，约前 543—前 491 年在位）首先驯养成功的[1]。猎豹比普通豹子小，它的头顶、颈部和脊部生有蓝灰色的毛；腹部以上呈土黄色，分布着黑色的小斑点；下腹部泛白色。颜面自眼角以下有黑色条纹。猎豹身长约 140 厘米，体重仅 50 至 60 公斤，但奔跑的速度可达每小时 100 公里。在狩猎时它不是跑直线，而是左右折旋，跑出"之"字形，使猎物很难逃脱它那与一般猫科动物不同的、只能半伸缩的尖爪子。

北印度驯养猎豹获得成功的时间相当我国春秋战国时，而目前所知中国古代使用猎豹的史料只能上溯到西汉。江苏徐州狮子山楚王刘戊墓（前 154 年）出土的石猎豹，长 23.5、高 14.3 厘米，呈伏卧状（图 6-1）[2]。就功用而论，它大约是一组石镇中的一件，因为其身姿与山西朔县 GM187 号西汉墓所出四件一组之铜豹镇的式样极相近，虽然前者比后者大得多[3]。这一点大约与墓主作为诸侯王的高贵身分有关。狮子山石猎豹的体形雕得较肥硕，未能把它的生理特点充分反映出来，但其颈部系有一条饰以南海所产货贝的项圈。在战国与西汉时，饰货贝之带名"贝带"，是当时的名品。《淮南子·主术》："赵武灵王贝带、鵔鸃而朝。"《史记·佞幸列传》："故孝惠时，郎、侍中皆冠鵔鸃，贝带，傅脂粉。"鵔鸃冠即鷸冠，是武士戴的，故系贝带亦应为武士的装束。陕西咸阳西汉阳陵 20 号从葬坑所出武士俑的腰带

图 6-1 江苏徐州狮子山西汉墓
出土石猎豹

上饰贝二行[4]。狮子山楚王墓所出装金带头的腰带上饰贝三行[5]。从画像石看，不少汉代王侯头戴武弁；系贝带正可以和此种装束相搭配。石猎豹上既然雕出饰贝的项圈，则不仅表明它已被驯养，也表明它是追随武士驰骋田野"演习军容"时之狞猛的扈从。

汉代驯养猎豹的材料不仅狮子山一例。湖北江陵凤凰山 168 号墓是一座西汉前期的墓葬，根据所出竹牍上的纪年，入葬的时间为前 167 年，比狮子山楚王墓早十三年。此墓出土的一件大漆扁壶上绘有七只豹，体形均瘦长，奔跃腾越，异常精悍（图 6-2）[6]。这几只豹的颈部有的画出两道横线，应代表项圈。以前对于它们为什么戴项圈感到不解，对照上述狮子山出土物，可知所表现的也是猎豹。而且它们都画出很长的尾巴，正符合猎豹之尾长达 75 至 80 厘米（接近身长五分之三）的特点。故不晚于前 2 世纪上半叶，我国确已驯养猎豹。

汉以后，有很长一段时间史料中罕见其踪影，至唐代，才又出现了有关猎豹的文物和文献记载。唐中宗的长子李重润，于大足元年（701 年）为武则天杖杀。中宗即位后，追赠皇太子，谥懿德。神龙二年（706 年）将其棺椁自洛阳迁葬陕西乾县，陪窆乾陵。懿德墓第一过洞东西两壁的壁画中分别绘出牵猎豹的男侍，所牵之豹头圆而短，长腿锐爪，但图中的豹尾画得不够长（图 6-3）[7]。它们也系有项圈，连接项圈的绳索握在牵豹人手里；从而可知上述汉代猎豹之项圈也是供牵豹用的了。

在懿德墓壁画中，几只猎豹和牵豹人排成一行，鱼贯而前，画面

图 6-2　湖北江陵凤凰山西汉墓出土七豹纹漆扁壶

图 6-3　陕西乾县唐懿德太子墓壁画中的牵猎豹者

图 6-4　西安市新筑乡唐金乡县主墓出土狩猎俑群

比较安详。而在西安东郊灞桥区唐金乡县主墓内，猎豹却出现在一队
骑马狩猎俑当中（图 6-4）。此墓的西壁龛里共出狩猎俑六件，其中二
人臂鹰，一人携犬。还有两匹马在鞍后铺圆垫，一匹马的垫子上立一
猞猁，另一匹的垫子上蹲伏猎豹。这只豹目光炯炯，后腿竖起，耸尻敛
肩，仿佛随时将一跃而下，较之平面的壁画就生动得多了（图 6-5）[8]。
第六匹马后驮一死鹿，当是其猎获之物。这组陶俑中的人物各踞鞍顾
盼，姿势互不相同，然而表情皆真率自如，无矫揉造作之态。携猎豹
者回身侧首，与垫上之豹的目光聚于一处，虽然作为随葬的陶俑，受
到制度的约束，陶马皆作四足挺立状，但由于处理的手法高妙，仍觉
得其中饱含精气，紧张的场面似一触即发，使整组陶塑看起来洋溢着
磅礴英风。金乡县主下葬于开元十二年（724 年），与被誉为出三彩极
品的西安南何村开元十一年鲜于庭诲墓只晚一年，正处于唐代三彩工
艺鼎盛的时期。这组狩猎俑与前者相较，精致的程度虽略逊，恣肆雄
豪则有余，无疑也是当时的杰作。

　　金乡县主墓狩猎俑所携猞猁，又名猞猁狲，活体体长 95 至 105 厘
米，尾长 20 至 31 厘米，是一种猫科的小猛兽，但也可以驯养成助猎的
动物（图 6-6）。《帕木儿武功记》中说瓶沙王驯养这些动物的情况是：

图 6-5　金乡县主墓出土携猎豹骑俑

图 6-6　金乡县主墓出土携猞猁骑俑

由于长期观察森林中的野兽，他选中了猞猁狲和猎豹，他在荒凉的地方以陷阱捕获了它们，训练它们为自己狩猎[9]。

鉴于瓶沙王的时代在前，所以我国在狩猎中使用猎豹和猞猁的作法大约曾受到西方的影响。懿德墓壁画之牵豹人与金乡县主墓狩猎俑中都有深目高鼻的胡人，可以作为旁证。《唐会要》卷九九"康国"条说："开元初，屡遣使献锁子甲、水精杯及越诺侏儒人、胡旋女子兼狗、豹之类。"同书同卷"史国"条说："开元十五年，其王阿忽必多延屯遣使献胡旋女子及豹。"据《册府元龟》记载，安国在开元十四年、米国在开元十七年也曾向唐廷献豹。当时负责接受和管理"蕃客"贡物的鸿胪寺，乃将"鹰鹘狗豹"划作一类（《新唐书·百官志》）；豹既然与鹰犬为伍，无疑指猎豹。而当中亚各国纷纷向唐廷献猎豹之时，正与金乡县主墓的年代相若，所以此墓所出狩猎俑中之豹的造型也有以上述贡品为蓝本的可能。

不过，有的记载透露，我国似乎也有可能在本土捕获过猎豹。唐·卢纶《腊日观咸宁王部曲娑勒擒豹歌》中说：

前林有兽未识名，将军促骑无人声。

潜形蜿伏草不动，双雕旋转群鸦鸣。

阴方质子才三十，译语受词蕃语揩。

舍鞍解甲疾如风，人忽虎蹲兽人立。

欻然扼颡批其颐，爪牙委地涎淋漓。

既苏复吼拗仍怒，果叶英谋生致之[10]。

诗中描写的是一位"阴方质子"赤手生擒一豹的过程，这位壮士据傅璇琮先生考证："当是浑瑊的部将白娑勒，参见《通鉴》卷二三二，贞元三年正月条。"[11]白娑勒擒获的豹可能不是一般的金钱豹或云豹，因为卢诗下面说：

祝尔嘉词尔毋苦，献尔将随犀象舞。

苑中流水禁中山，期尔攫搏开天颜。

既然这只豹能和犀、象一样被驯养，还能攫搏猎物使"天颜"愉悦，就很像是猎豹。当然，后面这几句诗到底是实录还是虚拟，目前只能存疑了。

辽代也使用猎豹。北宋·宋绶《上契丹事》中说，他于天禧年间使辽时，见到辽圣宗在木叶山（今内蒙古哲里木盟通辽市西辽河上的莫力庙水库附近）捺钵，"尝出三豹，甚驯，马上附人而坐"[12]。

使用猎豹之风至元、明时仍未绝迹。《马可波罗行记》说，忽必烈汗狩猎时，"在马的后座上带着一头或几头豹子，当他看中什么野物，他就放豹捕捉"。台北故宫博物院藏元·刘贯道于至元十七年（1280年）所绘《元世祖出猎图》，反映的正是上述出猎时的情景。图中的忽必烈汗率九骑在旷漠中行猎，其中有蒙古人、色目人和昆仑人，他们有的执旗，有的执麾，有的执骨朵，有的引弓、臂鹰或携猎豹（图6-7）。此豹也蹲踞在马尻部的垫子上，和金乡县主墓所出携猎豹俑的配置并无大殊。与前不同的是，此豹系络头而无项圈，并另有

图 6-7 《元世祖出猎图》中所见携猎豹者

一条带子通过两腋结于背部，似乎对这只珍兽的控制更加严格。掌管猎豹的骑者，背曳阔檐尖顶帽，昂首仰面，其人秃顶，蓄黄色络腮胡子，应是色目人。元·杨允孚《滦京杂咏》中有一首诗说：

> 撒道黄沙辇路过，香焚万室格天和。
> 两行排列金钱豹，钦察将军马上驼。

把驼在马上的豹叫作金钱豹，遣词不甚严格。《元史·泰定帝纪》载，泰定元年"诸王怯别等遣其宗亲铁木儿不花等奉驯豹、西马来朝贡"。又《元史·速哥传》说，速哥之孙天德于思"督造兵甲，抚循其民……帝闻而嘉之，赐驯豹名鹰，使得纵猎禁地"。其所称驯豹才是猎豹。元·耶律

图 6-8　明正德豹房勇士铜牌
中国国家博物馆藏

楚材《扈从冬狩》诗云："壮士弯弓殒奇兽，更驱虎豹逐贪狼。"自注：
"御闲有驯豹，纵之以搏野兽。"亦称猎豹为驯豹，则《滦京杂咏》中
说的金钱豹也有可能是指猎豹。元之钦察汗国又名金帐汗国，领土广
袤，但中亚与南俄一带实为其腹心之地，故诗中之"钦察将军"指的
也应是元代的色目军人，这就又和《元世祖出猎图》中描绘的情况相
一致了。

　　明代的汉文文献中没有明确提到猎豹。但在波斯文文献契达伊
（Khitayi）的《中国志》（成书于 1500 年前后）中，曾说："在（明朝
皇帝的）第五道官院内，他们看养着一些狮子、豹子、猎豹、猞猁狲
以及吐蕃狗。"[13]书中将豹子和猎豹并列，二者区分得很清楚，显然
不致引起误会。明代宫廷豢养动物之处有虎城与豹房。据朱国桢《涌
幢小品》所记，豹房内只有"土豹七只"，而武宗的西苑豹房内则"蓄
文豹一只"[14]。所谓文豹，在元泰定四年西番王所献贡品名单中出现
过，以文豹与西马并列。考虑到泰定元年怯别的贡品中是以驯豹与西
马并列的，则此文豹当即彼驯豹亦即猎豹。那么契达伊在明朝宫苑中
所见之猎豹，可能也就是西苑豹房中的这只"文豹"。不过除了文豹之
名外，明代文献中的驯豹、玄豹以及所谓西域金钱豹指的也可能是猎
豹，所以只从文字出发尚不足以说得清楚。中国国家博物馆藏有明正

德年间铸造的豹房铜牌，正面铸豹一只，其上有"豹字九百五十五号"铭文，是"养豹官军勇士"出入豹房的凭证（图6-8）。此豹之尾极长，体形亦不类当时称作土豹的短尾猞猁，故无疑是猎豹。从而明代仍然驯养猎豹的史实，也就可以被确认了。

（原载《收藏家》1998年第1期，

收入本集时作了修改）

注释

[1]　阿里·玛扎海里：《丝绸之路：中国—波斯文化交流史》，耿升译本，中华书局，1993年。

[2]　王恺、邱永生：《徐州西汉楚王陵考古发掘侧记》，《中华文化画报》1993年第3/4期。

[3]　平朔考古队：《山西朔县秦汉墓发掘简报》，《文物》1987年第6期。

[4]　陕西省考古研究所：《汉景帝阳陵南区从葬坑发掘第二号简报》，《文物》1994年第6期。

[5]　同注 [2]。

[6]　纪南城凤凰山168号汉墓发掘整理组：《湖北江陵凤凰山一六八号汉墓发掘简报》，《文物》1975年第9期。

[7]　陕西省博物馆等：《唐懿德太子墓发掘简报》，《文物》1972年第7期。

[8]　西安市文物管理委员会：《西安唐金乡县主墓清理简报》，《文物》1997年第1期。

[9]　同注 [1]。

[10]　《全唐诗》五函二册。

[11]　傅璇琮：《唐代诗人丛考》页485，中华书局，1980年。

[12]　李焘：《续资治通鉴长编》卷九七。

[13]　同注 [1]。

[14]　叶祖孚：《西苑豹房也养豹》，《故宫博物院院刊》1989年第2期。

7 金丝猴

中国家喻户晓的"金猴"首推齐天大圣孙悟空，但那是《西游记》里的神话。现实中最珍稀的猴类则是金丝猴。它是我国的特产动物，分布在四川、陕西、湖北、云南和贵州等地，分为川金丝猴、滇金丝猴和黔金丝猴三种，体态大同小异。其中，川金丝猴的毛色非常亮丽，自颈背到尾基部均有金黄色长毛从黑褐色的绒毛中探出来，毵毵披拂，长度可达 30 厘米。动物学家说，透过树丛远远看去，它像穿了一件金光灿烂的斗篷，俨然是猴中的贵族（图 7-1）。齐天大圣虽号称"美猴王"，但在《大唐三藏法师取经诗话》中却把它叫作"花果山紫云洞八万四千铜头铁额猕猴王"，所以孙悟空代表的仍属猕猴。猕猴即俗称之毛猴，不仅毛色凡庸，长相亦与金丝猴不同。金丝猴头圆耳短，滇金丝猴与黔金丝猴均生有肥厚的红唇（图 7-2）。而猕猴几乎看不到嘴唇，下颏也瘦，常被讥为尖嘴猴腮。金丝猴没有颊囊；猕猴却有，说明它吃起东西来一味贪馋，孙悟空偷蟠桃的场面正表现出猕猴本色。金丝猴鼻骨深度退化，形成上仰的鼻孔，故又名仰鼻猴。猕猴的鼻子虽扁，然而不仰。猕猴尾短，金丝猴却有长尾，一般比躯干还要长些，它们在树丛间凌空跳踯时，长尾巴有助于保持身姿的平衡。

金丝猴既然是我国的特产动物，自应古已有之，古文献中所称之蜼就是它。《尔雅·释兽》："蜼，仰鼻而长尾。"郭璞注："蜼似猕猴而大，黄黑色。尾长数尺，似獭尾，末有歧。鼻露向上，雨即自悬于树，以尾塞鼻，或以两指。"说蜼比猕猴大，符合实际情况，因为猕猴体长不超过 60 厘米；金丝猴可达 83 厘米，而且四肢粗壮。仰鼻、长尾、黄黑色，更是金丝猴的特点。但说它"以尾塞鼻"则纯属想象。可是

图 7-1 川金丝猴（左）
图 7-2 滇金丝猴（右）

这一想象之词，却使金丝猴在历史上曾长期扮演成一个头戴光环的角色；当然，其中也夹杂着不少误会。

大家知道，周代重视祭祀，礼数至繁，如所谓"天燎地瘗，星明辰布，山县水沉，风磔雨升"等[1]。但周天子在宗庙里祭祖先的仪式更为隆重，有肆献、馈食、祠春、礿夏、尝秋、烝冬之六享。由于典礼复杂，祭器的品类亦多，祼礼中以酒灌地降神时所用祼器的形制尤其特殊。"春祠夏礿，祼用鸡彝鸟彝，其朝践用两牺尊，其再献用两象尊。……凡四时之间祀，追享朝享，祼用虎彝、蜼彝"[2]。规定得十分明确。"国有大礼，器用宜称"，这件事古人从来都认为马虎不得。

牺、象二尊和虎、蜼二彝都冠以动物之名，应当是做成动物形的器物。出土物中这类铜器较常见，习惯上都称作尊，如象尊、虎尊、牛尊、猪尊、驹尊、貘尊、兔尊、鸟尊等，不胜枚举。那么，把古文献中的牺尊、象尊、虎彝与这类器物相对应，自然是顺理成章的事（图 7-3:1～3）。但问题卡在蜼彝上，因为从来未见过金丝猴形的礼器。其实蜼彝之蜼乃是一个假借字。《周礼·司尊彝》郑玄注引郑司农曰：蜼"或读为'公用射隼'之隼"。《说文·鸟部》："隼或鵻字也。"则上述蜼彝之蜼字实应作鵻，即鹰隼之隼。孙诒让《周礼正义》引俞樾云："虎彝、隼彝，皆取其猛。《司常》：'掌九旗之物，熊虎为旗，鸟隼为旟。'彝之有取于虎、隼，犹之乎旗、旟矣。"这个解释看来是合理的，因为出土物中

图7-3 周代的动物形酒器
1. 象尊
2. 牺尊
3. 虎尊

正有不少猛禽形的铜尊，蜼彝即雎彝指的或应是它（图7-4）。

　　说到这里，就祭器而言，与金丝猴似乎已经没有多少关系了。但蜼被认为在雨天懂得以尾塞鼻，遂成了"有智"动物的代表。不知为何，中国古代对天雨入鼻相当重视。《左传》僖公二十一年："夏大旱，公欲焚巫、尪。"杜预注说尪是"瘠病之人，其面向上。俗谓天哀其雨，恐雨入其鼻，故为之旱"。蜼既知塞鼻防雨，避免引起天哀而致旱，足见智慧超群，地位自非寻常禽兽可比，所以制礼器时总有人念念不忘它的形象。不过另一派礼家主张，牺尊与象尊并非如上所述，而是"于尊腹上画为牛、象之形"[3]。郑玄也说："鸡彝、鸟彝谓刻而画之为鸡、凤凰之形。"即仅在器腹饰牛、象、鸡纹，整件器物并不做成一只动物的造型；从而蜼彝也被说成是在腹部刻画出金丝猴纹样的彝。曹魏时，"善贾（逵）、马（融）之学而不好郑氏（郑玄）"的王肃提出不同看法，他说："（魏明帝）太和中，鲁郡于地中得齐大夫子尾送女器，有牺尊，以牺牛为尊；然则象尊，尊为象形也。"[4]萧梁时的刘杳就此补充说：

图 7-4 雕彝

"晋永嘉，贼曹嶷于青州发齐景公冢，又得二尊，形亦为牛、象。二处皆古之遗器，知非虚也。"[5] 但他们的正确意见得不到支持。存世之最古的《三礼图》为北宋·聂崇义编绘，被评为"礼图之近古者，莫是书若也"；可是书中之蜼彝和象尊的图像悉遵郑注，连蜼为雌之假字的意见也视若无睹，仍在罐盂之类容器的腹部刻画猴、象之形，与出土实物毫无共同之处（图 7-5）。可是直到近代考古学兴起以前，传统的错误看法始终占据上风。清代的大学问家段玉裁甚至也理直气壮地指斥道："王肃、刘杳不知此，乃云'牺、象二尊形如牛、象'，真妄说耳。"

虽然在汉代以后，即便是仅仅刻出金丝猴纹样的蜼彝在出土文物中也未曾见过，大概真正用到的机会不多，可是它却通过另外的渠道被推到极高的位置。今本《尚书·益稷篇》中有"予（指舜）欲观古人之象，日月、星辰、山龙、华虫，作会、宗彝，藻火、粉米、黼黻、绨绣，以五采彰施于五色作服"的话。《益稷篇》虽包括在《皋陶谟》内，是伏生所传二十八篇之一，但这段关于十二章的说法却显然是后人窜入的。周金言锡衣，仅及"黹"、"衮"之饰，没有如此繁复的图案，更不要说虞舜之时了。清人黄山说："十二章，经无明文。班、马以前，史亦不著。"[6] 十二章之说是郑玄最先明确提出的，他将《益稷篇》中列举的形象分作十二组，定为十二章（图 7-6）[7]。由于儒家学说受到尊崇，人们对于经典中的条文不敢轻易怀疑，所以从东汉以后，十二章遂成为皇帝礼服上的纹章，一直沿用到明清。而其中的"宗

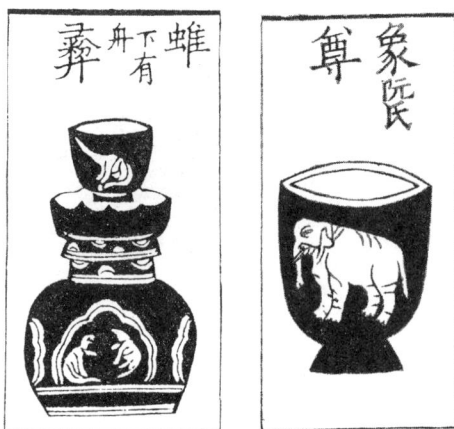

图 7-5 《三礼图》中的
"蜼彝"与"象尊"

图 7-6　明代的"十二章","宗彝"右侧的器中画金丝猴,据《三才图会》

彝"，就以晚出的礼家所说之虎彝、蜼彝的图像充当。在皇帝的礼服上，蜼即金丝猴饰于彝（即器）表，翘着长长的尾巴，和日月星辰、山龙华虫一道，组成代表最高统治者之无上权威的徽识（图7-7）。

回到现实生活，金丝猴可就没有这么幸运了。"蜼"这一古老的名称渐不通用；三国时，万震所撰《南州异物志》中称之为"果然"。书中说："交州以南有果然兽，其鸣自呼。身如猿，犬面，通有白色。其体不过三尺，而尾长四尺余，反尾度身，过其头。视其鼻，仍见两孔，仰向天。其毛长，柔细滑泽，……集十余皮，可得一褥，繁文丽好，细厚温暖。"同时代之钟毓的《果然赋》中也说它："肉非嘉肴，惟皮为珍。"说明这时人们开始注意上果然即金丝猴的皮毛。到了唐代，颜师古在《子虚赋》的注中说：猱皮"即今所谓狨皮，为鞍褥者也"。宋代陆佃的《埤雅》也说："狨盖猿狖之属，轻捷善缘木，大小类猿，长尾，尾作金色，今俗谓之金线狨。"狨即猿猱之猱的音转，而现代所称金丝猴之名，又是从金线狨演变来的。它的皮在唐代已用作鞍褥，此风至宋代而大盛。"狨座"，或曰"狨毛暖坐"，成为备受重视的珍物。

令人惊异的是，宋代开始把官员用狨座定成制度。叶梦得《石林

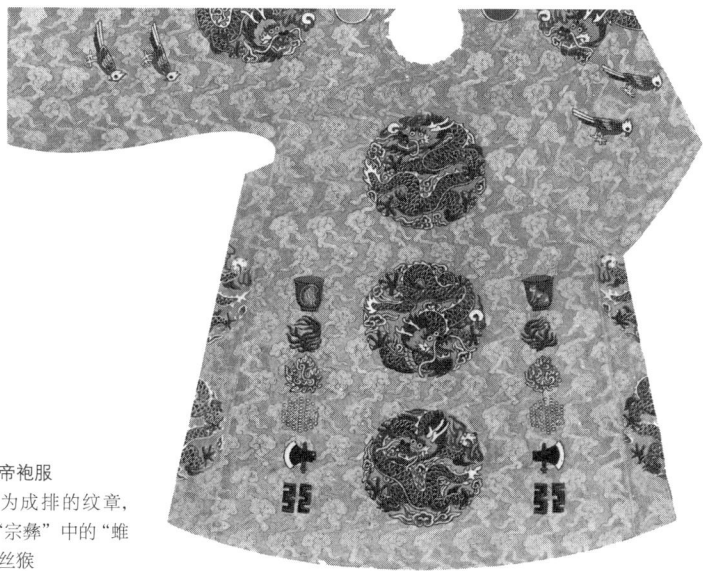

图 7-7　明代皇帝袍服
图中下襟两侧为成排的纹章，左侧居首者即"宗彝"中的"蜼彝"，器上饰金丝猴

燕语》说："从官狨座，唐制初不见。本朝太平兴国中始禁，工商庶人许乘乌漆素鞍，不得用狨毛暖坐。天禧中，始诏两省五品宗室以上，许乘狨毛暖坐，余悉禁。"所谓禁，其实是抬高它的地位，使得在允许使用之范围内的官员无人不备。此制于北宋开创后，为南宋所因袭。"乾道九年重修仪制，权侍郎、大中大夫以上及学士、待制，经恩赐许乘狨坐。三衙、节度使曾任执政官亦如之"[8]。它成了高官之大可夸耀的仪饰。陆游曾提到官场中有这样的谚语："横金（腰系金带）无狨鞯，与阁门舍人等耳。"[9]这时制一狨座，与《南州异物志》所记"十余皮"制一褥的标准又不同了。朱彧《萍洲可谈》说："狨似大猴，生川中，其脊毛最长，色如黄金。取而缝之，数十片成一座，价直钱百千。"制一袭狨座竟要用数十只金丝猴的皮。金丝猴智力较高，同类间感情较深，"死不相弃遗"。明·曹学佺《蜀中广记》说："得一猱然，则数十可得。盖此兽不忍伤其类，虽杀之不去，兽状而人心者也。"明·陈继儒《偃曝谈余》中也说，捕得母狨后，剥下皮来向着其子鞭打，幼狨遂从树间悲啼而下，伏卧母皮上，束手就擒。在官员们对狨座趋之若鹜的年代中，滇黔川陕一带的深山密林里，不知曾多少次响起金丝猴凄栗的绝叫。

狨座与狨皮褥子或椅垫不同。台北故宫博物院藏有一对金丝猴皮椅垫（图7-8），张临生先生曾著文介绍。他认为狨座就是椅垫，称："宋朝所制的狨座考究非常，取柔长如绒，色如黄金的狨背脊部分的毛皮，以数十块连接缝制为椅座。"并说台北故宫博物院之椅垫"乃沿袭两宋以来文、武高官显宦方可乘用的狨座传统所制"[10]。按此说不确。

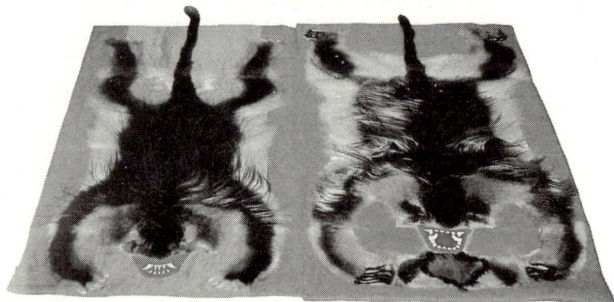

图 7-8 金丝猴皮椅垫
台北故宫博物院藏

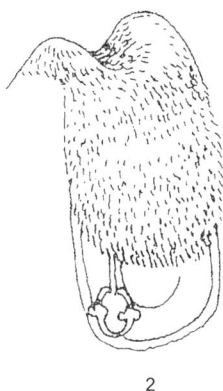

图7-9　宋人《春宴图》中覆狨座的马（1），与此图中另一匹马上的狨座（2）

狨座不是椅垫，而是铺在马鞍上的。《宋史·舆服志》将狨座归入"鞍勒之制"中叙述，已足为证。宋·文同《谢夏文州寄金线狨》诗说："天地生奇兽，朝廷宠近臣。覆鞍须用此，投网为何人。"宋·黄庭坚《从时中乞蒲团》诗也说："君当自致青云上，快取金狨覆马鞍。"可见它分明是覆鞍用的。在唐代，颜师古虽曾提到狨皮鞍褥，但鞍褥亦可理解为鞍下之鞯，甚至混同于障泥。唐代人确有使用虎皮或豹皮障泥的风尚，诗文与陶俑中多次见到。然而狨座和障泥之类完全不同，它不是垫在鞍下而是覆在鞍上的，外观有点像鞍袱或鞍帕，宋人《春宴图》中将狨座表现得很清楚（图7-9）[11]。它在冷天使用，"每岁九月乘至三月"。从图中看，此物在暑季的确用不上，这也就是它为什么又名"狨毛暖坐"的缘故。

金丝猴在历史上的命运真够坎坷。人们一方面视之为有智慧的通灵之兽，用它的形象作为尊贵甚至神圣的象征，另一方面却为了获取其皮毛而无情地猎杀；既荣登华衮又打入炼狱。如果说狨就是经典中所称之蜼，在某些场合中可能会出现令居高位者为之尴尬的场面，所以这两个名字遂形同参商，彼此回避，从不相提并论。至于当时的学者对此是真不知道还是装不知道，就无从揣测了。

（原载《文物天地》2002 年第 11 期）

注释

［1］ 《公羊传》僖公三十一年何休注。

［2］ 《周礼·春官·司尊彝》。

［3］ 《诗·鲁颂·閟宫》孔颖达正义引阮谌《礼图》。

［4］ 同注［3］。

［5］ 《梁书·刘杳传》。

［6］ 《后汉书集解》志三〇引。

［7］ 《周礼·春官·司服》郑玄注。

［8］ 《宋史·舆服志·鞍勒之制》。

［9］ 陆游：《老学庵笔记》卷八。

［10］ 张临生：《狨座》，《故宫文物月刊》总 21 期，1984 年。

［11］ 北京故宫博物院藏宋人《春宴图》，见《中国绘画全集》卷五，图版 120，浙江人民美术出版社／文物出版社，1999 年。

8 历史上的唐三彩骏马

大自然于亿万斯年的时间长河中，在地球上创造了无数生灵。但是动物界里哪个也未能像马那样，将英武和勤劳、剽悍和驯良结合得如此完美。马是人类忠实的朋友和勇敢的伙伴。"所向无空阔，真堪托死生。骁腾有如此，万里可横行！"

我国的马是自行驯养的，甘肃永靖距今3700多年前的齐家文化遗址中已出马骨，可见这时的先民已知养马。不像古埃及的马，要由喜克索斯人传入；古代日本的马，要由所谓骑马民族传入；更不像新大陆的马，要等到16世纪才由欧洲人用船运去。我国新石器时代中，马骨出的不多，这时养马作何用，还难以确切回答。可是到了商代，马和车已经结合起来。考古工作者在商代车马坑中剥出了完整的车和马，显示出我国古车之科学而严谨的结构和与世界其他地区完全不同的一套独特的系驾法。当以车战为主要战斗形式的年代里，马开始崭露头角。然而随着"操吴科兮披犀甲，车错毂兮短兵接"，也会出现"凌余阵兮躐余行，左骖殪兮右刃伤"的情况。那些拉着车子、行动不能自主的马，在战场上的命运是很悲壮的。它们是车的一部分，历史尚未承认其独立的存在。商代造型艺术中所见之马，无论是山西灵石旌介1号商墓出土铜簋外底上铸出的马纹，或陕西延安甘泉下寺湾出土的商代铜马，都是头大腿短，还带着几分普氏野马的模样（图8-2），甚至曾被误认为骡（图8-1:1、2）[1]。西周时，如陕西眉县李村出土的"驹尊"，以及山西天马—曲村晋侯墓地63号墓出土的玉马，也和上述商马的造型基本相同（图8-1:3、4）[2]。根据铭文，"驹尊"是作器者盠陪同西周懿王行"执驹礼"时，因受赐两驹而铸，其造型

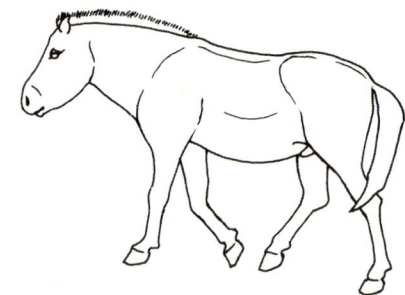

图 8-2　准噶尔盆地卡拉麦里
自然保护区里的普氏野马

图 8-1　商代至西汉前期的马
1. 商代马纹，山西灵石出土铜甗底
   外所铸
2. 商代铜马，陕西延安甘泉下寺湾
   出土
3. 西周，盠驹尊
4. 东周玉马，山西曲沃晋侯墓出土
5. 东周铜马，湖北枣阳九连墩出土
6. 西汉漆马，四川绵阳双包山出土

无疑应取法当日的良马，却仍然跳不出头大腿短的模式。穆王八骏
的名气很大，也不过如《拾遗记》所说，是套在主、次两辆驷马车
上的服马和骖马，被御手造父等人赶着"按辔徐行"而已。战国和
西汉前期的马俑，如湖北枣阳九连墩出土的铜马、四川绵阳双包山
出土的漆马，虽然都是些文物精品，都亟力想表达出骏马的雄姿，
无奈受制于马种之特征的局限，使这些造型在今天看来颇难赞一词
（图 8-1:5、6）[3]。后世那类骐骥骅骝，当时的艺术家尚无缘寓目。

　　良马的性能有时与国家的命运攸关。战国时骑兵开始投入战场，赵
武灵王首倡胡服骑射；可是赵国未曾给后世留下其骑兵的形象资料。现在
能看到的战国骑兵是陕西咸阳塔儿坡出土的秦彩绘陶骑俑。骑者戴弁着深
衣，跨在光背马上，装备相当原始（图 8-3:1）[4]。1965 年，咸阳杨家湾发

图 8-3 秦（1）与西汉（2）
的骑兵
1.陕西咸阳塔儿坡出土
2.陕西咸阳杨家湾出土

现了十一个兵马俑坑，其中有六个骑兵俑坑，当时以为是周勃或周亚夫之墓的陪葬坑，后知实为汉高祖长陵的陪葬坑，所以这些骑俑应代表汉初国家级的骑兵部队。他们的着装与塔儿坡秦骑俑并无大殊；战马仍然是头大颈粗的那种类型，只不过在背上加了鞍垫（图 8-3:2）[5]。当时西汉面临北方强敌匈奴的威胁和侵扰，自白登之围失利以后，文、景之世对匈奴一直采取低姿态。匈奴为游牧民族，娴于骑术，要想抵御他们，汉军必须拥有强大的骑兵。从而对禀赋优异的战马的需求，就凸显在汉朝的当政者面前。在被翦伯赞先生称为"很活泼、很天真、重情感的人物"，也是一位具备统帅和诗人气质的政治家汉武帝的指挥下，于以"马邑之谋"为标志的发动全面抗匈战争之前五年，就遣张骞出使西域。他的使命一是结好乌孙，"断匈奴右臂"；二是访求良马。乌孙在今伊犁哈萨克自治州一带，乌孙马即今哈萨克马的前身，外形与蒙古马相似，仅比蒙古马略高。得乌孙马后，汉锡之以嘉名曰"天马"。但武帝并不满足，又努力引进大宛马。《汉书·张骞传》说："得乌孙马，好，名曰天马。及得大宛汗血马，益壮。更名乌孙马曰西极马，大宛马曰天马。"大宛马的原产地在今土库曼斯坦的阿哈尔绿洲，今称阿哈尔捷金马，简称阿哈马。阿哈马矫健骏逸，体形修长，善于长途奔驰，曾创下 84 天跑完 4300 公里的纪录[6]。

由于对良马的高度重视，汉廷在长安城未央宫北阙处的鲁班门外

图 8-4　马种的改良
1. 陕西兴平茂陵 1 号冢陪葬坑出土的鎏金铜马
2. 阿哈尔捷金马（汗血马）

立了一座铜马。《后汉书·马援传》说："孝武皇帝时，善相马者东门京作铜马法献之。有诏立马于鲁班门外，则更鲁班门为金马门。"可见此像是养马学专家东门京设计制作的。所谓"铜马法"应指铜马式。此像虽已不存，但 1981 年在陕西兴平豆马村汉武帝茂陵一座陪葬墓的器物坑中出土了一件鎏金铜马，高 62、长 76 厘米[7]。此马四体端直，细节准确，更像一具模型，而不像是在地下为墓主人服务的马俑。假若没有依照实物写生的粉本为据，只凭想象恐怕是创作不出来的。以之与现代阿哈马相较，许多方面均颇肖似（图 8-4）。出鎏金铜马之墓的主人为汉武帝之姊、大将军卫青之妻、煊赫一世的阳信公主。她的陪葬品中出现天马的马式自不为过。而鉴于公主逝世于元封五年（前 106年）以前，较李广利于太初元年（前 104 年）出兵伐大宛之时尚略早。所以有人怀疑阳信墓中的马是否有取法大宛马之可能。但此前汉廷曾遣"壮士车令等持千金及金马，以请宛王式师城善马"（《史记·大宛列传》），其所持之金马自应是以宛马为样本。由于汉武帝的爱好，大宛马成为当时的热门话题，声名大噪。上层人士对之应不会完全陌生。因此在东门京铜马、车令金马与阳信鎏金铜马身上，大概都会不同程度地反映出大宛天马的身姿。

　　汉武帝引进了乌孙马、大宛马，虽然在对匈作战中可能发挥过一定作用，但当时的马具等装备却跟不上去。出征匈奴的汉军将士，跨在没有马镫的马上长途行军，冒矢石，接白刃，还要时时防备自己堕鞍落马，艰苦的程度难以想象。所以马大约给汉代人留下了一个过分深刻的印象，否则《说文》对马的解释为什么劈头就说"马，怒也，武也"呢！这种情况直到魏晋时才有所改观。

这一时期我国发明并普及了金属马镫。模仿一句西方的口头禅：这件器物虽小，但它的意义却是怎么估计都不过分的。有了马镫的依托，骑士在马上才能真正做到得心应手、控纵自如。比瓦尔说："像马镫这样一种普通的器具，不但对于全部罗马古代民族来说，一直是闻所未闻，甚至像萨珊波斯那样习于骑射的养马人，竟然也不知马镫为何物。"[8] 波斯人起先称马镫为"中国鞋"。10 世纪中叶，诗人鲁泰基的诗中写道："我以旧鞋和毛驴而开始自己的生涯，我高升到了过去则必须拥有中国鞋（马镫）和阿拉伯马匹者的行列。"[9] 骑在备有马镫的马上，骑士和马结合紧密，对马更有感情，会把心爱的坐骑打扮得更美观、更威武。及至南北朝，北魏主要采用包括极具特点的两桥垂直鞍在内的鲜卑式马具。临阵之际，战马且披具装，战士则穿铠甲。这类重装骑兵当时所向披靡。元嘉二十七年（450 年）北魏与刘宋大战，宋军溃败，六州残破。《宋书·索虏传》总结此次战争的胜负时说："彼我胜负，一言可蔽，由于走不逐飞。"走指南朝的步兵，飞则指北魏铁骑。东晋、南朝的世家子弟，虽云文采风流，然而缺乏尚武精神。《世说新语·雅量篇》说："阮（庾翼的岳母阮幼娥）语女（庾翼妻刘静女）：'闻庾郎能骑，我何由得见？'妇告翼。翼便为于道开卤簿盘马，始两转，坠马堕地。"此事发生在建元元年（343 年）。可见过江的贵族对骑术何等生疏，连手握重兵、热心北伐的庾翼也不例外。再往后，如《颜氏家训·涉务篇》所说："梁世士大夫皆尚褒衣博带，大冠高履，出则车舆，入则扶持，郊郭之内，无乘马者。""建康令王复性既儒雅，未尝乘骑，见马嘶陆梁，莫不震慑。乃谓人曰：'正是虎，何故名为马乎？'其风俗如此。"2005 年广西贺州蒋军山南朝墓出土的陶骑俑，一名贵族骑在马上，五名侍者搀扶在前后左右；他简直把骑马当成坐轿子了（图 8-5）。此俑正可充颜氏之说的注脚。

北朝盛饰之马，颈上覆包鬃，攀胸上饰马珂，尻上饰寄生与鞦铃，鞍鞯之下还悬有垂过马腹的硬质箕形障泥。马珂与障泥早在东汉已经出

现，不过那时的马珂比后世略
大，而障泥比后世小，接近方
形。有意思的是，山东临淄出
土东汉画像石上之马，其障泥
饰以马纹。而甘肃威武雷台西
晋墓出土铜马，也悬有饰马纹
的方形障泥。特别是在韩国庆
州天马冢出土的新罗桦皮障泥
上，同样饰有马纹；是中国古
文化影响海东之明显的例证
（图 8-6）[10]。箕形障泥改变了
方形障泥旧制，成为时尚，不

图 8-5　东晋—南朝骑
马俑
广西贺州蒋军山出土

仅北朝有，南朝也流行（图 8-7）[11]。《世说新语·术解篇》说："王武
子善解马性，尝乘一马，着连钱障泥，前有水，终日不肯渡。王云：'此
必是惜障泥。'使人解去，便径渡。"此连钱障泥也必然拖垂得较长，和
箕形障泥相仿佛。

　　到了唐代，情况发生了很大的变化。这时作战每尚轻骑突袭，马
具随之被改进得相当便捷，马饰也装点得很有分寸。比如马鞍，在南
北朝后期已对高桥鞍加以改进，鞍桥降低，后鞍桥开始向后倾斜。唐
代的鞍面上更出现了适合人体跨坐的凹曲弧度，既方便上马又适于骑
乘；从而将"两桥垂直鞍"改造成"后桥倾斜鞍"。这时且不再装配高
高的寄生和繁复的鞶铃，只在主要的攀带上饰杏叶。王勃《春思赋》
"杏叶装金礐"，说的就是它。杏叶虽是从前代的马珂演变而来，但小
巧玲珑，式样众多，除饰以卷草、宝相花等植物图案的以外，也有铸
出鸾鸟、鸳鸯、麒麟、狮子等动物图案的，其中不乏造型优异的佳作。
特别值得注意的是障泥，唐代讲究用锦制障泥，其上部掩于鞯内，下
垂部分一般不超过马腹。李白诗"银鞍白鼻騧，绿地障泥锦"，刘复诗
"晓听钟鼓动，早送锦障泥"；均强调制障泥用锦。骏马配上锦障泥，
更显得英姿勃勃。并由于唐代以突厥马和回纥拔野古部"筋骼壮大，
日中驰数百里"之马进一步改良原有品种，所以唐马性能优异，马具

图 8-6　马纹障泥

1. 山东临淄出土汉画像石（拓本存台北史语所）
2. 甘肃武威雷台晋墓出土铜马
3. 新罗天马冢（500 年左右）出土马具复原示意图（仿杨泓）

精善。反映在艺术品中，这时不仅出现了如昭陵六骏、乾陵翼马等大型浮雕和圆雕，各地唐墓所出成百上千的三彩陶马俑也各有妙趣。它们或行、或立、或长嘶、或啮膝，很少见到程式化的僵硬与板滞。它们是明器，是只能在送葬途中展露一下的作品，但却把这个时代中对骏马的追求集中浓缩、摄于其身。充盈在肌体中的美感，千载以下，犹能以当年的磅礴激情，直击今日之观者。

　　不过，在共同的时代风格笼罩下，它们还各有自己的特点，所以仍不妨加以比较，从中选出更为完美之作。首先，一大批细部含糊的小马俑要淘汰掉。其次，造型上有缺陷、比例有失调之处者亦不能入围。摘金折桂，笔者看中了两匹陶马，一是西安南何村唐·鲜于庭诲墓出土的白釉陶马（图 8-8），二是洛阳关林 120 号唐墓出土的

1　　　　　　　　　　　　　　　　　2

黑釉陶马（图 8-9）[12]。它们都是中国国家博物馆的藏品。

　　这两匹马均颇高大，西安的白陶马高 54.6 厘米，洛阳的黑陶马高 66.5 厘米。虽均属三彩器，但与一般釉色斑驳的作品不同，更富于写实感。白陶马气宇昂藏，骨肉亭匀，马鬃剪出官样的"三花"，辔头、攀胸和后鞦的革带上饰以小金扣、杏叶和金铃，马鞍上覆盖着深绿色的鞍袱[13]，通体透露出高贵的气质。白居易诗："翩翩白马称金羁，领缀银花尾曳丝。毛色鲜明人尽爱，性灵驯善主偏知。"吟咏的对象仿佛就是它。洛阳的黑陶马之四蹄为白色，有些像昭陵六骏中的"白蹄乌"。它的体形粗犷，胸部肌肉饱满，昂颈侧首，仄目而视，隐含猛气，不怒而威。但迎风顾盼，仿佛若有所待。李贺诗："龙脊贴连钱，银蹄白踏烟。无人织锦鞲，谁为铸金鞭。""催榜渡江东，神骓泣向风。君王今解剑，何处逐英雄！"就是这匹黑马的写照了。

　　鲜于庭诲墓的年代为开元十一年（723 年），关林 120 号唐墓可能略晚些，但也不会迟于盛唐。处在这样一个繁荣富庶的时代里，妇女的好尚是"曲眉丰颊，大髻宽衣"，马也应当膘肥体壮。然而诗人杜甫却偏爱瘦马，他看中的马是"锋棱瘦骨成"，是"不比俗马空多肉"。他指摘"干（韩干）唯画肉不画骨，忍使骅骝气凋丧"！连写字他也主张"书贵瘦硬方通神"。但这种癖好并不代表当日的时代精神，那时独步一世的大书法家颜真卿，就是以壮阔腴劲的笔法写出了其不朽的声誉。而上述西安和

图 8-8　三彩白马俑
陕西西安唐·鲜于庭
诲墓出土

图 8-9　三彩黑马俑
河南洛阳关林出土

洛阳的两匹陶马，其奔逸之气也正透过那丰硕的身躯从体内的秀骨中辐射出来。只有这样的马才称得上是"意态雄杰"，才称得上是"须臾九重真龙出，一洗万古凡马空"！那幅有后主李煜题识的韩干"照夜白"不正是如此吗？乾隆评之为"丹青曹霸老，画肉亦应难"，尚不失为平实之论。

可是画马也不能只追求"多肉"，宋元画人在这方面似有所失。李公麟的"凤头骢"、"好头赤"等，总使人觉得它们太胖、太圆浑，而腿嫌短。赵孟頫、赵雍等父子、祖孙所绘之马，更一直沿着这条斜线在滑坡。明·刘溥《赵松雪画马诗》云："王孙画马世无敌，一画一回飞霹雳。千里长风入彩毫，平沙碧草春无迹。"就不晓得是从哪个视角得出的观感了。

（原载 1992 年 9 月 2 日香港《文汇报》，

收入本集时作了修改）

注释

［1］　山西省考古研究所、灵石县文化局：《山西灵石旌介村商墓》；张颔《"嬴簋"探解》，均载《文物》1986 年第 11 期。下寺湾出土铜马见成建正主编：《骁腾万里》，图 1，三秦出版社，2014 年。

［2］　山西省考古研究所、北京大学考古学系：《天马—曲村遗址北赵晋侯墓地第四次发掘》，《文物》1994 年第 8 期。段绍嘉、何汉南：《郿县出土青铜器之初步研究》，《人文杂志》1957 年第 1 期。

［3］　湖北省文物考古研究所：《湖北枣阳市九连墩楚墓》，《考古》2003 年第 7 期。四川省文物考古研究所等：《绵阳永兴双包山二号西汉木椁墓发掘简报》，《文物》1996 年第 10 期。

［4］　杨泓、李力：《中国古兵二十讲》第 135 页，三联书店，2013 年。

［5］　陕西省文物管理委员会等：《陕西省咸阳市杨家湾出土大批西汉彩绘陶俑》，《文物》1996 年第 3 期。

［6］　张北等：《中国军马》第 44 页，解放军出版社，2003 年。

［7］　咸阳地区文管会等：《陕西茂陵一号无名冢一号从葬坑的发掘》，《文物》1982 年第 9 期。

［8］　加文·汉布里主编，吴玉贵译：《中亚史纲要》第 84 页，商务印书馆，1994 年。

［9］ 引自阿里·玛扎海里为赛义德·阿里—阿克伯·契达伊的《中国志》作的注。见所著《丝绸之路，中国—波斯文化交流史》，耿昇译文，第296页，中华书局，1993年。

［10］ 临淄出土的这块画像石，旧存临淄南关小学。见《"中央研究院"历史语言研究所藏汉代石刻画像拓本精选集》图41，台北，2004年。雷台出土者见甘肃省博物馆：《武威雷台汉墓》，《考古学报》1974年第2期。天马冢障泥见《天马冢—庆州市皇南洞第155号古坟发掘调查报告书》，学生社，1975年。杨泓：《新罗"天马冢"马具复原研究》，载氏著《汉唐美术考古和佛教艺术》，科学出版社，2000年。

［11］ 磁县文化馆：《河北磁县东魏茹茹公主墓发掘简报》，《文物》1984年第4期。河南省文化局文物工作队：《邓县彩色画像砖墓》，文物出版社，1958年。

［12］ 鲜于庭诲墓出土三彩马，见中国社会科学院考古研究所：《唐长安城郊隋唐墓》彩版3，文物出版社，1980年。关林出土三彩马，见吕章申主编：《中国国家博物馆》图101，香港，2011年。

［13］ 马备鞍后，如暂不骑乘，则在鞍上蒙覆织物以防尘。《安禄山事迹》称之为鞍袱。《宋史·舆服志》称之为鞍複。亦称鞍帕，杜甫《骢马行》"银鞍却覆香罗帕"，《五国故事》说南汉主刘鋹"自结珠龙凤鞍帕"，均指此物。

9　关于“黔驴”

　　唐·柳宗元在《黔之驴》一文中，讲了一则关于驴的故事。略谓：古黔地无驴，有人载一驴至，放置山下。虎见庞然大物，慎不敢近。久之，稍渐狎，驴怒而踢之。虎喜曰：“技只此耳！”乃直前搏杀驴，尽食其肉而去（《柳河东集》卷一九）。这个故事生动而形象地讽刺了那些徒有其表的草包，从而“黔驴技穷”遂成为习见的成语而沿用至今。但柳宗元之所谓古，到底指何朝何代？他没有明说。从逻辑上判断，这类故事应产生于一种新事物出现之后不太久，有些人对它已有认识，小部分人却尚感陌生的时代。用旱烟袋锅对着电灯泡引火的故事，大约只能在清末民初当作趣闻；移到现在，听起来反而会觉得不近情理，不成其为笑料了。那么，驴在唐代是否很多呢？回答是：不但多，而且遍及全国。

　　《新唐书·食货志》说天宝初，“海内富实，……店有驿驴。”《通典·兵一》记唐代兵制，说每一队（五十人）都配备有驴六头。白居易《朱陈村》诗云：“徐州古丰县，有村曰朱陈。……机梭声札札，牛驴走纷纷”（《白香山集》卷一〇）。唐墓中曾出明器三彩驴（图9-1）。传世唐画《明皇幸蜀图》中也画出了许多驴。川黔山水毗连，所以贵州的驴也不会太少。因此黔驴的故事虽由柳宗元笔之于书，其产生的时代却应更早。

　　战国以前，中原地区很少见到驴。顾炎武《日知录》卷十九说：“自秦以上，传记无言驴者。”《史记·匈奴列传》说，匈奴“随畜牧而转移。其畜之所多则马、牛、羊，其奇畜则橐驼、驴、骡、駃騠、騊駼、驒騱”。可见直到太史公写《史记》的时候，驴还和骆驼、骡子及

图 9-1 陶驴
西安土门村出土

各种野马均被视为匈奴之"奇畜"。这种情况在《盐铁论》中也能得到印证。该书《力耕篇》说:"夫以中国一端之缦,得匈奴累金之物,而损敌国之用。是以骡驴馲驼,衔尾入塞;驒騱騵马,尽为我畜。"驴和骡、骆驼,仍被视作匈奴的"累金之物"。骆驼至东汉时仍不多见。牟融《理惑论》说:"少所见,多所怪;见馲驼,言马背肿"(《弘明集》卷一)。骡的推广也相当慢,但驴在中原地区繁衍的速度比骆驼和骡子快些。西汉·陆贾的《新语》中还曾将驴、骡与犀象珠玉并列,东汉初桓谭的《新论》中却已经提到有"用驴、骡、牛、马及役水而春"的畜力碓和水碓了。东汉是驴在中原地区渐渐多起来的时代。《后汉书·张楷传》说他"常乘驴车至县卖药"。《续汉书·五行志》并说:"灵帝于宫中西园驾四白驴,躬自操辔,驱驰周旋,以为大乐。于是公卿贵戚,转相仿效,至乘辎軿以为骑从,互相侵夺,价与马齐。"但所谓用驴驾车和充当骑从已蔚然成风的情况,在为数众多的东汉画像石中却一无反映。画像石里有马车、牛车、羊车、鹿车,以及河伯乘的鱼车、仙人乘的龙车等,却没有驴车。有人甚至认为汉画像石中从未出现过驴。

然而山东邹县王屈村出土的画像石却打开了一扇新的窗口。这块

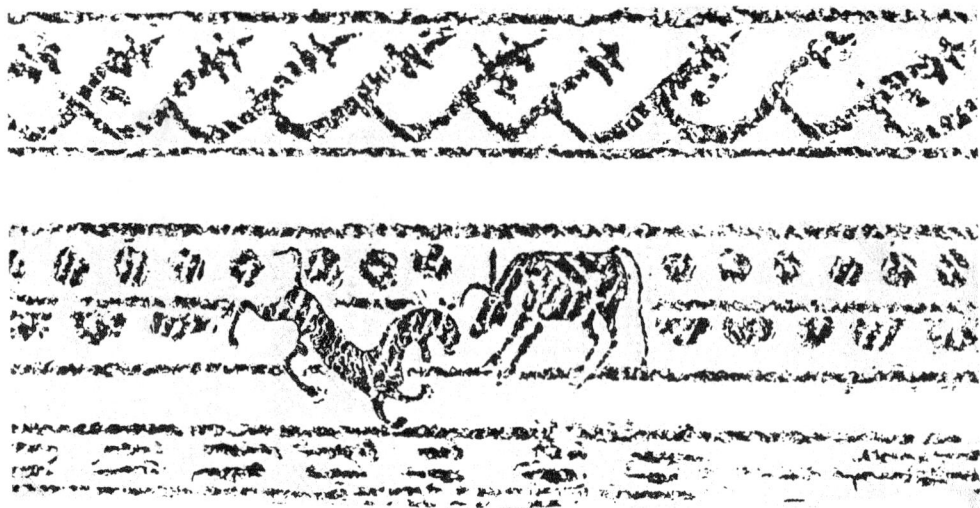

图9-2 虎驴相争东汉
画像石
山东邹县出土

画像石上刻出一驴一虎。驴子四足撑地，躯体微向后倾，似已无能为力，无可奈何。而虎方绕驴巡逡，虽已跃跃欲试，但尚持而未发（图9-2）。《山东汉画像石选集》一书的解说认为这是一牛一虎相斗。实难相从。因为这个场面刻画得太逼真了，无法指驴为牛。那么，它表达的是什么意思呢？看来有可能就是"黔驴"故事的祖本；而且处理得很得要领，恰到好处。驴的矜持而惶恐，虎的狡狯与犹疑，均如目见。再绕一圈，驴或许会抬脚踢老虎。接下来，情节就有可能急转直下，向着凶残的一幕发展了。弱者来到陌生的环境，面临强敌的威胁，自应努力求生图存。但不能只靠虚张声势逞一时之快。因为这么干，危险将接踵而至。不过这和驴那份执拗劲倒满般配。诗云："日暮塞驴鞭不动"（金·王庭筠）；"拗性驴儿去不回"（元·吴澄）；口语中不是也动不动就斥之为"蠢驴"、"倔驴"嘛！与"骏马"、"狡兔"之雄壮、机灵相比，让驴充当这类故事的主角，看来也正顺理成章。

　　此画像石的时代属于东汉晚期，是驴已为多数人所熟悉，但仍不排除个别人对之闹笑话的时代；也符合上文对这类故事产生的条件的分析。画像石出于山东，那么它就不是黔驴而是鲁驴了。但到了柳宗元把这个古老的故事记录下来的时候，比画像石又晚了六百年，此时在山东驴子已经太常见，故事如发生在这里，听来已引不起兴趣。所以于柳宗元笔下，背景遂被转移至贵州。贵州多山，古代交通不便。清·田雯《黔书》说此间"毒谿瘴岭，蔽日寻云。一线羊肠，袤空切汉。行路之难，难于上青天"。从而显得闭塞，以致受到揶揄。《梦溪笔谈》中不是就有贵州不仅人、连鬼也不认得螃蟹的故事吗？犹如先秦子书中，将"揠苗助长"、"守株待兔"等傻事尽归之宋人一样。写寓言的作家涉笔成趣，挟山过海，今天对他们信手拈来的地望、信口开河的笑谈，就不必过分认真了。

（原载《文物天地》1986 年第 6 期）

10 豆腐问题

豆腐是我国独创的一种副食品，是将大豆磨细，煮成浆，再加入少量盐卤，使豆浆中的蛋白质凝结，然后压去过剩水分而成。豆腐营养丰富、滋味鲜美且价格低廉，作为一种大众化食品其优点家喻户晓；现今虽不能说已风靡全球，但五大洲上多处见到它的踪迹。在西方，分离和凝固植物蛋白是近代才有的事。所以当我国发明制豆腐时，这项技术十分先进；从而其出现的时间，对研究科技史的人来说，就成为一个值得关心的问题了。

何时发明制豆腐？有人说：发明者是西汉的淮南王刘安。但这是宋代才提出来的，全然没有任何宋以前的记载支持此说。宋·朱熹《咏素食》诗自注：“世传豆腐本为淮南王术。”有一种杂纂数术、方技的书叫《万毕术》，曾嫁于淮南王名下；不知朱熹说的“术”是否和它有关？今此书已不存，辑出的佚文中也不能证明淮南王创制豆腐，故无从探讨[1]。关于豆腐的起源，洪光住先生查了一大批自汉至唐的典籍，均未找到有关之记载[2]。就目前所知，《清异录》所记：青阳丞戢“洁己勤民，肉味不给，日市豆腐数个，邑人呼豆腐为‘小宰羊’”。大概是最早的史料。此记事清·陈元龙已经检出，辑入《格致镜原》卷二四“豆腐”条中。后经日本学者筱田统引用，遂广为人知。但《清异录》一书虽托名陶谷作，实系宋人所撰。宋·陈振孙《直斋书录解题》已提出怀疑。其说经王国维（《观堂外集·庚辛之间读书志》）、余嘉锡（《四库提要辨证》卷一八）的补充，已成定论。余先生说：此“书中称宋太祖之谥，违命侯之封，及郑文宝、陈乔、张佖之子等，皆在南唐亡国之后，或更远在太宗时”。按陶谷卒于宋太祖开宝三年（970

年），宋太宗时的事何以得知？故此书的著者似是北宋前期某位由南唐入宋之人。作为北宋人，他谈到豆腐是一点不奇怪的，因为这时此物正开始风行，不仅在苏轼等人的诗文中有所反映，而且几部大药典如苏颂《图经本草》（1057 年）、唐慎微《证类本草》（1094 年）、寇宗奭《本草衍义》（1116 年）等书中亦有记录。陆游《老学庵笔记》卷七谓北宋词僧仲殊嗜蜜食，说他"所食皆蜜也，豆腐、面筋、牛乳之类皆渍蜜食之"。可见这时它和面筋、牛乳一样，都已是普通的食品[3]。但有豆腐是一回事，说淮南王发明豆腐是另一回事；宋代距西汉已十分遥远，在没有可靠的根据（严格说全无根据）的情况下指淮南王为豆腐的发明者，只能称之为臆测了。

可是淮南王发明豆腐之说，近年却被重新提出，这是由于 1960 年河南密县打虎亭 1 号墓的发掘引发的。此墓东耳室南壁的一幅石刻画像，内容曾被认为是制豆腐。1979 年，贾峨先生在《河南文物考古工作三十年》一文中说，密县"打虎亭一号墓有豆腐作坊石刻，是一幅把豆类进行加工，制作成副食品的生产图像，证明我国豆腐的制作不会晚于东汉末期"[4]。文章的语气很肯定，却并未随文发表图像，使人无从明其究竟，只能盼望早些看到这块不寻常的画像石的材料。又过了十二年，陈文华先生于 1991 年 3 月在《农业考古》总 21 期上发表了题为《豆腐起源于何时》的论文，此文曾于 1990 年 8 月间在英国剑桥大学召开的"第六届国际中国科技史学术讨论会"上宣读。文中载有陈先生考察打虎亭汉墓时根据上述画像所作之图（图 10-1）。他将其内容分作五个单元。认为：第一部分"为一大缸，缸后站立二人"，是在"浸豆"。第二部分"为一圆磨，磨后有一人，右手执勺伸向大缸"，是在"磨豆"。"图中的磨是用手推动的，属于小型的石磨。推磨者右手执勺伸向图一（指第一部分）的大缸，是在舀大豆准备倒进磨中。"第三部分"为一大缸，缸后站立二人双手执布在缸中搅动"，表现的是用布"过滤豆渣"。第四部分"为一小缸，缸后一人双手执棍在缸中搅动"，这是在"点浆"。"缸后地上置一壶，可能是装凝固剂用的。"第五部分"为一长方形带脚架箱子，箱上有一盖板，板上横压一根长杠，杠端吊一秤砣形重物，箱左下部有水流出注入地上罐里"。

图10-1　陈氏所绘打虎亭1号汉墓东耳室南壁西幅下部的图像（被划分作五部分）

"将沉淀后变成凝冻状态的凝胶用布包裹放在豆腐箱中加以镇压挤去水，就制成豆腐。"他说：第五部分"表现的正是这一道工序"。结论是："由此可见，打虎亭汉墓的这幅画像石所刻画的确是生产豆腐图。"

初获此文时非常欣喜，觉得长期未弄清楚的汉代制豆腐的问题总算有了着落，积年阴霾，为之一扫。但反复阅读之后渐感疑窦丛生。豆腐房里总是烧起大灶，热气腾腾的；为什么这里却像始终在常温下操作，不见煮浆的场面呢？为什么未见制成的豆腐，连一盘也不端出来显示一下呢？点豆腐的卤水（通常是指氯化镁、硫酸镁和食盐的饱和溶液）是有毒的，《白毛女》中的杨白劳即服卤水身亡。尽管在制作过程将完结时，盐卤中的若干成分已与蛋白质起作用，且已被高倍稀释，不致毒人了，但压豆腐时挤出的水仍为无用之弃物，未见有哪个旧式豆腐房如此郑重其事地用罐子来接这些废水的。洪光住先生书中有一幅用传统方法制豆腐时的压水图（图10-2），和打虎亭画像石中的榨压设施大不相同。然而由于不了解打虎亭1号墓的详情，未窥画像之全豹，这些问题一时仍难以回答。

及至1993年，正式发掘报告《密县打虎亭汉墓》一书终于由文物出版社出版了，这时距墓葬的发掘已三十三年，距简报《密县打虎亭汉代画像石墓和壁画墓》（《文物》1972年第10期，其中亦未刊载这幅图像）的发表已二十一年。距打虎亭汉墓中有制豆腐图像之说的提出也已十四年。拿到这本令人望眼欲穿的报告后，第一件事就是把东耳室那块画像石的材料找出来。作为正式报告，材料很详尽，既有

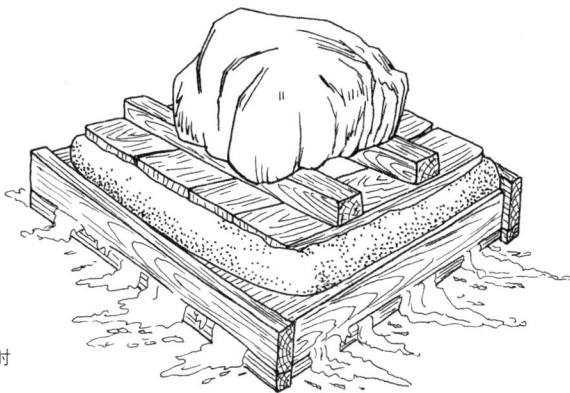

图 10-2 传统方法制豆腐时
的"压水"（仿洪光住）

图 10-3 河南密县打虎亭 1 号东汉墓出土画像中的"酿酒备酒图"

它的照片，也有拓本和清楚的线图。但翻检以后却使人为之一震（图 10-3）。其第二部分（依陈氏的划分）的圆台上明明放着盆，哪儿有石磨？报告中又明说，（第三部分的）大缸上"放一块板"（实系算子）；哪儿有"两人各执布的一端在过滤豆渣"的情景？地上的一盏灯是点着的，灯火正在燃烧，怎可能是"根据现在河南民间做豆腐的方法，在磨浆后要加入食用油以消除泡沫。因此上述器物（指这盏灯）也许是装食用油的容器"呢？

　　从这块画像石的整个画面看，刻画的应是酿酒和为饮宴备酒的情况，与此墓画像中的饮宴图是有连带关系的。此石的构图分上中下三栏。上栏在长几案上一排摆着六个大酒瓮，它们是贮酒之器，其中存放已酿好的酒。成都曾家包画像石上的一排五个大酒瓮的性质应与之相同[5]。当中一栏是将酿好之酒装入盛酒器中的情景，其中放着许多壶、钟、三足的酏酒尊、横筒状的榼和扁壶状的椑等。这些盛酒器均曾在同墓的饮宴图中使用，而酿酒和贮酒用的大盆、大瓮在那里是不出现的。最下一栏表现出酿酒过程中的几个主要步骤，即酘米[6]、下曲、搅拌和榨压。仿照陈氏的段落划分，图中第一部分是酘米。《齐民要术·造神曲并酒·第六十四》说："造神曲黍米酒方：细挫曲，燥曝之。曲一斗，水九斗，米三石。须多作者，率以此加之。其瓮大小任人耳。""初下酿"时所酘的米（依上述造酒方应酘三石），大约放进此栏最左边的大瓮里。所谓米，实际上是蒸过的饭。第二部分的人面前置一圆台子，台上放一盆。盆中盛的大约是已经挫细了的曲，他正舀出来准备倒入大瓮中。此盆下部的收分和器口的边缘在画像石上都刻得很清楚。但在陈氏绘本中不仅其下部与原图有较大出入，盆上部的口缘也不知去向。盆旁之人身上的一段衣纹，本与盆不相干，却被画成磨的手柄；甚至连放盆的圆台之上沿，也很知趣地为"磨柄"让路，而向下扭曲。总之，他画出的器物较之原图面目全非，通体已根据磨的形制改造了，实在难以称之为临摹（图 10-4）。他对这个磨很重视，认为："酿酒无需用磨，也不必滤渣和镇压，所以它是与酿酒无关，同样也和制醋、制酱无关。而只能是和制豆腐有关。"按：在这里，不仅他画的磨与实物出入太大；他说酿酒不用磨，不滤渣，不镇压，也和

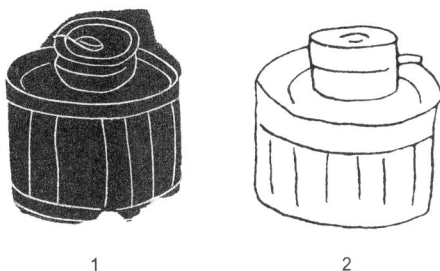

图10-4 打虎亭画像石中置
于圆台上的盆
1. 据原拓片加工，将斑驳的
地子涂匀，将能看清楚的
线条连接起来
2. 陈文华绘本

事实不符。《齐民要术》屡次指出有些曲要净簸择，细磨。"罗取麸，更重磨，唯细为良"。只不过磨曲的情况在酿酒图中不常表现罢了。至于滤渣和镇压，即所谓沥酒和榨酒，更是古代酿造谷物酒的重要工序，怎能认为是不必要的呢？第三部分也是酘米，不过这是追酘的米。《要术》说："一宿、再宿，候米消，更酘六斗。第三酘用米或七八斗。第四、第五、第六酘，用米多少，皆候曲势强弱加减之，亦无定法。或再宿一酘，三宿一酘，无定准，唯须消化乃酘之。"又说："搦黍令破，泻着瓮中，复以酒杷搅之，每酘皆然。"初酘时，黍米饭下在和了曲的水中，米消之后，瓮里的水已发酵成醪，因这时主发酵期尚处在旺盛阶段，遂在发酵醪中再酘米。曲势壮，就多酘几次，直到发酵停止酒熟为止。黍米饭黏而且软，须"搦黍令破"。上述第三部分的大瓮上横一长方形的箅子，操作者正搦黍米饭。诸城前凉台汉墓画像石的酿造图中，也有在瓮上放箅子搦米饭的人，正可互相对照（图10-5）[7]。汉·王充《论衡·幸偶篇》说："蒸谷为饭，酿饭为酒。酒之成也，甘苦异味；饭之熟也，刚柔殊和。非庖厨酒人有意异也，手指之调有偶适也。"搦米饭也是酒人"手指之调"的功夫之一，不过这种技巧是可以掌握的，王充认为它的成功与否纯属偶然，就是在借题发挥了。但也说明酿造过程中的每一道工序，与酒味是醇正还是酸败均密切相关。第四部分主要表现酘米后的搅拌，即"以酒杷遍搅令均调"的工作。搅拌不仅能使发酵醪的品温上下均匀一致，而且使空气流通，促进益菌繁殖。现代酿造黄酒仍重视这道工序，称为"开耙"。最后，第五部分则是将成熟的醪入糟床榨酒。《周礼·天官·酒正》郑玄注："缇

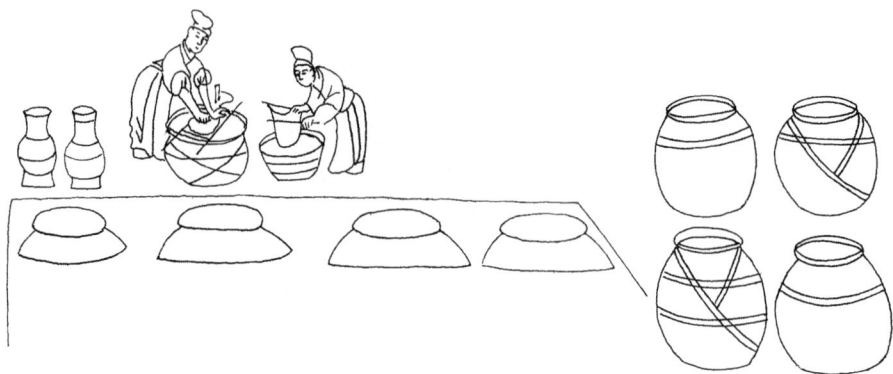

图 10-5　山东诸城前凉台东汉墓出土画像石中的"酿酒图"

者，成而红赤，如今下酒矣。"贾公彦疏："下酒谓曹床下酒。"孙诒让正义："下酒，盖糟床漉下之酒。"图中用壶承接漉下的酒。在四川新都汉墓出土的画像砖、内蒙古托克托汉·闵氏墓壁画及甘肃嘉峪关 1 号魏晋墓壁画中均有类似的画面，闵氏墓壁画还在器之上方书一"酒"字[8]。但此壶不甚大，或因熟醪入榨前已将易收之酒下筛漉出，在糟床中进行榨压大概只是为了收其余沥。它可以榨得很干净，《要术·作酢法·第七十一》提到过"压糟极燥"的情况，那时其中酒的含量大约就很少了。汉代文献中对糟床未作明确描述，此图却刻画得很清楚，榨酒的情况历历如见。

通观全幅，可知此酿酒备酒图与豆腐了不相关。那么为什么其内容会被解释成制豆腐呢？恐怕是先入为主的看法在起作用。增字解经，古人所忌；现代科学方法更加缜密，应当更重视史料的真实性和严肃性才是。

事情好像只是从一盆、一磨之误开始的，然而其影响却不能低估。不是有的城市据此而举办了"豆腐节"吗？不是已经在海内外、在海峡两岸广泛传播了吗？甚至在正式报告发表后的第二年，1994 年 8 月出版的《故宫文物月刊》12 卷 5 期上，刘敦愿先生发表的《论汉画像石艺术中的庖厨题材》一文中仍然举出打虎亭之例，并称："考古发现却为豆腐起源汉代的传说，提供了确切无疑的证据。"这里的"确切无疑"，不是说得有点轻率了吗？总之，一种自北魏至五代，六百余年间汗牛充栋的文献典籍中从未有所反映的副食品，出现的时间忽然被提前到东汉末年，难道不应该认真地加以审视吗？如若耳食目论，随波逐流，恐怕这艘偏离航道的船就会越划越远了。

（原载《寻常的精致》，辽宁教育出版社，1996 年）

注释

[1]　茆泮林、孙冯翼辑：《淮南万毕术》，《丛书集成初编》本。

[2]　洪光住：《中国食品科技史稿》上册，页 47，中国商业出版社，1984 年。

[3]　豆腐传入日本的时间也可以作为参考。据筱田统的研究：豆腐不见于相当唐朝时的日人著作，"最古的文献是院政时代行将结束时的寿永二年（1183 年）"。14 世纪以降，日本文献中关于豆腐的记载才日见增加。见《中国食品科技史稿》上册，页 65—66。

[4]　《文物考古工作三十年》页 284，文物出版社，1979 年。

[5]　成都市文物管理处：《四川成都曾家包东汉画像砖石墓》，《文物》1981 年第 10 期。

[6]　缪启愉：《齐民要术校释》（农业出版社，1982 年）页 374 说："'酘'音头，实即'投'字而用于饮食品酿造者，意即投饭在瓮中酿酒，即今俗语所谓'落缸'。"

[7]　任日新：《山东诸城汉墓画像石》，《文物》1981 年第 10 期。

[8]　余德章：《从四川汉代画像看汉代酿酒》，载《汉代画像石研究》，文物出版社，1987 年。罗福颐：《内蒙古自治区托克托县新发现的汉墓壁画》，《文物参考资料》1965 年第 9 期。嘉峪关市文物清理小组：《嘉峪关汉画像砖墓》，《文物》1972 年第 12 期。

11　释"清白各异樽"

天上何所有？历历种白榆……

好妇出迎客，颜色正敷愉。

伸腰再拜跪，问客平安不？

请客北堂上，坐客毡氍毹。

清白各异樽，酒上正华疏。

酌酒持与客，客言主人持。

却略再拜跪，然后持一杯。

——《陇西行》

这首汉代乐府，描写了一位能干的主妇招待来宾的情况。她有礼有节，落落大方，被客人誉为"取妇得如此，齐姜亦不如！健妇持门户，亦胜一丈夫"。这里且不对这位女主人多加评论，只说她在北堂上为客人摆出的"清白各异樽"，即盛着清酒的和盛着白酒的器形有别的酒樽，到底是怎么一回事。

"樽"通作"尊"，是汉代最主要的盛酒之器。在汉代，酒一般贮藏在瓮、榼或壶中，宴饮时要先将酒倒在尊里，再用勺酌入耳杯奉客。根据出土文物和画像石中所见，汉代的酒尊分盆形和桶形两大类（图 11-1）。从铭文上看，这两种尊各有不同的名称。山西右玉发现的两件西汉河平三年（前 26 年）所造铜酒尊，盆形者铭文中自称为"酒尊"，桶形者铭文中自称为"温酒尊"[1]。只根据字面，"温酒尊"有可能被解释成给酒加温的器皿。其实不然。因为尊是盛酒用的，并非温器。右玉所出温酒尊虽有三蹄足，然而极矮，其下难以燃火，所以

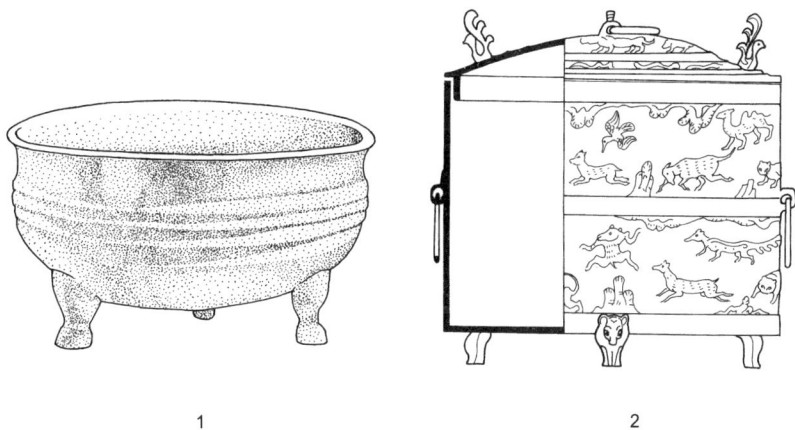

图 11-1　汉代的盆形
尊（1）和桶形尊（2）

不能用于加温。而且出土物中这种类型的酒尊还有漆器和平底无足的陶瓷器，它们就更无法用于加温了。

　　在汉代，温和酝这两个字可相通假。《诗·小雅·小宛》郑玄笺："温藉自持"，而在《礼记·礼器》郑玄注和《汉书·匡张孔马传》的赞中皆作"酝藉"。长沙马王堆 1 号汉墓的遣册中记有"温酒"、"助酒"、"米酒"、"白酒"等酒类。唐兰先生说："温就是酝字，……《广雅·释器》：'酝、醅、酿，酘也。'《倭名类聚抄》四引《通俗文》：'酝，酘酒也。'《集韵》引《字林》：'酘，重酝也。'《倭名类聚抄》又引唐·蒋鲂《切韵》：'酘，于（徒）斗反，酒再下曲也。'那么酝酒是反复重酿多次的酒。"[2]唐先生的说法非常正确。由于酝酒是用连续投料法重酿而成，酿造过程历时较长，淀粉的糖化和酒化较充分，所以酒液清淳，酒味酽冽，是当时的美酒。但在先秦时，已有一种重酿酒叫作酎酒。《礼记·月令》郑玄注："酎之言醇也，谓重酿之酒也。"《说文·酉部》："酎，三重醇酒也。"段玉裁注："谓用酒为水酿之，是再重之酒也；次又用再重之酒为水酿之，是三重之酒也。"酎酒也很清，嵇康《酒赋》说："重酎至清，渊凝冰洁。"一种著名的酎酒叫"中山清酒"。左思《魏都赋》说，"醇酎中山，沉湎千日"，可见其酒度之高。又陆机《七羡》说："湘阴有酎，其色澄清。秋醑春酝，酒唯九成。"他在这里提到的不是一般的酎酒，而是汉末新出的"九酝酒"。据曹操《上九酝酒奏》，这种酒要重酿达九次之多，比酎酒增加三倍，所以酒精含量更高，在当时被认为是很厉害的烈性酒。《拾遗记》说："张华有九酝酒，……若大醉，不叫笑摇动，令人肝肠消烂。俗人谓之'消肠酒'。"这样讲固然有些夸张，但古人对于酎、酝等酒，为了防止酒力发挥过猛，常作冷饮。《楚辞·大招》："四酎并孰，不涩嗌只。清馨冻饮，不歠役只。"王逸注："冻犹寒也。……醇醲之酒，清而且香，宜于寒饮。"湖北随州擂鼓墩曾侯乙墓所出大冰鉴中，固定着用于贮酒的方壶，可以作为冷饮的实物证据。这种风习到魏晋时才有所改变。这时服五石散在名士阶层中形成风气。孙思邈《千金翼方》说："凡是五石散，先名寒食散者，言此散宜寒食。""唯酒欲清热饮之，不尔，即百病生焉。"《世说新语·任诞篇》说："王大（王忱）服散后已小醉，往看桓（桓玄，桓温之子）。桓为设酒。不能冷饮，频语左右：'令温酒来！'"王忱正是在服散之后，须饮热酒，所以不惮犯人家讳；否则皆当如常做冷饮。而这一点，清代的经学家已有所认识。皮锡瑞《经学通论》卷三"论古宫室衣冠饮食不与今同"条说，古"酒新酿冷饮"，自是其读书有得之见。从而更足以证明，桶形尊中盛的是冷的酝酒；右玉桶形尊铭中的"温"字，只不过是"酝"字之假，与加热并无关系。

　　酝酒清澄，故"清白各异樽"句中所说盛清酒之尊，就应指类桶形尊。至于当时的白酒（和现代说的白干完全不同），则如《礼记·内则》郑玄注："白，事酒、昔酒也。"不过事酒、昔酒虽同属白酒类，但品质仍有差别。昔酒又叫"酋久白酒"，是白酒中之久熟者。一般白酒即事酒，是祭祀等场合中参与其事的人共饮之酒，等级就较低了。《魏略》说，"白酒为贤人，清酒为圣人"（《御览》卷八四四引）；而《三国志·魏志·徐邈传》则说："酒清者为圣人，浊者为贤人。"又《周礼·酒正》中提到一种盎酒，郑玄注："盎犹翁也，成而翁翁然葱白色，如今酇白矣。"则盎酒亦属白酒类。而《说文·酉部》谓："醲，浊酒也。"可见一般白酒仅相当于浊酒。浊酒投料不精，酿造过程较粗放，酒滓也没有经过仔细过滤，其酒味较薄，又称浊醪或白醪。杜甫《清明》"浊醪粗饭任吾年"；白居易《代书诗一百韵寄微之》"白醪充夜酌"；杜荀鹤《山

图 11-2 东汉建武二十一年造鎏金铜醒酒尊
北京故宫博物院藏

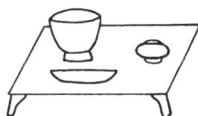

图 11-3 汉画像石和
壁画中见到的两类酒尊
左：盆形尊
右：桶形尊

中喜与故交宿话》"村酒沽来浊"；都是指这种酒说的。在蒸馏酒开始流行之前，自汉迄宋，我国的酿酒技术并未产生根本性的变革，所以直到《水浒全传》中，还将浊醪白酒当作薄酒的代表。如该书第七十五回说："令裴宣取一瓶御酒，倾在酒海内，看时，却是村醪白酒。再将九瓶都打开，倾在酒海内，却是一般的淡薄村醪。"由此不难推知，盛酯酒的尊要比盛白酒的尊更受重视；这从桶形尊往往配有专用的、名为"承旋"的圆形器座的情况中也可以看出来。旋为樏字之假。唐写本《说文·木部》："樏，圆案也。从木，㬎声，旋。"则樏音旋。承旋即承尊之圆案。北京故宫博物院所藏东汉建武二十一年（45年）造鎏金铜酯酒尊，铭文中说它的承旋"雕蹲熊足，青碧、闵瑰饰"。自实物观察，此尊的圆座有三熊足，镶嵌绿松石和衬以朱色的水晶石，与鎏金的器体相辉映，光彩绚烂，颇为华丽（图 11-2）。在汉画像石和壁画中，也常看到附有承旋的桶形尊；而盆形尊则往往偕他器杂置案上或地上，并无专用的承旋，规格显然要低一些（图 11-3）。这些尊中有的还放着酌酒的勺。勺柄之头部有雕镂出的花纹者，名"疏勺"。《礼记·明堂位》："殷以疏勺。"郑玄注："疏，通刻其头。"如果是带有这种装饰的匕，则名"疏匕"，见《仪礼·有司彻》。勺也叫斗。辽宁省博物馆所藏汉羽阳宫铜斗，铭文中自名为"疏斗"。可见诗中所称"酒上正华疏"，即用此类漂亮的勺子酌酒之意。不过勺子虽好，酒却分别盛在不同的容器里。这位非常懂事的女主人，既为客人摆出了盛清酒的桶形尊，又摆出了盛一般白酒的盆形尊。究竟是为了显示肴馔的丰盛齐备，还是意味着因来客的身分不同而礼数亦有别？因为诗中并未明言，也就无从查考了。

（原载《文物天地》1987 年第 2 期）

注释

［1］ 郭勇：《山西省右玉县出土的西汉铜器》，《文物》1963 年第 11 期。
［2］ 唐兰：《长沙马王堆汉轪侯妻辛追墓出土随葬遣策考释》，《文史》第 10 辑，1980 年。

12　中国之谷物酒与蒸馏酒的起源

酿酒在我国已有悠久的历史。根据原料、曲药和酿造及蒸馏方法的不同，酒的名目繁多，风味各异。但大体说来可分三大类，即自然发酵的果酒、酿造酒（如黄酒）和蒸馏酒（如烧酒）。在我国，以上三种酒也正是按照这个顺序依次出现的。

不论何种酒，其中最本质的成分皆为酒精，即乙醇。当合成法出现以前，它都是用糖或淀粉在微生物的发酵作用下产生的。如果所用的原料是含糖分的浆果，则原料中的糖分只要经过能产生酒化酶的酵母菌的分解作用，就能产生酒精。根据民族志的材料推测，人类在进入氏族社会后，已可能有意识地利用这种果酒。在我国，这个社会发展阶段相当于新石器时代。不过这时尚未从一般饮食品中分化出专门的酒器来，所以只根据出土的器物无法把自然发酵的果酒之流行的时限判断清楚。

自然发酵的果酒受季节的限制很大，为了突破这种限制，下一步遂采用谷物作为酿酒的原料。谷物的主要成分是淀粉，因此必须先经过能产生出淀粉酶的酒曲的糖化作用，使淀粉分解为简单的糖以后，才能再经过酵母作用产生酒精。这一微生物发酵的过程是相当复杂的，而且酒的香味在很大程度上取决于此过程中所产生之适量的醛和酯；这些东西多了不行，少了则缺乏香味。因此，如果不是在利用自然发酵制果酒的时期中积累了大量的经验，要一下子发明用淀粉造酒的技术是难以想象的。所以如《淮南子·说林》中"清醠之美，始于耒耜"，那种直接把造酒与农业生产联系起来的说法，在认识上是不够全面的。

我国用谷物酿酒起于何时？目前对此尚没有一致的意见。现存之最早的谷物酒是商代的。河南罗山县天湖村 8 号商墓和山东滕州前掌大 11 号墓（商周之际）出土的铜卣中都有酒。罗山铜卣的盖子扣合得十分严密，其中贮藏的液体经过三千多年仍未完全蒸发，经北京大学取样化验，证明是酒。而卣中所盛之酒应是鬯。甲骨刻辞有"鬯一卣"（《战后沪宁所获甲骨集》3.232）、"鬯三卣"（《殷虚文字甲编》1139）、"鬯五卣"（《戬寿堂所藏殷虚文字》25.9）等记载，这和古代典籍中的提法如"秬鬯一卣"（《尚书·文侯之命》，《诗·大雅·江汉》）、"秬鬯二卣"（《尚书·洛诰》）等是一致的。《左传》僖公二十八年孔颖达疏引李巡曰："卣，鬯之尊也。"可见卣是专门用来盛鬯即秬鬯的。秬是黑黍，鬯是香草，秬鬯是用黑黍与香草合酿的香酒，可以敬神。《说文·鬯部》："鬯，以秬酿鬯草，芬芳条畅以降神也。"天湖村 8 号墓的年代相当殷墟文化第二期，谷物酒的出现应较此时为早。但究竟早到何时，也还只能以酒具作为推测的线索。在商代，与卣共存的酒器有爵、斝、觚、尊、盉、壶等多种。有的研究者根据类型学的方法，将这些器物由近及远向上排比，一直推求出其"祖型"，并将此祖型出现的时期视为谷物酒之始。沿着这条思路，这一时期遂被设定在仰韶文化、大汶口文化之中；还有的甚至把它定到磁山、裴李岗、老官台、河姆渡等新石器时代早期文化之中。但何以知作为祖型的那些器物是盛谷物酒而不是盛他种饮料的呢？论者尚未能给出确切的证明。式样相近的器物在不同时期中可以被赋予完全不同的用途。明清时的若干笔筒、香炉之造型是从青铜尊、鼎那里演变出来的，可是在用途上却毫无共同点。举这个例子并没有走极端的意思，只是说，此类情况既然存在，论证这样的问题时就回避不开，不能认为凡属在造型方面有渊源关系的容器，其功能必然是几千年一贯制的，都只能盛同一种东西。所以尽管是酒器的祖型，但其本身的用途仍然得有证据才能作出判断。何况将谷物酒出现的时间大幅度提前，势必挤占了以自然发酵法制果酒的历史阶段；而后者如得不到充分发展，也就取消了谷物酒得以发明的前提。还有些论者谈这个问题时只着眼于原始农业，似乎只要能生产一定数量的谷物就会有谷物酒。其实这种论点的根据更不充分。在技术史上，有些地区既有生产某种物品的原料，也存在着对它的社会需求，甚至也拥有与生产该物品之水平相近的技术条件，可就是迟迟做不出这种产品来。比如欧洲的地下蕴藏着瓷土，欧洲人对硬瓷更是极为喜爱，其窑业的发展历史也很长，然而在 18 世纪以前却一直不能生产硬质瓷器。技术史上这类例子很多，无烦缕述。对于工业革命即将改变产业的面貌、东西交往已相当频繁的欧洲尚且如此，更不要说对于一个作为原生文明的中国新石器时代古文化中的一项无从自外部取得借鉴的新技术了。

但这并不是说，商代各种酒器之类型学的发展序列均不必重视，恰恰相反，如果想根据现有的资料推测出谷物酒出现的大致时期，仍然得由此入手。不过商代甲骨文中提到的酒器，除卣以外，只有爵、斝等数种。其中特别值得注意的是爵。《说文·鬯部》："爵，礼器也，象雀之形，中有鬯酒。"则爵也是盛鬯酒之器。爵的造型很特殊，它有三足和单鋬，口部前有流、后有尾，有些爵在流根处还立双柱。铜爵和陶爵在中原地区发现较多，河南的出土地点尤为密集，其渊源可以从安阳殷墟追溯到郑州二里岗和偃师二里头。再往前推，则其形制已与典型的爵不同，无法肯定它是否也是盛鬯酒的了。也就是说，根据卣和爵的线索，谷物酒的出现可以推到相当于二里头文化的夏代。顺便说一句，这和传说中禹臣仪狄造酒的时代恰相符合。

在一般印象中，爵是喝酒的饮器，其实不尽然。爵有狭长的流，用嘴对着这样的流喝酒相当不便。试看匜作为同样的带流之器，就是用于注水，而不是用于喝水的。古代的爵本是礼器。《礼记·礼器》说："宗庙之祭，贵者献以爵。"在祭礼中，爵中的鬯要浇在地上，即所谓"爵行曰裸"（《周礼·春官》郑玄注）。《礼记·郊特牲》正义也说："先酌鬯酒，灌地以求神。"灌地时用带流之器自然比较适合，这也正是爵作为礼器之第一位的功能。据此也可以推知，夏商时用于祭祀的礼器中所盛之酒，大抵都是鬯酒一类高级谷物酒。

祭祀用鬯，普通饮用则多为醴。《诗·小雅·吉日》："以御宾客，且以酌醴。"醴是一种味道淡薄的甜酒。《说文·酉部》："醴，酒一宿熟也。"《释名·释饮食》："醴，体也，酿之一宿而成体，有酒味而已。"又《礼记·内则》郑玄注说："酿粥为醴。"可见这种快速酿成的醴有点像现代的酒酿。它在酿造时不下曲。《吕氏春秋·重己篇》高诱注："醴者，以糵与黍相体，不以曲也。"故醴中酒精含量很低。《汉书·楚元王传》说，楚元王刘交敬礼中大夫穆生，穆生不嗜酒，元王每置酒，特为穆生设醴。《晋书·石勒传》说：当时"重制禁酿，郊祀宗庙皆以醴酒。行之数年，无复酿者"，则严格地说醴只能算是一种饮料。在《周礼·浆人》中，醴被列为"六饮"之一，"浆人掌王之六饮：水、浆、醴、凉、医、酏"，其中除水和醴之外，浆指一种酸浆；凉指和水的冷粥；医和醴的制法相似，但更清些；酏则指稀粥。就已有的认识而言，尚无法断定喝这些饮料时是否各有专用的或习用的饮器。所以纵使把醴也划入谷物酒的范畴，并且承认它的出现应较酋为早，也仍然不能为谷物酒的起源提供出较清晰的背景材料来。而以卣、爵等为代表的盛酋酒之器又只能上溯至夏。因此，认为夏代以前我国已有谷物酒的各种说法，目前还都停留在假说阶段。

我国何时有蒸馏酒，说法也多种多样，归纳起来有以下五种：一、东汉说，二、唐代说，三、宋代说，四、金代说，五、元代说。其中第五种是元、明以来的传统说法，可称旧说；第一至四种都是修改旧说的，可称新说。新说中的二、三两种是今人在古书中查到一些线索而作出的推测，包含着很大的误解成分。黄时鉴先生在《文史》第31辑发表的《阿剌吉与中国烧酒的起始》一文对此二说提出的分析和反驳足以澄清事实，这里就不多谈了。新说中的一、四两种则是根据传世和出土的文物立论。作为文物工作者，对此想提出自己的一点看法。

不过在讨论新说之前，有必要先介绍一下旧说。旧说称蒸馏酒始于元代，这是有元人的记载为证的。一、忽思慧《饮膳正要》（1330年成书）卷三说："用好酒蒸熬取露成阿剌吉。"二、许有壬（卒于1364年）《至正集·咏酒露次解恕斋韵·序》说："世以水火鼎炼酒取露，气烈而清，秋空沆瀣不过也。其法出西域，由尚方达贵家，今汗漫天下矣。译曰阿剌吉云。"三、由元入明的叶子奇所著《草木子》卷三下说："法酒，用器烧之精液取之，名曰哈剌基。酒极酽烈，其清如水，盖酒露也。……此皆元朝之法酒，古无有也。"此说在明代亦无异议。李时珍《本草纲目》卷二五说："烧酒非古法也，自元时始创其法。"方以智《物理小识》说："烧酒元时始创其法，名阿剌吉。"这些著作中谈的是其当代或近世之事，而众口一词，可见是不能忽视它的权威性的。阿剌吉或哈剌基（亦作轧赖机、阿里乞、阿浪气）为阿拉伯语'araq 的对音。这种酒是从西亚方面传入我国的，因为它的酒度高，早期的记载中甚至说它"大热，有大毒"（《饮膳正要》）；"哈剌吉尤毒人"（《析津志》）；"饮之则令人透液而死"（《草木子》）。反映出当时接触此类烈性酒的时间还不长，饮用时还存在着某些思想障碍。

那么，为什么第一种说法认为东汉时已经有蒸馏酒呢？它的根据是上海博物馆收藏的一件东汉青铜蒸馏器。这件蒸馏器的外形和汉代成套的釜甑相似，但甑的内壁下部有一圈斜隔层，可承接凝集的蒸馏液，并装有导流管以便将液体引出，所以称之为蒸馏器是没有问题的（图12-1）。然而如果说此器系用于蒸馏酒，则尚有可议之处。

一、此器通高53.9厘米，甑上部之凝露室的容积为7500毫升，甑下部的储料室容积却仅有1900毫升，太小，出酒量也必然很少。这一点方心芳先生在《再论我国曲蘖酿酒的起源与发展》（载中国食品

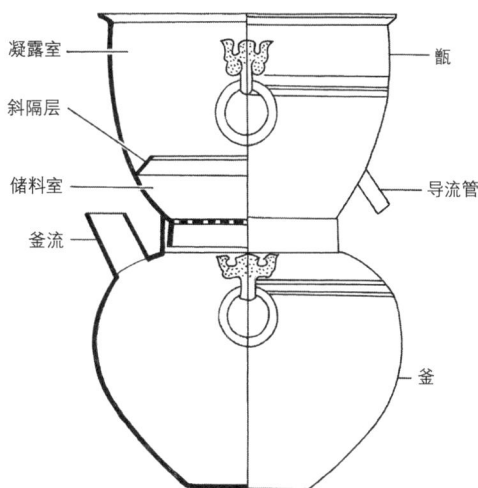

图12-1　汉代的蒸馏器，
上海博物馆藏

出版社编《中国酒文化和中国名酒》）一文中已经指出。而且这件蒸馏器上未设水冷却器，酒精的逸失量太大，作为蒸酒器是不合理的。二、上海博物馆对此器做过蒸酒试验，所得的酒最高为 26.6 度，最低为 14.7 度，平均为 20 度左右。而汉代早已发明了复式发酵法和连续投料法，这时的"上尊酒"是"稻米一斗得酒一斗"（《汉书·平当传》颜师古注引如淳说引汉律）；投料比这样大，酒醪必然是很浓的。根据现代制黄酒时测试的数据，浓醪中的酒精含量可达 16% 以上，有的甚至可以达到 19%～20%，这和用上述蒸馏器蒸出之酒的度数相近。因此它不但不能生产出比上尊酒的酽烈程度有明显提高的产品，在酒度上不占多少优势，还要承受丢掉传统风味的巨大损失。三、汉代还是一个饮低度酒的时代。这时有人"饮酒石余"（《汉书·韩延寿传》），有人"食酒至数石不乱"（《汉书·于定国传》）。汉代 1 石为 120 斤，1 斤为 250 克。则 1 石等于 30000 克，合 30 公斤。饮用量如此之大，其中应有夸张的成分，但也说明，喝的不会是烈性酒。而且这时盛酒用大口的尊，以勺酌于杯或卮中就饮，这套酒具也显然不是用来喝烈性酒的。

因此，上海博物馆收藏的这件蒸馏器是否有可能为炼丹术士所用？或为蒸馏他物所用？总之，尚难以断定必为蒸馏酒的器具。

再看第四种说法。此说的根据是河北承德市青龙县西山嘴村南新开河道中出土的一件据说是金代的青铜蒸馏器。此器通高 41.5 厘米，由上下两分体套合而成。其下部是一个高 26 厘米的釜，釜的口沿有双唇，中有槽，槽宽 1.2、深 1 厘米，用于承接凝集的蒸馏液。自槽中向外接出一根导流管，以将液体引出。其上部为冷却器，通高 16、口径 31、底径 26 厘米，底部凸起呈穹窿形，近底处设排水管。当上下两部分套合时，两端的子口扣得很紧密，确为实用之器（图 12-2）。它的基本结构与现代的壶式蒸酒器很肖似。特别是壶式蒸酒器上的冷却桶之底部也呈穹窿形，安放在圆形的槽内，冷却了的蒸液流向四周再汇集到槽中流出；这和青龙出土的蒸馏器的结构几乎一般无二。因此可以认为青龙蒸馏器也是蒸酒用的。元代的蒸酒器许有壬称之为"水火鼎"，表明其上部有注冷水的冷却器，下部燃火。朱德润《存复斋文集·

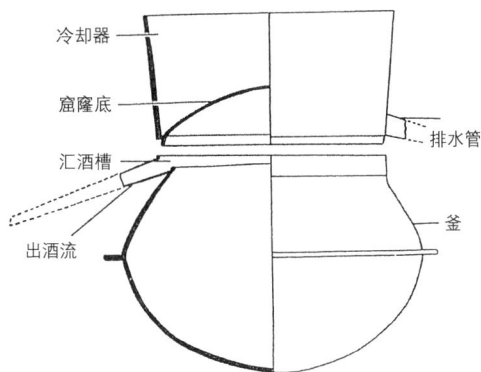

图 12-2　元代的蒸馏器
河北承德青龙出土

卷三·轧赖机酒赋》（作于 1344 年）中对此物的描写是："一器而两，圆铠外环而中洼，中实以酒，仍缄合之无余少焉。火炽既盛，鼎沸为汤，包混沌于爵蒸，鼓元气于中央。熏陶渐渍，凝结如饧。瀚渤若云蒸而雨滴，霏微如雾融而露瀼；中涵既竭于连㶿，顶溜咸濡于四旁。"这和青龙蒸酒器的形制与使用方法正合。又上引许有壬的诗中也说："火气潜升水气豪，一沟围绕走银涛；璇穹不惜流真液，尘世皆知变浊醪。"这些句子用于青龙蒸酒器也同样贴切。

青龙蒸酒器也做过蒸酒试验："在承德市粮食局综合加工厂制酒车间工人师傅指导下，我们用这套烧酒锅进行了两次蒸酒试验。第一次坯料（稻糠）8 市斤，出 9.4 度酒 0.9 市斤。第二次坯料（稻糠）6 市斤，出 9.7 度白酒 0.56 市斤"（《文物》1976 年第 9 期，页 98）。酒度如此之低，出酒量如此之少，可以说试验尚不得要领。因为从元代文献看，当时并不是用稻糠蒸酒，而如上文所引，是"炼酒取露"，"用好酒蒸熬取露"。或如《析津志》所说："取此酒（指葡萄酒）烧作哈剌吉。""枣酒……烧作哈剌吉。"最低限度如《居家必要事类全集》所说，也要用"不拘酸甜淡薄，一切味不正之酒"来蒸馏。则当时是用酿造的酒作为蒸馏的原料，这样自然可以蒸出酒度较高的烧酒了。

还应当指出的是，在青龙县西山嘴村与此蒸酒器同出之物有一件饰花草纹的滴水瓦。林荣贵先生在《金代蒸馏器考略》中说："滴水的形式及其上面的草纹饰，与1965—1972年北京后英房元代居住遗址出土的颇为相似，但是青龙西山嘴的滴水，形体较大而厚重，花纹繁缛，制作上明显粗糙，没有后英房滴水那样宽平的边缘和简化清秀的花纹。分析这件滴水应是金代或元初遗物"（《考古》1980年第5期，页468）。但自拓片观察，这件滴水定为元代物问题不大，它出在僻远的青龙，自然与首都所出者有精粗之别，但时代的特点是一致的。结合元、明两代人言之凿凿的元代始有阿剌吉之说，遂令人感到青龙蒸酒器不应属于金代。因为不仅找不出证明金代有蒸馏酒的古文献，而且它既然与元瓦同出，本身又不附带其他断代证据，怎么能一定说成是金代的呢？相反，如果将此器定为元代之物，则无往而不合，文献与实物相辅相成，一切都顺理成章了。

（原载《文物天地》1994年第4期）

13　中国古代的葡萄与葡萄酒

　　葡萄原产于欧洲、西亚和北非，是世界上最古老的果树树种之一。七千多年以前，埃及人已开始种植葡萄，美索不达米亚的古代居民，也同样在很早的年代里就知道种这种果树。栽培葡萄的方法从这些地区逐渐向全世界传播。但我国先秦时尚未种植葡萄，它是在西汉武帝时传入的。《史记·大宛列传》说：大宛人"以葡萄为酒，富者藏酒万余石，久者十年不败。……汉使取其实来"。则葡萄是一个外来词汇，所以它有时又写作"蒲桃"，这是因为外来语的对音起初往往词无定字的缘故。葡萄来自大宛，此词应是大宛语 budaw 的对音，与伊兰语 budäwa 相对应。早年西方汉学家在言必称希腊的观念支配下，认为葡萄是希腊语 bǒtrus（一嘟噜〔葡萄〕）的对音。但大宛并不流行希腊语，此说连伯希和也不相信[1]。汉朝使者将大宛的葡萄传入内地，是我国植物引种史上的一件大事，它是我国最早有明确记载的自异域引入的果树品种。当时引种的规模很大，"离宫别馆旁尽种之"。在这之前，我国虽然也有一些本地野生葡萄品种，如《诗·豳风·七月》"六月食郁及薁"，薁即蘡薁，就是我国原产的一种野葡萄，它远在周代就被人采以供食。此外，如山东有"燕磊"、"水葫芦塔"，东北有"阿木鲁"，甘肃有"琐琐"，云南彝族地区有"蔻枇玛"，以及各地称为野葡萄的若干品种。它们的生命力一般较强，或能耐寒，或能耐旱、耐湿、耐高原上的低气压，有的也相当甜（如琐琐）。然而它们在汉以前均不受重视，也未曾大规模种植。可是当大宛葡萄传入我国后，野生葡萄的广泛存在却使我国园艺家有可能利用本地品种和外来品种通过无性或有性杂交等方法，逐步培育出适合我国水土的优良品种，如龙眼、马乳、鸡心等，从而形成了中国葡萄的独特风味。早在东汉末年，曹丕在《与吴监书》中已把葡萄列为"中国珍果"，谓："中国珍果甚多，且复为说蒲萄。当其朱夏涉秋，尚有余暑，醉酒宿醒，掩露而食。甘而不饴，脆而不酢，冷而不寒，味长汁多，除烦解倦。又酿以为酒，甘于曲蘖，善醉而易醒。道之固已流涎咽嗌，况亲食之邪！"到南北朝末期，庾信说当时长安一带的葡萄已经是"园种户植，接荫连架"，盛况空前了。

葡萄除了作为浆果生食外，还可以制果脯和酿酒。我国汉代已有葡萄酒，张衡《七辨》中提到过"玄酒白醴，葡萄竹叶"。但这时葡萄酒非常名贵，汉末有人献西凉葡萄酒十斛给大宦官张让，"立拜凉州刺史"。南北朝时仍然如此，《北齐书》说李元忠献葡萄酒，"世宗报以百缣"。这时在新疆吐鲁番十六国墓壁画的"庄园图"中画有葡萄园（图13-1）。至唐代，葡萄酒已较常见。这时，凉州仍是葡萄酒的传统产地。王翰《凉州词》"葡萄美酒夜光杯，欲饮琵琶马上催"是脍炙人口的名句。但今山西地区却有后来居上之势。《新唐书·地理志》记太原上贡有葡萄酒。刘禹锡《蒲桃歌》："有客汾阴至，临堂瞪双目。自言我晋人，种此如种玉。酿之成美酒，令人饮不足。"都反映

图13-1　新疆吐鲁番哈拉和卓96号十六国墓壁画中的葡萄园

出这种形势。由于葡萄酒是一种果酒，有时可用自然发酵法酿成，即苏敬在《唐本草》中所说："凡作酒醴须曲，而葡萄、蜜等酒独不用曲。"所以它带有很浓的甜味，与我国传统的粮食酒风味不同。历来咏葡萄酒者，也常着眼于这一点。如元·周权《葡萄酒诗》说它"甘逾瑞露浓欺乳"，明·王翰在《葡萄酒赋》的序中说它"甘寒清冽，虽金盘之露、玉杵之霜，不能过也"。不仅如此，明代的《遵生八笺》还说行功导引之时，饮一两杯葡萄酒，则"百脉流畅，气运无滞"。葡萄酒的滋补健身作用，也已为现代医学所证实。

葡萄酒在我国北方民族建立的辽、金、元各朝中更为流行。辽宁法库叶茂台辽墓主室中有木桌，桌上置漆勺、碗和玻璃方盘、玛瑙杯等物，桌下瓷壶中原封贮有红色液体，据检验即葡萄酒[2]。内蒙古乌兰察布盟察右前旗土城子元墓中曾出黑釉长瓶，肩部刻有"葡萄酒瓶"四字（图13-2）。它们都是我国古代葡萄酒的珍贵实物史料。在马可波罗的《东方见闻录》中，也提到元代皇帝宴饮时用金酒具满盛葡萄酒供饮的事。

葡萄酒的酒精含量较低，为了提高酒度，元代由西方传来了蒸馏制酒的方法。李时珍《本草纲目》说，有一种用蒸馏法制成的葡萄露酒，其法是："取葡萄数十斤，同大曲酿酢，入甑蒸之，以器承其滴露。"这样制成的酒实际上就是今日通称的白兰地。现代的白兰地也是蒸馏葡萄酒而成，与李时珍所说的方法基本相同。白兰地的酒度一般在40～43度之间，酒味醇冽甘芳，是一种世界性的饮料。清朝末年，山东烟台张裕葡萄酿

图13-2 元黑釉"葡萄酒瓶"
内蒙古乌兰察布盟察右前旗土城子出土

酒公司已能生产优质白兰地酒。

从种植葡萄、酿造葡萄酒到蒸馏白兰地酒，虽然起初都是由西方传入我国的，但它们都在很早的时期即为我国所接受，并逐渐形成了自己的特点。这说明，对于世界上各种美好的事物，我国不仅善于学习，而且能根据本国情况予以消化和吸收。

（原载《中国食品》1985 年第 6 期）

注释

[1]　冯承钧译：《西域南海史地考证译丛》第 1 卷，第 5 编，页 82，商务印书馆，1995 年。
[2]　辽宁省博物馆等：《法库叶茂台辽墓记略》，《文物》1975 年第 12 期。

14　中国茶文化与日本茶道

　　世界三大饮料作物之一的茶，原产于中国。但茶在成为日常饮料之前，还有一个主要供药用的阶段。因此，茶的见于记载和饮茶风习的出现不是一回事。目前只能根据汉·王褒《僮约》（前59年）中"烹茶（荼）尽具"、"武阳买茶（荼）"等明确的史料，认为中国饮茶的兴起始于西汉。武阳在今四川彭山县双江镇。后来晋·孙楚在《出歌》中也说："姜桂茶荈出巴蜀。"可见两千年前，巴蜀已以产茶著称。

　　从汉代到南北朝，饮茶之风在西蜀和江南一带逐渐流行，但原先的饮茶方式很不讲究。据《尔雅》晋·郭璞注等处记载，起初煮茶与煮菜汤相近。然而就在晋代，一种较精细的饮法开始出现。晋·杜育的《荈赋》中有"沫沉华浮，焕如积雪"等句，表明当时不仅将茶碾末，而且已知救沸育华。《神农本草经》"苦荼"条梁·陶弘景注："茗皆有浡，饮之宜人。"亦指此而言。这种饮茶法在六朝时已博得上层社会的喜爱，因而这时的许多名人如孙晧、韦曜、桓温、刘琨、左思等，都有若干与茶有关的逸事。和这种情况相适应，饮食器中便逐渐分化出专用的茶具。

　　中国最早的茶具约出现于东晋、南朝。这时在江、浙、闽、赣等地生产的青瓷器中，有和瓷盏配套的托盘，其内底底心下凹，周围有凸起的托圈，形制与唐代带"茶拓子"铭记的鎏金银茶托基本一致。浙江温州瓯窑窑址出土物中，就有这类茶具的碎片。《荈赋》说"器择陶拣，出自东瓯"，正与这一情况相合。瓯窑是中国最早烧茶具的窑口之一，其产品釉色青绿泛黄，玻化程度虽较高，胎、釉的结合却不够理想，常开冰裂纹，且出现剥釉现象。虽然如此，但专用的茶具却滥觞于此时。

南北朝时饮茶虽在南朝流行，北朝地区却不好此道。喜欢饮茶的南朝人士在北魏首都洛阳遭到嘲笑的情况，于《洛阳伽蓝记》一书中有生动的记述。此风广被全中国，应是盛唐时的事。8世纪后期，封演在《封氏闻见记》卷六中说：茶"南人好饮之，北人初不饮。开元中，泰山灵岩寺有降魔禅师大兴禅教。学禅务于不寐，又不夕食，皆许其饮茶。人自怀挟，到处煮饮。从此转相仿效，遂成风俗"。9世纪中期杨华在《膳夫经手录》中说："茶，古不闻饮之。近晋、宋以降，吴人采其叶煮，是为茗粥。至开元、天宝之间，稍稍有茶，至德、大历遂多，建中以后盛矣。"这是唐朝人讲当代的事，应该可信。当然，如果把盛唐以前有关饮茶的史料集中起来，似乎也洋洋大观。但第一，这么做多少会造成一种假象，仿佛此时茶事已盛，其实不尽然。第二，盛唐以前的茶是一种既辣且咸的菜汤。尽管有人已知碾末，但如陆羽所说，当时饮茶仍"用葱、姜、枣、橘皮、茱萸、薄荷等，煮之百沸，或扬令滑，或煮去沫，斯沟渠间弃水耳，而习俗不已"。把茶叶和这些、有的甚至是带刺激性的调味品煮在一起，那种汤的味道肯定和后世的茶相去甚远。

就在这个时候出现了陆羽和他的《茶经》。《茶经》定稿成书大约在764年以后不久。这正是饮茶之风开始兴盛的时候。陆羽是得风气之先的开创性的人物。《茶经》三卷十门，详细论述了茶的生产、加工、煎煮、饮用、器具及有关的典故传说等。由于此书对茶事的记载内容既丰富，条理又明晰，从而把饮茶活动推向高潮。陆羽在这方面的功绩得到了普遍的承认和肯定。宋代梅尧臣的诗中说："自从陆羽生人间，人间相事学春茶。"可谓推崇备至。《茶经》成书后只经过半个世纪，李肇在《唐国史补》（成书于825年前后）中就说江南某郡的茶库里供奉陆羽为茶神。关于陆羽是茶神的记载，又见于唐·赵璘《因话录》、北宋·欧阳修《集古录跋尾》、《新唐书·陆羽传》、北宋·李上交《近事会元》、南宋·韩淲《涧泉日记》、南宋·费衮《梁溪漫志》等书。这些书上还说卖茶的人将瓷作的陆羽即茶神像供在茶灶旁，生意好的时候用茶祭祀，生意不好就用热开水浇头。这种瓷像的制作前后延续了三个多世纪，数

量不会太少。中国国家博物馆藏有
上世纪 50 年代在河北唐县出土的一
套白釉瓷器，包括风炉、茶镀、茶
瓶、茶臼、渣斗和一件瓷人像。此
像上身着交领衣，下身着裳，戴高
冠，双手展卷，盘腿趺坐，仪态端
庄。其装束姿容不类常人，但也并
不是佛教或道教造像。根据它和多
种茶具伴出的情况判断，应即上述
茶神（图 14-1）。这是迄今为止所能
确认之唯一的、虽然不尽是写实的
陆羽像。

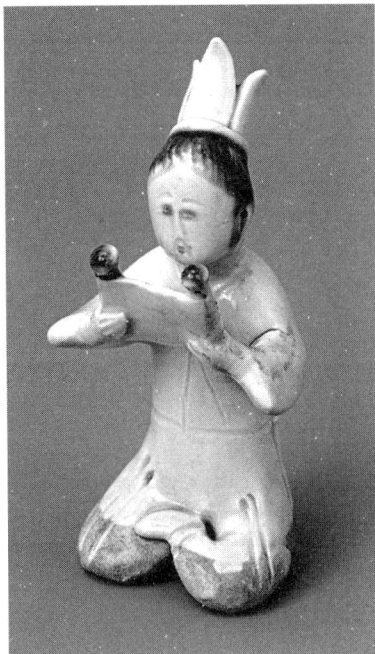

图 14-1　茶神陆羽瓷像

　　陆羽在茶史上曾起到巨大的作
用。但也必须看到，他是处在粗放
式饮茶法的末期；正规的精细式饮
茶法这时刚刚起步，不可能一下子
就达到完善的境地。所以在《茶经》中仍能看到一些不足之处。一、
其所记制茶饼的工序仍比较粗放，只有"采之，蒸之，捣之，拍之，
焙之，穿之，封之"等步骤。饮用时，茶饼也未被粉碎成很细的末。
《茶经》说："末之上者，其屑如细米。"又说："碧粉缥尘非末也。"
可见这时还不习惯用很细的茶末。二、《茶经》中提倡的煎茶法，是
先在风炉上的茶釜中煮水，俟水微沸，量出茶末往釜心投下，随即用
竹箅搅动，待沫饽涨满釜面，便酌入碗中饮用。此法在中唐时最为流
行，此时的咏茶诗句常反映出向釜中下末的情况。如"汤添勺水煎鱼
眼，末下刀圭搅曲尘"（白居易诗）；"铫煎黄蕊色，碗转曲尘花"（元
稹诗）等。《茶经》又明确指出，茶釜用生铁制作；而生铁带有气味，
即苏轼诗所说："铜腥铁涩不宜泉。"何况此法要求在第二沸，即釜中
之水"如涌泉连珠"时，"量末当中心而下"。茶末经过这样一煮，势
必熟烂，从而夺香减韵，失其真味了。三、《茶经》说煎茶时还要"调
之以盐"，所以喝的仍是咸茶，还没有摆脱唐以前之旧俗的樊篱。

　　至晚唐时，又兴起了一种在茶瓶中煮水，置茶末于茶盏，再持瓶向盏中注沸水冲茶的"点茶法"。此法最早见于唐·苏廙《十六汤品》，它本是苏氏所撰《仙芽传》卷九的"作汤十六法"，但该书其他部分已佚，仅这一部分以上述名称保存在宋初陶谷的《清异录》中。此法特别重视点汤的技巧，强调水流要顺通，水量要适度，落水点要准确，同时要不停地击拂，以生出宜人的沫饽。由于这种做法更能发挥末茶的优点，故成为宋、元时饮茶的主要方式。

　　随着点茶法的普及，茶末愈来愈细，被誉为"黄金粉"；和《茶经》所称如细米者已大不相同。茶饼的制作也日益精工。这时最受推崇的名茶已由唐代所尚之湖州顾渚紫笋与常州宜兴紫笋即所谓"阳羡茶"（浙西之茶），改为福建建安凤凰山所产"北苑茶"。北苑本是南唐的一处宫苑，监制建州地方的茶叶生产以供御用，入宋以后就把凤凰山一带产茶区也叫"北苑"。其中品质最好的茶产在该地区的壑源一带，叫作"壑源茶"。近年在福建建瓯县东北15公里的裴桥村发现了记载"北苑"的南宋石刻，得以确知北苑之所在。宋太宗时，以北苑茶制成龙、凤团。仁宗时蔡襄制成"小龙团"。神宗时贾青制成"密云龙"。徽宗时郑可闻更以"银丝水芽"制成"龙团胜雪"，每饼值四万钱，珍贵无比。这种茶饼对原料的要求极高，它将捡出之茶只取当心一缕，用清泉渍之，光莹如银丝。在制作时又增加了"榨"和"研"两道工序。南宋·赵汝砺《北苑别录》说：将茶芽蒸过之后，"入小榨以去其水，又入大榨以去其膏。""至中夜，取出揉匀，复如前入榨，谓之翻榨。彻晓奋击，必至于干净而后已。"这种做法是非常独特的。一般认为，茶汁去尽则茶之精英已竭，但当时并不这么看。这时对极品茶之风味的要求是宋徽宗在《大观茶论》里提出的"香甘重滑"四字，茶汁不尽则微涩、微苦之味势难尽除。而且这时要求茶色"以纯白为上真"，"压膏不尽，则色青暗"（《大观茶论》）。总之，情况正如赵汝砺所说："膏不尽，则色味重浊矣。"榨过之后，还要放进盆中研磨，细色上品之茶每团要研一整天，直到盆中的糊状物"荡之欲其匀，揉之欲其腻"，再"微以龙脑和膏"（蔡襄《茶录》）。除少量龙脑及其他香料外，茶糊中还要和入淀粉。《太平御览》卷八六七引《广雅》说："荆、巴间采茶作饼成，以米膏出之。"虽然这段话是否出自魏·张揖《广雅》尚有疑问，但总反映出早期制茶饼时和过"米膏"。南宋·陆游《入蜀记》卷一说："建茶旧杂以米粉，复更以薯蓣。"南宋·陈元靓《事林广记·别集》卷七说"蒙顶新茶"是用"细嫩白茶"、"枸杞英"、"绿豆"、"米"一起"焙干碾罗合细"而成。元·忽思慧《饮膳正要·诸般汤煎》中说：宫廷中有"香茶"，是以白茶、龙脑、百药煎、麝香按一定比例"同研细，用香粳米熬成粥，和成剂，印作饼"。茶饼里淀粉的含量到底有多大，目前尚未确知；但用加入淀粉的茶饼碾末冲点的茶，肯定是乳浊状的，同时由于麝有香料，所以味道甘芳。也就是说，汉六朝之茶基本上是辣汤型的，唐宋之茶基本上是甘乳型的。

茶饼的制作既然如此考究，烹点技术自然也精益求精。宋代出现了两种斗茶法，其中一种着重击拂的效果，即晁补之诗所称"争新斗试夸击拂"，是从其物理性状上作比较。另一种则着重品尝茶味，即范仲淹诗所称"斗茶味兮轻醍醐"，是从其生化成分上作比较。这里先说第一种方法。

用此法斗茶的第一步是下末，首先要将茶饼炙干、捶碎，才便于碾出极细的末，然后再入罗筛过。蔡襄在《茶录》中明确指出："罗细则茶浮，粗则水浮。"而茶末的浮沉又是斗茶胜负的关键。只有当茶末极细，调膏极匀，汤候适宜，水温不高不低，水与茶末的比例不多不少，茶盏事先预热好，冲点时又用筅搅得极透，指旋腕活，击拂得宜，盏中的茶才能呈悬浮的胶体状态。这时茶面上银粟翻光，浮雾汹涌，泛起的沫饽积结在碗沿四旁，"周回旋而不动"，"谓之咬盏"（《大观茶论》）。这样的茶"着盏无水痕"，也就是梅尧臣诗所说"烹新斗硬要咬盏"之意。如果烹点不得法，末粗茶沉，懈而不"硬"，汤花散褪，云脚涣乱，茶、水游离，从而粘附盏壁，形成水痕，茶就斗输了。

由于这种斗茶法要验水痕，而白色的水痕在黑瓷盏上显得最分明，即宋·祝穆《方舆胜览》所谓："茶色白，入黑盏，其痕易验。"故蔡襄指出："建安斗试，以水痕先者为负，耐久者为胜。"可是到了明代以后，随着饮散茶之风的普及，对于这种斗茶法，讲茶史者已不甚了

图 14-2　南宋吉州窑剪纸纹瓷茶盏　　　　　　　　图 14-3　南宋建阳窑兔毫纹瓷茶盏

了。如明·王象晋在《群芳谱》中竟把蔡襄的话改成"建安斗试，以水痕先没者为负"，真是差之一字，谬以千里了。宋之黑盏以遗址在今福建建阳水吉镇的建窑所产者最负盛名。《茶录》说："建安所造者绀黑，纹如兔毫，其坯微厚，爁之久热难冷，最为要用。"除兔毫盏外，建窑的油滴盏俗称"一碗珠"；油滴在黑釉面上呈银白色晶斑者，称"银油滴"，呈赭黄色晶斑者，称"金油滴"；在晶斑周围环绕着蓝绿色光晕者，称为"曜变"，更极珍贵。此外，遗址在今江西吉安永和墟的吉州窑也是宋代黑瓷的著名产地，这里烧制的黑瓷盏上以鹧鸪斑、玳瑁斑、木叶纹及剪纸漏花著称。鹧鸪斑黑釉盏是在黑色的底釉上又施一道含钛的浅色釉，烧结后釉面形成羽状斑条，如同鹧鸪鸟颈部的毛色。吉州窑的鹧鸪斑纹盏和建窑的兔毫盏有异曲同工之妙，在诗人笔下常相提并论。杨万里《陈蹇叔郎中出闽漕别送新茶》诗中之"鹧鸪碗面云萦字，兔毫瓯心雪作泓"，是被广泛传诵的名句。吉州窑的剪纸纹盏也很别致，它在斑驳的赭黄色乳浊地子上，以漏印的技法，表现出酱黑色的剪纸纹样（图 14-2）。为什么在茶碗上施以剪纸纹样呢？原来当时在龙团、凤团等茶饼上还饰以用金箔剪贴的花样。北宋·欧阳修《龙茶录·后序》说："官人剪金为龙、凤、花草贴其（指茶饼）上。"北宋·王辟之《渑水燕谈录》卷八也说："建茶盛于江南，近岁制作尤精，龙、凤团茶为最上品。……官人剪金为龙凤花贴其上。"南宋·李曾伯《可斋杂稿·卷三·谢特赐香茶镂金花》说："藉之夋金复铸之精，

侑以剪彩春工之巧。"所以吉州窑的剪纸纹盏，应受到茶饼上贴剪出之花样的影响。为斗茶所需，黑瓷盏不胫而走，不仅南方地区的许多瓷窑生产黑盏，有些北方烧白瓷的窑口也兼烧黑盏。但是如此精美的黑茶盏，尽管盏心这一面做得很考究，但其外壁于腹部以下却往往做得不甚经意，比如釉不到底、圈足露胎，或者盏底之釉堆叠流淌等（图14-3）。其所以出现这种现象，则是因为当时的茶盏都要和托子配套之故，盏腹嵌入托子的托圈之内，则上述缺点均隐没不见。不过托子以漆制者为主，不易保存至今，所以现在看到的许多宋代瓷盏，已与其原相配套的托子分离了。

第二种斗茶法则如宋·唐庚《斗茶记》所称："政和二年三月壬戌，二三君子相与斗茶于寄傲斋，予为取龙塘水烹之而第其品。以某为上，某次之，某闽人所赍，宜尤高，而又次之，次之。然大较皆精绝。"当是对各种茶进行品评，鉴别高下。范仲淹《和章岷从事斗茶歌》中也说："其间品第谁能欺，十目视而十手指。"更可证明这种斗茶法不以验水痕先后为标志，而着重于品尝茶味。为满足这方面的需求，还曾培养出品质优异的单株，以供斗试。如宋·黄儒《品茶要录》所说："茶之精绝者曰斗，曰亚斗，其次拣芽。茶芽斗品最上，园户或止一株，盖天材间有特异，非能皆然也。"

不制饼的叶茶，即所谓散茶，从茶史上说，是始终存在着的。但到了元代，散茶转盛。元·王祯《农书》卷一〇说茶有三种：一是茗茶，即叶茶。二是末茶，但又说："南方虽产茶，而识此法者甚少。"三是蜡茶，指用香膏油润饰的高级茶饼，但"此品惟充贡献，民间罕见之"。不过元代人喝茗茶即叶茶时，尚予以煎煮。《饮膳正要》卷二说："清茶，先用水滚过，滤净，下茶芽，少时煎成。"故与明代的撮泡法仍然不同。

撮泡法在明代的兴起，使茶味和茶具都发生了很大的变化。以前的碾、磨、罗、筅等茶具废而不用，黑盏亦逐渐失势；相反，"莹白如玉"的茶具被认为"可试茶色，最为要用"（明·屠隆《考槃余事》）。在明代说部中甚至连勾栏设茶都使用"雪绽般茶盏"（《金瓶梅》第一二回）。紫砂茶具的异军突起，更引人注目。同时，社会上不同的阶层对待饮茶的观念也产生不同的趋向；可以说，明代出现了两种不同的茶文化。

一、茶寮文化

《考槃余事》中说："茶寮，构一斗室，相傍书斋，内置茶具，教一童子专主茶设，以供长日清谈，寒宵兀坐。幽人首务，不可少废者。"明·陆树声所撰茶书就叫《茶寮记》。所以明代走向精致化的茶艺，可以称为茶寮文化。

能在茶寮中享受茶中逸趣的主要是士大夫阶层中带有隐逸倾向的人士。他们轻视声色犬马，而且相对地不太热衷于功名利禄。其中特别嗜茶的又称茶人。明代江南六府（苏州、松江、常州、嘉兴、湖州、杭州）的若干名流成为其骨干，比如杜琼、徐有贞、吴宽、朱存理、沈周、王鏊、都穆、祝允明、文徵明、钱同爱、吴纶、王涞、顾元庆、许次纾、陈继儒等人。以撮泡法饮茶这件事，在他们手中被推向极致。对名茶的品评鉴赏、制茶泡茶的技巧、茶具的设计制作等，无不精益求精。并且由于他们具有很高的文化素养，琴棋书画、焚香博古等活动均与饮茶联系在一起，使茶寮笼罩在超凡脱俗的气氛之中，这和前代是不同的。试看唐代卢仝极负盛名的《走笔谢孟谏议寄新茶》诗，形容喝茶时只说一碗如何，两碗如何，一直数到七碗，简直有点为喝茶而喝茶的样子。宋代讲斗茶，讲分茶，也未能从喝、喝、喝的圈子里跳出来。只有在明代的茶寮中，才使茶变成一种高雅的生活品位的象征，变成一种恬淡的生活情调的组成部分。

明代茶人既然彼此引为同调，他们之间诗文唱酬、以茶会友的活动当然有，但他们并未形成有组织的茶人集团，这是为茶人的隐逸性和孤高性所决定的。明·张源《茶录》（1595年前后）说："饮茶以客少为贵，客众则喧，喧则雅趣乏矣。独啜曰神，二客曰胜，三四曰趣，五六曰泛，七八曰施。"持此种主张的茶人追求的是潇洒自适。在"独啜曰神"的指导思想下，茶寮中的活动纵使不强调排他性，但也不会是群体性的。

二、茶馆文化

市井小民进不了文士的茶寮，他们多半下茶馆。宋代的汴梁和临安都有不少茶坊，它们往往还兼营酒饭、说唱等。单纯卖茶的茶馆到明代才发达起来。《儒林外史》第二四回说：南京"大小酒楼有六七百座，茶社有一千余处"。有些茶馆泡茶的质量也很高。明·张岱《陶庵梦忆》说："崇祯癸酉，有好事者开茶馆，泉实玉带，茶实兰雪。汤以旋煮，无老汤；器以时涤，无秽器。"众多茶馆成为平民休闲的去处。特别是由于撮泡法简单易行，所以坐茶馆是一种低消费的散心之举。清代广州有许多茶馆叫"二厘馆"，即每客的茶资仅银二厘而已。在茶馆中洋溢着的是轻松的气氛，这里一般并不进行群体性的活动。

中国古代饮茶也并非完全没有以群体的形式出现的，比如禅宗和尚的茶会就是有组织的活动。如前所述，饮茶在中国的兴盛曾受到禅僧的推动。禅宗讲究在坐禅中凝神屏虑，达到无欲无念，无喜无忧，梵我合一的境界。为防止未入禅定，先入梦寐，故饮茶提神。后来禅宗的义理有所变易，讲究顿悟，禅宗寺院的秩序受到影响。8世纪末9世纪初，禅法又有所改革。这时百丈怀海（724—814年）在律寺外别建"禅居"作为道场，并创立"普请法"，上下均力，一齐劳作，组成了新型的僧团。他又制定规约，即《百丈清规》。此书之原本已不存，但元文宗在金陵建大龙翔集庆寺时，曾责令百丈山大智寿圣禅寺的住持东阳德辉重行编纂。至1336年编成，名《敕修百丈清规》。这些禅僧仍重视坐禅，所以也重视饮茶。在《清规》中有不少处讲到集会时饮茶的仪式。如：

> "茶汤榜"预张僧堂前上下间，库司仍具请状，备桩袱炉烛，诣方丈插香拜请。免则触礼。禀云……。禀讫呈状。随令客头请两序勤旧大众光伴。挂点牌报众。僧堂内铺设主持位。斋退，鸣鼓集众。知事揖住持入堂。归位揖坐烧香一炷，住持前揖香，从圣僧后转归中间讯立。行茶遍，瓶出。往住持前揖茶退身，圣僧右后出，炷香展三拜，起，引全班至住持前，两展三礼送出。复

归堂烧香，上下间问讯收盏退座。

这里说的"茶汤榜"即"茶榜"，是寺院举行茶会时公布的启事，因为茶会除禅僧外，还常有俗士参加。有些"茶榜"是由著名文人撰写的。比如蒙古国时期，耶律楚材撰有《茶榜》，见《湛然居士集》卷一三。后来赵孟頫撰有《清谦讲主茶榜》，见《松雪斋集·外集》，可见元代禅院中仍举行茶会。但以后禅僧愈来愈讲随缘任运，愈来愈不讲静坐习禅了。"饥来吃饭，困来即眠"，"菩萨只向心觅"，"西方只在眼前"；理论演变到这种程度，连坐禅功夫都抛在一边，当然更无须以茶却眠了。

至此则须回答中国古代有无茶道的问题。由于汉字的组合比较自由，中国古文献中出现过"茶道"这个词组。比如与陆羽同时代的皎然，他写的《饮茶歌》中就有"孰知茶道全尔真，唯有丹丘得如此"之句。《封氏闻见记》在叙述了陆羽和常伯熊提倡饮茶之后说："于是茶道大行，王公朝士无不饮者。"明代陈继儒在《白石樵真稿》中说：当时茶的蒸、采、烹、洗"悉与古法不同"，但有些人"犹持陆鸿渐之《经》、蔡君谟之《录》而祖之，以为茶道在是"。这些"茶道"的含义相当于茶事或茶艺，有别于日本所称"茶道"。

日本和中国不同，日本原先不产茶，茶是从中国传去的，所以日本没有中国起初把茶叫作茶，视为普通树叶子的那段历史。在平安时代，茶虽已传入日本，但只在大内辟有茶园，且归典药寮管理，与一般民众没有关系。12 世纪时，两度入宋求法的荣西法师带回茶种，开始在日本推广饮茶。不过荣西的着眼点是看重茶的医疗保健作用。他在《吃茶养生记》中说："茶也，末代养生之仙药，人伦延龄之妙术也。山谷生之，其地神灵也；人伦采之，其人长命也。"又说："贵哉茶乎！上通神灵诸天境界，下资饱食侵害之人伦矣。诸药唯主一种病，各施用力耳；茶为万病之药而已。"把茶当成"万病之药"，在其原产地中国，人们恐难以置信；这种说法实际上反映出对来之不易的外国物品之作用的习惯性夸张。

荣西之后，饮茶在日本逐渐兴盛，起初在禅院中流行，后来日本的公家和武家都欣赏饮茶之趣，在日本兴起了举办茶会的风气。根据《吃茶往来》（约为日本南北朝晚期或室町初期的著作）所记，当时高级武士修建了讲究的茶亭，在这里举办茶会。点茶献客之后，要玩一种叫"四种十服茶"的赌赛游戏，它有点像我国那种比茶味、比茶品的斗茶。但当时日本茶的种类没有中国那么多，他们主要是猜测其中哪些是"本茶"（指栂尾茶）、哪些是"非茶"（其他茶），以定胜负。之后，"退茶具，调美肴，劝酒飞杯。先三迟而论户，引十分而励饮。醉颜如霜叶之红，狂妆似风树之动。式歌式舞，增一座之兴；又弦又管，惊四方之听"（《吃茶往来》）。但这种豪华的茶会被认为是"无礼讲"、"破礼讲"，是一种败坏风气的行为。所以到了室町幕府的八代将军足利义政（1449—1473 年）时，遂命能阿弥（1397—1471 年）创立起在书院建筑里进行的"书院茶"，这是一种气氛严肃的贵族茶仪。之后又命村田珠光（1423—1502 年）为主持茶会的上座茶人，他把寺院茶礼、民间的"茶寄合"和贵族书院的台子茶相结合，并注入禅的精神，排除一切豪华陈设，形成了朴素的草庵茶风。日文中的"茶道"一词，就是由他开始使用的，在此之前只称为"茶汤"而已。珠光认为茶道之大旨在于："一味清净，法喜禅悦。赵州（指唐代的从谂禅师，778—897 年）知此，陆羽未曾至此。人入茶室，外却人我之相，内蓄柔和之德。至交相接之间，谨兮敬兮清兮寂兮，卒以及天下泰平"（《珠光问答》）。所以其终极的目的是天下太平；也就是说，是为巩固日本社会的封建秩序服务的。

到了 16 世纪中叶，千利休（1522—1592 年）将草庵茶进一步庶民化，使之更加普及。他把珠光提出的茶道之四谛"谨敬清寂"改为"和敬清寂"，即将带有严肃意味的"谨"改为冲淡平夷的"和"。但他又强调"敬"，敬体现在茶道的礼法上，这是日本封建等级制度下的人际关系的反映。由于中世纪的日本是一个以武士为中心的社会，所以武家礼法的地位很崇高，影响很大。而吸收了若干禅院清规制度的小笠原流派武家礼法中的茶礼，更在颇大的程度上为茶道所接纳。千利休说："茶道的技法以台子技法为中心，其诸事的规则、法度有成千上万种，茶道界的先人们在学习茶道时，主要是熟记、掌握这些规则。并且将此作为学习茶道的目的"(《南方录》)。从千利休那里流传下来并渐趋定型的日本茶道，在茶室建筑、茶具、烹点技法、服饰、动作乃至应对语言等方面，无不规定得很细致。甚至连进茶室时先迈左脚还是先迈右脚；哪种茶具放在室内所铺之草席的哪一行编织纹路即所谓"目"（标准的草席长1.9米，有62.5目）上；移动茶具时在空中经过的途径是直线还是曲线；一碗茶要分几口喝光；于何时提哪些问题并如何作答；均须按照成规一丝不苟地进行。而且其间参加茶会的主客双方须频频致礼。一次茶会大约用四小时，据统计，一位主人和三位客人在此期间共行礼二百一十三人次，还要依场合之不同分真、行、草三种形式；如果行礼的次数过多、动作过谦，也是一种失礼的行为。真可谓繁琐已极。礼法，无论在日本或古代中国，都是用来维护和养成封建秩序的，茶道礼法也是如此。而且从千利休的三世孙千宗旦以后，千家流茶道采取了传嫡的家元制度。长子称为"家元"，继承祖上的事业和姓名，仅标明几世，以为区别；其他诸子不但不能继承茶人之业，还要改姓。家元则向入门求艺的弟子传授茶技并发给不同段位的证明书，通过这些活动对弟子进行管理，在本流派中拥有无可争议的权威。

但茶道并不仅以演习一套繁文缛节为满足，从"茶禅一味"的观点出发，它有自己对美的特殊追求。茶道之美崇尚枯高幽玄、无心无碍，对世俗美采取否定的态度。比如茶室内不取世俗喜爱的豪华秾丽之色，而以暗淡的朽叶色为基调。饮茶之碗起初曾珍视中国建窑、吉州窑等地的作品，即日本所称天目茶碗；后来根据茶道美的标准，改用朝鲜陶碗，这种碗的胎土未经仔细淘洗，夹杂石粒，表面有黑斑，相当粗糙，却被日本茶人看重，称作荞麦茶碗，视之为艺术品（图14-4）。继而日

图14-4 朝鲜李朝时代的荞麦茶碗

图 14-5 日本桃山时代织部窑马盥型茶碗

本茶人自行设计制作茶碗，如在千利休指导下生产的乐窑茶碗是一种低温釉陶器，制坯时不用陶轮而以手制，故器形不甚规整。这种茶碗呈筒形，器壁较厚，通体施深色釉，但浓淡不匀，釉面出现隐约的斑块。再如织部窑茶碗，是在茶人古田织部（1544—1615 年）的指导下生产的，这种茶碗造型扭曲歪斜，被称为"马盥型"（图 14-5）。他如"鞋型"、"洲滨型"、"山道口型"、"多舌口型"等茶碗，器形都比较怪，其审美情趣与中国传统茶具大不相同。不仅如此，用中国的眼光看起来，日本茶道中还有不少难以理解之处。比如进行茶事活动之规范化的草庵茶室，其门户（躙口）的高、宽均为 70 厘米许，客人须匍匐爬行才能进去，如此待客在中国是不可想象的。而日本茶人却认为，茶室是一处超脱凡俗的清净世界，必须用这样一道窄门把它和尘寰隔开。所以英语把茶室翻译成 Abode of fancy（幻想的屋子）、Abode of unsymmetrical（不匀称的屋子）。这里的情趣日文称之为"佗"，正统的茶道称为"佗茶"。佗的含义颇不易界定，简言之，佗就是扬弃俗物，而从禅悦的无相了悟中去寻求毫无造作的清寂之美。可是尽管如此，这种美仍然不能不寄托在世俗的平凡物件上。甚至在进入清净的茶室的客人中，也还要根据其社会地位区分出正客、次客和末客来，更不要说那些不胜其烦的礼节了。所以，茶道标榜的和敬清寂本身就包含着难以解脱的矛盾。而这样的一种矛盾统一体当然不能只被看成是一种饮食文化、一种生活艺术或一种礼仪性的社交活动。它只能像最早向西方世界介绍日本茶道的冈仓天心在《茶书》（1906 年）中所说：

茶道"是一种审美主义的宗教"。"是超越饮用形式理想化以上的东西。即：它是关于人生的一种宗教。""茶室是人生沙漠中的一片绿洲。在那里，疲倦了的征人相会在一起，共饮艺术鉴赏之泉。茶事是以茶、花、画等为情节的即兴剧。"这种走向超现世境界的茶道是日本所特有的，与中国的茶文化存在着质的区别。

日本茶道中饮用末茶，原是从南宋饮末茶的做法中学来的。但中国的饮茶法自元以后有了很大的变化，茶道却一直沿用那在中国已趋绝迹的末茶，因而无法与中国茶事的新发展相接续。日本生产不出像中国宋代那样的高质量的茶饼，却又要保持饮末茶的成规，乃将茶叶直接粉碎为茶末，其色绿，其味苦涩；特别是点出的浓茶，几乎难以下咽。日本人也觉得如果空腹饮这种浓茶恐损伤胃黏膜，所以要先吃"茶怀石"（一顿茶食，包括拌凉菜、炖菜、烤鱼、酒、米饭和大酱汤）垫补之后才饮。虽然这和荣西所说"茶是味之上首也，苦味是诸味上首也"相合，但和中国六朝以前的咸汤型茶、唐宋的甘乳型茶、明清的清茶型茶均绝不相同。同时日本点茶时多不用汤瓶而从茶釜中舀取，与宋代之烹点手法相较，也使人产生似是而非的感觉。

中国没有日本的那种茶道，因为两国的历史背景、社会风气均不同，对茶的认知亦有别，本无足怪。如楚天在《百科知识》上撰文介绍中日茶文化时曾说："中日茶文化的主要区别，在于其中的'道'，中国无，日本有。""茶道是日本茶汤之道的俗称。日本饮茶之风已兴起七百多年，才由村田珠光从中悟出'道'来。至千利休时，日本茶道的体系始告完成。经过千余年的历史积淀，茶道深深融入日本民族精神，成为日本特有的文化形态。它在交友恳亲的茶会上，形成以主人的茶事做法和客人的茶器鉴赏，及主客心领神会为环节的一整套繁缛复杂的礼仪，既细腻典雅，又莫测高深，同时还对时令、场所、道具、等级、规格的考究费尽心机"（见该刊 1991 年第 12 期）。而中国自唐以来，即称"茶为食物，无异米盐"（长庆间左拾遗李珏语，见《唐会要》卷八四）。宋代王安石的《议茶法》也认为："夫茶之为民用，等于米盐。"南宋的俗谚说："早辰起来七般事，油盐酱豉姜椒茶"（《夷坚续志前集》卷一）。中国人以务实的态度对待茶。不仅中国平民从不把喝茶视作特殊的"道"，而且连被尊称为茶神的陆羽像有时也逃不脱以滚汤浇头的遭遇；在实行家元制的日本茶人看来，同样会被认为是难以理解的了。

（此文为 1994 年 12 月 16 日在香港茶具文物馆的演讲稿，
经整理后发表于《中国历史博物馆馆刊》第 26 期，1996 年）

15　商周的"弓形器"

　　商、周青铜器中有一种"弓形器",器身作扁长条形,中部往往稍宽且微微拱起。有的底部有凹槽,当时或曾嵌入木楎。其两头伸出两条上昂复下垂的曲臂,臂端多铸出带镂孔的铃,也有的做成兽头形或蛇头形。臂端与中部扁条之底边的延线靠得很近,或仅留有不宽的间隙(图15-1)。大多数"弓形器"的长度为20—45厘米,横置之,几可占满人体腰前的部位。此物的用途和定名经过长期讨论仍未取得一致意见。目前通常认为它是弓上的附件[1],这主要是以石璋如、唐兰二先生之说为依据的。石说称此物为"铜弣",认为它应缚于弓弣里侧,以保持弓的弧度,并增加发射时的剽力[2]。但"弓形器"表面常铸出凸起的纹饰,有时其中还有立体的夔龙之类,棱角峥嵘,不便把持,无法握住它用力张弓。所以怀履光、林巳奈夫、唐兰等均不赞成此说[3]。可是唐兰先生虽不赞成石说,却也主张此物应缚于弓弣之内,不过他认为只在弛弓时缚之,装弦后则须解下。他给出的"弓形器"使用方式复原图(图15-2:1),一仍石氏之旧(图15-2:2),只是删去了石氏图中那张装弦的弓。根据这一修正,唐先生改定此物之名为"铜弓柲",认为它是弛弓时缚在弓内以防损坏的。

　　但问题是:一、此物是否附属于弓,目前尚无确证。唐先生的论文中说:"从出土时的位置来看","弓形器""显然是在弛弓的背上中部的。"他所说的出土之例指安阳小屯M20车马坑。在唐文的附图中画出的"弓形器",位于围成略近椭圆形的大半圈铜泡之中部[4](图15-3:1)。揣其文意,似乎他认为这大半圈铜泡代表一张弛了弦的弓。其实不然。因为小屯M20车马坑中埋有一辆车,这圈铜泡是车舆下部轸木上的饰件,与弓无涉(图15-3:2)。小屯M40车马坑也出铜轸饰,也围成类似的椭圆形,可证[5]。并且"弓形器"如果装在弓上,则应与弓

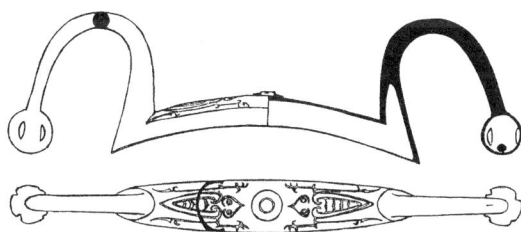

图 15-1 铜"弓形器"
1. 河南安阳商·妇好
　墓出土
2. 甘肃灵台白草坡西
　周墓出土

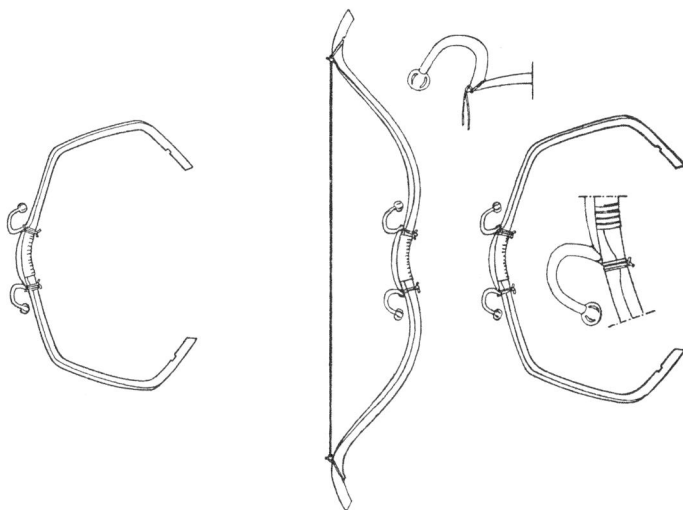

图 15-2 唐兰文中的
"铜弓柲"使用复原图
（1），与石璋如文中的
"铜弓弣"使用复原图
（2）。二说的复原方式
全同，仅定名有别

1　　　　　　　　2

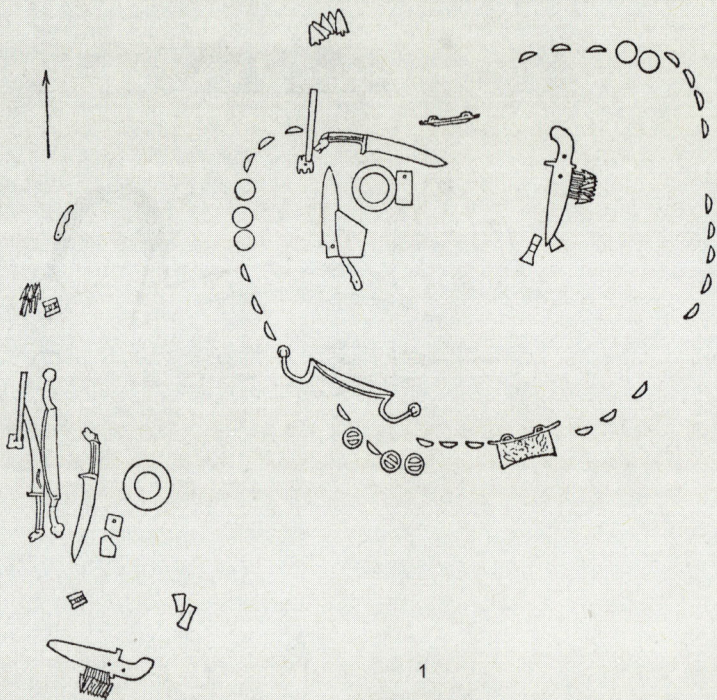

图 15-3 "弓形器"出土时的位置

1. 唐兰文中所举"铜弓柲"出土位置图（此物位于大半圈铜泡中间，
这些铜泡应是舆底之轸上的饰件，与弓无关。）

2. 小屯 M20 车马坑平面图（车上有一殉人，"弓形器"[B]位于此殉
人的头骨[A]和腿骨[C]当中，相当其腰部。）

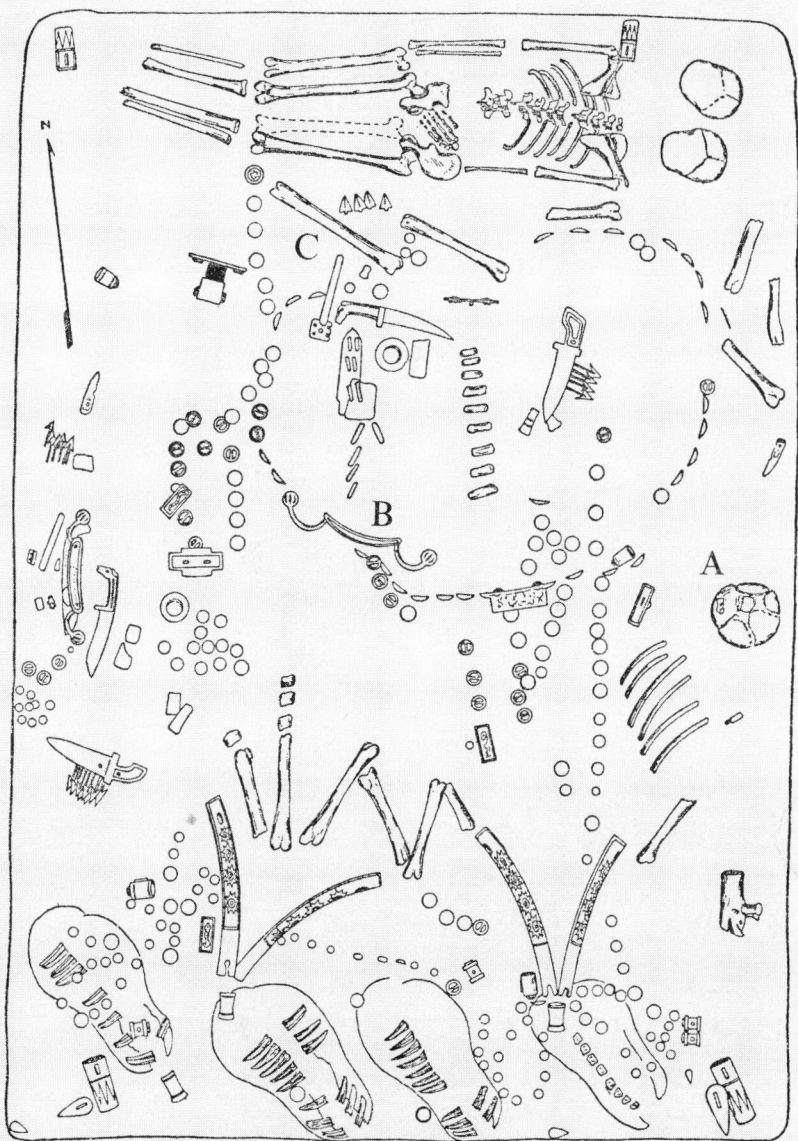

2

及箭上的部件如弓尾之弭或箭镞等物伴出。然而若干未经扰动的商、周墓,如安阳戚家庄东 269 号及孝民屯南地 1、2 号商墓、北京昌平白浮 2、3 号西周墓中,虽均出"弓形器",却都不见弓尾之弭或镞的踪影[6]。没有弓弭,还可以用已朽失等原因来解释;镞却是不易朽失的,没有镞,则表明随葬品中未放入箭,而无箭之弓乃是无用之物,故可知墓中其实连弓也不曾放入,因此唐说中的弓柲也就无所附丽了。况且在昌平白浮 2 号墓中,一件长 37.5 厘米的"弓形器"之一端距椁壁不足 20 厘米。在陕西岐山贺家村 1 号墓的壁龛中,一件通长 34 厘米的"弓形器"之一端距龛壁亦仅 30 厘米[7]。而在金文中看到的表示未装弦之弓的象形字,弓体仍相当长[8],不像石璋如先生设想的那样,弛弓时会反屈成 C 字形;所以上述之狭小的空间中绝容不下半边弓。因而这些"弓形器"均难以指为弓上的附件。何况如安阳武官村大墓陪葬坑 E9 出土的那类"弓形器",器身中部饰有上下向的兽面纹,表明此器是横向使用的[9];这和引弓时弓体的方向相忤,也反映出"弓形器"并非弓上的部件。二、如果"弓形器"是弓柲,那么据《仪礼·既夕礼》郑注说:"柲,弓檠。弛则缚之于弓里,备损伤。以竹为之。"贾疏也说:柲"以竹状如弓,缚之于弓里"。可见柲是弛弦后因收藏之需才缚在弓上的,本非炫耀兵威之物,无须用贵重的铜制作。并且依郑、贾之说,它应该是竹制的,而不是铜制的。它的长度应大体与弓相等,才能使它所保护的弓不受损伤。假若它仅为 20—45 厘米长的一枚铜件,则无法将 1 米多长的弓加以周到的保护。故"弓形器"不是弓柲。三、"弓形器"的造型何以要在两头作出顶端带铃的曲臂?石说的解释是:此两末端可以作为弓已拉满的标准,铃可以在发出箭后有响声。唐先生评之为:"向壁虚构,羌无实据。"唐说则认为:"其所以两端上屈如臂,是由于系缚牢固,不致摇动。铃或其他马头等形象,都是装饰,但也许是怕人盗窃,跟簋的方座下有铃是一个道理。"然而如仅着眼于系缚牢固的目的,可采取的方法很多,大可不必统一用铸出两条曲臂这种奇特的、对于缚结来说又不很方便的做法。"弓形器"是一种工具,总不应老放着不动,它和在宗庙等场所陈置的簋之使用的情况大不相同;倘若那上面的铃一响,使用者就要注意防盗,恐不胜其烦。故唐说亦缺乏合理性。

也有些学者认为"弓形器"并非弓上的附件。马衡先生曾说："近见一器，状如覆瓦，长约尺许，宽寸余。两端各有曲柄，柄末铜和下垂。《西清古鉴》目为旂铃，其实即轼前之和也。"[10] 但至今在出土的车马器中尚不能确指何物为"和"，故马说难以被证实。至于"旂铃"说，近年又得到秦建明先生的认同，他并做出"弓形器在旂旗上位置示意图"（图 15-4:1），详加阐释[11]。唐嘉弘先生则认为"弓形器乃衣服上的挂钩，用以悬挂装饰物品的"（图 15-4:2）[12]。但"弓形器"出土的位置多在车中或骑马人腰间，上述使用方法和这些现象颇相龃龉。此外，"弓形器"

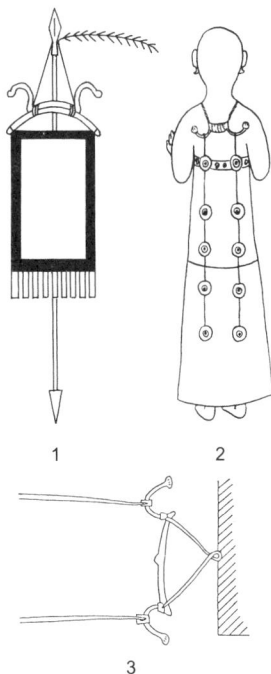

图 15-4 对"弓形器"使用方法的其他几种设想
1. 旂铃说（据秦建明）
2. 挂饰物钩说（据唐嘉弘）
3. 套盘说（据科仁）

在南西伯利亚青铜时代的卡拉苏克文化中也曾发现[13]。苏联考古学家科仁认为使用此物时，应把它和轭以靷绳连接起来，组成一副像后代所称"套盘"那样的挽具（图 15-4:3）[14]。这种设想与实际情况相去太远，与这个时代之古车的系驾法全不相合。况且"弓形器"之两曲臂并不十分硕壮，用它作为套盘上极吃力的部件，也是这件器物所不能胜任的。

1980 年，林沄先生发表了《关于青铜弓形器的若干问题》一文，在探讨"弓形器的用途"一节中，此文的结论是：弓形器"为系于腰带正前方的挂缰钩。但这一新的假设，仍有待今后更多的考古发现来验证"[15]。林氏矜慎，谦称其说为"假设"；笔者则认为，这一看法精当无误。兹谨在林文的基础上，就此问题谈一点看法。

根据出土实例得知，我国商、周古车的车箱有大、小两种，小车箱的宽度仅 1 米许，只能容纳两名乘员。这种车投入战斗时，如由御者双手执缰绳即辔，车上只有一名乘员可以使用武器；倘使此人伤亡，则该车与其御者将完全陷于被动挨打的境地。对此，当时似应有某种对应的措施。在西方，古战车上有时仅一名乘员，此人既要驾车，又要战斗，遂将辔系在腰间，以便腾出双手使用武器（图 15-5）。不过这种方式把辔拴得太死，不够灵活。而如果将"弓形器"缚在御者腰前，既可用那上面的两条曲臂挂住辔绳，通过"弓形器"驾车，又可根据需要随时将辔解下，重新用手操纵，显然更为适用。从它的造型、尺寸和牢固程度看，也完全适合这一用途；和考古发掘所揭露的情况也有相合之处。仍以小屯 M20 车马坑为例，如图 15-3 所示，其车舆东南部有一带玉饰的人头骨，舆的西北部有两条腿骨，则此人的躯体应压在车上，其骨骸虽已大部不存，但"弓形器"出土时正位于他的腰部附近。安阳武官村大墓中 E9 殉葬人的"弓形器"亦出在腰间[16]。均可印证上说。而且在殷墟出"弓形器"的八座车马坑中，有四座坑同出铜、骨或玉制的策柄，且往往与"弓形器"放置在一起[17]。此物与驭马的策伴出，正说明二者以类相从。不过，小屯 M20 车马坑中压

图 15-5　一人兼御者与射手时，将辔绳系于腰间（埃及底比斯阿蒙神庙浮雕中乘战车的法老拉美西斯二世）

在车上的人架不太完整，也没有在辔与"弓形器"之间显示出互相连接的痕迹，因此上面的说法仍是一种未被出土物充分证实的推测。当然，要在考古发掘中找到保存状况绝佳的有关之实例，是很不容易的。但在古文献中却发现了一些支持这一推测的线索。如《诗·小雅·采薇》中有一章说：

> 驾彼四牡，四牡骙骙。
> 君子所依，小人所腓。
> 四牡翼翼，象弭鱼服。
> 岂不日戒，狝狁孔棘。

这章诗主要描写一辆驾四匹马的车，对车上的装备诗中只举出象弭、鱼服二物。其中的象弭特别值得注意。毛传："象弭，弓反末也，所以解纷也。"郑笺："弭，弓反末别者，以象骨为之，以助御者解辔纷，宜滑也。"这种弭与装在弓梢末梢上用以挂弦的弭是不同的两种器物，因为后一种弭与辔全然无涉。《说文·弓部》："弭，弓无缘，可以解辔纷者。"其定义之后一部分也是指《采薇》所咏的这类弭。旧说把《采薇》中的象弭当作弓梢之弭，以为诗中的弭代表弓；服是箭囊，鱼服代表箭，则属误解。这里说的鱼服其实也是车上固定的装备。《仪礼·既夕礼》："主人乘恶车，白狗幦，蒲蔽，御以蒲菆，犬服。"这个犬服自应从属于车。郑注："笭间兵服，以犬皮为之。"它是装在车笭间的一个箱笼状物，又名笭服，其实物曾在始皇陵出土的1号铜车上见过。它虽然多用以盛箭，但也可以盛别的物件，如《周礼·巾车》中提到的"小服"，郑注说它是"刀、剑、短兵之衣"，说明其中可以盛刀、剑及其他短兵。《续汉书·舆服志》还说耕车上有"耒耜之箙"。所以《采薇》中的鱼服是装在车上的用海兽皮做的笭服[18]。"毛公鼎"所记受赐的车器中也有"鱼葡"，却不曾与弓矢之属并列。可见鱼服和别的笭服一样，所盛之物尽可多种多样；因而不能用它代表箭。故诗中说的训"弓反末"又可用来解辔的弭，似非"弓形器"莫属了。

说"弓形器"即这种弭，还可以找到其他旁证。如《左传》僖公二十三年记晋公子重耳对楚成王说："若……晋、楚治兵，遇于中原，其辟君三舍。若不获命，其左执鞭、弭，右属橐、鞬，以与君周旋。""左执鞭、弭"一语，多被解释为左手执鞭与弓，其实这样讲不通，因为下文明说右边挂着橐（箭囊）、鞬（弓袋）。如果弭也代表弓，鞬也代表弓，则重耳的话翻来覆去、叠床架屋，就不成其为著名的外交辞令了。其实这里提到的与鞭为伍的弭，显然是一种御车用具，把它解释成"弓形器"，倒是讲得通的。

还应当说明的是，系缰用的"弓形器"即弭并不仅限于御车，早期的骑马者亦曾使用此物。小屯M164马坑中葬有一人、一马、一犬，人架身下压着一柄精美的驭马所用之策，此人被认为是一名骑手[19]，但他的腰间有一件"弓形器"（图15-6），可为上说之证[20]。此外，在卡拉苏克文化中，"弓形器"也常在墓主腰部出土[21]。那里罕见车的痕迹，其"弓形器"也应是骑手驭马用的。

"弓形器"即弭在商末周初颇盛行，以后在中原地区渐少见。但在南西伯利亚地区，其流行时间一直延续到相当我国春秋时代。不过既然西伯利亚有，也就很难断言它在中原已完全绝迹。而且假如上文对重耳所称"左执鞭弭"一语的解释得以成立，则春秋时晋、楚等地仍使用此物，唯实例尚有待发现。到了汉代，学者对它似乎还有所理解，但已不十分熟悉，所以《采薇》的毛传和郑笺中对弭的解释遂若即若离。时代愈晚，则愈陌生。如唐·孔颖达在《采薇》的疏中说："弭之用骨，自是弓之所宜，亦不为解辔而设。……若辔或有绗，可以助解之耳；非专为代御者解绗设此象弭也。"他的认识比毛、郑又大为逊色，说得不着边际，反映出这时对"弓形器"即弭的作用已感茫然了。

上文已经谈到，主张"弓形器"即挂缰钩，是林沄先生最先提出来的，笔者对此说表示认同。但在林文的论述过程中，还曾以"鹿石"上的刻纹作为判断"弓形器"用途的重要依据之一。他说：

> 广布于蒙古北部、苏联图瓦和外贝加尔的"鹿石"，早就有人推测是一种概略化的人像。这次在乌施金—乌魏尔所详细勘查的"鹿石"中，第14号"鹿石"的上端有仔细刻出的人面，从而确证其他

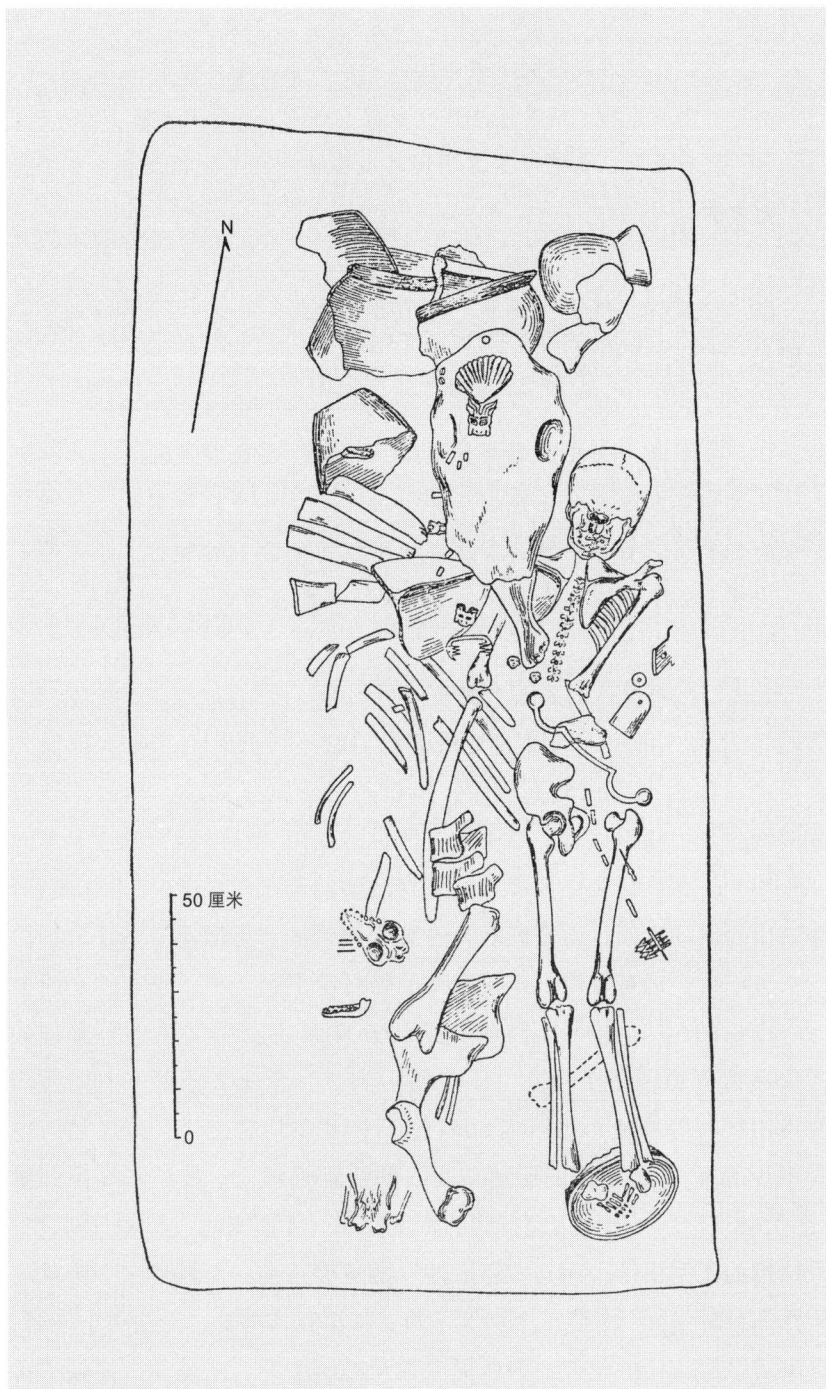

图 15-6 河南安阳小屯 M164 马坑平面图

"鹿石"亦源于不同程度地简化了的人像。早先，在不刻人面的"鹿石"上，已经发现过刻有腰带的例子，而在腰带上挂着短剑、战斧、小刀、砺石等物，而且还挂着弓形器。乌施金—乌魏尔第 14 号"鹿石"之可贵处，则在于有人面而可以确凿判断弓形器是挂在腰带正前方的。[22]

自从林文提出鹿石上刻有"弓形器"之说后，多年来常得到学者的附和。如乌恩先生说：

> 弓形器……在商周墓葬中屡见不鲜，在南西伯利亚卡拉苏克文化和塔加尔文化中也有这类器物。关于弓形器的用途，学术界颇有争议，有弓弣说，有挂缰说。但不管其用途如何，蒙古鹿石的腰带正中常刻有弓形器，而这种弓形器自西周以后已消失。[23]

于是，则不仅认为鹿石上刻有"弓形器"，而且反过来又依据"弓形器"为鹿石断代；二者的关系遂愈益密不可分。但实际上此说大有可商。因为细审该鹿石刻纹，所谓"弓形器"太小，两曲臂的位置偏低，互相靠得太近，悬垂的方式也与使用"弓形器"的情况不同（图 15-7）。根据诺夫戈罗多娃的《古代蒙古》与沃尔科夫的《蒙古鹿石》等书所提供的实例，蒙古鹿石人像腰间佩带的"弓形器"乃是一种挂钩，有单钩，也有双钩；连接双钩的轴杆有的是一根，也有的是两根（图 15-8:1）[24]。这类挂钩在我国北方夏家店上层文化的墓葬，如辽宁凌源五道河子 1 号墓、辽宁朝阳十二台营子 2 号墓、内蒙古宁城南山根石椁墓及小黑石沟 8061 号石椁墓中均曾出土；传世品中也有不少例子[25]。它们的形制与鹿石刻纹互相对应，故后者显系此物（图 15-8:2～7）。出土之铜挂钩的宽度在 5—14 厘米间，与鹿石刻纹中之挂钩的比例相符，而与"弓形器"的宽度有别。而且挂钩之钩首与钩体间有时仅留一窄缝，个别例子两者甚至互相搭合，无法用于挂缰。夏家店上层文化的年代约为西周中期至战国中期，从整体上说较"弓形器"盛行的时代略晚，所以研究"弓形器"时不宜与鹿石相比附。

图 15-7 蒙古库苏古勒省木伦汗县乌施金一
乌魏尔 14 号鹿石

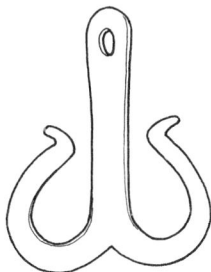

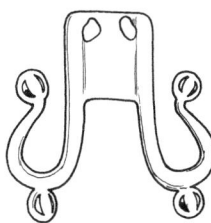
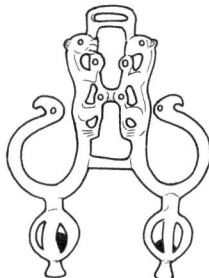

图 15-8 鹿石刻纹与铜挂钩
1. 蒙古鹿石上的挂钩形刻纹
2. 铜单挂钩,美国 Calon da 氏藏
3. 铜单挂钩,瑞典斯德哥尔摩远东古物馆藏
4. 铜双挂钩,辽宁凌源五道河子 1 号墓出土
5. 铜双挂钩,辽宁朝阳十二台营子 2 号墓出土
6. 铜双挂钩,内蒙古宁城小黑石沟 8061 号墓出土
7. 铜双挂钩,美国 Sackler 氏藏

并且此物由于体型较大，平时佩带有所不便。它是一种专用工具，大约只在驾车或骑马时才紧缚于御者、骑手腰前。它的正式名称应定为"弓弨"，通常可称为"弓形器"，联系其用途则可以叫作"挂缰钩"。至于林文说"弓形器"是商代首创并进而影响到北方草原地区的，则与器物本身的年代所反映出的情况正合，笔者认为这一点殆无可置疑。

（"中国考古学会第八次年会"论文，1991 年）

注释

［1］ 陈志达：《殷墟武器概述》，载《庆祝苏秉琦考古五十五年论文集》，文物出版社，1989 年。

［2］ 石璋如：《小屯殷代的成套兵器》，《历史语言研究所集刊》22 本，1950 年；同氏：《殷代的弓与马》，同刊 35 本，1964 年。以下所引石说皆据此二文。

［3］ W. C. White, *Bronze Culture of Ancient China*. Toronto, 1956. 林巳奈夫：《中国殷周時代の武器》，京都大学人文科学研究所，1972 年。唐兰：《"弓形器"（铜弓秘）用途考》，《考古》1973 年第 3 期。

［4］ 见注［3］所引唐兰文。以下所引唐说皆据此文。

［5］ 石璋如：《小屯四十号墓的整理与殷代第一类甲种车的初步复原》，《历史语言研究所集刊》40 本下册，1970 年。

［6］ 安阳市文物工作队：《殷墟戚家庄东 269 号墓》，《考古学报》1991 年第 3 期。中国科学院考古研究所安阳发掘队：《安阳殷墟孝民屯的两座车马坑》，《考古》1977 年第 1 期。北京市文物管理处：《北京地区的又一重要考古收获》，《考古》1976 年第 4 期。

［7］ 陕西省博物馆等：《陕西岐山贺家村西周墓葬》，《考古》1976 年第 1 期。

［8］ 见注［3］所揭林巳奈夫书，插图 369。

［9］ 郭宝钧：《一九五〇年春殷墟发掘报告》，《中国考古学报》第 5 册，1951 年。

［10］ 马衡：《凡将斋金石丛稿》，中华书局，1977 年。

［11］ 秦建明：《商周"弓形器"为"旂铃"说》，《考古》1995 年第 3 期。

［12］ 唐嘉弘：《殷周青铜弓形器新解》，《中国文物报》1993 年 3 月 7 日。

［13］ С. В. Киселев, Древняя история Южной Сн-бири. гл. IV. МОСква, 1951.

［14］ П. М. Кожин, К вопросу о происхождении, иньских колесниц, ——《Культура народов зарубежной Азии и Океании》, Леньнград, 1969.

［15］ 林沄：《关于青铜弓形器的若干问题》，《吉林大学社会科学论丛·历史专集》，1980 年。

［16］ 同注［9］。

［17］ 杨宝成：《殷墟文化研究》页 142，武汉大学出版社，2002 年。

［18］《诗·采薇》孔疏引陆玑疏："鱼服，鱼兽之皮也。鱼兽似猪，东海有之。"

［19］杨泓：《骑兵和甲骑具装》，载《中国古兵器论丛》，文物出版社，1980 年。

［20］石璋如：《殷墟最近之重要发现》，《中国考古学报》第 2 册，1947 年。

［21］吉谢列夫：《苏联境内青铜文化与中国商文化的关系》，《考古》1960 年第 2 期。

［22］同注［15］。

［23］乌恩：《试论贺兰山岩画的年代》，《文物》1994 年第 7 期。

［24］э. А. Новгородва,Древняя Монголияо, Неко-торые проблемы хронологии и этнокультрной истории. Москва, 1989. В. В. Валов, ОпеиНЫе камни Монголии. Улан-Ьатор 1981.

［25］出土的铜挂钩见辽宁省文物考古研究所：《辽宁凌源县五道河子战国墓发掘简报》，《文物》1989 年第 2 期。朱贵：《辽宁朝阳十二台营子青铜短剑墓》，《考古学报》1960 年第 1 期。李逸友：《内蒙古昭乌达盟出土的铜器调查》，《考古》1959 年第 6 期。宁城县文化馆等：《宁城县新发现的夏家店上层文化墓葬及其相关遗物的研究》，《文物资料丛刊》9，1985 年。传世的铜挂钩见 E. C. Bunker、C. B. Chatwin、A. R. Farkas, *"Animal Style" Art from East to West*, New York, 1970. J. F. So、E. C. Bunker, *Traders and Raiders on China's Northern Frontier*, Seattle and London, 1995。东京国立博物馆：《大草原の骑馬民族》，东京，1997 年。

16 车战没落的原因

在车战兴盛的时代中，战车数量的多少往往成为衡量国力的指标之一，如有所谓"千乘之国"、"万乘之君"等提法。西周、春秋时的许多战役都以车战为主，而且规模很大。前632年，晋、楚间的城濮之战，晋国出动战车七百乘（《左传·僖公二十年》）。前607年，郑、宋间的大棘之战中，郑国一次就俘虏了宋国的战车"四百六十乘"（《左传·宣公二年》）。春秋晚期，各国军备激增，这时晋国的战车达四千乘，楚国战车的数量也与之不相上下。然而自战国以降，车战逐渐没落。汉代虽有"车骑将军"等名号，但在战争中，车辆多用于运输辎重或环卫营地。唐代发生安史之乱时，房琯曾循古制以战车御叛军，结果吃了大败仗，被舆论视为食古不化、不识时务。

声势浩大的车战为何竟走下了历史舞台？分析起来，原因大约有以下诸端。

首先，战车无论驾四匹或二匹马，都是一个庞然大物。纵然车体不算太笨重，但由于占的面积大，所以只在开阔地上才能纵横驰骋；水网、丘陵、林莽、沙漠地带均不利于车战。早在西周时期，《不期簋铭》就说："弗以我车函（陷）于艰。"即告诫车士要注意地形，不要陷于困境。《吴子·应变》说："凡用车者，阴湿则停，阳燥则起。"前575年的鄢陵之战中，晋国的车队就"陷于淖"，几乎覆没。加以它们投入战斗时须编成作战队形，即所谓成列；如果不是在大平原上，就难以充分将队形展开。何况，单独一辆车固然可以快速奔跑，而成百辆车组成的车队再带上它们随车的徒兵，运动起来则比较拖沓。当时车队行军的标准速度是一天三十里。《左传·庄公三年》：

"凡师一宿为舍。"杜预注："舍者，军行一日，止而舍息也。"并称："一舍三十里"（《左传·僖公二十年》）。《孙子·军争》："三十里而争利。"《韩非子·说林》也说："我行三十里击之。"春秋时 1 尺约合 22 厘米。1800 尺为 1 里，约合 396 米。以现代用语表述，则车队一天才前进不到 12 公里。说明当时成队列的战车不够灵活，这是它难以克服的弱点。

再者，车战的战斗方式也很特殊。古车一般只乘二人。乘三人的车不仅出现得相对晚些，而且三人中还有一人应是将领。即郑玄所说："左、左人，谓御者。右、车右也。中军、为将也"（《诗·清人》笺）。杜预也说："（将领）在中央当鼓，御者居左，勇力之士执戈在右"（《左传·成公三年》注）。但车上乘将领的几率毕竟相对要小，所以多数战车上只有左边的御者和右边的武士，这种安排既是传统也是常规。甲骨文中记载商王田猎时，多强调猎物在右方，如"射右豕"（《合集》28305、28366）、"射右鹿"（《合集》28327、28339；《屯南》495）、"射右麋"（《合集》28364、28365、28377；《屯南》641）、"射右兕"（《合集》28392）等例。因为二人乘一车，左边是御者，所以只能由居右的持武器者射击右侧出现的猎物。又甲文称："癸未卜，王曰贞。右兕在行，其左射，及"（《合集》24391）。这里说的"左射"指左旋而射，与《诗·秦风·驷驖》"公曰左之，舍拔则获"的用意相同。进行车战时更是如此，双方的两辆车接近时，各自均应向左调转，称"左旋"，以利于双方右侧的武士交锋（图 16-1）。也就是说，车战中有共同的规则，双方都必须遵循；否则乱打一气，势必成为一场没有胜利者的混战。《诗·郑风·清人》"左旋右抽"，即指这种战斗动作而言。但通行本中"右抽"的"抽"，实系误字。《说文·手部》"搯"下引三家诗作"左旋右搯"。搯训击刺，于义为胜[1]。

世界各国均以步兵为最古老的兵种，然而在我国盛行车战的年代里，步兵却大都作为战车的隶属徒兵而存在。西周时，据《禹鼎铭》所记"戎车百乘，斯驭二百，徒千"的比例推算，这次出动了一百辆战车，每辆车配备两名车士，十名徒兵。后来增加成"五伍共卫一车"的二十五人制。春秋时，则如《左传·隐公元年》杜注所说，"古

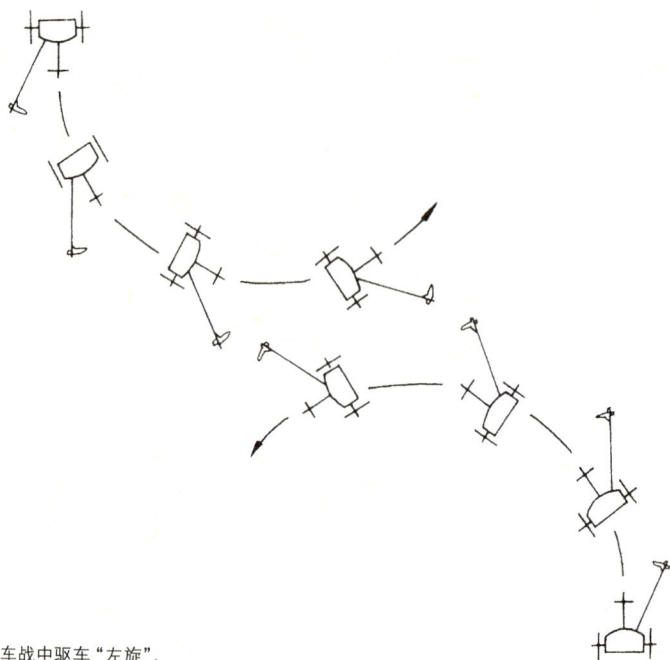

图 16-1 车战中驱车"左旋"，
使双方车右的武士便于交锋

者兵车一乘，甲士三人，步卒七十二人"，成为七十二人制了。说明
步兵的重要性在增加。但当时战车上的甲士最低也是"士"一级的贵
族，而步兵却是庶民即"国人"。作战时"车驰卒奔"，即战车在前面
冲锋陷阵，步兵在后面跑步紧跟。步兵不仅在编制上隶属战车，所执
行的任务也是为战车服务。冲锋不必说，败退时也要首先保住战车。
在晋、楚间的邲之战中，战败了的晋军"殿其卒而退"（《左传·宣公
十二年》）；即让战车先撤，步兵在后面作掩护。

　　我国南方多水网沼泽，故南方各国的战车不多。据《吕氏春秋》
记载，在前505年的吴、楚之战中，吴国选"利趾者三千人以为前
阵"。又据《国语·吴语》，在前478年的笠泽之战中，"越王以其私
卒君子六千人为中军"。这三千人和六千人都是步兵。吴国原来不会
车战，直到前584年，晋国才派巫臣到吴国去，教会吴人射法、御
法和车战阵法。

在北方，戎、翟居山地，中原国家如果攻打他们，车战同样难以奏效。特别是当时的起义军，如所谓萑苻之泽的"群盗"等，都聚集在山林泽薮之中，也不是战车的用武之地。同时必须看到，如果战车陷于步兵的重围，还会丧失其机动性和冲击能力。在《左传》中，多次记下战车指挥官因感到步兵难以对付而发出的喟叹。隐公九年郑伯与戎人作战时曾说："彼徒我车，惧其侵轶我也。"昭公三年晋国的魏舒与狄人作战时也说"彼徒我车，所遇又阸"，故"毁车以为行"；干脆放弃车战，改用步战了。

骑兵则出现得比较晚。上古以马驾车，不单骑。《左传·昭公二十五年》载："左师展将以公乘马而归。"古代史学家刘炫、王应麟都认为"此乘马之渐"[2]。而骑兵成为单独的兵种，则始于战国时期的赵武灵王。《史记·赵世家》记武灵王的话说："今吾将胡服骑射以教百姓。"又说，寡人"变服骑射，以备燕、三胡、秦、韩之边"。顾炎武认为："骑射所以便山谷也，胡服所以便骑射也。"出土的竹简本《孙膑兵法》也说："易（平地）则多其车，险则多其骑。"传世的《孙膑兵法》更对骑兵的优越性亟口称赞："夫骑者，能离能合，能散能集。百里为期，千里而赴，出入无间。"[3]赵国建立了骑兵部队后，军威大振，几年之内就灭了中山国，占领了林胡、楼烦的大片土地，成为北方强国。在步、骑兵的这些优势面前，战车不能不相形见绌。

还必须看到，虽然到了战国，时代潮流和战争性质已经产生变化。但在春秋时，西周那一套宗法制度、礼乐文明尚未全盘崩解，还讲究"尊王攘夷"、"取威定霸"，还有人将战争的目的定为"争义不争利"（《司马法·仁本》）。交战时还多少保持着"结日定地，各居一面，鸣鼓而战，不相诈也"的老规矩（《公羊传·桓公十年》何休注）。晋、楚间进行城濮之战时，楚军统帅令尹子玉在阵前还对晋侯说："请与君之士戏，君凭轼而观之，得臣（即子玉）与寓目焉"（《左传·僖公二十八年》）。这个"戏"字有比武、比赛之意；可见这时还给战争蒙上一层彬彬有礼的面纱。更著名的例子是在宋襄公与楚人进行泓之战时发生的。临战之际，"宋人既成列，楚人未既济。司马曰：'彼众我寡，及其未既济也，请击之。'公曰：'不可。'既济而未成列，又以告。公曰：'未可。'既阵而后击之，宋师败绩。"战后宋襄公还振振有词地说，"君子不重伤，不禽二毛（头发花白者）"，"不鼓不成列"（《左传·僖公二十二年》）；简直把战争完全当成竞技表演了。再如鄢陵之战时，郑国随楚国对抗晋国，郑成公几乎被晋国将军韩厥捉住，当他尚未来得及跑掉之际，韩厥车上的御手杜溷罗说："速从之，其御屡顾，不在马，可及也。"韩厥的回答却是："不可以再辱国君"（《左传·成公十六年》）。胜券已经在握，还要保全对方国君的颜面，而纵敌逃逸。不过这类情况只能发生在春秋时。这时在对峙的车队间，只要一方乱了阵脚，就很难重整队列，于是胜负立见分晓。所谓"一鼓作气"、"马到成功"，正可用于描述春秋车战中胜利者的气势。因此这时的大战，如城濮之战、邲之战、鞌之战等，都在一天当中结束战斗。规模空前的鄢陵之战，"旦而战，见星未已"；楚师就坚持不住，自己"宵遁"了。及至战国，不仅战役的时间拉长，兵员的人数也猛增。前341年的马陵之战，魏国出兵十万。前274年，秦破韩、魏联军于伊阙，斩首二十四万。前251年燕攻赵，出兵六十万。前226年秦攻楚，出兵也是六十万。同时兵员的战斗力和行军速度也大为提高。这时魏国的武卒"衣三属之甲，操十二石之弩"，"日中而趋百里"。楚国的军队"轻利剽速，卒如飘风"（《荀子·议兵》）。齐国的军队"疾如锥矢，战如雷电，解如风雨"（《战国策·齐策》）。一日行三十里的春秋车队已无从望其项背。而且战国七雄都"能具数十万之兵，旷日持久数岁"（《战国策·赵策》）。如魏"围邯郸三年"（《吕氏春秋·不屈篇》）。齐相孟尝君组织联军攻函谷关，"西困秦三年，民憔悴"（《战国策·燕策》）。战争的残酷程度更是骇人听闻。前260年秦、赵长平之战，"赵卒四十万人降"，秦军"乃挟诈而尽坑杀之。遣其小者二百四十人归赵。前后斩首虏四十五万人"（《史记·白起、王翦列传》）。这样的大屠杀在全世界的古代史上也极罕见，"不重伤"、"不禽二毛"等要求在它面前已经完全没有考虑的余地。根本原因是，春秋时华夏诸国间的战争是争霸之战，而战国时则是为了建立中央集权的封建专制帝国而战，以消灭对方的有生力量为目的。为达到这个目的，可以不择手段。这时没有谁再去理会那些恍若隔世的车战游戏规则，它的没落也就是历史的必然了。

（原载《中国国家博物馆馆刊》2014 年第 11 期）

注释

［1］《清人》中这句诗本应作"左旋右揎"。今人说诗时或未注意校勘，而依"左旋右抽"立说。如金启华：《诗经全译》将其解释为："左手儿挥旗，右手儿抽刃。"蓝菊荪：《诗经国风今译》则译为："车上的侍工做出许多花样，那官儿手舞足蹈，犹如疯狂。"都是从字面出发，将"左旋"说成是"挥旗"或"做花样"。尤其是蓝译，大约把"抽"字理解为"抽疯"了。

［2］刘说见《左传》正义引。王说见《困学纪闻》。

［3］《通典》卷一四九引。

17 玉具剑与璏式佩剑法

西汉·董仲舒《春秋繁露》说："剑之在左，青龙之象也。刀之在右，白虎之象也。韨之在前，朱鸟之象也。冠之在首，玄武之象也。四者人之盛饰也。"东汉·张衡《东京赋》描写皇帝的装束时，也说他"冠通天，佩玉玺，纡皇组，要干将"。在我国，自先秦以迄汉、晋，男子法服盛装时均须佩剑。而玉具剑是其中最豪华的一种。《说苑·反质篇》说："经侯往过魏太子，左带玉具剑，右带环佩，左光照右，右光照左"[1]。则战国时可能已有这一名称。剑上的玉具最完备时共有四件，即《汉书·匈奴传》颜师古注引孟康所说的"摽、首、镡、卫（璏）"。其中首和镡装在剑上，而摽和璏装在鞘上。已经发现的时代最早的玉具剑是春秋晚期前段的，那上面只有玉首和玉镡，春秋晚期后段才出现玉璏和玉摽[2]。但其最兴盛的时期是在汉代。辉县赵固1号墓的出土物中虽已有玉制的摽、首、镡、璏，却并不装在一把剑上；一剑而四件玉具齐备的标本要到汉代才出现[3]。可是古兵器研究者至今对这些玉具的定名还不统一，有时甚至把剑体本身上的名称也加于玉具。这种情况不利于研究的深入，因此有必要结合实物和文献记载再加以考订。

一、首。《释名·释兵》：剑"其末曰锋。"锋在下为末，那么，上面的剑柄顶端当为首。玉具剑在柄端所装玉饰即玉首，这一点已为多数研究者所公认。此物明、清人或称之为璍、瑵[4]，现代已经很少有人再沿用了。只是驹井和爱曾把上引"摽、首、镡、卫"的句读断为"摽首、镡卫"，将摽与首、镡与卫，各连为一词[5]。实误。后来郭宝钧也称剑首为"标首"，造成的影响较大[6]。

二、摽。摽或作标、镖。《淮南子·修务》高诱注："摽，刀削末铜也。"又同书《本经》高注："标读刀末之标。"《说文·金部》："镖，刀削末铜也。"按以票为声符的字常有末义，《说文·木部》："标，木杪末也。"《集韵》："藨，禾末。"《荀子·赋篇》杨倞注："剽，末也。"摽是鞘末的包尾。《梁书·侯景传》："景所带剑水精标无故堕落。"这是由于它位于鞘的最下端，所以容易脱落。它本用铜制作，玉具剑代之以玉。我国古代曾把玉理解为"美石"，所以玛瑙、水晶等连类而及，也用于琢制剑具。广西宾阳战国墓与河北邢台西汉·刘迁墓出土的铜剑装水晶首、镡和璏[7]，正和侯景之剑的装置相类。

但有的研究者称玉摽为琕。按《诗·大雅·公刘》："鞞琫容刀。"毛传："下曰鞞，上曰琫。"《释名·释兵》也说刀室"下末之饰曰鞞"。则摽可以作为刀、剑鞘末之包尾的通称，而琕只用于刀，不用于剑；因为在古文献中还没有发现过"剑琕"这种称谓。又有人称玉摽为珌。这种叫法来源于《诗·小雅·瞻彼洛矣》"瑈琫有珌"，毛传："瑈，容刀瑈也。琫上饰，珌下饰也。天子玉琫而珧珌。"[8]即使撇开刀和剑的区别不论，这首诗的小序说它是"刺幽王也"，则应作于西周末年；那时还是柳叶形短剑的时代，长剑尚未产生，遑论此玉剑具中较为晚出之物。《说文》中虽然收了珌字，谓："珌，佩刀下饰，天子以玉。"其实是沿袭成说讲解经训而已。并不表示当时尚通用这一名称。所以对玉具剑说来，此物仍以定名为摽较妥。

三、璏。《汉书·匈奴传》颜注："卫，剑鼻也。……卫字本作璏，其音同耳。"《说文·玉部》："璏，剑鼻玉也。"又《汉书·王莽传》："后莽疾，（孔）休候之。莽缘恩意，进其玉具宝剑，欲以为好。休不肯受。莽因曰：'诚见君面有瘢，美玉可以灭瘢，欲献其璏耳。'即解其璏。"颜注："服虔曰：'璏音卫。'苏林曰：'剑鼻也。'师古曰：'璏字本作璏，从玉彘声，后转写讹也。'"郭宝钧《古玉新诠》说："彘、卫非仅同音，实为古今字。吾人发掘卫侯墓，其戟铭 𢓕 𠬝，卫正作𢓕，少一𠃊首耳。"[9]可证璏就是孟康所说的卫，亦即玉制的剑鼻。

但训剑鼻的璏又是什么呢？自宋·吕大临《考古图》、元·朱泽民《古玉图》、明·谢坤《金玉琐碎》、明·文震亨《长物志》到清·瞿中溶《古玉图录》等书都认为它就是剑鞘上的玉剑扣。后来清·吴大澂《古玉图考》改定其名为璏，乃为端方《匋斋古玉图》、劳费尔《玉》、滨田耕作《有竹斋古玉谱》、梅原末治《从考古学上所见汉代文物之西渐》、商承祚《长沙古物闻见记》及近年出版的《广州汉墓》等著作所沿用。但它曾引起陈大年的反驳，他认为：玉剑扣"在剑鞘之中央，其形直垂，如人鼻形。且鞘为卫剑而设，此器既镶在鞘上，亦与卫义有关，不特音之相通为然。是则应名之为璏，不应复照吴说称为剑璲也"[10]。陈氏称玉剑扣为璏，是根据鼻形和璏、卫读音相同这两点立论的。郭沫若也认为玉剑扣应名璏，他说："璏着于鞘，有类于鼻，孔复贯缋，亦似穿牛鼻然，故谓之鼻也"[11]。但仅举出这样两项理由，说服力还不够强，因为主张璏是指剑格者可以另作解释。如郭宝钧说："后世名剑隔为卫手、护手，正隔绝剑刃护卫人手之意；此璏之所以名也"[12]。周南泉也主张璏指剑格，他说："所谓'剑鼻'，是根据它的形态和部位在当时人们中的一种俗称，是剑身整体形象化的比喻。因为玉璏处在剑首之下，剑口（刃）之上，形有脊如鼻而名"[13]。两说各执一词，问题并没有解决。

其实对剑鼻的解释，还应从它的用途上着眼。《说文·金部》："钮，印鼻也。"《广雅·释器》："（印）钮谓之鼻。"《淮南子·说林》："龟纽之玺，贤者以为佩。"高诱注："钮，系也。"不但印钮可以称鼻，镜、钟之钮也可称鼻。《酉阳杂俎·物异篇》："大铁镜径五寸余，鼻大如拳。"《唐重修内侍省碑》："武德殿前旧钟，累朝宝其灵异，昨因烧损鼻穴，不堪复悬"[14]。可见鼻是指器物上供贯组带以悬系之处而言，鞘上的玉剑扣的作用正符合上述鼻的定义。不仅如此，《仪礼·士冠礼》"青绚"，郑玄注："绚之言拘也，以为行戒，状如刀衣鼻。"绚是勾曲的屦头；刀、剑鞘上的鼻即璏侧视作 ⌒ 状，正和屦绚的形状相像（图17-1）[15]。而剑格却和系钮及屦绚完全联系不上，所以璏只能指剑扣而言。回过来再看所谓剑格卫手之说，就愈发显得难以成立了。因为古剑格的形体很小，并不足以卫手。而且当时的剑是"直兵"，击刺方式和后世的刀不同，无须装那类护手。何况《王莽传》中有"解瑑（璏）"的记事，倘若璏是位置相当于护手的剑格，则应当固着在剑上，根本解不下来[16]。因此，璏不是剑格，而是鞘外的剑扣。

四、镡。《考工记·桃氏》郑玄注引郑众曰："茎谓剑夹，人所握，镡以上也。"《庄子·说剑篇》释文引司马彪曰："夹，把也。"既然人所握的剑把位于镡以上，则镡当居剑把和剑身之间，所以它就是通常所说的剑格。《急就篇》颜师古注："镡，剑刃之本，入把者也。"《汉书·匈奴传》颜注："镡，剑口旁横出者也。"又同书《韩延寿传》颜注："镡，剑喉也。"颜师古在以上三处解释中，用词虽各不相同，但审其文义，均应指剑格而言。

镡又名剑珥。《说剑篇》释文引司马曰："镡，剑珥也。"《楚辞·九歌》："抚长剑兮玉珥。"王逸注："玉珥谓剑镡也。"珥的用意和上引颜注

图 17-1　汉画像砖上所见鞞珌

所谓剑口旁"横出"的意思是相同的。《释名·释天》："珥气在日两旁之名也。珥，耳也；言似人耳之在两旁也。"《吕氏春秋·明理篇》高诱注："珥，日旁之危气也。两旁内向为珥。"剑格的形状正向两旁横出，所以根据剑珥的命名判断镡即剑格，也具有合理性。

此外，断定镡是剑格还可以在《庄子·说剑篇》的叙述中找到旁证。《说剑篇》谓："天子之剑，以燕溪、石城为锋，齐、岱为锷，晋、卫[17]为脊，周、宋为镡，韩、魏为夹。"这里提到了剑上的五个部位：锋、锷、脊、镡、夹，乃是自剑末至剑首循序列举的。锋指剑末。锷，《说文》作鄂，指剑刃。脊指剑身中部隆起处。锋刃毕露的剑，自当不在鞘内，所以此处并不涉及鞘外的剑扣即璏。因之，脊与夹之间的镡，也就只能被认为是剑格了。顺便提一下，日文つだ（刀剑之格）的汉字是镡，可见当这个汉字传到日本时，它的意义也是被这样理解的。

不过在关于玉剑具的各种称谓中，对剑格的命名分歧最大。不仅有称之为璏的，还有称之为琫的。按《说文》谓琫是佩刀"上饰"，徐传：

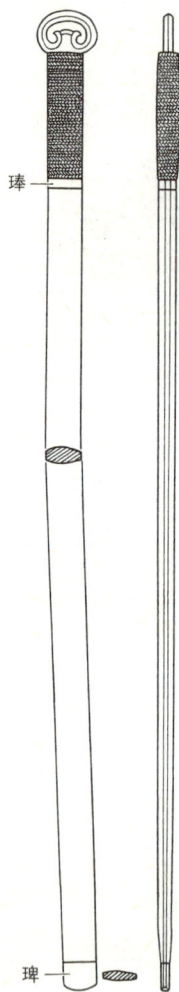

图 17-2　刀鞘上的琫与珌

"上谓首也。"则琫似是指玉首。但徐锴去古已远，他的说法不一定可靠。因为《释名·释兵》说"室口之饰曰琫。琫，捧也；捧束口也。"在朝鲜平壤附近的乐浪古墓中出土的环首刀，有的还保存着较完整的刀鞘，为了加固鞘口，在口沿镶有一道箍（图17-2）。所谓捧束室口之琫，应指此物而言。因而，琫并不是剑格。此外，还有称剑格为腊的[18]。按《考工记》："桃氏为剑，腊广二寸有半寸。"郑玄注："腊谓两刃。"孙诒让正义："云腊广二寸有半寸者，明剑身一面之横度也。腊广者，中为一脊，左右两从，合为一面谓之腊。其横径之度，广二寸半。"这些解释都很明确，即腊是指剑身的宽度，和剑格本不相涉。但程瑶田《考工创物小记·桃氏为剑考》说："腊者何？腊之言鬣也。前承剑身而后接于茎，半中而渐杀焉，以横趋于两旁，如发鬣鬣然，故谓之腊。"程氏的说法于古无据，他用鬣解释腊纯属牵附。但后来阮元却举出一件实物以证成其说。《揅经室集·古剑镡腊图考》载一古剑柄（图17-3:1），阮氏把其剑格下的突出物名为"四出长鬣"，以为"必如此则腊之所以名腊，猎猎然如长鬣者，乃可见也"。但阮氏所举的例子实际上是西南或宁夏一带古民族使用的铜柄铁剑之柄[19]，这种剑柄附有较宽的格，下垂叉状尖齿，考古学上称之为"三叉格"（图17-3:2），与中原地区的周、汉之剑不属于同一类型，不能用它来解释《考工记》中的腊，因而阮说完全不能成立。还应该提到的是，在浙江绍兴漓渚东汉墓葬中出土过一柄环首刀[20]，其格下也有尖齿（图 17-3:3），和阮元所举的标本中的"四出长鬣"有些相像；仿佛可以将阮说改用漓渚之例为证。但近年山东巨野红土山西汉墓出土的铁兵器上也发现此类尖齿（图 17-3:5），原来装在鞘（已朽）外。瑞典斯德哥尔摩远东古物馆所藏汉代铁铩亦附鞘，鞘口也装有尖齿（图 17-3:4）[21]。通过这些材料，可知此类尖齿是鞘上的饰物，与剑镡无关。

　　造成对剑镡的定名众说纷纭的现象还有一个原因，即由于自东汉以来，文献中对它的解释已产生若干舛误。如《释名·释兵》说：剑"其旁鼻曰镡。镡，寻也，带所以贯寻也。"则把剑扣即璏叫作镡。尽管《释名》是汉代人的著作，这种说法仍是不正确的；这可以用铩的构造作为有力的反证。铩在秦汉时是一种重要的武器，贾谊《过秦论》说："锄耰棘矜，非铦于句戟长铩也。"马王堆 3 号墓的遣册中记其兵卫有"执短铩六十人"，"操长铩（执）盾者百人。"据《说文》称，铩的形制是"铍有镡也"。通过对秦俑坑出土兵器的研究，已证实铍是一种长刃矛[22]。而出土物中确有在这种长刃矛的喉部装镡的武器（图 17-4:1～3），应即是铩。在一些画像石中的兵簜上也曾见到它（图 17-4:4、5），其中江苏徐州白集画像石中的一例，将铩插在兵簜正中，可见对它的重视。《西京赋》"植铩悬瞂，用戒不虞"，描写的正是这种场面。铩是长兵，无法装扣贯带以佩，所以它的镡只能是那上面所装相当于剑格之物。又《说文·金部》："镡，剑鼻也。"则误以剑珥为剑鼻。徐传："镡，鼻也。人握处之下也。"虽仍尊许说训镡为鼻，却又说它在手握处之下，则指的还是剑格。何况《说文》已训璏为剑鼻，一剑之上不能兼存两鼻，因知镡字所训之剑鼻当为"剑珥"之讹。后人或弥缝诸说，如《战国策·赵策·赵惠文王三十年章》宋·鲍彪注："镡，珥鼻也。"直不知所云。《广韵》则两置之，属侵部者训剑鼻，属覃部者训剑口。多歧亡羊，使读者更无所适从了。

　　在以上的讨论过程中，提到了剑上的锋、锷、脊、腊、从、口、喉、镡、夹、茎、首、摽、璏、鼻、珥等部位和部件的名称。而各家所绘标明古剑各部名称的示意图中，彼此的提法时有出入。兹就所见，综

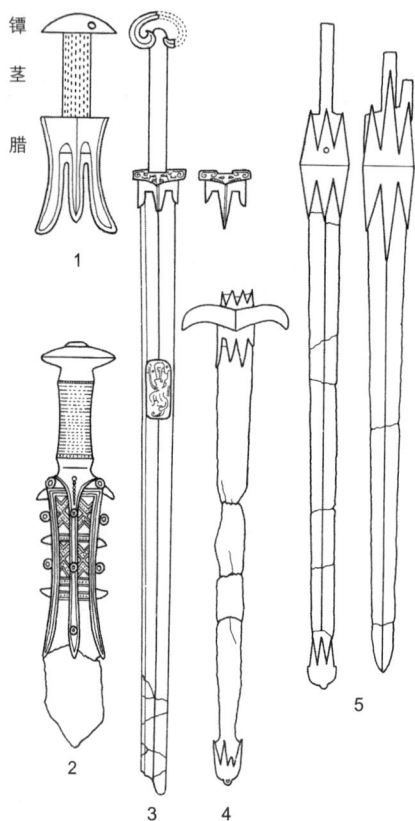

图 17-3　镡下装尖齿的兵刃
1. 阮元所举剑柄与其标出的部位名称
2. 云南晋宁石寨山出土的铜柄铁剑
3. 浙江绍兴漓渚出土的环首刀
4. 瑞典斯德哥尔摩远东古物馆所藏铜镡铁铩
5. 山东巨野红土山出土的两件铁兵器

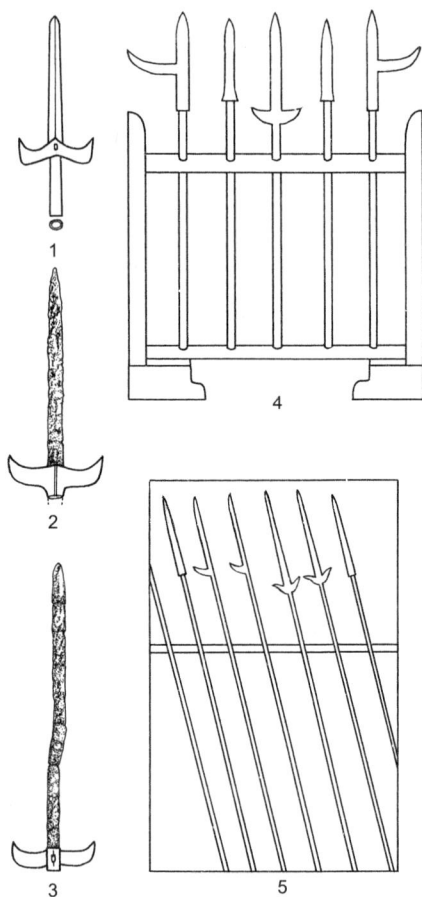

图 17-4　铩
1. 河北定县北庄出土
2. 河南洛阳烧沟出土
3. 内蒙古包头后湾出土
4. 江苏徐州青山泉汉画像石
5. 河南唐河汉画像石

图 17-5　各家对古剑部位的定名
1. 据《考工记图》卷上
2. 据《考工创物小记》卷五
3. 据《金索》卷二
4. 据《挈经室集》一集
5. 据《金匮论古初集》
6. 据 *Chinese Bronze Age Weapons*

7. 据《殷周的青铜武器》,《考古》1961 年第 2 期
8. 据《中国殷周时代の武器》
9. 据《我国西南地区青铜剑的研究》,《考古学报》1977 年第 2 期
10. 据《古玉鉴裁》
11. 据《玉具剑饰考释》,《考古与文物》1982 年第 6 期
12. 据《汉代的玉器》,《考古学报》1983 年第 2 期

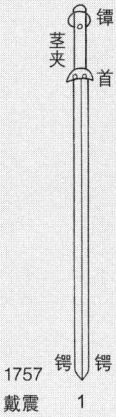

1757
戴震　1

1803
程瑶田　2

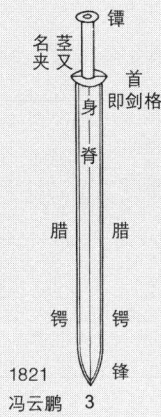

1821
冯云鹏　3

1823
阮元　4

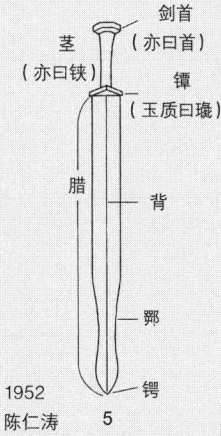

1952
陈仁涛　5

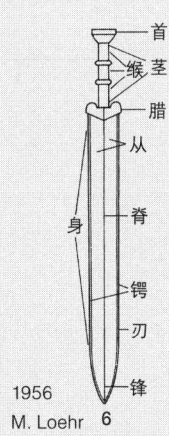

1956
M. Loehr　6

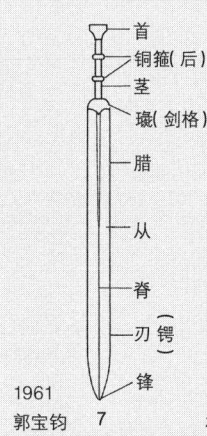

1961
郭宝钧　7

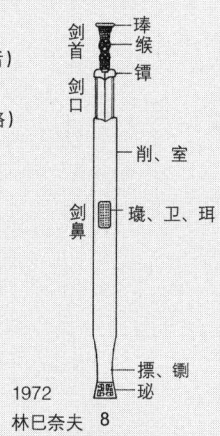

1972
林巳奈夫　8

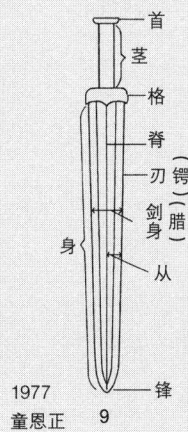

1977
童恩正　9

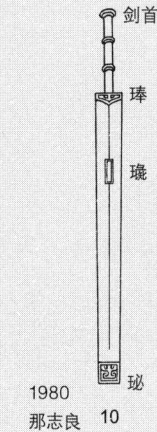

1980
那志良　10

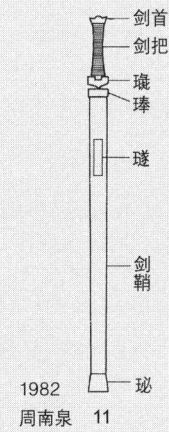

1982
周南泉　11

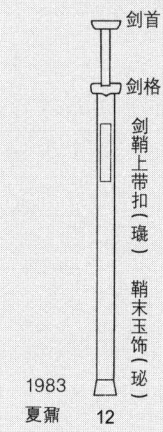

1983
夏鼐　12

图中标注文字（从上到下）：

左剑：茎（剑夹）、后、腊、从、锷、锋

右剑：首、缕、镡（剑珥）、璏（剑鼻）、摽

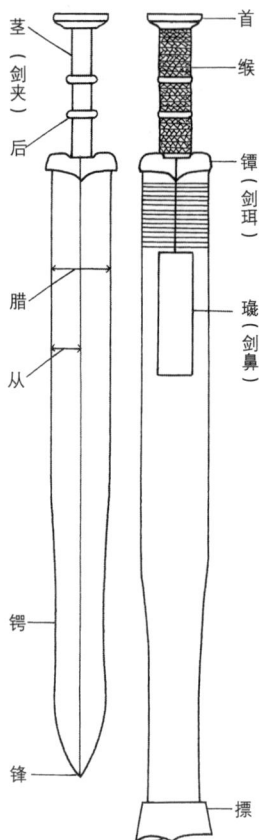

图 17-6　本文对古剑各部位之
定名的理解

合排列如图 17-5。并在各家研究成果的基础上，试将本文的理解标示如图 17-6。请读者鉴正。

下面，再对玉具剑的渊源略作探讨。如前所述，玉具剑出现于春秋晚期，邯郸百家村 57 号墓、六合程桥 2 号墓、洛阳中州路 2717 号墓所出的几例早期玉具剑[23]，都是扁茎的，玉镡皆作横直的一字形，琢有由蟠虺纹演变出来的涡纹（图 17-7:1～3）。但值得注意的是，在程桥 2号墓中与扁茎玉具剑同出的 Ⅱ 式剑，却是一种实心圆茎、有箍（即后）、蝠形镡[24]的铜剑。这种有箍的圆茎和蝠形镡，在浙江长兴和安徽屯溪的西周早期墓所出的剑上已经发现过，所以研究者认为程桥 Ⅱ 式那种类型的剑，起源于我国南方的吴越文化当中[25]。但是，扁茎和一字镡却

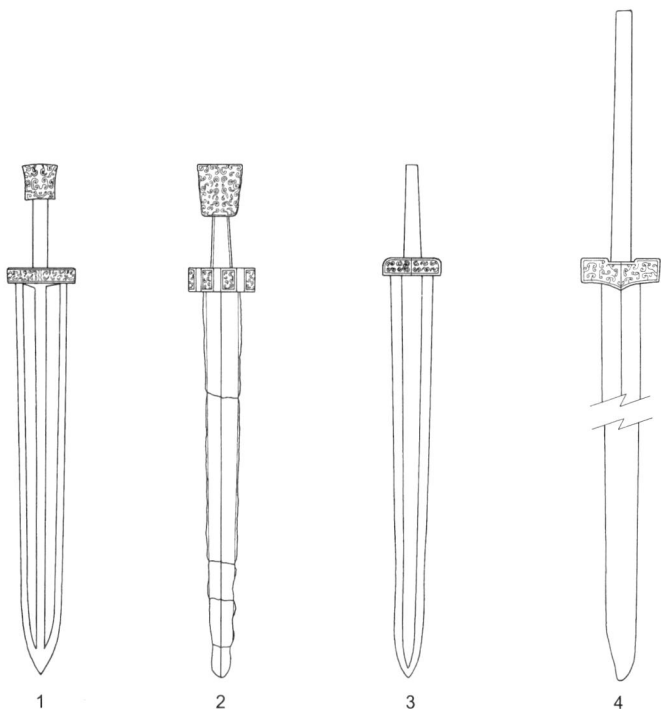

图 17-7 扁茎玉具剑
1. 河北邯郸百家村 57 号墓出土
2. 江苏六合程桥 2 号墓出土
3. 河南洛阳中州路 2717 号墓出土
4. 河北满城刘胜墓出土

并不是吴越剑的特点，而作为吴越铸造工艺之代表的吴王夫差、越王句践、越王句践之子、越王者旨于赐、越王州句等精美的名剑，又都不装玉具。因此看来玉具剑是在中原地区产生和发展起来的。程桥 2 号墓所出玉具剑和时代稍早些的百家村 57 号墓所出者是如此肖似[26]；前者很可能是由中原传到江南去的。在装玉镡的剑中，不仅铜剑起初用扁茎，铁剑如满城西汉刘胜墓所出者（图 17-7:4），及扬州东风砖瓦厂新莽墓所出者，也是扁茎[27]。这里面可能还有一个技术上的原因，即扁茎可以从镡孔中插过去，便于安装。而带箍的圆茎却通不过，需在装镡之后再配接剑柄，手续要复杂得多。所以虽然在带箍的圆茎剑上也有装玉镡的，但那只能被认为是出于对玉具的爱好而移植上去的，产生玉具剑的土壤应是具有使用扁茎剑的传统的中原地区。

不仅从对茎和镡的考察中，得出了玉具剑最先产生于中原地区的结论；而且对璏的考察也同样可以说明这一点。玉具剑上的璏是供穿带子佩剑用的，它的出现，比开始用剑的时代要晚得多。但在中原地

图 17-8 剑璏（1.原始璏状物 2.Ⅰ型无檐璏 3～4.Ⅱ型单檐璏 5.Ⅲ型双檐璏 6～8.Ⅳ型双卷檐璏）

1.春秋，洛阳中州路 2415 号墓出土的象牙剑鞘　　5.东汉，洛阳烧沟 1039 号墓出土

2.秦，陕西临潼秦俑坑出土　　　　　　　　　　6.西汉，广州汉墓出土

3.春秋，洛阳中州路 2717 号墓出土　　　　　　7.西汉，湖南长沙 240 号墓出土

4.汉，日本清野谦次氏藏　　　　　　　　　　　8.西汉，满城刘胜墓出土

区，却早就有用璏佩剑的传统。春秋早期的洛阳中州路 2415 号墓所出象牙鞘铜剑，在鞘的正面雕出凸起的璏状物，横穿三小孔，孔中有朱色痕迹，是用朱色绦带贯孔佩剑所遗留（图 17-8:1）[28]。虽然这里的璏状物和鞘是一个整体，与在鞘外装璏的做法有别，但系佩的方式则并无不同。中州路 2415 号墓的绝对年代约为前 8 世纪后期，在世界各地找不到比它更早的用璏佩剑的实例。所以完全有理由认为，这种佩剑方式是我国所创造。到了春秋晚期，在中原地区的洛阳中州路 2717 号、辉县赵固 1 号等墓葬中，就发现了最早的玉璏[29]。

在出土物中，璏有玉制的也有铜制的。它可以分作四型。Ⅰ 型无檐璏，只是一段扁管，剑带从它的孔中穿过（图 17-8:2），尚与中州路象牙鞘上的璏状物近似。Ⅱ 型单檐璏，其顶面有一端向外出檐（图 17-8:3、4）。Ⅲ 型双檐璏，顶面两端都出檐，但不弯卷，或者只有一端的檐微弯（图 17-8:5）。Ⅳ 型双卷檐璏，其两檐均向下弯卷；仰过来看，则有如郑玄所说的屦絇之形了（图 17-8:6～8）。Ⅳ 型璏是较成熟和定型的式样；Ⅰ 型璏则是其原始的形式，Ⅱ 型、Ⅲ 型璏就装饰意匠而言，也还没有充分发育。但各型璏均具有贯剑带配剑的功能，所以在 Ⅳ 型璏通行以后，它们仍作为简化的式样继续存在。璏上的檐只供装饰，并无实际用途。霍麦曾认为剑带是由璏下端的卷檐和鞘间的空隙穿过，璏孔只用于将璏缚在鞘上（图 17-9:1）。后来郭宝钧也以为剑璏（郭氏名之为瑲）"两端内卷附鞘后形成二孔者，所以束剑且留剑系之游移地"（图 17-9:2）[30]。实际上并非如此，因为不但这种设想对 Ⅰ、Ⅱ、Ⅲ 型璏不适用，即使是 Ⅳ 型璏，其两檐也有时弯得很浅，不能紧附鞘面以形成闭合的孔，约束不住假若穿进去的带子。从出土的形象材料看，山西侯马所出人像、始皇陵 2 号铜马车上的御者，他们的剑都用一条带子穿过璏孔佩在腰间（图 17-10）。这些璏都只有一个孔，除此孔之外并无其他位置可穿剑带；所以并不存在"前昂后低"或"游移多少"的问题。不仅如此，清·桂馥《札朴·昭文带》条以为"大带与两剑系并贯于（璏）穿中"之说，也不符合实际情况。因为本不存在两条剑系，而且大带即绅带乃是较宽的丝带，剑带却是较窄的革带。《墨子·公孟篇》和《淮南子·齐俗》都说晋文公"大布之衣，

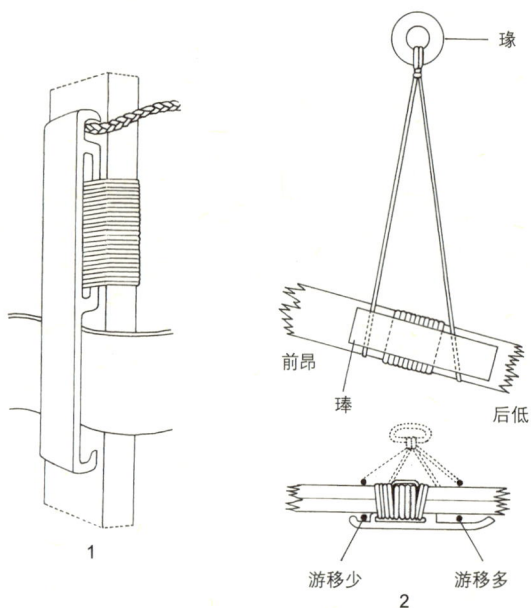

图 17-9 对贯璏佩剑
之方式的设想
1. 霍麦说
2. 郭宝钧说

图 17-10 用剑带贯璏
佩剑者
1. 据侯马出土战国陶
范翻制的人像
2. 秦始皇陵出土 2 号
铜车上的御者

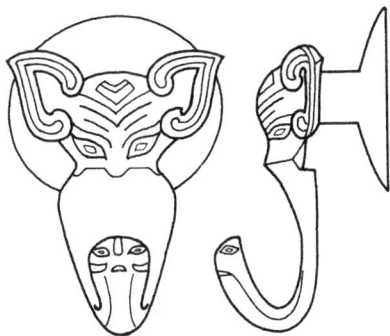

图 17-11　剑带上用的剑钩
湖北江陵拍马山 10 号楚墓出土

祥羊之裘，韦以带剑"。《汉书·东方朔传》说汉文帝"身衣弋绨，足履革舄，以韦带剑"。颜师古注："但用空韦不加饰。"可见用以贯璏系剑的带子多为革带，两端且常用带钩勾括。并且由于剑带要穿过不太大的璏孔，所以不能太宽；相应地，那上面的钩也不能太大。湖南、湖北等地的战国、两汉墓葬中，人架不仅在腹部出束腰之带的带钩，而且佩剑者在腰际还往往另出一种长仅 3 厘米左右的小带钩（图 17-11）[31]。此物应是剑带之钩。也有不系剑带，径以束腰的革带贯璏佩剑（多为短剑）的，那就不需要再用剑钩了。但关于剑钩的使用方法，近年有的研究者主张："剑与刀的佩挂应当是在鞘上配装附加构件，可能一般都固定有铜、玉或骨制的套环，再套挂在钩首上。"而这种钩的装法则被认为是："将钩钮嵌入革带一侧，钩首向下，便于钩挂器物"[32]。实际上由于钩首颇短浅，如将带钩竖装在革带上钩挂器物，则稍一活动所悬之物就会滑脱。特别是长剑，由于在腰间系得很牢，所以当荆轲刺秦王时，嬴政于惶急之际，一下子竟拔不出自己的佩剑来。左右侍臣忙喊："王负剑！"[33]要他把剑推到背后，令前短易拔。倘依钩挂说，则其剑一摘便下，这个惊心动魄的场面在历史上就不会出现了。始皇陵兵马俑坑出土铜车上的御者所佩之剑，其长度相当此人身高的 71.4%（图 17-12）；始皇佩剑理应更长。因知《史记》的记载完全可信。何况凡是用钩的革带，无论束腰或佩剑，钩挂起来之后

图 17-12　秦始皇陵出土 1 号铜车上佩长剑的御者

都会绷得较紧，这样带钩才能由于受到左右两个方向的横向拉力而服之不脱。在图 17-10 所举贯璏佩剑的形象中，带上的钩虽然没有表现出来，但其剑并非钩挂在竖装的剑钩上，却是不难察知的。不过应当说明的是，从中州路 2415 号墓所出象牙鞘铜剑的实例看来，贯璏佩剑之法起初在较短的青铜剑上采用时，可用一条腰带佩剑并束腰，使剑紧贴在佩剑者的身侧或背后。然而当剑身加长时，仍用此法则不便于自鞘中拔剑。所以在汉代的图像中，佩剑者多于腰带之外另系剑带；后者可稍稍向下拖垂，为拔剑留一些活动的余地。

　　贯璏佩剑之法可名为璏式佩剑法，在战国、两汉和稍后一些的时代中，不仅在中原地区通行，而且流传到边远地区和国外。云南晋宁石寨山古滇国墓葬中曾出玉璏[34]。辽宁西丰西岔沟出土的青铜带镉上的武士用此法佩剑（图 17-13:1）[35]。南西伯利亚所出匈奴黄金饰牌上也将这种佩剑法表现得很清楚（图 17-13:2）[36]。而随着匈奴等各族骑士的行踪，剑璏在欧亚大草原被广泛传播开来。它曾在南俄出土，黑海地区出土的萨尔马泰人的遗物中也多次发现剑璏，包括中国制造的玉璏[37]。值得注意的是，璏式佩剑法并通过起初居住在中国西部地区的大月氏人，向西南传入他们所建立的贵霜王朝。在印度玛特地方发现的著名的迦腻色迦王一世（约 78～96 年）石雕立像，手中就握有一把附璏的剑（图 17-14:1）[38]。遗憾的是，此像的头部和臂部缺失不存，但对照贵霜货币上的国王像，可知早期贵霜王戴中亚式尖

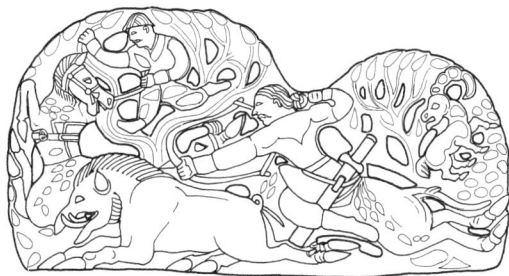

图 17-13　贯璏佩剑的
东胡人和匈奴人
1. 东胡铜带镮，辽宁
西丰西岔沟出土
2. 匈奴金带镮，南西
伯利亚出土

筒状帽，着对襟褊衣、长靴。而在印度发现的贵霜时期之日神苏利耶（Surya）像，踞坐于狮子座上，手中却也持有一把用带子贯璏的剑（图 17-14:4）[39]。在犍陀罗雕刻中，用这种方式佩剑的武士像曾屡次发现[40]。可见在贵霜朝，璏式佩剑法已形成传统。而且不仅在贵霜用此法，与贵霜毗邻而后起的波斯萨珊王朝也接受此法。萨珊朝早期雄君沙普尔一世（242～273 年）于公元 259 年俘虏了罗马皇帝瓦勒里安，这是当时的一件大事。在伊朗的纳克西伊卢斯塔姆（Nāqsh-i-Rustām）地方有巨大的摩崖造像，雕刻出瓦勒里安向沙普尔一世屈膝投降的情景，骑在骏马上的沙普尔一世的剑就是贯璏而佩的（图 17-14:2）[41]。同地区所见萨珊侍臣雕像的剑也用此法佩带（图 17-14:3）。再经过近一个世纪，一面皇家银盘上的狩狮图中，沙普尔二世（309～379 年）的长刀仍然贯璏而佩[42]。特别使人感到兴

图 17-14 贯璲佩剑的
贵霜人和萨珊人
1. 贵霜王迦腻色迦一
世像
2. 萨珊王沙普尔一世像
3. 萨珊侍臣
4. 日神苏利耶像

味的是，在公元 4 世纪的遗物中，南俄出土的银壶上镌刻的希腊武士
（图 17-15）、意大利蒙查大教堂所藏象牙板上镌刻的罗马武士，都用
璲佩剑[43]。可见我国古代发明的这种佩剑法，确曾穿越无数国境，一
直影响到西方世界的文明中心。

古波斯还有另一种佩带刀剑的方法，是在鞘口向外上方斜出一
耳，穿耳以佩。此法早在阿契米德王朝的遗物中已经见到，帕塞波里
斯古波斯宫殿中的浮雕及亚美尼亚 Erebuni 城址出土的前 5 世纪之银
兽首杯上的人物，都有用此法佩短剑的[44]。斯基泰人在剑鞘上装附

图 17-15　贯璏佩剑的
希腊武士
黑海北部地区出土银
壶上的图像

图 17-16　装单附耳的剑
1. 波斯帕塞波里斯宫殿浮雕
2. 银来通，亚美尼亚出土
3. 斯基泰金鞘剑

耳的方法也是如此（图 17-16）。但用此法佩剑，由于鞘上只有一个
附耳，当活动剧烈时所佩之剑会晃得厉害，因此有时在鞘的末端再用
绳子缚住。到了萨珊朝中晚期，在银盘的图纹中出现了装两个附耳的
长刀[45]，其实物曾在伊朗北部出土（图 17-17:1）[46]。据特鲁兹达尔
说，萨珊刀剑由装璏改为装双附耳的时间是在公元 4 世纪[47]。但从多
数萨珊银盘图纹上得到的印象，似乎将这一转变时期定在 5 世纪初更
为恰当。至 6 世纪时，双附耳已东传至我国，新疆拜城克孜尔石窟的
壁画中有其例（图 17-17:2）。宁夏固原北周天和四年（569 年）李贤
墓出土的铁刀，鞘上装有银质双附耳[48]。山西太原北齐武平元年（570
年）娄睿墓壁画中的武士也佩带着装双附耳的长刀（图 17-17:3）[49]。

图 17-17 装双附耳的刀

1. 萨珊金鞘铁刀，伊朗北部出土
2. 南北朝壁画，新疆克孜尔 207 窟
3. 北齐壁画，山西太原娄睿墓
4. 隋代瓷俑，河南安阳张盛墓出土
5. 唐代壁画，陕西乾县永泰公主墓
6. 唐代壁画，陕西咸阳苏君墓
7. 唐代壁画，山西太原金胜村唐墓
8. 唐金银钿装大刀，日本奈良正仓院藏

以后在河南安阳隋开皇十八年（598 年）张盛墓出土的瓷俑上，仍看得到这类大刀（图 17-17:4）[50]。此刀之系带子的两个穿孔位于同一附耳上，但其作用实与单附耳不同。唐永泰公主墓壁画中也出现过类似的剑耳（图 17-17:5）。不过唐代的刀剑一般仍以装双附耳者为多（图 17-17:6、7）。双附耳式佩刀剑法并从我国东传至日本，正仓院所藏金银钿装唐大刀是我国此类刀之保存完好的名品（图 17-17:8）[51]。而日本奈良县高市郡高松冢古坟也出土了精美的、带有唐代工艺风格

图 17-18　银刀耳，日本奈良高松冢出土

图 17-19　璏与璏状物
1. 铜璏，刻赤出土，俄罗斯圣彼得堡
　爱米塔契博物馆藏
2. 壁画，塔吉克斯坦片治肯特古城 6
　号遗址出土

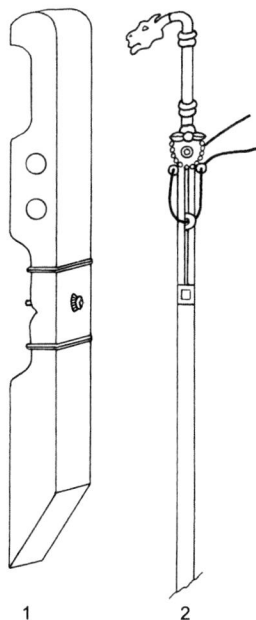

的银质刀耳（图 17-18）[52]。

　　当鞘上装双附耳的做法在唐代广泛流行后，装璏的旧式玉具剑并未随即消失。《旧唐书·舆服志》说皇帝在戴冕、穿大裘的场合仍要佩带装"火珠镖、首"的"鹿卢玉具剑"。宋摹唐画"历代帝王图卷"中晋武帝司马炎的佩剑，于剑首上嵌一大珠，应即火珠剑首。图卷中虽未见嵌珠的镖，但汉光武帝刘秀的佩剑露出装梯形摽的剑鞘末端，说明这时在法服上仍佩旧式玉具剑。只不过其剑璏掩在衣内，不能看到。然而吕大临《考古图》卷八所载"璃玉璏"的说明谓：《李氏录》云："……璏，剑鼻也。……蜀·张恶子庙有唐僖宗解赐玉具剑，其室之上下双缀以管绦，正此物；非剑鼻而何？'"[53]可以作为唐代仍少量用璏的证明。在西方，璏的消失也经历了一段过程。俄罗斯圣彼得堡爱米塔契博物馆所藏 1842 年在刻赤发现的一件铜璏，那上面没有供贯剑带的大孔，却在这个部位上穿有两个圆洞，估计是用它代替双附耳系剑的（图 17-19∶1）；所以这件剑璏本身兼有璏和附耳的两重属性。它的年代原定为 4 世纪，但看来可能还晚些。在中亚，塔吉克斯坦

片治肯特古城中第 6 号建筑遗址所出 7 世纪的壁画，描绘出坐在胡床上的粟特贵族。他所佩的长剑（刀？）在鞘外保留着由璏演变出来的一个半圆形钮，另在近鞘口处再装两个钮，剑带穿过三个钮系在腰间（图 17-19:2）。这些都可以看作是剑璏在其消失的过程中留下的痕迹。

璏式佩剑法从我国西传至伊朗和希腊、罗马，而双附耳式佩刀剑法又从伊朗东传至我国和日本。这种不拘成法、择善而从、互相学习的事例，也可以称得上是东西文化交流史上的一则佳话了。

（原载《考古》1985 年第 1 期）

注释

[1]   通行本作"左带羽玉具剑"，"羽"字衍。《北堂书钞》卷一二八、《艺文类聚》卷六七引《说苑》皆无"羽"字。

[2]   春秋晚期前段的玉具剑，如邯郸百家村 57 号墓所出者，只装玉首、镡。春秋晚期后段的洛阳中州路 2717 号墓所出者才装玉璏，辉县赵固 1 号墓所出者才装玉摽。

[3]   夏鼐：《汉代的玉器》（《考古学报》1983 年第 2 期）说："具备有四种主要玉剑饰于一剑而称为'玉具剑'的，似乎始于汉代。"

[4]   明人撰《古玉图谱》（旧题宋·龙大渊撰）称玉剑首为珥，清·吴大澂《古玉图考》称之为璏。

[5]   驹井和爱：《漢代の玉具劍た就いて》，《考古学杂志》22 卷 12 号，1932 年。

[6]   郭宝钧：《古玉新诠》（《历史语言研究所集刊》20 本，下册，1949 年），称玉剑首为标首。此名称为四川省文管会：《成都羊子山第 172 号墓发掘报告》（《考古学报》1956 年第 4 期）、中国科学院考古研究所：《辉县发掘报告》（科学出版社，1956 年）及云南省博物馆：《云南江川李家山古墓群发掘报告》（《考古学报》1975 年第 2 期）等著作所沿用。

[7]   广西壮族自治区文物工作队：《广西宾阳县发现战国墓葬》，《考古》1983 年第 2 期。河北省文物管理处：《河北邢台南郊西汉墓》，《考古》1980 年第 5 期。

[8]   《说文·玉部》："珧，蜃甲也。……《礼记》曰：'佩刀，天子玉琫而珧珌。'"这里的引文虽不见于今本《礼记》，但也认为珧是佩刀上的部件。

[9]   郭文出处同注 [6]。

[10]   陈大年：《古玉石器、琉璃器出品说明书》，教育部第二次全国美术展览会，南京，1937 年。

[11]   郭沫若：《金文丛考·金文释余·释韠韍》，人民出版社，1954 年。

[12]   郭文出处同注 [6]。

［13］　周南泉：《玉具剑饰物考释》，《考古与文物》1982 年第 6 期。

［14］　保全：《唐重修内侍省碑出土记》，《考古与文物》1983 年第 4 期。

［15］　驹井和爱在研究玉具剑时最先注意到《士冠礼》郑玄注的说法，见注［5］所揭文。关于屦绚，请参看拙著《中国古舆服论丛》页 284，文物出版社，1993 年。

［16］　郭宝钧：《古玉新诠》又释璲为璬（玉环），但这和《王莽传》颜注及《艺文类聚》卷六〇引《字林》之说均不合。就考古发掘中所见，也不能证明佩剑有系在腰间的玉环上的通例。

［17］　通行本作"晋、魏"，此处依日本高山寺卷子本校改。

［18］　如周纬：《中国兵器史稿》（三联书店，1957 年）、中国科学院考古研究所《洛阳中州路（西工段）》（科学出版社，1959 年）、林寿晋：《东周式铜剑初论》（《考古学报》1962 年第 2 期）及增田精一：《パルテイア、ササン朝プルシアの文化》（《世纪考古学大系》卷 11）等著作中均将镡称作腊。

［19］　参看童恩正：《我国西南地区青铜剑的研究》，《考古学报》1977 年第 2 期。

［20］　浙江省文物管理委员会：《浙江绍兴漓渚东汉墓发掘简报》，《考古通讯》1957 年第 2 期。

［21］　红土山所出铁兵器见山东省菏泽地区汉墓发掘小组：《巨野红土山西汉墓》（《考古学报》1983 年第 4 期），文中定为 Ⅱ 式剑，但可能是铍。远东古物馆藏铩见林巳奈夫：《中国殷周时代の武器》（京都，1972 年），页 120。

［22］　刘占成：《秦俑坑出土的铜铍》，《文物》1982 年第 3 期。

［23］　河北省文化局文物工作队：《河北邯郸百家村战国墓》，《考古》1962 年第 12 期。南京博物院：《江苏六合程桥二号东周墓》，《考古》1974 年第 2 期。《洛阳中州路（西工段）》，页 97～98。

［24］　这种剑镡一般作♡形，也有作♡形的，外轮廓有些像吉祥图案中的蝙蝠，故名。

［25］　李伯谦：《中原地区东周铜剑渊源试探》，《文物》1982 年第 1 期。

［26］　邯郸百家村 57 号墓所出铜器，如鼎、盘、豆、舟等，与洛阳中州路 115 号、唐山贾各庄 18 号、燕下都 31 号等墓出土者在器形与纹饰方面均相接近，所以其时代应属春秋晚期前段；而程桥 2 号墓则属于春秋晚期后段。参看林巳奈夫：《春秋战国时代文化的基础编年》（《中国殷周时代の武器》附录）。

［27］　扬州博物馆：《扬州东风砖瓦厂汉代木椁墓群》，《考古》1980 年第 5 期。

［28］　《洛阳中州路（西工段）》页 97，图版 46。

［29］　特鲁兹达尔在《亚洲的长剑与璏》（W. Trousdale, *The Long Sword and Scabbard Slide in Asia*，华盛顿，1975 年）一书中认为剑璏是居住在乌拉尔山以南、里海以北的撒乌洛玛泰伊人（Sauromatae）于前 7—前 6 世纪中发明的。但他举不出证明此说的实例来。在里海、伏尔加河下游和黑海地区，除曾发现中国制作的玉璏外，本地所制者造型质拙，显系前者的模仿品。中州路所出璏，见注［28］所揭书页 97～98，图版 66。辉县所出璏，见《辉县发掘报告》，页 117，图版 90。

［30］　霍麦说见 R. P. Hommel, "Notes on Chinese Sword Furniture", *The China Jounal*, 8（1），1928。郭说见注［6］所揭文。

［31］《考古》1963 年第 9 期，页 469；又见该刊 1973 年第 3 期，页 157。《湖南考古辑刊》第 1 集（1982 年），页 33。

［32］王仁湘：《古代带钩用途考实》，《文物》1982 年第 10 期。

［33］《史记・刺客列传》。

［34］云南省博物馆：《云南晋宁石寨山古墓群发掘报告》，图版 110:3，文物出版社，1959 年。

［35］孙守道：《"匈奴西岔沟文化"古墓群的发现》，《文物》1960 年第 8～9 期。

［36］M. I. Rostovtzeff, *The Animal Style in South Russia and China*, 图版 16。普林斯顿，1929 年。

［37］O. Maenchen-Helfen, "Crenelated Mane and Scabbard Slide", *Central Asiatic Journal*, 3（1957/58）.

［38］J. Ph. Vogel, "Explorations at Mathurā", *Archaeological Survey of India, Annual Reports*，加尔各答，1911～1912 年。

［39］A. Coomaraswamy, *History of Indian and Indonesian Art*，图版 64，伦敦—莱比锡—纽约，1927 年。

［40］见注［29］所揭特鲁兹达尔书，页 74—76。

［41］和田新：《イーテーン芸術遺跡》图版 58，东京，1945 年。

［42］A. U. Pope, *A Survey of Persian Art*，卷 7，图版 210，芦屋，1981 年。

［43］见注［29］所揭特鲁兹达尔书，页 102、107。

［44］参看江上波夫：《径路刀考》，《东方学报》〔东京〕3，1933 年。

［45］同注［42］所揭书，卷 7，图版 217。

［46］白木原和美：《天理参考館藏イテン出土黄金装鉄剣について》，《オリユント》14 卷 11 号，1971 年。

［47］见注［29］所揭特鲁兹达尔书，页 99。

［48］宁夏回族自治区博物馆等：《宁夏固原北周李贤夫妇墓发掘简报》，《文物》1985 年第 11 期。

［49］山西省考古研究所、太原市文物管理委员会：《太原市北齐娄睿墓发掘简报》，《文物》1983 年第 10 期。

［50］中国科学院考古所安阳发掘队：《安阳隋张盛墓发掘记》，《考古》1959 年第 10 期。

［51］傅芸子：《正倉院考古記》页 50—51，东京，1941 年。

［52］中国科学院考古研究所资料室：《日本高松冢古坟简介》（《考古》1972 年第 5 期）中称此刀耳为"银制刀饰"。但因《东大寺献物账》中描述大刀的外形时说"鲛皮把作山形"，而《内宫长历送官符》描述大刀时说"带取山形金二枚，各长三寸"；故日本刀剑研究者称此类刀耳为"山形金"或"山形足"。

［53］容庚《宋代吉金书籍述评》（《学术研究》〔广东〕1963 年第 9 期）认为《李氏录》即《籀史》所载之李伯时《考古图》五卷。

18 禽兽纹刀环

中国自西汉以来，骑兵逐渐成为最具优势的兵种，其所用之适宜在马上挥砍的环首刀，也成为最常见的短兵器，各地汉墓中多次出土。铁环首刀长 1 米左右，柄顶部做出一个近椭圆形的扁环。由于人们对刀环非常熟悉，所以在隐语中常以"环"谐"还"。《汉书·李陵传》记任立政等欲招已降匈奴的李陵归汉，可是在单于设的酒宴上不便私语，于是"目视陵，而数数自循其刀环"，暗示他可以归还。汉代民间歌诗："藁砧今何在？山上复有山。何当大刀头，破镜飞上天。"前两句是说丈夫外出，而第三句的"大刀头"就代表环即还，下面的第四句便是说重新团圆了。则刀头必有环，乃被看作是正常的情理中事。

至东汉时，刀环开始突破其椭圆形的轮廓，将刀柄上端纳入环内一小段，环之底部则左右中分且贴紧柄端向上翻卷，于是遂组合成一个三叶形。这种做法起初大约是出于强化环与柄连接处之牢固程度的考虑，后来转而注重其装饰性（图 18-1）。而禽兽纹刀环就是在三叶式环之翻卷的两末端增益动物首尾而成。河南南阳杨官寺一座东汉中期的画像石墓所出铜剑柄，提供了已知之最早的实例。此剑柄长 13.5厘米，鎏金，柄端有龙纹环（图 18-2）。龙的躯体即环身，龙首龙尾则顺应三叶式环两末端的走向加工而成，其构图无疑是从这一更早的环形发展出来的。由于汉剑绝少装环首者，所以此环首完全可以被视为刀环的代表。

不过禽兽纹刀环于 2 世纪中尚未发现过第二例。《东观汉记》说邓遵在安帝时因立战功，受赐"墨再屈环横刀"（《太平御览》卷三四五引）。"墨再"不可解。疑"再"字原为"削"字，此字坏而为"肖"，

图 18-2　刀上的龙纹环首
河南南阳杨官寺东汉墓出土

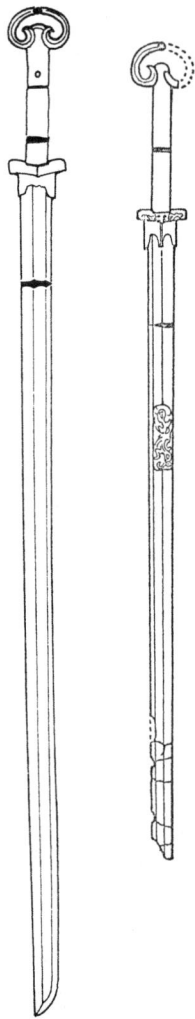

图 18-1　汉代的环首刀
1. 乐浪汉墓出土
2. 浙江绍兴漓渚出土

复讹而成"再"。削即刀剑之室。《吕氏春秋·离俗篇》说，有壮子"新素履，墨剑室"。《续汉书·舆服志》记臣僚佩刀之制时，谓："诸侯王黄金错环、挟（挟通夹，即刀柄），半鲛黑室。公卿百官（室）皆纯黑，不半鲛。小黄门雌黄室，中黄门朱室。"可见自先秦时，已经重视刀室即刀鞘的颜色，邓遵之刀配以"墨削"正是所谓"黑室"。"屈环"则又称"屈耳环"。《蒲元传》说他：为诸葛亮铸刀三千口，"金屈耳环者，乃是其遗范"（《艺文类聚》卷六〇引）。蒲元造的屈耳环在陶弘景《刀剑录》中称为"连环"。屈环、屈耳环、连环三名，味其命义，可能式样仍与三叶式环为近。直到3世纪初，曹植在《宝刀赋》中说："魏王命有司造宝刀五枚，以龙、熊、鸟、雀为识。"又说这种刀"规圆景以定环，摅神思而造象"（《初学记》卷二二引）。似乎才出现了用禽兽形装饰的刀环。

接下来到了以爆发八王之乱为序幕的大动荡的4世纪，有关禽兽纹刀环的遗物或文献记载均鲜有所闻。至南北朝初期，才出现了赫连勃勃制造的"大夏龙雀"。他于凤翔年间筑都城统万城，并造龙雀环刀，时在5世纪前期。《晋书·赫连勃勃载记》说他："造百炼刚刀，为龙雀大环，号曰'大夏龙雀'。铭其背曰：'古之利器，吴楚湛卢。大夏龙雀，名冠神都。可以怀远，可以柔迩。如风靡草，威服九区。'世甚珍之。"张衡《东京赋》"龙雀蟠蜿"，薛综注："龙雀，飞廉也。"司马相如《上林赋》"椎飞廉"，李善注引郭璞曰："飞廉，龙雀也，鸟身，鹿头。"则龙雀大环中表现的似是一种神禽的形象，这也正和大夏新改的纪年"凤翔"相应。此种刀既然受到举世珍赏，无疑制作极精。但赫连夏是一个忽兴骤灭的小国，它与拓跋魏为世仇，427年魏太武帝拓跋焘破统万城，这时距龙雀大环的问世不过十余年，故应有相当数量的此种刀落入北魏人之手。文献中也明确记载：北魏宫廷仪卫正式使用禽兽纹环刀。《唐六典·武库令》条说："今仪刀盖古班剑之类，晋、宋已来谓之御刀，后魏曰长刀，皆施龙凤环。"联系历史背景看，北魏之施龙凤环的仪刀在某些方面必然会取法"大夏龙雀"的形制。

可以初步推测为北魏仪刀的实例，目前所能举出的只有一件，据说系1929年出土于河南洛阳市孟津县北庆山古墓，已流入美国，今归纽约大都会博物馆。因该馆藏有洛阳出土的两件中国古刀，故此刀被称为"洛阳乙刀"。它的环首中饰凤，刀柄与刀身相接处装汉式菱形铜镡，鞘外束有十七道狭窄的银箍（图 18-3）。据格兰瑟于 1931 年发表的《公元 600 年时的中国古刀》一文中之介绍，此刀出土时用丝绢包裹，附着在上面的土块且粘有墓内所铺朱砂[1]。可见出土后未经清洗修整即盗运至美。格氏推定的年代据称系与朝鲜、日本的古刀剑相比较而得出；但征引的资料不足，其论断缺乏充分依据。1996 年，穴泽咊光、马目顺一二氏发表了《由大都会美术馆所藏传洛阳出土的环头大刀论及唐长安大明宫出土品》一文，提出洛阳乙刀上的铜镡为古玩商后配之说，从而认为刀的年代为南北朝后期至隋，即 6 世纪晚期至 7 世纪初期[2]。虽然，洛阳乙刀上所见之镡在汉代多用于剑，刀上用的很少。但并非没有先例，图 18-1 举出的两件刀皆装镡。至于认为洛阳乙刀之镡系后配，则与运至美国时的状况不合；其中推测的成分居多，并无实据。从形制上看，乙刀不会晚到二氏所推断的年代。因为南北朝后期正是我国古刀剑系佩方式大转变的时期。自东周以来，中国古刀剑多贯璲而佩，间或有在鞘外装带扣佩带的，但很少见。而西亚方面早在古波斯阿契米德王朝时已在鞘上制出单附耳以佩刀剑。到了萨珊王朝中期，鞘上的单附耳改进成双附耳，具体年代约在 5 世纪初。由于用此法佩刀剑有许多优点，所以不晚于 5 世纪末，鞘上设双附耳的做法已传入中国。新疆拜城克孜尔石窟 69 窟壁画中的龟兹供养人腰佩嵌宝石的双附耳短剑。这种短剑形制奇特，应为西亚式样（图 18-4:1）。哈萨克斯坦科克切塔夫州博罗沃耶湖（Borovoje L.）

图 18-3 洛阳乙刀
美国纽约大都会
博物馆藏

图18-4 双附耳短剑

1. 新疆克孜尔石窟69窟壁画
2. 哈萨克斯坦博罗沃耶湖附近出土
3. 韩国庆州鸡林路14（N）号墓出土

附近与韩国庆州鸡林路 14（N）号墓均曾出土，可见它已传至遥远的东方（图 18-4:2、3）[3]。到了 6 世纪中期以后，刀鞘上装双附耳之制在中国已普遍流行。宁夏固原北周天和四年（569 年）李贤墓出土装银质双附耳的铁刀。山西太原北齐武平元年（570 年）娄睿墓壁画中的众多武士均佩带装双附耳的长刀（参见本书图 17-17:3）[4]。而在洛阳乙刀上却全无装双附耳的痕迹，所以它的年代应比李贤、娄睿等墓的年代为早。

再看环首本身的造型。洛阳乙刀之刀环一端形成凤首，另一端形成凤尾，仍保持着南阳杨官寺汉代龙纹环首之构图的格式。而此种意匠在朝鲜半岛与日本列岛出土的同类制品中却见不到了。朝鲜半岛的禽兽纹刀环，最早的一例为韩国忠清南道公州百济武宁王陵所出者。武宁王殁于 523 年，但根据陵中所出王妃之饰以与刀环环身龙纹相同的银钏所镌"庚子年"铭文推断，刀和钏均应制于庚子年即 520 年[5]。可是在这件刀环上，龙首兀立于环中，而尾部已被省略，表明较初出之构

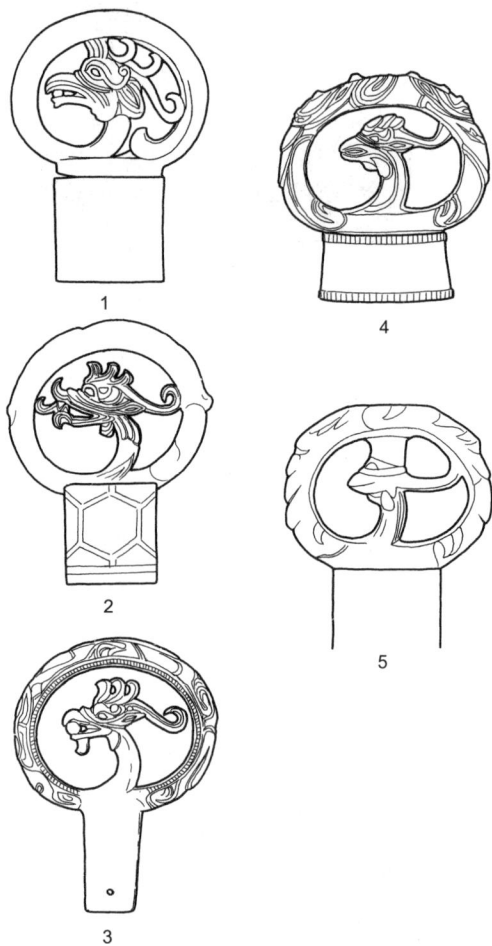

图 18-5 单龙凤首刀环
1. 洛阳乙刀
2. 百济武宁王陵出土
3. 日本日拜冢古坟出土
4.（传）日本奈良榛原町
出土
5. 日本前原古坟出土

图有所改进。故洛阳乙刀的年代又应早于武宁王时（图 18-5:1、2）。

　　既然洛阳乙刀从不设附耳的构造上说应早于李贤墓，从环首的构图上说又应早于武宁王陵；那么它就很可能不是 6 世纪的，而是 5 世纪后期的制品。考虑到《唐六典》指出的，魏有施龙凤环的仪刀。而北魏太武帝在 5 世纪前期破统万城后，再经过几代的经营，统一北方，太和十八年（494 年）又迁都洛阳，国势臻于极盛。洛阳乙刀很可能就是这时的仪刀，其环内之凤首的造型，也正和这一时期的艺术风格相合。孝

图 18-6 永固陵石雕中的凤纹

文帝迁洛之前，自太和五年至十四年（481—490 年）在平城方山（今大同市西寺儿梁山）建造了文明皇后冯氏的永固陵。陵内的石券门两侧龛柱上雕有口衔宝珠的神禽，以其头部与洛阳乙刀环内之凤首相较，不难看出在整体轮廓及细部处理上有不少一致性（图 18-6）[6]。比如衔珠的姿势，头顶上的三簇冠毛，喙与眼目之间以线条分割等做法，均颇相似；说明乙刀如果不是迁洛时自平城携来，便是北魏在洛阳制作的。

饰禽兽纹刀环的长刀，在朝鲜和日本屡屡出土，久已引起考古学者的重视，滨田耕作、梅原末治早在 1923 年已对此进行考察，其后如末永雅雄、后藤守一、穴泽咊光、马目顺一、町田章、新纳泉、金廷鹤等人，都有重要成果问世[7]。但作为创出此种刀环的中国方面的材料却太少了，以致难以将其传播和演变的过程排出系统的序列。不过，如果本文上述推测得以成立，那么有了洛阳乙刀这件 5 世纪后期的标本，情况就会清楚得多。将它和日本福冈县春日市日拜冢古坟、传奈良县宇陀郡榛原町、福岛县须贺川市前原古坟等处出土的凤首刀环相较，不仅可以看出中国刀环对海东的强烈影响，同时也会察觉到，若干当地制品在模仿中国式样的过程中，既有某些新的创造，也不免流露出工艺上的粗放和造型上的简率（图 18-5:3～5）[8]。

至于大都会美术馆所藏洛阳甲刀，则是一件典型的唐代双附耳龙环仪刀。同类型的刀环在大明宫三清殿遗址出土过。在大明宫玄武门

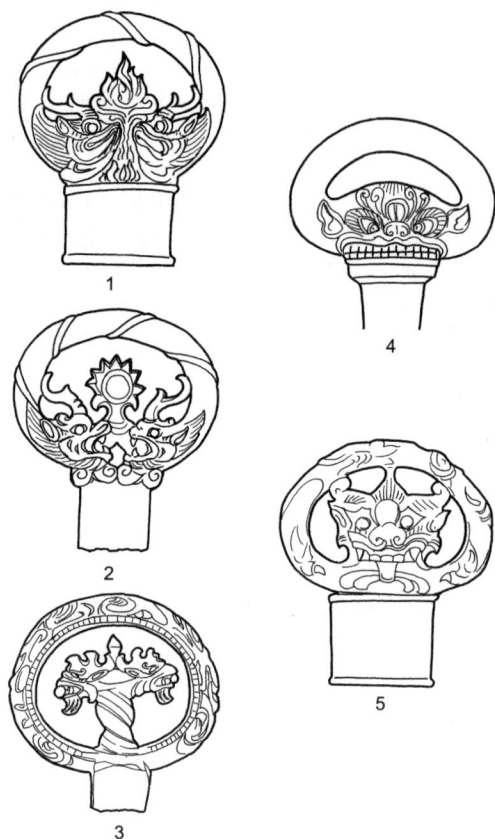

图 18-7 双龙首刀环（1～3）与狮
首刀环（4、5）
1. 洛阳甲刀，美国纽约大都会博物
馆藏
2. 陕西西安大明宫三清殿出土
3. 日本兵库御园古坟出土
4. 大明宫玄武门出土
5. 日本御崎山古坟出土

遗址还出过一件狮纹刀环。工艺均极精美，为海东之同类制品所不及
（图 18-7）[9]。

但是还有一个问题，为什么此类环刀在朝鲜、日本出土的数量反
而比中国多？则恐与其使用范围有关。在中国，禽兽纹刀环只装在仪
刀上，而仪刀只能由宫廷仪卫使用。《隋书·礼仪志》保留了北周时使
用仪刀之制度的记载。左右宫伯、小宫伯"各执龙环金饰长刀"，左右
中侍"左执龙环、右执兽环长刀"，左右侍"左执凤环、右执麟环长刀"，
左右前侍"左执犀环、右执兕环长刀"，左右骑侍"左执罴环、右执熊
环长刀"，左右宗侍"左执豹环、右执貔环长刀"。规定得如此严格、

细致，非应执掌者不便僭用。而在朝鲜、日本似乎无此定制，有力者多制禽兽纹环刀以自矜贵，所以在出土物中遂屡见不鲜。

（原载《汉唐之间文化艺术的互动与交融》，文物出版社，2001 年）

注释

［1］　S. V. Grancsay, Two Chinese Swords Dating about A.D.600, *Bulletin of the Metro-politan Museum of Art*, 25（1930～31），New York.

［2］　穴泽咊光、马目顺一：《メトロポリタン美術館所藏傳洛阳出土の環頭大刀を論じて唐長安大明宫出土品に及ぶ》，《古文化谈丛》第 36 集，1996 年。

［3］　穴泽咊光、马目顺一：《慶州鶏林路 14 号墓出土の嵌玉金装短剣をめぐる諸問題》，《古文化谈丛》第 7 集，1980 年。

［4］　宁夏回族自治区博物馆等：《宁夏固原北周李贤夫妇墓发掘简报》，《文物》1985 年第 11 期。山西省考古研究所等：《太原市北齐娄睿墓发掘简报》，《文物》1983 年第 10 期。

［5］　大韩民国文化财管理局编：《武宁王陵》，1974 年。

［6］　中国历史博物馆：《华夏之路》第 2 册，页 294，朝华出版社，1997 年。

［7］　滨田耕作、梅原末治：《近江国高島郡水尾村鴨の古墳》，《京都帝国大学文学部考古学研究报告》第 8 册，1923 年。末永雅雄《日本上代の武器》，东京，1943 年。后藤守一：《歷史時代の武器と武装》，《考古学講座》，东京，1928 年。穴泽咊光、马目顺一：《竜凤文環頭大刀——試論韩国出土例を中心として》，《百济研究》第 7 号，1976 年。町田章《環刀の系譜》，《古代東アジアの装飾墓》，京都，1987 年。新纳泉：《單竜、單鳳環頭大刀の编年》，《史林》64 卷 4 期，1982 年。金廷鹤：《韩国の考古学》，东京，1972 年。

［8］　日拜冢出土者，见中山平次郎等：《日拜冢》，《福冈縣史跡名胜天然紀念物調查報告书》第 5 辑，1930 年。榛原町出土者，见京都大学文学部：《京都大学文学部博物館考古学资料目録》第 2 部，1968 年。前原古坟出土者，见江藤吉雄：《福島县須賀川市前原古墳群發現の飾大刀二题——環頭、方頭——》，《福島考古》18 号，1977 年。

［9］　大明宫三清殿出土者，见马得志等：《唐代长安宫廷史话》，新华出版社，1994 年。大明宫玄武门出土者，见中国科学院考古研究所编：《唐长安大明宫》，科学出版社，1959 年。

19　鼓与钲

从春秋到汉代，鼓声和钲声是作战时指挥军队进退的信号。

春秋是车战盛行的时代，将领和甲士都立乘在战车上，步兵即徒兵跟在车后。这时一辆战车一般驾二匹或四匹马，乘三个人。右边的叫"车右"，执长兵器；左边的叫"车左"，执弓矢；中间是御者。从驾车的方便考虑，将御者的位置安排在当中显然是合理的。但是当某辆车上乘有指挥作战的将领时，御者就得把当中的位置让出来：将居中，御者居左，右边仍然是"车右"。为什么如此调整呢？这是因为"将居鼓下"，而鼓装在车中部的缘故。比如公元前589年的齐、晋鞍之战中，晋国主将郤克的车上，郑丘缓为右，解张为御。交战时，郤克为箭所伤，"流血及履"，但"未绝鼓音"。解张被箭射穿手和肘，他折断箭杆继续驾车，滴下的血使"左轮朱殷"，即将左边的车轮染成深红色（见《左传》成公二年）。可证解张居左，郑丘缓居右，而郤克居中。居中的将领须亲自击鼓。《荀子·议兵篇》说："将死鼓，御死辔。"《尉缭子·武议篇》说："将受命之日忘其家，张军宿野忘其亲，援枹而鼓忘其身。"同书《兵令篇》又说："存亡死生，在枹之端。"都强调指出这一点。如若交战时一方的鼓忽然音寂声消，致使三军进退失据，则其败亡可以立待。这时鼓声代表进军，而钲声代表退兵，即《尉缭子·勒卒令篇》所说："鼓之则进，重鼓则击。金之则止，重金则退。"为了发令之便，作战用的鼓和钲是组装在一起的。公元前605年，楚庄王与其令尹若敖氏之族作战，子越椒向王发箭，这支箭自王车的正面射来，"汏辀，及鼓跗，着于丁宁"。就是说此箭飞过车的独辀，射在鼓座的丁宁（即钲）上；正反映出鼓和钲的这种组合关系（见《左传》宣公四年）。但遗憾的是，直到战国时期，在表现战车的雕刻或绘画中，从未见过车上装鼓的情况，所以没有可以直接与文献相印证的形象资料。只在河南汲县山彪镇所出水陆交战图鉴上看到过装在战船上的鼓。其鼓下有鼓座（跗），座上立楹柱，鼓贯于柱，柱顶饰以羽葆；属于建鼓类型（图 19-1:1）。《国语·吴语》吴·韦昭注中说作战用的鼓，要"为楹而树之"。《左传》宣公四年唐·孔颖达疏也说："车上不得置簨簴以悬鼓，故为作跗，若殷之楹鼓也。"可见战车上也曾用这种鼓。但水陆交战图鉴中的鼓还从鼓座旁斜出一杆，杆头装有圆形物。击鼓者执两根鼓槌，一根用于击鼓，另一根则用于击此圆形物。成都百花潭出土的战国画像壶上之类似的图像中，则将此杆头所装之物画成椭圆形（图 19-1:3）。以上两例中的圆形物与椭圆形物到底代表什么，过去颇难确指。幸好近年在山西潞城出土的战国铜匜上也发现了这类图像，可以清楚地看出斜杆上装的是钲（图 19-1:2）。《诗·小雅·采芑》毛传："钲以静之，鼓以动之。"孔疏："凡军进退，皆鼓动钲止。"把它的用途说得很明确。潞城铜匜上之击鼓、钲者脚旁还有割

图 19-1　装钲的建鼓

1. 战国铜鉴，河南汲县山彪镇出土
2. 战国铜匜，山西潞城出土
3. 战国铜壶，四川成都百花潭出土

下的人头，战争气氛被渲染得很充分。这里的钲由斜杆支承，口部向上，与商周时的铜铙一样；而与口部向下，通过甬旋上的环悬挂起来的乐钟，无论就形制和功能而言，均大不相同。《说文》说："钲，铙也。似铃，柄中上下通。""上下通"指钲柄呈开口的管状，正因为如此，所以能插在杆上敲击。给早期的铜钲下定义，《说文》的提法可谓相当得体；《汉书·平帝纪》颜注所引应劭关于钲的解释，就完全是在重复《说文》的定义。至于在发展中，钲的形制超出了上面说的范围，则是由于变化了的情况所造成的。也有些钲作为节拍性打击乐器参加器乐演奏，但那是另外的一个问题，本文对此不作讨论。

在考古发掘中，可以根据出土物的共存关系而被确认的钲，有始皇陵 1 号兵马俑坑中分别发现于两辆兵车之旁的两件钲，它们原是车中之物（图 19-2）。与之相类似的钲在河南陕县上村岭 1052 号、山东沂水刘家店子 1 号等春秋墓中也曾发现，虽然它们未与车同出，但证以秦俑坑的标本，仍可确认无疑。河南襄城出土新莽天凤四年（17 年）铜钲，铭文自称"颍川县司盾发弩令正"，更直接说明它是向弩手发令所用之钲[1]。而中原地区的商铙，其形制与钲实无多大差异。《说文》谓："铙，小钲也。"湖北荆门包山 2 号墓出土钲，《遣册》中称为"一铙"。《周礼·鼓人》说："以金铙止鼓。"可见其功能也与钲相同。因知铙与钲应属于同一系统，而与乐钟则有别。商墓所出之铙有的虽三至五枚大小相次，但不能用以演奏完整的乐曲；目前亦无法证明它们当时是否为插在同一基座上之音阶成序列的旋律乐器。

如上所述，早期铜钲之柄中空，

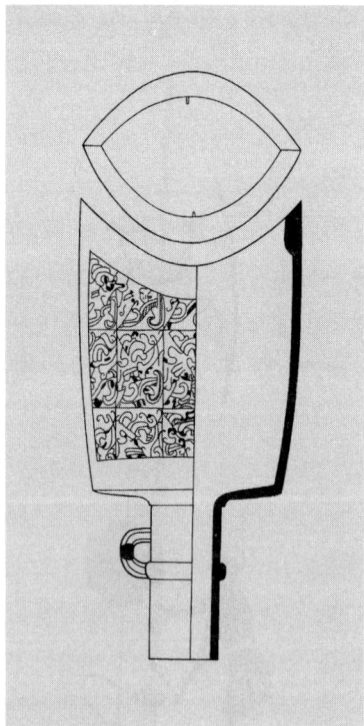

图 19-2　秦代铜钲
秦始皇陵兵马俑坑出土

晚期的则并不如此；这是因为钲与鼓相配套，鼓的形制变了，钲的形制遂随之改易。早期战车上使用的是建鼓类型的鼓，鼓座上插钲。但这种鼓的体积大，占的空间太多，影响乘车者的活动。郑珍和孙诒让等经学大师都注意到这一点，他们认为将建鼓装在车上，军将"几无立处"，所以临战时所击者，"亦不过提、鼙等小鼓"（《周礼·大司马》正义）。他们说的小鼓应即古文献中所称"悬鼓"。《礼记·明堂位》："夏后氏之鼓足，殷楹鼓，周县鼓。"其"鼓足"当作"足鼓"。《商颂·那》毛传："夏后氏足鼓，殷人置鼓，周人县鼓。"《隋书·音乐志》："夏后氏加四足，谓之足鼓，殷人柱贯之，谓之楹鼓。周人县之，谓之县鼓。"楹鼓即建鼓，悬鼓和它的最大区别是不设鼓座。从出土物的情况分析，战车上由用建鼓改为用悬鼓，大约是战国时的事。湖北随州曾侯乙墓和秦俑坑中均出装有三枚铜环的圆形扁鼓，即悬鼓，后者和钲共存于战车中，无疑是作战时所用者。悬鼓在车上如何悬挂，目前还不清楚，但它并无鼓座，却是能够断定的。可是这么一来遂使钲失去凭借，无处安插，只能握在手里敲打，从而钲柄逐渐由空心管形改变为实心柱形。湖北宜城楚皇城、四川涪陵小田溪、湖南溆浦大江口镇等地战国墓所出之钲无不如此[2]。始皇陵兵马俑坑中的钲与悬鼓相搭配，其柄本可做成实心柱形，但却按照老规矩做成空管形；兵马俑坑中所出器物的形制常反映出一种保守的倾向，此亦其例证之一。不过当时在这里的钲柄中再插入较短的木把，也不是没有可能的。汉代军队仍继续使用钲、鼓。《汉书·平帝纪》说元始二年"使谒者大司马掾四十四人持节行边兵，遣执金吾陈茂假以钲、鼓。"青海大通上孙家寨 11 号墓出土的简文中说："兵车御、右及把摩（麾）、干、鼓、正（钲）城者，拜爵赐论爵比士吏。"均可为证。汉钲的柄有虽为空心但将两端封死的，如山东临淄齐王墓 3 号陪葬坑中与錞干同出之钲。也有实心的，如上述天凤四年的"颍川钲"及地皇二年的"侯骑钲"等。这时的钲柄且有做成竹节形的，更便于握持。四川成都站东乡青杠坡 3 号东汉墓出土的画像砖上，骑吹者中有持钲敲击的，也是这类钲（图 19-3）；但此时它的作用自然和退兵信号无关了。

但由于古钲的形体小，其声不能及远。所以到了汉代，又对钲形

图 19-3　东汉画像砖上的持钲者
四川成都青杠坡 3 号墓出土

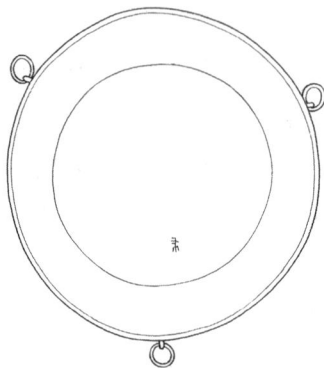

图 19-4　西汉铜钲，铭文"布"字指布山
广西贵县罗伯湾 1 号墓出土

加以改进。广西贵县罗泊湾 1 号墓曾出一锣形铜器，面上刻一"布"字，指当时的布山县，即今贵县[3]。此器亦装三环，正与悬鼓相匹配；它就是汉代创制的新型钲（图 19-4）。辽宁辽阳棒台子屯东汉末期大墓的壁画中有金钲车，车上以木架悬锣状物，也是这种钲。它的声音响亮，比铙形钲适用。故汉代以降，锣形钲日益得到推广。宋·苏轼《日喻》："生而眇者不识日。问之，或告之曰：'日之状如铜钲。'"同氏《新城道中之一》："岭上晴云披絮帽，树头初日挂铜钲。"指的都是锣形钲。明、清说部中凡提到"鸣金收兵"时，不论描写的背景是何代之事，但作者心目中之所指也都是这种后出的锣形响器。

（原载《文物天地》1990 年第 3 期）

注释

[1] 中国科学院考古研究所：《上村岭虢国墓地》图版 38，科学出版社，1959 年。山东省文物考古研究所、沂水县文物管理站：《山东沂水刘家店子春秋墓发掘简报》，《文物》1984 年第 9 期。姚垒：《襄城县出土新莽天凤四年铜钲》，《中原文物》1981 年第 2 期。或将天凤钲铭中之"令正"视为官名，即《左传》襄公二十六年杜预注所称

"主作此令之正"。不确。此"正"字应为"钲"字之假。

［2］ 楚皇城考古发掘队:《湖北宜城楚皇城战国秦汉墓》,《考古》1980 年第 2 期。四川省博物馆等:《四川涪陵地区小田溪战国土坑墓清理简报》,《文物》1974 年第 5 期。张欣如:《溆浦大江口镇战国巴人墓》,《湖南考古辑刊》第 1 辑。

［3］ 广西壮族自治区文物工作队:《广西贵县罗泊湾一号墓发掘简报》,《文物》1978 年第 9 期。

20　说阆中之巴

　　远古时代的巴人当非一源一系，但春秋时著名的巴国只有一个，即最早见载于《左传·桓公九年》（前703年）的"巴子"之国。此巴国当时位于鄂西。战国时，为楚所迫，向四川转移。其治所起初设在川东沿长江一带，后迁至嘉陵江上的阆中。"巴子时虽都江州（今巴县），或治垫江（今合川），或治平都（今丰都），后治阆中"[1]。阆中应是战国中、后期巴人之主要的根据地。阆中的巴人又被称为板楯蛮。《后汉书·南蛮西南夷列传》说："板楯蛮夷者：秦昭襄王时有一白虎，常从群虎数游秦、蜀、巴、汉之境，伤害千余人。昭王乃重募国中有能杀虎者，赏邑万家、金百镒。时有巴郡阆中夷人，能作白竹之弩，乃登楼射杀白虎。昭王嘉之，而以其夷人，不欲加封，乃刻石盟要，复夷人顷田不租、十妻不算。……至高祖为汉王，发夷人还伐三秦。秦地既定，乃遣还巴中，复其渠帅罗、朴、督、鄂、度、夕、龚七姓，不输租赋。余户乃岁入賨钱，口四十。世号为板楯蛮夷。阆中有渝水，其人多居水左右。天性劲勇，初为汉前锋，数陷阵。俗喜歌舞，高祖观之，曰：'此武王伐纣之歌也。'乃命乐人习之，所谓巴渝舞也。"这些记载除了汉高祖将阆中巴人和随从武王伐纣的"巴师"相联系，似乎根据不足外，其他均应视为信史。阆中的巴人即汉之賨人，虽然賨人并不尽居阆中一地，但这里却仿佛是他们共同的"族望"。《巴志》所载循吏贞女，多为阆中人。为刘邦募賨人伐三秦的范目也是阆中人。秦地平定后，范目被封为阆中慈凫乡侯。所以那位射白虎的勇士，《巴志》说是"朐忍（今云阳）夷"，而《后汉书》乃径称之为"阆中夷"了。

　　阆中之巴尚武。东汉晚年程包说："板楯七姓，射杀白虎立功，先世复为义人。其人勇猛，善于兵战。昔永初中，羌入汉川，郡县破坏，得板楯救之，羌死败殆尽，故号为神兵。"[2] 诸葛亮也提到：其所部"賨、叟、青羌散骑、武骑一千余人，此皆数十年之内所纠合四方之精锐"[3]。又《魏书·董绍传》说："萧宝夤之反于长安也，绍上书求击之。云：'臣当出瞎巴三千，生啖蜀子。'肃宗谓黄门徐纥曰：'此巴真瞎也。'纥曰：'此是绍之壮词，云巴人劲勇，见敌无所畏惧，非实瞎也。'"董绍时任洛州（治所在今陕西商县）刺史。《隋书·地理志》说："自汉高发巴蜀之人定三秦，迁巴之渠帅七姓居商洛之地，由是风俗不改其壤。其人自巴来者，风俗犹同巴郡。"[4] 但巴人的渠帅七姓伐三秦后，《后汉书》明确说已将他们遣返回原籍，当时并无迁商洛之事。这种传说的出现，大约是由于巴賨强盛，不断扩充势力，向外地迁徙，而攘伐三秦时之功业以自炫饰之故。但既然降至南北朝时，巴人尚未坠其声威，那么从秦昭襄王到汉高祖这一百年中，更是他们的英雄得意之秋。因为秦举巴蜀后，巴和蜀所受的对待不同。蜀地因屡次叛乱，秦将司马错三度伐蜀，蜀的军事力量几被彻底摧毁。而秦却想利用巴。《华阳国志·蜀志》说司马错认为：巴地"水通于楚，有巴之劲卒，得大舶船以东向楚，楚地可得。"起初，秦相张仪尚持异议。而当张仪使楚时，却对楚王说："秦西有巴蜀。大船积粟，起于汶山，浮江以下，至楚三千余里。舫船载卒，一舫载五十人与三月之食。下水而浮，一日行三百余里。里数虽多，然而不费牛马之力，不至十日而距扞关。扞关惊，则从竟陵以东尽城守矣。黔中、巫郡，非王之有。"可见自巴蜀出水军攻楚，这时已成为秦之举朝一致的国策。后来"司马错率巴蜀众十万，大舶船万艘，米六百万斛，浮江伐楚，取商于之地为黔中郡"[5]。在此次战役中，巴人应为军中主力。秦之所以与巴人刻石盟要，恐怕不单纯是由于除虎害这一事件引发的短期行为，而含有稳定被其视为战略后方的巴蜀地区之长远考虑。安抚民风骁悍的巴人，是巩固秦在巴蜀之统治的重要条件。试看云梦秦简中的《属邦律》及有关"臣邦人"、"隶臣妾"等带有相当浓厚的奴隶制色彩的条文何等严酷，便可知秦给予巴人的优待幅度是很宽的。相反，蜀人"俗好文刻"，后来文翁一兴学，旋即"学徒鳞萃，蜀学比于齐鲁"，民风显然有所不同[6]。故战国后期的巴人在承认秦的主权的前提下，仍大可称雄于四川盆地。那种认为这时巴人的势力已很微弱的论点是值得商榷的[7]。

这种情况在出土物中也有所反映。巴賨又称板楯蛮：但盾是防御性武器，作战不能只靠盾，还应有进攻性的长兵。阆中巴人"其俗喜舞"，他们的巴渝舞之舞曲，"有《矛渝本歌曲》、《安弩渝本歌曲》、《安台本歌曲》、《行辞本歌曲》，总四篇"[8]。后两篇似与武器无关，前两篇中则提到矛与弩。弩是当年巴人射白虎时所用，固应予以强调；但第一篇却是关于矛的，可见矛是其主要的长兵器。四川战国墓中所出之矛的数量很大，多为短骹，装弓形耳或半环耳。值得注意的是，在矛骹上常铸或刻出用巴蜀图形符号（或称"巴蜀文字甲"，或称"巴蜀图语"）组成的铭记。其中最常见的是所谓"蝉纹"。但此图形之所以有点像蝉，乃是几经讹变的结果，它原来的较写实的形象本为螳螂（图20-1）[9]。此象形的螳螂即"良"字。战国古文良字作 ⟨图⟩（《古玺汇编》3592），⟨图⟩（同上书2712）、⟨图⟩（侯马盟书），与《说文·畐部》所收良字古文作 ⟨图⟩ 之形基本相同。陈汉平先生认为这是"昆虫螳螂之

图 20-1　短骹矛
1B-5A. 螳螂形（良字）的演变
1A、5B. 骹上有白虎纹铭记的矛

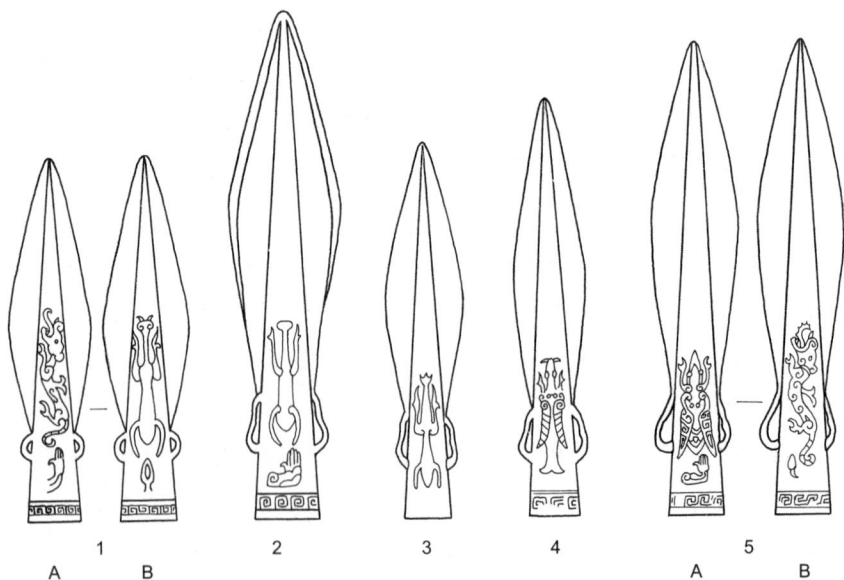

| 1 | 2 | 3 | 4 | 5 |
| A　B | | | | A　B |

象形"，此说很有见地[10]。或以为巴蜀图
形符号与中原的甲文、金文并无关系，这
种说法看来不宜绝对化；就整体而言，巴
蜀图形符号是自成体系的，但不排除其中
个别图形的结构曾受到古汉字造字原理的
启发，此良字即是一例。另外，在成都
战国墓出土的同鞘双剑上有一铭记（图
20-2）。王仁湘先生认为："它的一半与蝉
形相似，被认为是图案化的蝉形，大概问
题不大。"[11]其实这个符号与甲文良字作
𠁣（《续》5·20·5）之形极肖似，所以亦
应为良字；同时也更证明了释上述像螳螂
形的符号为良字之不误。矛骹上的良字在
此处应读阆，即阆中之阆。古代川中有些
地名与昆虫有关，比如朐忍就是一例。据
阚骃《十三州志》说："其地下湿，多朐
腮虫，因名。"或谓朐腮即蚯蚓。则该地
因多蚯蚓而得名[12]。阆中则可能是因多

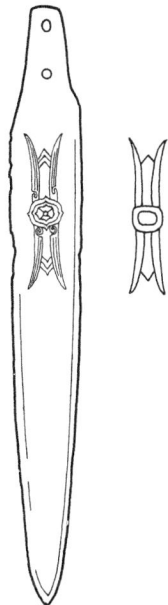

图 20-2　成都战国墓出土铜剑，
右侧为剑铭字形轮廓

螳螂而得名。它是否和《后汉书》所记，愿与廪君共居的盐水神女"旦
即化为虫，与诸虫群飞，掩蔽日光，天地晦暝"的故事有关，目前尚
莫能遽断。但矛骹铭以良字，足以表明此类矛的制作者为阆中之巴，
或者至少是在他们的影响下产生的。

　　在此类矛上，有的骹部之铭记一侧为良字，另一侧为虎纹。白虎
与巴人的关系更为密切。巴賨世号"白虎复夷"[13]，其王号"白虎夷
王"。《舆地纪胜》卷一七九引《通州志》说："梁山军、忠州两界旧
有汉刻石，著白虎夷王姓名。"此地在今梁平与忠县之间，原属巴人统
治区。而《隶续·繁长张禅等题名碑》上亦列出"白虎夷王"的姓名。
繁在今彭县，却是蜀之故地。可见汉代的白虎夷王不仅巴郡有，而且
蜀郡也有，已经打破了旧日巴、蜀的界限。

　　但《后汉书》中还记有关于廪君的神话传说，谓"廪君死，魂魄

世为白虎"。这样就在字面上和阆中巴人射白虎的故事相忤。研究者因而或谓："这说明廪君之与板楯情同不共戴天"[14]。有的甚至将此事进一步引申为："巴族是有廪君之魂化为白虎的传说的，此处的白虎，应该看成是巴族反动奴隶主的象征。白虎的势力达秦、蜀、巴、汉之境，可见叛乱的范围相当大。秦王募'阆中夷人'射杀白虎，实质上就是利用板楯蛮的武力镇压了这次叛乱"[15]。以上诸说将神话与实事搅在一起，恐不足据；而所谓巴族大叛乱更于史无征，纯属虚构。况且果依其说，则四川所出众多带虎纹的武器将不知所属。蜀没有白虎的神话，这些武器不能属于蜀。板楯蛮又与白虎"不共戴天"，故这些武器也不能属于阆中之巴。那么它们似乎只能属于廪君蛮了；但廪君蛮的主要活动地区在鄂西夷水（今清江）流域，此地汉代属于南郡，根本不在益州境内。如果说川中出的武器多数属于鄂西人，就更难以解释。相反，将矛上的白虎纹与良字铭记皆归于阆中之巴，则了无滞碍。

　　为什么阆中之巴的武器几乎遍于全川呢？这一方面与秦举巴蜀后，巴面前的对手蜀急剧式微，巴的力量相对坐大有关。二来蜀之开明王朝的建立者鳖灵本非蜀人[16]。关于他的族属，童恩正先生认为是"巴人"[17]，王有鹏先生认为是"夔巴"[18]。总之，远在秦举巴蜀之前，巴、蜀王室间已有千丝万缕的联系，所以从器物形制上区分巴、蜀本非易事[19]。

　　最后还应指出，短骹矛虽曾在川东各地出土，但阆中的材料已发表者尚不多，这就使我们的认识受到局限[20]。正像 20 世纪 60 年代初，当《四川船棺葬发掘报告》发表后，一般都认为船棺墓是巴人墓的特点；后来船棺墓发现得愈来愈多，不仅成都与其附近的绵竹、什邡、彭县、郫县、广汉、双流等地均曾发现，而且远在雅安地区的芦山和荥经也有，从而使大家改变了原来的想法[21]。现在看来，短骹矛和船棺墓一样，也很难说成是巴或蜀之独有的特点，而只能在全巴蜀之统一的背景中寻求其脉络。虽然，巴蜀古史的底蕴诚难一举揭开，但对阆中之巴的地位，却似应给予更加充分的重视。

（原载《考古》1994 年第 9 期）

注释

[1] 《华阳国志·巴志》。

[2] 《后汉书·南蛮西南夷列传》。

[3] 《三国志·蜀书·诸葛亮传》裴松之注引《汉晋春秋》。

[4] 参看周一良：《魏晋南北朝史札记·魏书札记·瞎巴三千生啖蜀子》条，中华书局，1985 年。

[5] 《华阳国志·蜀志》。《史记·六国年表》又《张仪列传》。

[6] 《华阳国志·蜀志》。

[7] 《四川文物考古工作三十年》，载《文物考古工作三十年》，文物出版社，1979 年。

[8] 《晋书·乐志》。

[9] 刘瑛：《巴蜀兵器及其纹饰符号》，《文物资料丛刊》7，1983 年。

[10] 陈汉平：《古文字释丛》，载文化部文物局古文献研究室编《出土文献研究》，文物出版社，1985 年。

[11] 王仁湘：《巴蜀徽识研究》，《中国考古学会第七次年会论文集》，文物出版社，1992 年。

[12] 刘琳：《华阳国志校注》页 79，巴蜀书社，1984 年。

[13] 或以为"巴、賨两族是绝不混淆的"（《古代的巴蜀》，页 46），并举《文选·陈琳檄吴将校部曲》中"巴夷王朴胡"与"賨邑侯杜濩"被分别列出为证。按此说不确。賨人之得名是由于他们缴纳口赋即賨钱，而其渠帅七姓（包括上举朴姓）是"不输租赋"的，自然无由称賨，而只能仍称为巴。凡巴賨连言时，皆指一族而非并立之二族。但随着时间的推移，七姓之巴有时亦通称賨人。

[14] 蒙默等：《四川古代史稿》页 26，四川人民出版社，1988 年。

[15] 童恩正：《古代的巴蜀》页 149—150、70—73，四川人民出版社，1979 年。

[16] 《太平御览》卷八八八引《蜀王本纪》说"荆有一人名鳖灵"，并未指明他是"荆人"。但研究者多认为他是从荆地来的人。

[17] 同注［15］。

[18] 王有鹏：《成都地区楚式敦的出土及开明氏蜀族源试探》，载《中国考古学会第七次年会论文集》。

[19] 《新中国的考古发现和研究》页 357 也说："巴和蜀的文化面貌如何区分，则尚需进一步探讨。"

[20] 王家祐、刘盘石：《涪陵考古新发现与古代"巴国"历史的一些问题》（《文物资料丛刊》7）一文所举出土巴蜀式铜兵器的地点中有阆中，但未介绍具体情况。

[21] 见前引《四川文物考古工作三十年》。又《四川省文物考古十年》，载《文物考古工作十年》，文物出版社，1991 年。

21 床弩考略

我国是世界上最先发明弩的国家。古文献中有关原始木弩的线索可以追溯到上古时期[1]。装铜制弩机的弩在战国中期也已出现[2]。至汉代，弩的使用相当普遍，在汉与匈奴的战争中，弩是汉军特有的利器[3]。汉代曾设马、弩关，禁止私携弩出塞。自汉简中所见，对边防所用之弩的检查和校验也是很严格的[4]。这时较常见的是用双手张弦的擘张弩，力量再强一些的是用手、足共同张弦的蹶张弩，更强一些的则是用腰、足共同张弦的腰引弩；它们的形象在考古资料中均曾发现（图21-1）。

由于弩臂上装有可以延缓发射的机栝，张弦和发射被分解为两个单独的动作。同时，弩比起弓来，张弦搭箭均较费时；所以在战争中，弩手要分成发弩、进弩、上弩等组，轮番放箭[5]。张弦的弩手须在隐蔽处操作，故有可能不必过分仓猝。于是可以用多数人或其他动力来张开强弩。这样，就促成了床弩的发明。

床弩是将一张或几张弓安装在弩床(发射台)上，绞动后部的轮轴，利用轮与轴的半径差产生强力以张弦。多弓床弩以几张弓的合力发箭，其弹射力更远远超过单人使用的各类弩。

床弩在我国的发明不晚于西汉。江苏连云港尹湾汉墓出土之西汉成帝永始四年（前13年）《武库兵车器集簿》中记有"连弩床一具"[6]。王充《论衡·儒增篇》中两次提到"车张十石之弩"。《后汉书·陈球传》载，在一次战争中，陈球曾"弦大木为弓，羽矛为矢，引机发之，远射千余步，多所杀伤"。这种能射矛的大弩应为床弩。又《三国志·杜袭传》记杜袭对曹操说："千钧之弩不为鼷鼠发机。"千钧合二十五石，《宋书·殷孝祖传》中提到的强弩也正是二十五石。即使这里是约略言

图 21-1　汉弩张弦的三种方式
1. 擘张弩，河南陕县刘家渠出土陶俑
2. 蹶张弩，山东沂南汉墓画像石
3. 腰引弩，山东嘉祥武氏祠画像石

4. 《武备志》中的"腰绊上弩弦图"，
用以与汉代的腰引弩相对照

之，也不仅比汉代常用的四石或六石之弩的强度大，而且比十石的大
黄弩（或称黄肩弩、大黄力弩）还大一倍以上，用蹶张、腰引等法是
张不开的，因而应当是床弩。不过从陈球"弦大木为弓"的记载看来，
这时的床弩可能还处在单弓的阶段。

南北朝时对床弩相当重视。东晋末年卢循领导的起义军进攻建康。
《宋书·武帝纪》谓，当时卢循"遣十余舰来拔石头栅，公（刘裕）命

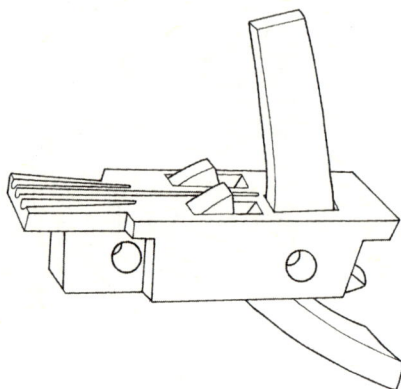

图21-2　南朝床弩上的弩机
南京秦淮河出水

神弩射之，发辄摧陷。循乃止，不复攻栅"。这种威力很大的弩在同《纪》中又称之为"万钧神弩"，万钧虽属泛指，但它的强度有可能大于上述千钧弩，故无疑也是床弩。1960年在南京秦淮河出土了五件南北朝时的大型铜弩机，每件长39、宽9.2、通高30厘米（图21-2）[7]。如予以复原，其弩臂之长当在2米以上，可见这种弩机是床弩上使用的。它的出土地点接近当年卢循进军的战场，虽不能确指为此次战争的遗物，但可以看作此时床弩已较前为多的实物证据。史书中所记南朝用床弩的战例尚不止此，如《南史·杨公则传》记齐末杨公则攻建邺，"尝登楼望战，城中遥见麾盖，纵神锋弩射之，矢贯胡床，左右皆失色"。神锋弩的射程既然如此遥远，所以也应属床弩一类。不仅南朝用床弩，北朝也用。《北史·源贺传》说他在北魏文成帝时，"都督三道诸军屯漠南，……城置万人，给强弩十二床，武卫（一种车）三百乘。弩一床给牛六头，武卫一乘给牛二头"。每台床弩配备六头牛为绞轴的动力，虽然不清楚六头牛是同时使用，还是分成几组轮番使用；但总之，它有可能是多弓床弩，且已开后世所谓"八牛弩"之先河。

　　床弩在唐代称绞车弩，见于杜佑《通典·兵二》。谓："今有绞车弩，中七百步（约合1060米，唐1步＝大尺5尺＝1.515米），攻城垒用之。"七百步这个数字大约可信，因为李靖《卫公兵法》卷下"攻守战具"中说："其牙一发，诸箭齐起，及七百步。所中城垒无不摧陨，楼橹亦颠坠。谓之车弩。"王琚《教射经》也说："今有绞车弩，中七百步"(《御览》卷三四八引)。但是由于"弩张迟，临敌不过一、二发，所以战阵不便于弩"。然而杜佑又指出："非弩不利于战，而将不明于弩也。不可杂于短兵，当别为队攒箭注射，则前无立兵，对无横阵。复以阵中张、阵外射，番火轮回；张而复出，射而复入，则弩不绝声，敌无薄我。夫置弩必处其高，争山夺水，守隘塞口，破骁陷果，非弩不克！"杜佑对弩的性能和用弩之法，阐述得很精到；对于小型床弩来说，这些原理也同样是适用的。

床弩的使用在宋代得到较大的发展。《武经总要》所载床弩，自二弓至四弓，种类很多。张弦时绞轴的人数，小型的用五至七人；大型的如所谓"八牛弩"，要用一百人以上。瞄准和击牙发射都有人专司其事。所用之箭以木为杆，以铁片为翎，号称"一枪三剑箭"。《宋史·张琼传》说："及攻寿春，太祖乘皮船入城濠。城上车弩遽发，矢大如椽。"可能就和这种箭类似。床弩又能上下成行地依次射出一排"踏橛箭"钉在夯土城墙上[8]，攻城者可攀缘以登，起到在难以接近的坚城之下，极快速地装置起登城之梯的效果。床弩除了发射单支的箭以外，还可以"系铁斗于弦上，斗中著常箭数十支，凡一发可中数十人，世谓之斗子箭，亦云寒鸦箭，言矢之纷散如鸦飞也"[9]。北宋开宝年间，魏丕对床弩还作了一些改进。《宋史·魏丕传》说："旧床子弩射止七百步，令丕增造至千步。"宋代一步约合 1.8 米，千步约合 1800 米。《文献通考》卷一六一说这种弩试射时"矢及三里"，三宋里约合 1620 米，与《魏丕传》所记数字差近。这是我国冷兵器时代中，射远武器所达到的最高的射程记录。

但是宋刊《武经总要》是否还有残叶存世，情况已不太清楚[10]。明弘正本所载床弩图样，有些细部没有表现出来，一下子难以看清楚其发射原理(图 21-3)。兹以弘正本为据，重新绘制出宋代三弓床弩的复原示意图(图 21-4)。需要说明的是：在三弓床弩上，装于中部的弓应为主弓，主弓自弓弝(即弓弭)处用短绳与前弓相连，拉紧主弓的弓弦时，前弓即随之开张。但后弓装置的方向相反，如仅自弓弝以短绳与主弓连接，是张不开的。所以主弓的弝上还应装有滑轮或滑孔，后弓之弦通过此轮或孔与主弓之弦并在一起。主弓张弦时，后弓

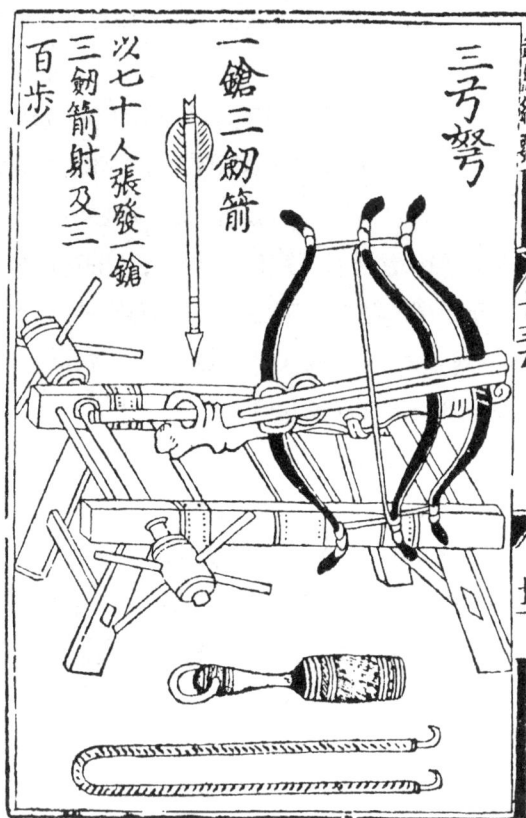

图 21-3　明刊本《武经总要》中的三弓床弩

之弦绕过轮或孔折而向后，随主弓之弦一同拉紧；所以也能随着主弓张开，虽然后弓弯曲的弧度要比主弓与前弓都小一些。在床弩上，当转动绞轴收紧钩在主弦上的牵引绳以后，用弩牙扣住弓弦，解下牵引绳，并将箭置于弩臂上面的矢道内，使箭栝顶在两牙之间的弦上。发射时，扣击扳机，牙即下缩，三弓同时回弹，箭乃以强力射出。

大型床弩虽然机动性差，但由于它的威力强大，所以在防御战、特别在城防中受到重视。《宋史·兵志》载，元丰四年"泾原路奏修渭州城毕，而防城战具寡少，乞给三弓八牛床子弩、一枪三剑箭，各欲依法式制造。诏图样给之"。在 1004 年的澶渊之役中，宋军射死辽军主将萧挞览，对战局的影响很大。但《宋史·真宗纪》只说："契丹兵至澶

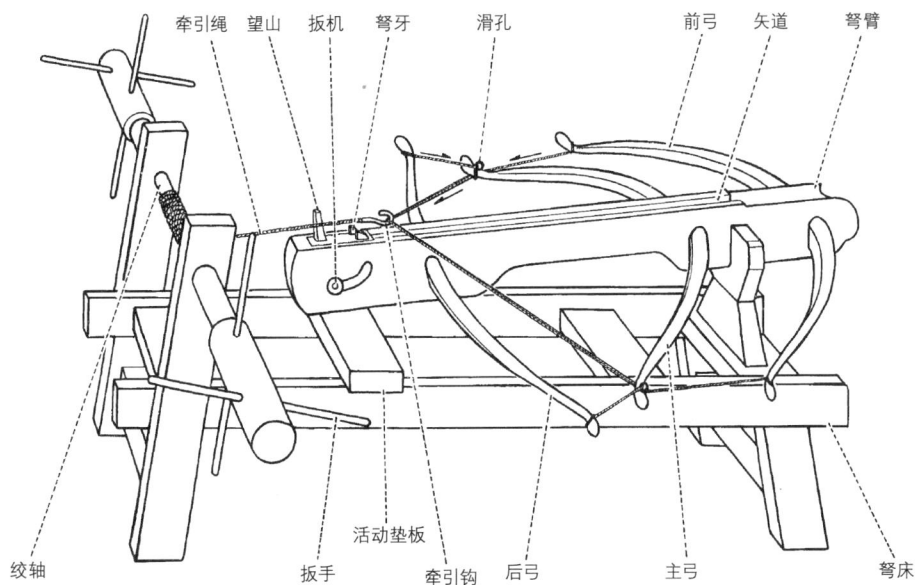

牵引绳　望山　扳机　弩牙　滑孔　前弓　矢道　弩臂

绞轴　扳手　活动垫板　牵引钩　后弓　主弓　弩床

图 21-4　三弓床弩复原示意图（孙机复原）

州北，直犯前军西阵，其大帅萧挞览耀兵出阵，俄中伏弩死。"《辽史·萧挞凛（即挞览）传》也只说他"中伏弩卒"。但据《契丹国志》卷七说："契丹既陷德清，率众抵澶州北。……统军顺国王挞览为床子弩所伤，中额而殒。契丹师大挫，退却不敢动。"宋·张表臣《珊瑚钩诗话》记载得却更详细：当时"安床子弩于城上，使卒守之"，"……忽……惊起，击而发之，遂中虏酋。军退"。所称虏酋即指萧挞览。由是可知在这一事件中，床弩发挥了很大的作用。

大型床弩射程远、杀伤力强，在冷兵器时代中，它可以被看成是与礮（抛石机）并列的重武器。但及至床弩发展臻于极盛的宋代，火器开始在战场上崭露头角。随着火器的发达，床弩就逐渐退出实战领域了。

（原载《文物》1985 年第 5 期）

注释

［1］《礼记·缁衣篇》引《太甲》说："若虞机张，往省括于度则释。"《韩非子·说林篇》说："羿执鞅持杆操弓关机。"两处所记都是商周以前的情况，所提到的"机"，都宜解释为弩机。参据考古发掘中所出以骨、蚌制作的原始悬刀和20世纪初鄂伦春、纳西、苗、瑶、傣、黎等少数民族仍使用木弩的情况推测，我国在上古时代应已有木弩。

［2］洛阳中州路东轴19号车马坑中出土装铜弩机之弩，时代为战国中期。见《考古》1974年第3期。

［3］《汉书·晁错传》："劲弩长戟，射疏及远，则匈奴之弓弗能格也；坚甲利刃，长短相杂，游弩往来，什伍俱前，则匈奴之兵弗能当也；材官驺发，矢道同的，则匈奴之革笥木荐弗能支也；……此中国之长技也。"晁错所举的这几种"中国之长技"均与弩有关。这里提到的材官，是汉代从郡国征集的以弩手为主的步兵兵团，他们的指挥官有的就叫"强弩将军"。

［4］居延汉简中发现过检验已损伤的弩的记录，如："夷胡燧七石具弩……今力三石卅六斤六两"（《甲》1796），"官六石第一弩，今力四石卅斤"（《甲》269），"大黄力十石具弩一，右深强一分，负一算"（《甲》362），"六石弩一，组缓，今已更组"（《甲》12）等，可见当时在这方面相当认真。

［5］明·茅元仪《武备志》说："假令弩手三百人，先用百人，弩已上，箭已搭，列于前，名为发弩。再用百人，弩已上，箭已搭，列于次，名为进弩。再又用百人列于后方，上弩搭箭，名为上弩。先百人发弩者，发完退后。以次百人进弩者上前，变为发弩。以后百人上弩者上前，变为进弩。先百人发完者退后，变为上弩。如此轮流发矢，则弩不致竭矣。"

［6］连云港市博物馆等：《尹湾汉墓简牍》页114，中华书局，1997年。

［7］《江苏省出土文物选集》图130。

［8］明代以前，我国的城墙多为夯筑，所以能用床弩将踏橛箭射进去。

［9］宋·曾公亮：《武经总要·前集》卷一三。

［10］宿白老师说，赵万里先生生前谈到他曾见过宋本《武经总要》残叶。今不知其所在。

22 古代城防二题

一、筑城

为了防范敌人或野兽，原始社会的居民在聚落周围挖壕沟，挖出的土堆高了，就成为原始的城墙。湖南澧县城头山大溪文化城址，平面略呈圆形，城外有壕沟，城墙正是在地面上堆筑而成。陕北神木石峁古城有用石块砌起的城墙，但这在中原地区极少见。龙山文化的城墙多为夯筑。黄河流域有很厚的风成黄土层。黄土加压，破坏了其自然状态下的毛细结构，形成密度较大的夯土；从而产生一定的防潮性，又可获得较高的牢度。并且黄土还有直立性强的特点，城墙可以夯筑得相当陡。

不过早期夯筑城墙时，使用的挡土板不够长，只能打成夯土块，用它再垒成墙体，叫"小版筑"。技术再发展一步，就能用长板打夯，组接成长垣。河南偃师尸乡沟的早商城址，墙基宽 18～19 米。施工时先挖基槽，将槽底夯实后，再分层夯筑，夯层厚度仅 8～12 厘米，夯窝密集，相当坚实。河南郑州商城属于商代中期，城垣周长 6960 米，墙基最宽处达 32 米，地面残高仍有 5 米左右，至今巍然屹立。古城多环绕护城濠，就是古文献中与城并称的"池"。我国古谚："城门失火，殃及池鱼。""池鱼"是指城濠里的鱼，而不是一般池塘中养的鱼。城和池从它们在我国最初出现时，就是互相配合的城防设施。

到了春秋时期，为了增加防御能力，在城墙顶上开始增筑雉堞。雉堞就是城垛口，古代也叫陴堄，最早见于《左传·宣公十二年》与《墨子·备城门篇》。《释名·释宫室》说："城上小垣曰睥睨，言于孔中睥睨非常事也。""亦曰女墙，言其卑小，比之于城，若女子之于丈夫也。"女墙又名堞。不过古文献中也常以堞字指女墙上的垛口，如《备城门篇》说："五十步一堞。"可见这时女墙上的堞并不密。嘉峪关1号曹魏墓出土画砖所绘坞上之堞，亦少而且稀。和林格尔汉墓壁画中有"宁城"图，因为城比坞的等级高，所以上面的堞排列得更加整齐，但两堞之间仍有一段距离（图22-1）。可是先秦时的城堞虽稀，却已有用辘轳控制升降的"悬门"，和在城濠上设置的可起落的吊桥"发梁"（均见《备城门篇》）。战国晚期又有了城门楼。《汉书·陈胜传》中称之为"谯门"，颜师古注："谯门谓门上为高楼，以望者耳。"长沙马王堆3号墓所出西汉初年长沙国南部驻军图，图中的指挥中心"箭道城"

图 22-1　内蒙古和林格尔汉墓壁画中的"宁城"

上就画出了三个城门楼。同时，建于城角处的角楼在箭道城上也能见到。城角是版筑的接合部，是其薄弱环节，须加以强化，所以筑城时对城角更注意加宽加固（图 22-2）。《考工记·周人明堂》说："王宫门阿之制五雉，宫隅之制七雉，城隅之制九雉。"雉是度量夯土城墙的基数，"五版（指夯筑时的挡土板，每板高约二尺）为堵，五堵为雉"（《诗·鸿雁》郑玄笺）。因知城角远较他处为高。《诗·静女》："静女其姝，俟我于城隅。"和平时期青年们就选择城角这

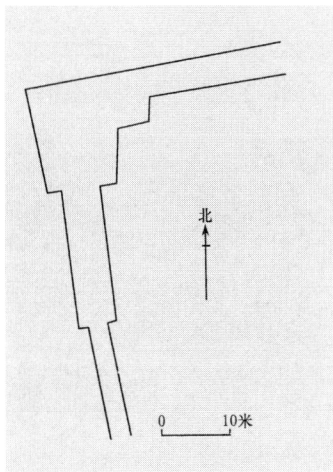

图 22-2　洛阳东周王城的西北城角平面图

个被高墙挡起的地方来约会了。又《说苑·立节篇》说，杞梁妻闻杞梁战死而哭，以致"城为之阤而隅为之崩"。"阤"指垮塌，而"崩"指崩裂；也反映出城角比其他部分更结实、更高。

　　在城墙外壁增筑突出的"马面"，则可以自侧面防御逼近城墙之敌。为了加强城门的防御功能，还可以在门口修建瓮城。马面和瓮城虽然在石峁遗址中已经出现，但要到汉代才较常见。内蒙古乌兰布和沙漠北部哈隆格乃山谷南口的西汉鸡鹿塞石城，提供了马面与瓮城相结合的实例。

　　也就在汉代，又出现了包砖的城墙。考古工作者在四川广汉东汉雒县遗址发现过一段砖城墙。《水经注·浊漳水》也说六朝时的"邺城表饰以砖"。用砖包砌城墙的前提是制砖业实力的增强。我国的砖在西周时已出现，起先只是些铺地的薄砖；当时怕它铺在地上会滑动，有的还在砖背四角做出四个陶榫。西汉时砖的种类增多，除铺地砖外，还有空心砖、异型砖、画像砖等；虽然其中若干类的艺术价值很高，但制砖业的主流是造出长、宽、厚之比接近 4∶2∶1，砌墙时便于组合搭接的条砖。这种砖问世后，其生产规模乃迅速扩大。辽宁辽阳三道壕西汉村落遗址中发现的砖窑，按当时的技术水平估算，每年约可生产条砖六十万块；郡县之大窑场的生产能力想必更为可观。条砖规格的定型和产量的

图 22-3　《清明上河图》中所见城门与城墙

增加，遂使用砖包城的想法有了实现的可能。尽管如此，唐代的都城长安仍然是一座夯土城。政治中枢大明宫宫城也是夯土墙，只在城门墩台和城角处用砖包砌。而唐代东都洛阳的宫城和皇城却内外均包以砖，显示出它的富庶繁华和地位的重要。五代时也有一些砖城，如王审知修筑的福州城，"外甃以砖，凡一千五百万片"（黄滔《黄御史公集》卷五）。宋代砖城渐多，扬州、楚州、广州和成都等地都修了砖城。但首都汴梁仍然是夯土城墙，也仍然只将门墩和城角包砖。《清明上河图》中将城墙和城门画得很清楚。不过由于北宋前期百年无战事，"垂髫之童，但习鼓舞；斑白之老，不识干戈"（《东京梦华录》）。城防废弛。特别是汴梁的内城（里城）"颓缺弗备"（《宋会要·方域》），故图中的夯土城墙变得像是杂树丛生的一道土坡（图22-3）。有些学者甚至认不出画的是城墙；说"城门不见连有城墙"（木田知生：《宋代开封与张择端〈清明上河图〉》，《史林》61卷5期；杨宽：《中国古代都城制度史研究》页342）。往后直到元代，大都城仍是夯土城墙，只是为了加固，在夯土中埋设了永定柱（竖柱）和绲木（横梁）。其北垣至今仍叫"土城"。但已发掘出来的大都和义门墩台则包砖，估计其整体的规格当与北宋汴梁的外罗城相近。可是大都的宫城据《辍耕录》所记已是"砖甃"。不过用砖包砌城墙，工程浩大，所费不赀，从它的开始出现到全面推广，经历了漫长的时间。明初修北京城时，也只在城墙外壁包砖，到了正统十年（1445年）才将城墙内壁包砖。至清代，县级以上的城墙多为砖表土心，只用夯土筑成的土围子已经很少见了。

　　早期之城规模较小，东周王城的周长不过12公里许。十万户以上的城，在唐代只有十多座；到了宋代，才增加到四十多座。都城的规模较大，但也互有出入。西汉长安周长25.1公里。唐长安为36.7公里。宋元的国势不如唐之隆盛，宋东京为29公里；元大都的周长与之相仿，为28公里。明初修的南京城却特别大，内城为33.4公里，外郭城达103.7公里，历代古城难以望其项背。

　　砖城在宋代虽仍处于推广的过程中，但城防的基本设施已然定型。宋代的《武经总要》绘有当时的城防示意图。从中可知城墙上砌有女墙，其上开有垛口和箭窗。城墙每隔一段距离则筑有凸出的马面，上

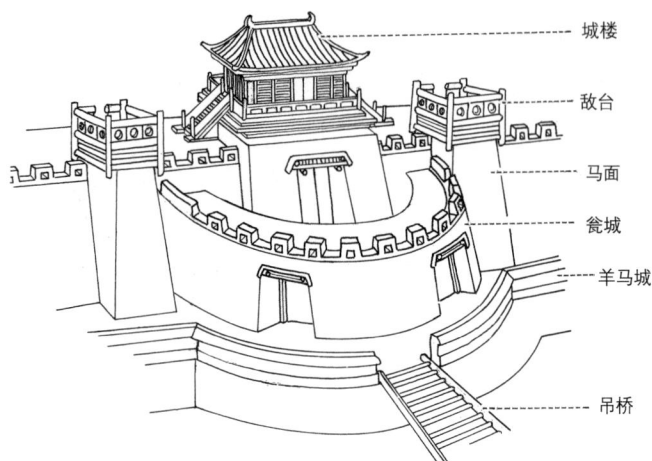

图 22-4 《武经总要》
中的城防示意图

设敌台，配置守城器械。城门上有城楼，城门外有瓮城。城墙之外、
城壕之内，还筑有高约五尺的小隔城，名羊马城；是城外居民抽进城
内时安顿羊马之所。再靠外则是护城河，其上还有吊桥（图 22-4）。这
些设施曾被长期沿袭。不过明南京城是一个特例。我国古代都城如唐
长安只有外城和内城（内城前部是皇城，后部是宫城）等两重城圈，
宋东京有外罗城、旧城、大内，共三重，元大都有外城、萧墙（也叫
红门拦马墙）、宫城，也是三重；而明南京却有外郭城、内城、皇城、
宫城，共四重。所用城砖，不仅有黏土烧制的，还有用瓷土烧制的，
成品为白色或灰白色，质量甚佳。或称之为瓷砖；这个叫法虽不尽准
确，但如果称之为炻砖，则可当之无愧。砖的体量也较大，单块重量
达 20 公斤。城墙的高度因地势而有别，最高之处达 24 米，平均高度
为 12 米。并且，南京城墙不设马面。马面是冷兵器时代为防御抵达城
下之敌所建，间距一般为 150 米左右，而弓箭的射程约 70 米，所以
两座马面上的守军可互相策应，左右夹击。但这时火器的使用已较广，
用射程更远的火器进行射击，马面反而成为障碍。南京城墙不设马面，
表明火炮的时代来临了。尤其和以往不同的是，从前的瓮城一般只建

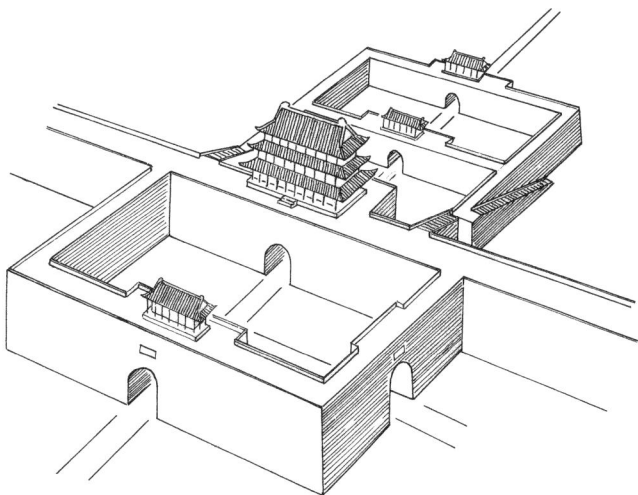

图 22-5　明代南京正阳门的复合型瓮城（仿杨国庆）

在城门外侧，是为外瓮城；南京城却不仅有外瓮城，还有内瓮城，通济、聚宝、清凉、三山等城门的内瓮城且不止一层。与皇城正门洪武门取直的内城正阳门，更设外瓮城一层、内瓮城两层，发展成复合式瓮城（图 22-5）。内瓮城的城墙内还辟有藏兵洞。攻城之敌如突入内瓮城，则可将城门关闭，伏兵冲出，聚而歼之。在明初，此城堪称虎踞龙蟠，固若金汤。只是随着火炮的使用，这类旧式城防工事逐渐落后于时代。

二、攻城

在古代，城不仅是政治中心，也是财富的聚集之处，所以成为争夺的重要目标。城的入口是城门。门一般为木制，闭门后用大木将门闩住。竖着闩门的木柱叫"植"，横的叫"关"。它们不仅粗硕，还用铜、铁箍加固。即《墨子·备城门》所说："门植、关必环锢，以锢金若铁镀之。"攻城时，城门首当其冲，故称攻城门曰"犯门斩关"（《左传·襄公二十三年》）。继而，攻打城门也可以简称为"门"，如

《左传·僖公二十八年》说："晋侯围曹，门焉，多死。"记载的就是一次攻打城门的战斗。城门既然常遭受攻击，乃成为防御的重点，同时对方也必然设法增强攻门的力度。在这种形势下，西周时发明了冲车。《诗·大雅·皇矣》："以尔钩援，与尔临冲，以伐崇墉。"毛传："冲，冲车也。"冲车是在车上安装大木杆，由多数士兵推车撞击城门。但这只是西周的情况，到东周以至西汉时，冲车的构造又有所改进。《墨子》中有讲"备冲"的篇章，惜已佚失。西汉时如《淮南子》高诱注称："冲车，大铁着其辕端，马被甲，车被兵，所以冲于敌城也。"因知这时的冲车已在前端装有铁制的撞角。由于撞角极具威力，所以后来冲车又名撞车。《新唐书·侯君集传》："贼婴城自守，遣谕之，不下。乃刊木塞堑，引撞车毁其堞。飞石如雨，所向无敢当，因拔其城。"在宋代的《武经总要》中载有"撞车"的图像（图 22-6）。

城门易守难攻，于是翻逾城墙又成为攻城的手段。早在西周时已出现了攻城之梯。上引《皇矣》中提到的"钩援"，就是顶端装钩可攀附住墙头以便战士登城的梯子。由于它很高大，也叫"云梯"。不过云梯不够灵便。《墨子·备梯》说："云梯者，重器也，其动移甚难。"唐代加以改进，出现了"车梯"。"以大木为床，下置六轮，上立双牙。牙有栝

图 22-6 《武经总要》中的撞车

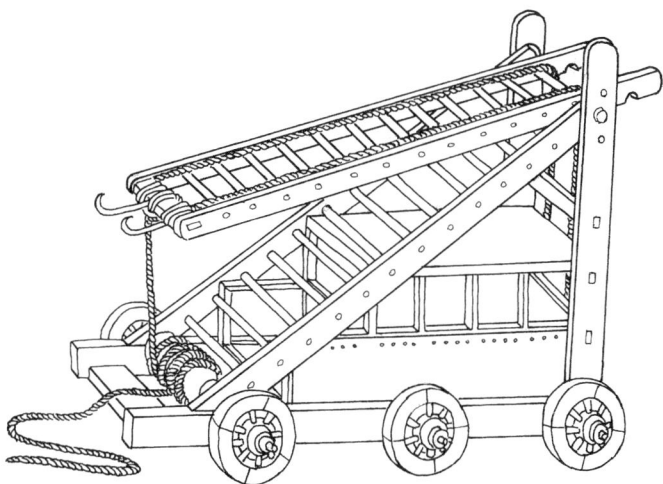

图 22-7 《武经总要》
中的车梯

梯,……飞于云间,以窥城中"(《通典》卷一六〇)(图 22-7)。南宋时,
车梯又改进成"对楼天桥"。《开禧德安守城录》说:"虏以步骑入景陵门,
布阵周密。有对楼天桥,高与城齐。桥上以木为过道,约广一丈,其长
倍之。"进攻的一方可从桥上越过城墙。还有一种就地取材、积弱成强
的战术是在城外堆土,使与城齐,以便攻城。即《墨子·备高临》所说"敌
人积土为高,以临吾城"的老办法。不过这时守城一方可"于城内薄筑,
长高于敌一丈以上,即自然制彼,无所施力"(《通典》卷一五二)。

无论用云梯、车梯或堆土成高台都极费周折。宋代攻城还有一条
捷径,即用床弩将一排"踏橛箭"射进对方的夯土城墙内,士兵可攀
缘箭杆迅速登城。不过这是一种出奇制胜的举措,用此法登城的人数
不可能太多;如城上有密集的守军,则有点孤注一掷了。

如果不从城上翻逾,还可以从城墙底下挖地道,早在先秦时已知
此法。《墨子·备穴》说:"敌人为穴而来,我亟使穴师选士,迎而穴之,
为之具内弩以应之。"即以穴制穴。《后汉书·袁绍传》说:"绍为地道
欲袭(曹)操,操辄于内为长堑以拒之。"《北周书·韦孝宽传》说,当
北齐攻打玉璧城时,于城南凿地道,"孝宽复掘长堑要其地道。仍饬战

士屯堑城外。每穿至堑，战士即擒杀之。"也就是《通典》说的："审知穴处，助凿迎之。"但如果不能"审知穴处"，不知道敌方挖洞之所在，还可以用"地听"侦察。这个方法也很古老。《墨子·备穴》中已经说："令陶者为瓮，容四十斗以上，固幎之以薄鞈革，置井中。使聪耳者伏瓮而听之，审知穴之所在，凿穴迎之。"唐·李靖《卫公兵法》也说："地听，于城内八方穿井，各深二丈，以新瓮用薄皮裹口如鼓，使聪耳者于井中伏瓮而听，则去城五百步内，悉知之审。"这是由于敌方发出的声浪会激发瓮体共振；它犹如用土法制造的声呐，简单而有效。

挖地道不仅用于穿过城墙，还可以用来破坏城墙。上引《韦孝宽传》说："于城四面穿地作二十一道，分为四路，于其中各施梁柱。作讫，以油灌柱，放火烧之。柱折，城并崩坏。"至唐代，李筌在《神机制敌太白阴经·攻城具》中仍说："凿地为道，行于城下，因攻其城，每一丈建柱以防崩陷。复积薪于间而烧之，柱折城崩。"简直就把韦孝宽的做法当作经典性的战例来看待了。

火药应用于战争后，穴攻发展成坑道爆破战术。1642年李自成攻打河南开封与襄城时，1644年张献忠攻打四川成都时，都曾使用过这种战术。一位佚名的目击者所写《纪事略》一书中，记下了1644年的情况。起义军先在成都北关外濠建立木排栅，以避矢石。然后"于排栅外暗挖地道，直透城脚下。浚穴丈余，穴内填火药无数，将穴口谨筑，中引药线出穴外"。进攻之前，将精锐部队埋伏在爆破地点附近。"听号一响，将穴外药线点着，穴内火药齐发。顷刻间城楼城墙一齐崩陷，砖瓦木石飞扬半天，响声震地，烟雾迷空。"张部遂乘势一举攻克成都。

上述攻城门、逾城墙、挖地道和坑道爆破等攻城之法，在有条件的情况下可以配合使用。但由于攻守双方面临的形势不断变化，故尚须指挥官适时作出判断。因为攻城之法实不一而足，仅《墨子》书中就举出了十二种："临、钩、冲、梯、堙、水、穴、突、空洞、蚁傅、轒辒、轩车。"其中如蚁傅法实际上是一种人海战术，其余诸种大致亦不外上文介绍的各类。至宋代，在《武经总要》中还出现了不少攻城器械，如桥车、巢车、饿鹘车、搭车、杷车、扬尘车、擂木飞梯等。然而由于缺乏实物资料和详明的战例相印证，其效能不是很清楚。比如明

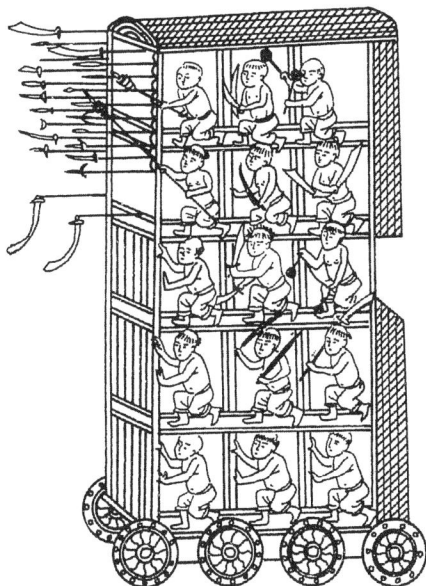

图 22-8 《武备志》中的吕公车

代出现的吕公车，分五层：底层士兵管推车，二层、三层士兵持械凿城墙，四层持兵器攻城，五层直扑城顶（图 22-8）。从图中看，如将这样一个庞然大物推到重兵把守的坚城之下，目标过分显著，守军会集中力量反击。明天启元年，奢崇明围攻成都时曾使用吕公车。《明史·朱燮元传》说："忽自林中大噪，（奢部）数千人拥物如舟，高丈许，长五十丈，楼数重，牛革蔽左右，置板如平地。一人披发仗剑，上戴羽旗。中数百人挟机弩毒矢。旁翼两云楼，曳以牛，俯瞰城中。"这辆吕公车虽来势汹汹，但过分笨重。守将朱燮元以巨砲"飞千钧石击之。又以大砲击牛，牛反走，败去。"奢崇明之吕公车的规模如此惊人，然而尚禁不起抛石机掷来的石弹。所以到了火炮称雄于战场的年代，这类攻守具便全都黯然失色了。

（原载《中国国家博物馆馆刊》2015 年第 10 期）

23 中国古代的平木工具

近几年，工具史的研究正在迅速开展。且不说农具、纺织机具等方面取得的重要成果，即以木工工具而论，发表的文章也不少，胜义纷陈，启迪良多。但由于这方面的史料未经系统整理，有些基本情况似尚待廓清。本文以平木工具为例，谈一点粗浅的看法。

以手工操作的平木工具，现代最常见的是刨。但刨在我国出现得相当晚。铜绿山矿井中从木质工具到矿井构件的制作，均无用锯的痕迹，更不用说用刨子了。考古工作者在湖北随州发掘曾侯乙墓时，发现"椁室所用的长条方木，全系用斧、斤、锛、凿加工而成，没有发现锯和刨的痕迹"[1]。郭宝钧先生在《山彪镇与琉璃阁》一书中也曾指出：琉璃阁第55号墓出土的方木表面有斫平痕，并非锯平或刨平的，足证大锯与刨子的使用远在战国时代之后。其说甚是。他所说的大锯，应指框架锯而言。虽然我国新石器时代的遗物中已有带锯齿的工具，商、周时的青铜锯也多次出土。至战国时，还发现了两端有孔的单刃锯条，这种锯条曾被认为是装在框架锯上使用的[2]；然而作出这一判断的证据不足。日本在4～5世纪中曾使用一种两端装短木柄的条形锯，这是根据出土时附着在锯上的木质残片推知的。我国上述锯条很可能也在两端装短柄。我国早期的锯有刀锯、夹背锯[3]和弓形锯。清宫旧藏的一幅《斵琴图》，描绘了制作七弦琴的过程。现存之图是宋或元人的摹本，或谓原作出于顾恺之笔。此说虽难以成为定论，但以之与《列女传图》、《女史箴图》等绘画相较，其中的服饰、器用与画风都相当接近，所以其底本产生的时代应较早。图中所绘木工工具有大锛、小锛、斧、夹背锯、刀、锉、凿、鐯和装锯条的弓形

图 23-1 《斲琴图》中的木工工具

1. 大锛
2. 小锛
3. 斧
4. 夹背锯
5. 弓形锯
6. 刀
7. 锉
8. 锄
9. 凿

锯，可谓相当齐备（图 23-1）。但其中却没有框架锯，不能开解大木。就目前所知，框架锯的形象最早出现在 12 世纪初的《清明上河图》中（图 23-2:1）。这件架锯的构造已相当完善，在工字形木架的一侧装锯条，另一侧装绷子（tensioning cord），中插摽棍（toggle stick），以便绞绳将锯条绷紧，与现代国内外通用的架锯基本上没有区别。以后在 12 世纪末至 13 世纪初的安西榆林窟第 3 窟西夏壁画、13 世纪 20 年代南宋·李嵩的三幅《货郎图》（台北故宫博物院、美国纽约大都会美术博物馆、加里夫兰美术博物馆各收藏一幅）中都能见到。不过榆林窟壁画与《货郎图》中的架锯未与木工一同出现。另一幅南宋小品《仕女图》中的箍木盆者，身旁的工具中也有架锯，表明架锯此时已为木工所习用（图 23-2:2）[4]。当然，架锯之实际使用的年代应比它反映到图画中的年代更早些。但究竟早到什么时候，能否早到唐代，均有待新材料加以证明。而当架锯在我国出现以前，由于缺少适合用于解大木的工具，所以在新石器时代已经发明的用楔开解木板的方法，遂被长期沿用[5]。这对于我国古代木工工具的形制与组合，产生了颇为深远的影响。

《诗·小雅·小弁》："伐木掎矣，析薪扡矣。"毛传："析薪者随其理。"晋·陆玑的《毛诗草木鸟兽虫鱼疏》一书中记述树木时，也强调

图 23-2　宋画中所见架锯

1. 北宋《清明上河图》中的造车者
2. 南宋《仕女图》中的箍木盆者

其木材的纹理是否平直；这是因为直理的木材容易开解，所以此项性质遂为观察者所强调。我国古代称解木为劂。《尔雅·释器》："木谓之劂。"郭璞注引《左传》（隐公十一年）："山有木，工则劂之。"《说文·刀部》："劂，判也。"又说："判，分也。"解释得很清楚。《诗·閟宫》："徂来之松，新甫之柏，是断是度，是寻是尺。"诗中的"度"字应为"劂"之省借（见清·马瑞辰《毛诗传笺通释》卷三一），孔疏释"度"为"度量"，不确。另外，解木也可以称为劙。《玉篇》卷一七："劙，解也（《广韵》作'解木也'）。"其籀文作劙。劙字可以简作劙。《广雅·释诂》："劙，裂也。"《释名·释兵》："矟，霍也，所中霍然即破裂也。"但要使木材霍然中分，必须沿一条直线多处加楔才成。这种楔子名镌，即《说文·金部》所说："镌，破木镌也。"四川绵竹西汉木板墓中的木板，表面不平整，有明显的撕裂痕迹。简报中认为它们"可能用楔子硬劈开的"[6]，正与以上的叙述相合。至于已截成小段的木材则可用斧劈开，称为析。《说文·木部》："析，破木也。"《诗·齐风·南山》："析薪如之何？匪斧不克。"析亦作枂。《论衡·量知篇》说："断木为枂，枂之为板，力加刮削，乃成奏牍。"或作片。《广韵》："片，半也，判也，析木也。"片也叫鈑。《方言》卷二："鈑，……裁也。梁、益之间裁木为器曰鈑。"《广雅·释诂》王念孙疏证："鈑之言劈。"正说明了其操作的情况。

　　劈裂而成的木材，表面起伏不平，给下一步的修整留下了相当大的加工量。这时首先须用斤将它大致砍平。亦即庾信《枯树赋》所称："平鳞铲甲，落角摧牙。"斤就是锛。《国语·齐语》韦昭注："斤形似钼而小。"钼即锄，其刃横；斤形似锄，则应指现代所说的锛，它和竖刃的斧有别。由于斤是古代木工的重要工具，故木工也被称为"执斲"。《左传·成公二年》："楚侵及阳桥，孟孙请往赂之以执斲、执针、织纴，皆百人。"杜预注："执斲，匠人。"杨伯峻注："指木工。"《说文·斤部》斲字徐铉注："斲器也，斤以斲之。"则执斲也就是执斤。在《释名·释用器》中，对用斤平木这道工序的叙述很得要领："斤，谨也。板广不得削，又有节，则用此斫之。所以详谨，令平灭斧迹也。"板材上的所谓"斧迹"，应当包括劈裂的痕迹在内。假如板材是锯成的，则锯口相对说来要平整得多，斤即锛的作用也就不会这么显著了。

　　劈裂的板材用锛平过之后，仍然不够光滑，下一步还要进行刮削，精工制作时并须加以磨砻。《释名·释用器》："鐁，鐁弥也。斤有高下之迹，以此鐁弥其上而平之也。"又《榖梁传·庄公二十四年》："礼：天子之桷，斫之砻之，加密石焉。"这最后一道打磨的工序用的是砺石，文献记载很明确。需要讨论的是刮削时用的是何种工具。

　　依《释名》之说，此刮削工具名鐁。《集韵》也说："鐁，平木器。"自春秋到金代的考古资料中，这种工具时隐时现，留下了一串断断续续的踪迹，但大体说来，发展线索是连得起来的（图23-3）。春秋时的鐁多为铜制，也有少量铁制的。战国以后则多为铁制，铜制的虽然有，但颇少见。早期的鐁比较短，一般长20厘米左右。前端有尖锋，有时这一部分还向上翘起。两侧有对称的刃。断面常呈弧形或人字形。后端平齐，可夹装木柄。河南信阳长台关楚墓及四川新都巴蜀墓所出之鐁，木柄尚存，反映出其完整的形制。战国鐁的出土地点南达两湖、两广，北抵山西长治、河北易县，远及朝鲜、日本，说明它是南北各地以至海东所通用的木工工具。研究者有称这种工具为刮刀或篾刀的[7]。但称之为刮刀尚可，称之为篾刀似不妥；因为目前尚未掌握将它用于竹工的确证，更难以将它定为专用的制篾工具。特别是在广西平

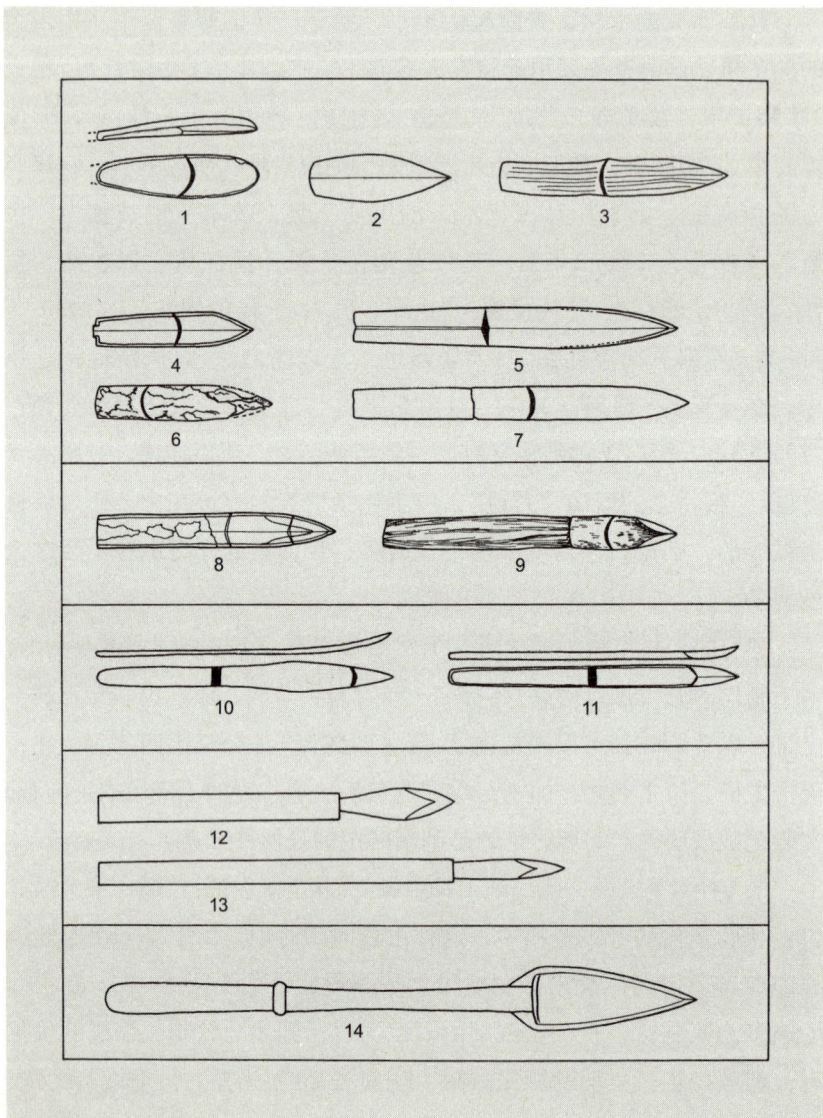

图 23-3　鐁（木工用的刮刀）

（1~3. 春秋　4~7. 战国　8、9. 汉　10、11. 日本古坟时代　12、13. 唐　14. 金。其中 1、2、4、8 为铜质，其余为铁质）

1. 河南光山黄君孟墓出土
2. 湖南资兴 307 号墓出土
3. 湖南常德德山 12 号墓出土
4. 山西长治分水岭 35 号墓出土
5. 河南信阳 1 号墓出土
6. 湖南古丈白鹤湾 32 号墓出土

7. 河北易县燕下都 44 号墓出土
8. 江苏涟水汉墓出土
9. 广东广州竹园岗 152 墓出土
10、11. 日本大阪府野中阿里山古坟出土
12、13. 日本奈良正仓院藏
14. 吉林窖藏出土

乐银山岭战国墓群中，锛经常和斤（报告中或称为凹口锄）及砺石同出。在湖北江陵望山 1 号墓中，锛也和斤、砺石同放在一个木箧内。这种组合关系，正代表了锛、刮、磨这三道互相连接的平木工序。

锛也可以称为削。《淮南子·本经》高诱注："削，两刃句刀也。"锛的形制正与其所状相合。但《考工记·筑氏》郑玄注又说削是"今之书刀"。其实，亦名书刀的削与亦名削的锛，是形制不同的两种器物。书刀是单刃的环首小刀，锛则是双刃，多装木柄的刮刀。锛之所以也被称作削，可能是据其功用而云然。《史记·秦始皇本纪》说："尧舜采椽不刮，茅茨不剪。"《潜夫论·浮侈篇》也说："后世以楸、梓、槐、柏、杶、樗（制棺椁），各取方土所出，胶漆所致。钉细腰，削除铲靡，不见际会。"这两处所说的刮削，均应指以锛刮平木板的工作。所以锛有时也被称为削。但是不是锛和书刀可以互相通用呢？试看信阳楚墓中的书写工具箱内，既有锛（报告中称为夹刻刀），又有作书刀用的环首削；广州麻鹰岗 1175 号西汉墓中的漆奁内，也放有锛、环首削及玉印等物[8]；可见二者的用途各别。这里的锛是治简的工具，即如《论衡》所称"力加刮削，乃成奏牍"时所用者；而不是像书刀那样，主要用于改正错字。《史记》和《潜夫论》都是汉代的文献，反映的是当时的看法，则汉代平木无疑亦用锛。不过汉墓出的锛比战国墓少得多，只在江苏涟水与广州等地的汉墓中发现过若干例[9]。这种现象可能与随葬风习的变化有关，并不意味着这种工具在汉代已被冷落或淘汰。

汉以后，我国已不见用锛作为随葬品。但在日本的墓葬中仍频频出土此物。如 4 世纪的大阪府和泉市黄金冢古坟，5 世纪的大阪府美陵町野中阿里山古坟、奈良市法华寺町大和 6 号坟、和歌山市大谷古坟、滋贺县栗太郡新开古坟等处，均出铁锛。其形制与上述我国出土物极为相近[10]。在日本奈良正仓院的藏品中，还有自我国传入的唐锛。这里的锛的头部已近柳叶形，在木柄和锛头之间还有一段铁茎。

再晚一些，在我国吉林市江南公社的金代窖藏中又发现了锛。这是一种全铁制的长锛，锛头呈柳叶形，以长铁茎连接铁柄，柄、茎之间有环状铁箍。其中一件头长 12、茎长 16.3、柄长 11.7 厘米，看起来有些像一支短矛[11]。这类锛不仅见于我国，同一时期在日本也通用。日本延庆二年（元至大二年，1309 年）绘制的《春日权现灵验记绘卷》中，画出了一系列木工操作的情况。其中不仅有用楔破木、用斤锛木，还有用长锛平木的场面；锛的使用方法在这里可以一目了然（图 23-4）[12]。日本学者以使用者的身长为比例，复原了图中的锛。复原件头长 12、茎长 27、柄长 10 厘米，无论形制和尺寸均与吉林金代锛十分接近（图 23-5）。又日本正德二年（清康熙五十一年，1712 年）成书的《倭汉三才图会》中称锛为"枪锛"，这个名称也很耐人寻味。《说文·金部》："鏇，鎗鏇也，从金，恩声。一曰大凿平木也。"《集韵》："鏇，《说文》：'鎗鏇也。'一曰大凿，一曰平木划。"可见所

图 23-4 《春日权现灵验记绘卷》中所见 14 世纪的日本木工
1. 用楔破木
2. 用斤锛木
3. 用锛平木

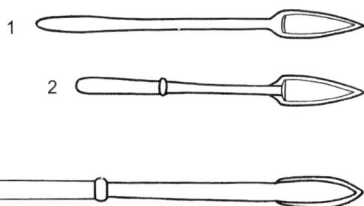

图 23-5 鐁
1、2. 金代的鐁，吉林窖藏出土
3. 据《春日权现灵验记绘卷》复原

谓鐿鏓和划乃是同类之物。日本古文献中多称鐁为鉇。日文やりがん
な的汉字既可作鐁，亦可作鉇。本来鉇是审母字，鐁是心母字，审心
准双声，固可通假。鉇亦作鏃。《方言》卷九："矛，吴扬、江淮、南
楚、五湖之间谓之鏃。"可见鉇原为矛之别名。晚期的鐁体加长，更与
矛相似。既然它也被称为枪鐁，那么过去在古兵器史研究中长期未能
解决的、为何早期称为矛的兵器晚期又称之为枪的疑问，也就找到解
答的线索了。这是由于，晚期的矛借用了枪鐁的名称，而又略去鐁字
之故。

　　《春日权现灵验记绘卷》的画风是很写实的，其细致的描绘增加了
我们对于古代木工生产状况的认识。但同时也反映出，直到 14 世纪
初，日本的木工工艺还比较保守。在这幅绘卷中出现的锯仍是刀锯，
仍沿用以楔解木的方法；而我国至迟在北宋时已有框架锯，已通用框
架锯解木了。《营造法式》卷二四"诸作功限"中所记"锯作解割功"
规定，每解檀木之类硬木五十尺，或榆木之类中等硬度的木材八十尺，
或较软之木材如杉木、桐木一百尺，才算一功。则这时用锯解木之功
官有定程，可见锯作技术已趋规范化。与之相应，平木工具也有了新
的进展，这在《清明上河图》中的平木铲上得到了反映。

　　在上述《清明上河图》中，过了虹桥不远，一处十字路口的东北
角上有一家制车的作坊，作坊门外的两位制车工中，有一人正跨坐在
长凳上用平木铲平木料。此铲为扁长条形，两侧有把手，很像现代磨
刀人用以"抢菜刀"的抢子。平木铲的刃口平直，铲木时横持之向下
推动，如同使用一把未装刨床的刨子。对于修整锯出的茬口来说，它
是比较适用的。以框架锯与平木铲相配套，比用古老的镑、斤、鐁，

操作既方便，效率也得以提高。不过，平木铲的出现应以架锯的使用为前提，因为在劈裂的、平木工作量很大的材料上，用平木铲反而不如使用斤和锄便当。而在此图中使用平木铲的工人面前，就放着那把我国已知之最早的完整的架锯。

但是在中古汉语中，平削木材叫刨。《玉篇》："刨，薄矛切，削也。"它本指一种动作，后来则将进行此动作的用具也叫刨。《广韵·去声三十六效》："刨，刨刀，治木器也。"从"刨刀"之名称看来，它仍呈刀状，或与平木铲相近。唐·李程《攻坚木赋》所写木工平木的情况是："钩绳定其规矩，斧斤飘其上下。剖劂罔辍，疾徐既工。铲鳞敠于理外，撼精粹于文中"[13]。其"铲鳞敠"之具仍然是铲。然而到了南宋，戴侗在《六书故》中说：刨"治木器，状如铲，拘之以木而推之，捷于铲。"它在平木铲上增加了新设施："拘之以木"。但此书中仍说刨"状如铲"，乃是指当时之刨的整体造型而言；既然整体尚如铲，当然不可能装刨床。问题是所拘之木如何与刨刀组合。由于缺少宋代之可资参考的图像，只能权作推测。《集韵》："拘，拥也。"故一种可供设想的方式是：将刨刀紧贴于角度适宜的木片上，用手压住，使用时连同刨刀一起推动，这样可以控制刨刃入木的深度，刨木的效果会得到某种程度的改善。另一种方式是在刨刃两端设插杆，将它插在一条木棒上。刨刀可以是直刃的，也可以是弧刃的，其所插之木棒也有直有曲，分别用于刨平面或刨弧面（图23-6）[14]。不过用这类方式"拘之以木"的刨仍未脱离铲的范畴，它其实是由旧式铲状刨刀发展到装刨床之推刨的过渡状态。

再晚一步推刨就出现了。2010年在山东菏泽元代沉船中出土了一只刨子，为我国迄今已知之最早的实例。文献记载中最早见于明·张自烈的《正字通》："刨，正木器。铁刃状如铲，衔木匣中，不令转动。木匣有孔，旁两小柄，以手反复推之，木片从孔出，用捷于

图 23-6　对无刨床的刮刨之形制的设想

铲。"《正字通》遣词很有分寸，它说"铁刃状如铲"，而不是刨"状如铲"，表明其结构已与前大不相同。至于它说的"木匡"，则无疑指刨床。明·宋应星的《天工开物·锤锻篇》也说："凡刨，磨砺嵌钢寸铁，露刃秒忽，斜出木口之面，所以平木。"明万历刊本《鲁班经匠家镜》一书中有使用刨子的图像（图 23-7）。则此物至明代已是木工通用的工具。

刨子出现以后，很快就发展出多种类型。如《天工开物》中已记有制桶用的圆刨、起线刨，以及"刮木使极光者……一木之上，衔十余小刀，如蜈蚣之足"

图 23-7　明万历刊本《鲁班经匠家镜》中的用刨者

的蜈蚣刨。值得注意的是，平木工具在明代的巨大变革，与明式硬木家具生产的高潮几乎是同步出现的。二者之间互为因果、互相促进的关系，值得详加研讨。

不过，还应当看到，架锯和刨在欧洲开始使用的时代远比我国为早。公元 1 世纪的罗马玻璃器上所绘的木工，已经在使用这两种工具了（图 23-8:1、2）。罗马遗物中还有用铁作刨床的刨子（图 23-8:3）。在中世纪的欧洲，它们一直被互相配合地沿用下来（图 23-9）[15]。欧洲的架锯与我国的同类之物是如此地肖似，很难认为前者对后者没有影响。但可怪的是，架锯和刨子在我国并不是同时产生的，它们出现的时间至少相隔 3 个世纪。这就又使传入说在解释上增加了困难。很难设想，两种互相配合的工具如均自外部传入，在时间上会如此参差。何况西方刨子上的手柄是前后顺装的，推刨时木工的两手一前一后。而我国刨子上"旁两小柄"，横装于两侧，推刨时

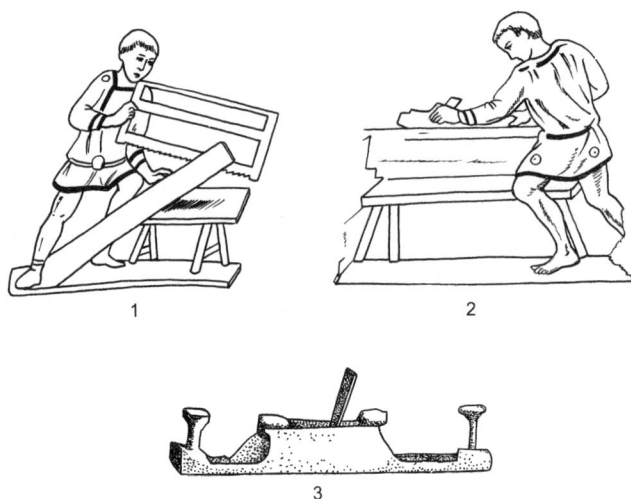

图 23-8　罗马的架锯与推刨
1、2. 用锯与用刨的木工，1 世纪玻璃瓶画
3. 罗马铁刨

图 23-9　威尼斯圣马可大教堂门廊镶嵌画中所见 13 世纪的欧洲木工

两手一左一右，姿势亦与西方有别。显然，刨上横装手柄应是接受了自平木铲沿袭下来的传统，欧洲不曾有过以平木铲为主要平木工具的阶段，所以在那里没有横装手柄的古刨。而在我国，却又不存在顺装手柄的古刨。那么，刨子有没有可能是我国木工在平木铲的基础上的独立发明，而就世界范围而言，则是重复的、殊途同归的创造呢？关于这个问题还需要继续搜集证据，以便作出进一步的分析和判断。

（原载《文物》1987 年第 10 期，

收入本集时作了补充）

注释

[1]　铜绿山考古发掘队：《湖北铜绿山春秋战国古矿井遗址发掘简报》，《文物》1975 年第 2 期。湖北省博物馆：《曾侯乙墓》上册，页 12，文物出版社，1989 年。

[2]　四川省博物馆所藏战国单刃锯条，一端有小方孔，另一端残断。残长 20.9、宽 2.3 厘米。陈振中：《殷周的青铜器》(《考古》1984 年第 1 期) 认为："它可能用两端的孔固定在工字形木架上使用，类似今日木工所用的架锯。"云翔：《试论中国古代的锯（上）》(《考古与文物》1986 年第 3 期) 则认为："这种锯的框架可以像近代框锯（即架锯）那样为工字形，也有可能是弓背形框架，其结构形式如同今日钢丝锯之框架。"

[3]　汉代刀锯如出土于湖南长沙金塘坡 1 号墓者，见《考古》1979 年第 5 期。汉代夹背锯如出土于四川涪陵黄溪土坑墓者，锯背上尚留有嵌夹木质材料的痕迹，见《考古》1984 年第 4 期。

[4]　石村真一：《桶·樽》卷 2，页 92，东京法政大学出版局，1997 年。《仕女图》籍盆部分之晚明摹本今藏台北故宫博物院，图上有（元）盛懋伪款。

[5]　我国新石器时代以楔解木之法，已由杨鸿勋先生研究解决，见其论文《石斧石楔辨——兼及石锛与石扁铲》，《考古与文物》1982 年第 1 期；《论石楔及石扁铲——新石器时代考古中被误解了的重要工具》，《文物与考古论集》，文物出版社，1986 年。

[6]　四川省博物馆、绵竹县文化馆：《四川绵竹县西汉木板墓发掘简报》，《考古》1983 年第 4 期。

[7]　关于这种工具的性质的主要论述，见蒋廷瑜：《从银山岭战国墓看西瓯》，《考古》1980 年第 2 期；丰州：《考古札记（三）·九》，《考古与文物》1983 年第 5 期。

[8]　见《信阳楚墓》页 64—67，文物出版社，1986 年。《广州汉墓》上册，页 163，文物出版社，1981 年。

[9]　涟水出土者，见南京博物院：《江苏涟水三里墩西汉墓》，《考古》1973 年第 2 期。广州出土者，见注 [5] 所揭后一文。

［10］ 见村松贞次郎：《大工道具の歴史》，东京岩波书店，1973年。吉川金次：《斧·凿·刨》，东京法政大学出版局，1984年。

［11］ 吉林市博物馆：《吉林市郊发现的金代窖藏文物》，《文物》1982年第1期。

［12］ 见涩泽敬三：《繪卷物による日本常民生活繪引》图版602—606，东京平凡社，1984年。

［13］ 《文苑英华》卷一〇一。

［14］ 石村真一：《桶·樽》卷2，页130—133。

［15］ 见 C. Aldred, Furniture: To the End of the Roman Empire 及 R. H. G. Thomson, The Medieval Artisan，均载 A History of Technology, Oxford, 1956。

24　托克托日晷

　　此晷于清光绪二十三年（1897 年）在内蒙古托克托出土，是现存唯一可靠而完整的汉代日晷，收藏于中国国家博物馆（图 24-1）。晷体用方形致密泥质大理石制成，因石质细腻，过去曾称之为"玉盘日晷"。其边长为 27.4、厚 3.5 厘米。晷面中央为一圆孔，直径 1 厘米，不穿透，深约 1.2 厘米。以中央孔为心刻出两个圆周和一个大圆弧。在内圆与外圆之间刻有 69 条辐射线，占去圆面的大部分，而余其一面未刻。辐射线与外圆的交点上钻小孔，小孔与大圆弧间系以 1—69 的数字，字体为谨严的汉篆，故此晷当为汉器。这些辐射线间的夹角相等，补足时可等分圆周为 100 份。另外，在两圆之间刻有一正方形，在此正方形之外还刻有所谓 TLV 纹，但都粗率而不规整，且掩去了部分数字，与上述圆周及辐射线当非一次所刻。

　　同类型的日晷在周进《居贞草堂汉晋石影》一书中还著录了一件，山西右玉出土，仅存一小角残石，保留了圆周外缘上 35—38 等四个完整的小孔及其数字铭文，和四条辐射线的一小段。复原后，晷面刻纹应与托克托晷相近。此外，还有据说是 1932 年在洛阳金村出土的一件（图 24-2），现为加拿大安大略皇家博物馆收藏。此晷晷面刻纹与托克托晷极相似，由于以前未发表其拓片，而从小尺寸的照片和摹本上又不易对其细节作出进一步的判断，所以一向被认为是一件重要的古文物。现在有条件根据原拓片考察，其刻文之字形虽与托克托晷相仿佛，但神气枯槁，书体呆滞[1]。而且晷面外缘的大圆弧是刻数字时所加辅助线，本非日晷刻度中必须具备者；但此晷上不但也有这条辅助线，而且其起讫部位也与托克托晷一致。在这类日晷上，周度以外的

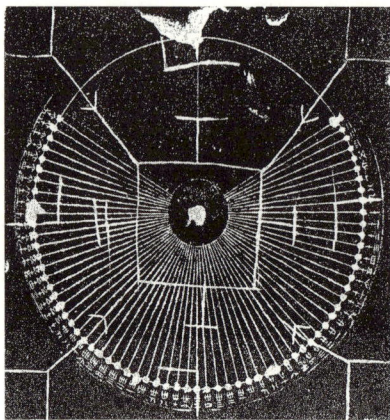

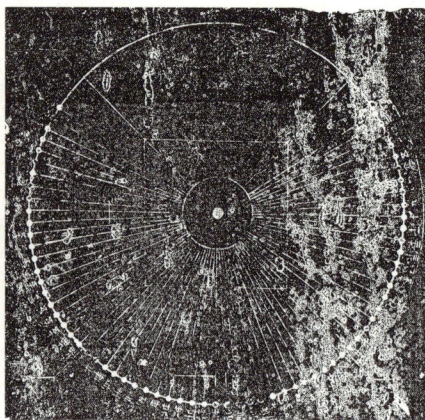

图 24-1　托克托日晷拓本　　　　　　　　　图 24-2　加拿大安大略皇家博物馆藏日晷拓片

空余部分本与观测无关；也就是说，方形晷面的大小本无严格之规定。托克托晷晷面为 27.4 厘米见方，汉尺每尺约合 23.1 厘米，27.4 厘米在汉代不是尺寸的整数；但安大略晷晷面的一侧却也是 27.4 厘米，仅另一侧稍长，为 28.1 厘米。甚至圆周上所钻小孔之孔径，托克托晷为 0.4 厘米左右，安大略晷也大致相同。这两项如此接近的数字，出现在不同时间、地点之不同匠师的制品上，是有点不大好解释的。更奇特的现象是，笔者曾将两种拓片重叠透光观察，发现有些文字的轮廓竟能基本重合（图 24-3）。因此，这件日晷可能是根据前者翻刻而成；因为如果不是刻意摹仿，此种现象将无法解释。尽管对其真伪目前尚存歧说，但由于安大略晷与托克托晷的格式并无二致；所以若干就安大略晷作出的论述，在研究托克托晷时亦可参稽。

　　日晷的定名，目前还存在着不同的意见。古文献中常将日晷单称为晷。《说文》："晷，日景也。"晷的本义是日影，进而测日影之器也称为晷。但测影之晷有两种：一种是表，《汉书·天文志》说："夏至至于东井，北近极，故晷短；立八尺之表，而晷景长尺五寸八分。"其所谓晷景即表影。另一种是通常所说的日晷，因为日晷盘面上刻有周度，所以《释名·释天》说："晷，规也，如规画也。"古文献中同一晷字而所指不同，引用时须加以区别。不过汉代已有"日晷"一词。《汉

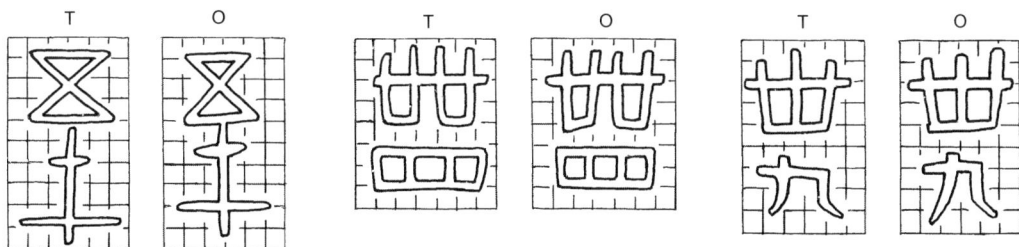

图 24-3 托克托日晷（T）与安大略皇家博物馆藏日晷（O）上部分刻文之比较。用相同的比例摹写；可以看出，其位置、尺寸、书体均极为一致

书·艺文志》中所载《太岁谋日晷》、《日晷书》等书目中的日晷，可能就是指后一种晷而言。因此这里也将托克托等地所出者定名为日晷，以免混同于测影之表。

不同意将这种器物定名为日晷的学者，主要是陈梦家和李鉴澄，他们都根据《汉书·律历志》中"议造汉历：乃定东西，立晷仪，下漏刻，以追二十八宿相距于四方，举终以定朔晦分至，躔离弦望"的记载，认为它应称作"晷仪"[2]。但此处之"晷仪"实指日晷与浑仪。《续汉书·律历志》称"孝章皇帝历度审正，图仪晷漏，与天相应"。图、仪、晷、漏，即星图[3]、浑仪、日晷和漏刻。且《续汉书》同《志》又说："日道周（圆），不可计率分，当据仪度，下参晷景。"仪、晷被分别称为"仪度"、"晷景"，寓意尤明。至于以为日晷即其所谓"晷仪"还可以简称为"仪"，而将《续汉书·律历志》"历数之生也，乃立仪、表，以校日景"一语中的仪、表解释为"仪指晷仪，表指圭表"之说，则更有可商[4]。按清·李锐《李氏遗书·四分术注》中已指出："仪谓浑仪，表谓圭表。"《续汉书·律历志》中还说过："黄道去极，日景之生，据仪、表也。"而黄道去极度在该《志》中给出了相当精密的数据，固应用浑仪测定。徐振韬先生在研究了新出土的帛书《五星占》以后，认为至迟在秦始皇元年以前，我国已有较高精度的"先秦浑仪"，并推测上引《汉书》"立晷仪，下漏刻"中之仪，"最可能就是用落下闳的浑仪进行测量的"[5]。他的意见很值得重视。

汉代日晷是怎样使用的呢？这首先要从它的装置情况谈起。在这方面有两种意见：一种认为它是斜置的赤道日晷，晷面与地平面之间有一个相当于当地余纬度（$90° - \phi$）的夹角。这样，晷面中央孔所立之表便直指北极，自表影可以测出当地的真太阳时。最早主张此说者为清末的汤金铸和日人和田雄治[6]。但如果认为汉代日晷是这样装置的，却有几点难以解释之处。一、汉日晷底座部分并无适应斜置的结构。形制与汉日晷相接近的汉代式盘、占盘、圆仪等器物，传世与发掘出土者累计已达八件，它们都是平置的；所以汉日晷似亦应平置[7]。二、汉日晷面大圆周围钻小孔以立游仪，而赤道日晷则无此必要。并由于太阳的直射点在秋分以后移至地球赤道以南，所以赤道日晷秋分以后还要观测底面指南极的表影。但汉日晷底面无刻度，立中央表之孔亦不穿透，与一般赤道日晷的构造不同。如果说汉日晷在秋分后调转方向使用，亦极不便。三、赤道日晷在我国发明得比较晚。隋开皇十四年（549 年）袁充发明的"短影平仪"也是一种地平日晷。南宋初年曾敏行所著《独醒杂志》中才提到曾瞻民发明的赤道日晷[8]。故汉代似不可能出现这种日晷。因而，另一种意见，即认为汉日晷系平置之说，自清末周晓提出后，遂得到马伯乐、陈梦家、李鉴澄等人的赞同[9]。看来这种说法比较切合实际。

由于对日晷装置状况的认识不同，所以对其用途的看法也有分歧。汤金铸的测地方真太阳时之说，曾被刘复、怀履光和米利曼等人加以发挥，他们并设计出不同形制的中央表和游仪，使之不仅能测出时刻而且兼能测定节气[10]。但由于汉代本无赤道日晷，他们的推测建立在并不存在的前提之上，故其说难中肯綮。他们其实是对这类日晷进行改装，而不是加以复原。

但在主张平置的学者中，对其用途也还有不同的说法。周晓认为这种晷不能测时，但可以"逐时以验晷"。马伯乐认为它在汉代主要用以测量日出、日入时的平经，从而计算出当日的白昼长度，使掌漏壶的人员据以调整昼夜漏刻，确定换箭日期。陈梦家也认为它是用以校定漏刻的。然而最近李鉴澄却认为它只是"用以测定方向的仪器"。虽然，在安置浑仪、日晷等器物时，必须先将方位摆正，但它们并不经常移动，无须频频测定其方向。而且我国古代在发现磁北之前，早已能利用圭表据日出、入时的方位或照准北极星测出真北，可以满足上述需要。所以认为日晷系用于测定方向之说，实难令人信服。况且晷面大圆划分为 100 度，而不是适用于测量的 $365\frac{1}{4}$ 度，如依李说此器用以测定方向，这一点也不好解释。

晷面的 100 度和漏刻的一日百刻恰相一致，当非偶然巧合。桓谭《新论·杂事》说：漏刻"昼日参以晷景，暮夜参以星宿，则得其正"。《续汉书·律历志》说："漏所以节时分……当据仪度，下参晷景，……以晷景为刻，少所违失。"《隋书·天文志》也说："揆日晷，下漏刻，此二者测天地正仪象之本也。"可见日晷本是漏刻的校准器。当未采用日晷之前，漏刻可以用表影来校。《史记·司马穰苴列传》："穰苴先驰至军，立表下漏待贾。……日中而贾不至，穰苴则仆表决漏。"甚至到了三国时，还有沿用这种做法的。《吴录》："关羽将降，孙权问（吴）范，范曰：'期明日中。'权立表下漏以待之"（《艺文类聚》卷六八引）。都是用圭表测日中以校漏。而且日晷不仅可以测出日中，还可以用它测日出、入时的方位角。《周髀算经》说："置以定，乃复置周度之中央立正表。以冬至、夏至之日，以望日始出也。立一游仪于

图 24-4 托克托日晷的使用

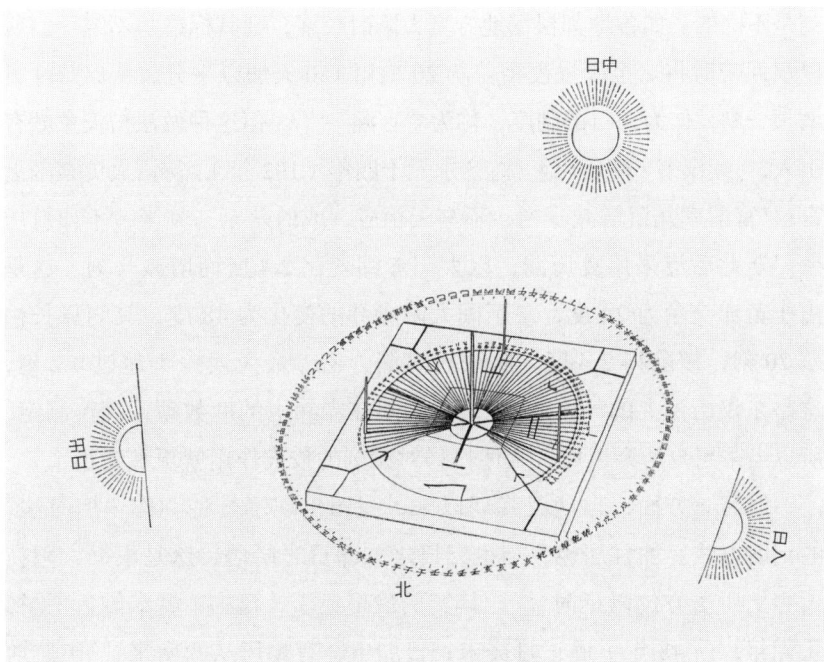

度上,以望中央表之晷。晷参正则日所出之宿度。"所记即用日晷测影时的工作情况。与实际稍有出入的是,测影时当自中央表通过游仪照准太阳;而且不仅冬、夏至,任何一天用日晷测出的日出、入间的夹角的度数(亦即刻数),加上晨昏蒙影各 2.5 刻,即为这天昼长之刻[11]。百刻减去此数值即为夜长之刻(图 24-4)。所以,漏刻分为昼漏和夜漏两部分。又由于漏壶[12]起漏以后,其流速的快慢可以用日晷测日中或用浑仪测中星求出夜半加以校准,所以昼漏和夜漏又各分为两段,前一段称昼(或夜)漏上水或上,后一段称昼(或夜)漏未尽或下。漏所用之箭的刻度不同,换箭日期应据日晷测出的结果而定。周晓、马伯乐、陈梦家等人对日晷用途的看法是对的,只不过它不能"逐时"进行检验,而只能测出昼、夜漏刻数和在日中时校准漏壶的流速而已[13]。至于晷面之所以只刻出 69 条线共 68 度者,是因为夏至最长的昼漏是 65 刻,故日晷标至 68 度,已足敷测影之用。而日晷在周度上钻小孔立游仪,这是因为每天白昼的刻数不能在日出时直接读出,所以须插上标记,俟测出日入方位后再进行计算。

可是由于我国幅员辽阔,在不同的地理纬度上所测的太阳出入时刻是不同的。如各地都根据地方真太阳时校漏,则其标准将不统一。所以汉武帝时将二至间昼夜相差的 20 刻用 180 天加以平分,得出每 9 日增损一刻,作为通行的制度,称为"官漏"[14]。但这种做法与天象颇有出入,《续汉书·律历志》称:"永元十四年(102 年),待诏太史霍融上言:'官漏率九日增减一刻,不与天相应,或时差至二刻半,不如夏历密。'"此后遂采用夏历漏,以太阳赤纬变化 2.4 度而增减一刻。这是由于黄赤交角为 24 度,二至间太阳赤纬的变化为 48 度,其间昼长相差 20 刻,相除得 2.4 度。此法较官漏为密,最大误差不超过 0.2 刻,这是东汉历法上的一大成就[15]。太阳在赤纬上的度数须用浑仪测定,所以当采用夏历漏以后,上述日晷对漏刻的校准作用就更被缩小了。

但另一方面,自西汉晚期以来,我国出现了一种称作"加时法"的记时方法。加犹居也,当也,日之加即日之所居,这是根据太阳在天穹上所居方位以记时[16]。其实例最早见于《汉书·翼奉传》:"(初元元年,前 48 年)酒正月癸未,日加申,有暴风从西南来。"申属地支，但由于西汉初年我国已出现标以二十四方位的式盘，同时古文献所记日之所加，除以十二支标出的方位外，还有以八干和乾、坤、巽、艮等四维标出的方位。如《周髀算经》："故冬至徙坎阳，在子，日出巽而入坤。"《隋书·律历志》："（武平七年）至日食，乃于卯甲之间。"故加时法自其初始大约用的就是二十四方位。文献中甚至有直接用式盘测加时的记载，《汉书·王莽传》："天文郎按栻于前，日时加某，莽旋席随斗而坐。"但也有用日晷测加时的，因为日晷有照准太阳的装置，测加时应较式盘为便。《续汉书·五行志》注引袁宏《纪》："（初平四年正月甲寅日食）未蚀八刻，太史令王立奏曰：'日晷过度，无有变也。'"所谓日晷过度，指此时日晷所测之加时已超过预测日蚀时所定之加时，可证。但现存汉代日晷都只标数字，未标方位，所以有人怀疑日晷不能作此用途。然而在宋监本《尚书》卷首所载"日永日短之图"中画出了一个日晷的图形（图 24-5），此晷周度平分为百刻，标出二十四方位的名称，每一方位占四刻，而于东北、西南、西北、东南四对角处各标"维"字。鉴于十二时辰记时法至宋代通行已久，所以这个日晷标出的名称并非当时的制度，很可能是早期晷盘形制的遗留。测加时之晷的晷面标记，应和它相接近。更值得注意的是，这个

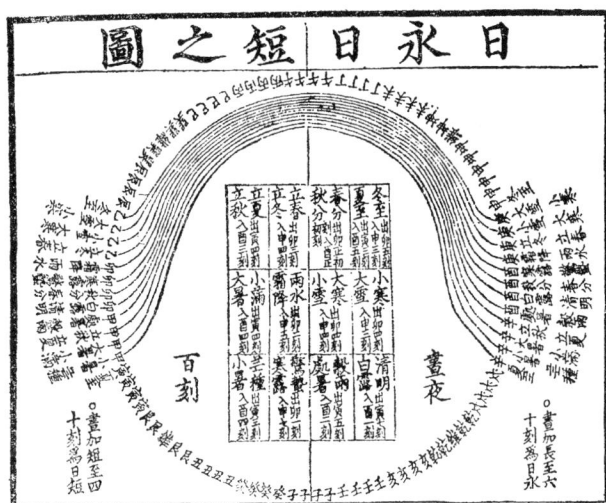

图 24-5　宋监本《尚书》卷首所载"日永日短之图"

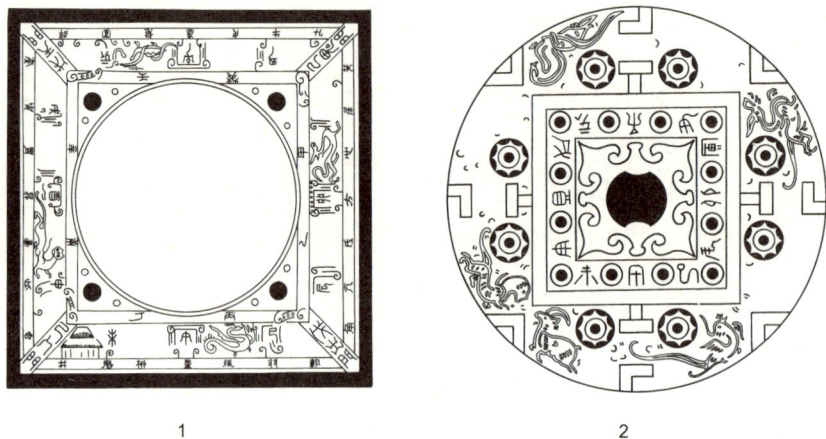

1　　　　　　　　　　　　2

暴面上标出独立的四维，并未将它们包括在乾、坤、巽、艮四个方位之内。拿它同《晋书·律历志》"（魏黄初）三年十一月二十九日庚申，加时西南维日食"的记载相对照，则《晋书》不记作时加坤日食，而特别标明加西南维，是否意味着其所用之日暴之形制，类似宋监本《尚书》所载的图样呢？这个问题很耐人寻味。

　　最后，再谈一下TLV纹的问题，这种几何图案不仅见于日暴，而且也见于规矩镜和六博局。在汉代的式盘上，虽然没有明确地标出TLV纹，但却包蕴着这种图案的意匠。其实，如中国国家博物馆所藏汉铜式地盘的图案，与规矩四神镜就相当接近。它们都按照祭祀五帝时的坛位，将青龙、朱雀、白虎、玄武安排在寅、巳、申、亥四方，在代表中央土的未方，规矩镜一般安排中央土之灵兽麒麟[17]；铜地盘则在这里铸出明堂，而明堂也正是代表地中的，可见两者是何等接近（图24-6）[18]。式盘的四角为四维，这是主张盖天说的天文学家从系车盖的四维或系表柱之八引中的四维联想出来的。《周礼·春官·冯相氏》贾公彦疏："按《易纬·通卦验》云：'冬至日，置八神，树八尺之表。'注：'神，读如引。言八引者，树杙于地，四维四中引绳以正之。'"《淮南子·坠形》说："九州之外，乃有八殥。""八殥之外，而有八纮。"高诱注：

图24-6　汉代占栻的地盘与规矩镜（皆将主纹之外的纹饰略去，显示出二者的构图是相通的）
1. 铜地盘，中国国家博物馆藏
2. 规矩镜之内区的图案，洛阳烧沟1023号墓出土

"纮，维也。维落天地而为之表，故曰纮也。"又《原道训》高诱注："纮，纲也，若小车盖四维谓之纮绳之类也。"古人设想天地的四面八方均有纮绳维系牵引之，TLV 纹即代表这些系引物。四角的 V 纹正作钩形。《淮南子·天文》说："太阴在四钩。"高诱注："丑钩辰，申钩巳，寅钩亥，未钩戌，谓太阴在四角。"所状正与之相合。式盘上子午、卯酉二绳之四端为四仲，故四组 TL 纹应即四仲[19]。它之所以呈 TL 状，或系代表系引天地的纮绳上之衔橛。《鹖冠子·道端篇》所谓："钩绳相布，衔橛相制。"看来正是在描述这套系引物。不过，现实中测算、度量所用的权衡规矩绳等，有时也被神化，被赋予阴阳五行的象征意义。如《汉书·律历志》说："大阴者，北方。……故为权也。""大阳者，南方。……故为衡也。""少阴者，西方。……故为矩也。""少阳者，东方。……故为规也。""中央者，阴阳之内，四方之中，经纬通达，……故为绳也。""五则揆物，有轻重圜方平直阴阳之义，四方四时之体，五常五行之象。"所以那套幻想的系引天地之物，乃以规矩钩绳的形象出现。比如占式的图案就被描述为"规矩相辅，副以权衡"（《史记·龟策列传》）。这是因为它们均植根于同一种观念，即阴阳家所谓"四时八位十二度"之术，其表现形式也不能脱离开由它派生出来的这套图形框架之故[20]。占式图案的主旨是"法天地，象四时"[21]，镜铭也宣称其图案"法象天地，如日月之光"[22]；可见它们的主题思想都是法天，由四维和规矩衔橛等组成了一幅象征天宇的图案。规矩四神镜上还将五灵和羽人、辟邪、蟾蜍等充实于其间，将这种神秘的宇宙模式形象地展现出来。而行棋原则为"则天地之运动，法阴阳之消息"的六博，也要在博局上画上它[23]。"知天"的占式上既包含着这种意匠，而测天的日晷更把它作为重要的标志。托克托日晷初制时，可能未刻上 TLV 纹；但在一般汉代人看来，日晷似乎不可缺少这种纹样，所以后来又补刻上去。这也就是为什么此晷之规度与 TLV 纹的刻工之工拙程度不一致的原因。

不过，由于近年新发现的规矩镜铭中有"刻具博局去不羊"、"刻治六博中兼方"等语，故有学者认为 TLV 纹实为博局纹，主张将规矩镜改称博局镜[24]。李学勤先生曾就此提问："铜镜上为什么要有博局的图案呢？博局怎么会和代表天上星宿的四神结合在一起呢？博局说尚未能回答。"后来李先生又根据江苏东海尹湾 6 号汉墓出土木牍《博局占》上端标出"南方"的例子指出："《博局占》的'南方'字样标识着图形的宇宙论性质，因为单纯作为游戏的六博本身是不需要固定方位的。"[25] 笔者赞同这一论点。因为在这里，宇宙观是源，占栻和铜镜上的 TLV 纹作为其图解，则是流。将 TLV 纹移植于博局；利用阴阳五行四时观念投影在栻盘上而形成的相生、相克、生门、死门等说法，以设置六博行棋的规则，更是衍生出来的末流了。故 TLV 纹仍宜称规矩纹；镜铭中的"博局"云云，恐不过是市井俗谚中的诨名而已。

（原载《中国历史博物馆馆刊》第 3 期，1981 年）

注释

［1］　此拓片系史树青先生藏。

［2］　陈梦家：《汉简年历表叙》，《考古学报》1965 年第 2 期。李鉴澄《晷仪——我国现存最古老的天文仪器之一》，《科技史文集》第 1 辑，1978 年。

［3］　《汉书·天文志》："凡天文在图籍，昭昭可知者，经星常宿中外官凡百一十八名，积数七百八十三星。"则汉代已有正式的星图，归专司观测星象的官员"典星"掌管。

［4］　见注［2］所揭李文。

［5］　徐振韬：《从帛书"五星占"看"先秦浑仪"的创制》，载《中国天文学史文集》，1978 年。

［6］　汤说见端方：《匋斋藏石记》卷一，1909 年。和田说见《秦时代の日晷仪》，日本《天文月报》1 卷 8 号，1908 年。

［7］　汉代式盘已发现者有：中国国家博物馆藏铜式地盘，故宫博物院藏象牙式天盘，乐浪彩箧冢出土式天盘，乐浪王盱墓出土式，安徽阜阳汝阴侯墓出土式，甘肃武威磨嘴子 62 号墓出土式，凡六件。占盘与圆仪在汝阴侯墓各发现一件。以上共计八件。

［8］　这一点李鉴澄曾加以论述，见注［2］所揭李文。

［9］　周说亦见端方：《匋斋藏石记》卷一。马伯乐（H. Maspero）说见 Les Instruments Astronomiqus des Chinois au Temps des Han，载 *Mélanges Chinois et bouddhiques*，卷 6，1938～1939。陈说与李说见注［2］所揭文。

［10］　刘复：《西汉时代的日晷》，北京大学《国学季刊》3 卷 4 期，1932 年。W. C. White & P. M. Millman, An Ancient Chinese Sundial，载 *Journal of the Royal Astronomical Society of*

Canada，32 卷 9 期，1938 年。

［11］晨昏蒙影各 2.5 刻的数值，见《汉旧仪》（孙星衍校辑本），亦可从后汉四分历所载昼夜漏刻表中推得。但《文选·新漏刻铭》注引《五经要义》云："日入后漏三刻为昏，日出前漏三刻为明。"但汉代是否曾实行此制，尚未能确证。

［12］汉代铜漏皆为直腹筒状器，应定名为漏厄，见王振铎：《西汉计时器"铜漏"的发现及其有关问题》，载《中国历史博物馆馆刊》总 2 期，1980 年。但由于《续汉书·律历志》中有"孔壶为漏"的说法，则漏壶为世之通称。

［13］托克托晷虽然可以定名为日晷，又是水平放置的，但与现代所称之"地平日晷"的作用与构造不同。后者的晷针和盘面斜交，时线间距也不相等，均与托克托晷有别。

［14］据《隋书·天文志》。

［15］薮内清：《中国の天文暦法》页 43，东京平凡社，1969 年。

［16］《孟子·公孙丑》："夫子加齐之卿相。"赵注："加犹居也。"《老子》："抗兵相加。"王注："加，当也。"

［17］汉代祭祀五帝时，坛位须"各如其方"。参看拙稿《几种汉代的图案纹饰》，《文物》1982 年第 3 期。以麒麟为代表中央土之灵兽之记载，见王莽：《大诰》（载《汉书·翟方进传》）、《礼纬·稽命征》（《御览》卷八七三引）、许慎：《五经异义》、蔡邕：《月令章句》等处。

［18］明堂为五方之中的象征，亦为地的中心。《大汉原陵秘葬经》（《永乐大典》卷八一九九，陵字韵内所收）中"标祸福在明堂之内图"即以明堂代表地心。宋·王珠《地理新书》卷一四，"祭坛位置"节亦言"地心为明堂"。又 S. Cammann, The TLV Pattern on the Cosmic Mirrors of the Han Dynasty（载 *Gournal of the American Oriental Society*, 1948, 68, 159.）认为规矩镜中部的图案就代表明堂。

［19］《淮南子·天文》。

［20］《史记·太史公自序》。

［21］《史记·日者列传》。

［22］此镜铭见《湖南出土铜镜图录》页 12，文物出版社，1960 年。

［23］北魏·薛孝通：《博谱》，《太平御览》卷七五四引。

［24］周铮："规矩镜"应改成"博局镜"》，《考古》，1987 年第 12 期。连云港市博物馆等：《尹湾汉墓简牍》页 160，中华书局，1997 年。

［25］李学勤：《比较考古学随笔·规矩镜、日晷、博局》，香港中华书局，1991 年。同氏：《缀古集·"博局占"与规矩纹》，上海古籍出版社，1998 年。

25 汉代黄钟律管与量制的关系

《尚书·舜典》说舜"同律、度、量、衡"。孔颖达疏:"律者,候气之管。而度、量、衡三者,法制皆出于律。"在他看来,似乎唐虞之际已经把计量单位和乐律相联系了。但上古时代显然不可能对乐律和度量衡的关系理解到这种深度。《尚书》几经窜乱,这些话很像是后人加进去的。因为直到东周时,《国语·周语》中才将"律、度、量、衡"相提并论,《尹文子·大道篇》中才说道:"故人以度审长短,以量受多少,以衡平轻重,以律均清浊。"才有可能产生"同律、度、量、衡"的观念,从而将律管与量制联系起来。

所谓"候气之管"、"律管",即校正标准音高所用的定音管。它最初用于钟之调音。《周礼·春官·大司乐》郑玄注:"以律立钟之均。"又《春官·典同》孙诒让正义:"八音之乐器,其律度通以钟为本也。"唐兰先生也说:"十二律本来是和钟相应的,并且是用铜做的。"他还认为,十二律大约是在春秋时完成的[1]。但直到西汉,才开始用律管作为计量单位的基准。《汉书·律历志》说:武帝元封七年,募治历者,其中有巴郡落下闳,"闳运算转历。其法以律起历,曰:律容一龠,积八十一寸,则一日之分也。与长相终。律长九寸,百七十一分而终复。三复而得甲子。夫律阴阳九六,爻象所从出也。故黄钟纪元气之谓律。律,法也,莫不取法焉。"这里已经指出黄钟律管长九寸,容一龠。物理学证明,对于一支律管来说,如管径不变,则频率与管长的四倍成反比。也就是说,一支管径已确定的律管要发出一定频率的音,那么它的长度也必然是固定的。从而,其容积也必然保持固定的值。所以,用律管作计量的基元,具有准确性、恒定性和复现性。选择律管作为基元，从当时的科学水平说，是十分难能可贵的。

《汉书·律历志》关于汉代度量衡之标准值是这样说的："度者，分、寸、尺、丈、引也，所以度长短也；本起黄钟之长。""量者，龠、合、升、斗、斛也，所以量多少也；本起于黄钟之龠。""权者，铢、两、斤、钧、石也，所以称物平施，知轻重也；本起于黄钟之重，一龠容千二百黍，重十二铢。"可知它们的关系是：黄钟律管的长度是9寸；容积是1龠；1龠中可容1200粒黍，这些黍的重量为12铢，即半两。因而在一支黄钟律管上，就包含了汉代度、量、衡三者的基本单元。

黄钟律管长9寸，从无异说。但其管径是多少呢？蔡邕《月令章句》说："黄钟之管长九寸，孔径三分，围九分。"汉尺的长度据新莽嘉量实测值推算，为23.08864厘米。中国国家博物馆藏甘肃酒泉北稍门外东汉墓出土铜尺为23.1厘米，这个数值和洛阳金村铜尺相同，与据商鞅方升折算出的数值亦极相近。今以一汉尺等于23.1厘米，则三分等于0.693厘米。依 $\pi R^2 H =$ 圆柱体容积的公式计算，则黄钟律管的容积为7.841726立方厘米。研究者认为："这个数字和龠的积为10立方厘米完全合不起来。但是黄钟管孔圆柱面积是孔围9分乘以9寸，其积为810分，和龠的容积数值相同。应该指出，这两个相同数值的性质是不同的，为了强调黄钟的重要性，新莽的律官们以此作了不甚妥善的比较。此外，在黄钟和龠之间再也找不出数值上有其他共同之点了。"[2]可是这样一来，则汉代量制、衡制之基元建筑在黄钟律管上的说法将被完全否定；从度量衡史上讲，问题的分量是很重的。但新莽嘉量龠与陕西咸阳底张湾出土新莽龠的铭文均分明说："龠……容如黄钟"（图25-1）[3]。确是就容积而言。这也正是"同律、度、量、衡"之原则的体现。而龠的容积之值和黄钟律管孔圆柱面积之值，则性质绝不相同，根本无从比较，也从未见到新莽律官作过这种比较。

问题的症结在于，所谓黄钟律管孔径三分之说，是大有可怀疑之余地的。因为在《汉书·律历志》颜注所引孟康的说法中，就存在着疑窦。孟康一再说："黄钟律长九寸，围九分。以围乘长，得积八十一寸也。""大族长八寸，围八分，为积六百四十分也。""林钟长六寸，围六分。以围乘长，得积三百六十分也。"但围（管孔的圆周）乘长并

图 25-2　新莽无射律管（残）
上海博物馆藏

图 25-1　新莽铜龠铭文
陕西咸阳底张湾出土

不等于管的容积，只有底面积（幂）乘长才等于其积。所以孟康说的围，实际上应指幂而言。在新莽量器的铭文中，记积时多并记其幂与深，也从侧面说明了这个问题。东汉光和二年（179 年）大司农铜斛的铭文还说："依黄钟律历、九章算术，以钧长短、轻重、大小，用齐七政。"[4] 而《九章算术·少广章》中正记有求容积的计算方法。

如以黄钟律管的长度为 9 寸，则合 20.79 厘米，以其底面积为 9 方分，则管半径（$\sqrt{\dfrac{9}{\pi}}$）等于 1.6926 分，合 0.391 厘米。从而求得管容积为 9.985 毫升。这一数值与嘉量龠的 10.65 毫升、咸阳龠的 9.898 毫升均极接近；与中国国家博物馆及故宫博物院所藏容积为 10 毫升的汉代铜龠，相差仅 0.015 毫升[5]。都应在当时允许的误差范围以内。

汉代的黄钟律管已无实用品存世，上说无法直接验证。然而上海博物馆藏有新莽无射铜律管一支（图 25-2）。这支律管的下半部虽已残缺，但其孔径是清楚的，实测值为 0.5771 厘米。其长度据铭文排列的距离推算，约为 11.2 厘米[6]，合 4.848 汉寸。另外，上引孟康说中，还透露出这样一条规律：依汉制，律管的围值乘 10 等于管长[7]。上文已指出，孟康之所谓围，实际上是幂。现在可以用无射律管来检验。已知管长为 4.848 寸，如以 4.848 分为围长，则管径等于 1.5432 分，合 0.3565 厘米，与无射律管直径的实测值 0.5771 厘米差得多。如以 4.848 方分作为幂，则管径为 2.48448 分，合 0.5739 厘米；与实测值非常接近。因此，上述推测可以成立。这样，就有理由肯定，黄钟律管的直径为 0.782 厘米，合 3.385 分。万国鼎《秦汉度量衡亩考》求得的直径为 3.38 分[8]。蔡邕所称"孔径三分"似是为行文之便而取其约数。如定管径为三分，则黄钟律管对于计量器说来，除了校准长度外，在校准容积方面已经没有意义，更谈不上用以校准重量了。

"同律、度、量、衡"是我国度量衡史上划时代的重大进步，它标志着我国以物理量对计量器进行校准的实际应用，这在世界度量史上也是空前的创举。过去由于囿于黄钟律管孔径三分之说，认为其容积与汉代量制相龃龉，甚至怀疑汉代对律、量关系的记载为牵强附会、故弄玄虚。当找出了黄钟律管之直径的正确值后，则各项实测数字无不密合，我国度量衡史上的这一重大疑团也就涣然冰释了。

（原载《考古》1991 年第 5 期）

注释

[1] 唐兰：《长沙马王堆汉轪侯妻辛追墓出土随葬遣册考释》，《文史》第 10 辑，1980 年。

[2] 马承源、潘建明：《新莽无射律管对黄钟十二律研究的启示》，《上海博物馆馆刊》第 1 期，1981 年。但此文采用的汉尺换算值与本文不同，故依径三分之说求得的黄钟律管之容积与本文微异。

[3] 咸阳龠于 1970 年出土，咸阳市博物馆藏。器铭除首句无"嘉"字外，均与嘉量龠铭

同。见《中国古代度量衡图集》图 129，文物出版社，1984 年。

[4]　光和二年斛传河南睢州出土，上海博物馆藏，见注［3］所揭书，图 147。

[5]　中国国家博物馆与北京故宫博物院所藏龠，见注［3］所揭书，图 135～137。

[6]　同注［2］。

[7]　如孟说黄钟管围 9 分，乘 10 等于管长 9 寸。大簇管围 8 分，乘 10 等于管长 8 寸。林钟管围 6 分，乘 10 等于 6 寸。余可类推。

[8]　河南省计量局编：《中国古代度量衡论文集》页 107，中州古籍出版社，1990 年。

26 焦作窖藏出土的杆秤

　　1989 年 3 月间在河南焦作嘉禾屯林场出土窖藏铜器的消息，当年 12 月已经见报[1]。其中的五凤铜熏炉造型独特，且曾赴新加坡等地展出，称得上是一件知名的文物了。但直到《华夏考古》1995 年第 2 期刊出其发掘简报后，始获悉这一窖铜器的具体情况。简报中指出：这次出土的铜器"精品之多，铸造水平之高，是焦作市建国四十多年来的第一次"。其实不仅在焦作，就全国来说出土物这么丰富的窖藏也是不多见的。此窖共出铜器四十一件，种类颇繁，且每种只出一件（组），互不重复，所以看起来洋洋大观，相当精彩。

　　从形制上看，窖藏中的铜器并不属于同一时代。简报认为，"其上限不超过西汉中期"，"下限可定为西汉晚期或最晚到东汉早期为宜。"这个时代断限似乎定得过窄了一些，因为其中虽然有不少西汉铜器，却也不乏东汉中期以后之物。比如其中的扁壶（藏 33 号），器壁较直，颈部短粗，已与湖北云梦大坟头、陕西汉中安中机械厂等地所出器身扁椭、下腹收缩、膨口细颈的西汉扁壶造型不同，而与河北望都 2 号墓、山东沂南画像石墓等东汉晚期墓出土的实物及图像相似[2]。又如其中的铜牌饰（藏 20 号），它的用途虽至今仍定不下来，但大都出在东汉墓里。窖藏中的这一件，上部之蟠龙钮及下部长方框内立于云气中的马纹与洛阳吉利区 C9M445 号东汉中期晚段墓所出者极为肖似，所以其年代应不早于东汉中期（图 26-1）[3]。再如简报中定名为"铜跽祭熊灯"（藏 24 号）之器，乃是作熨斗支架用的立柱，柱上部的孔系用于插熨斗的柄，柱下部应接底座。依《北堂书钞》卷一三五引《东宫旧事》的记载，此支架应名"熨人"，是熨斗的附件，与灯无关。河

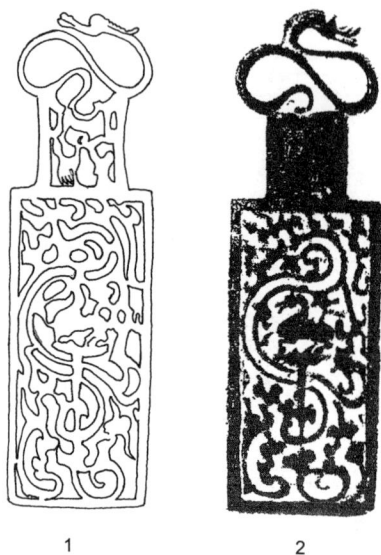

图 26-1 铜牌饰
1. 焦作窖藏出土
2. 洛阳吉利区东汉墓出土

北邯郸张庄桥出土过一套东汉晚期的带铜熨人的熨斗。清·吴云《两罍轩彝器图释》卷一二著录的此型熨斗，铭文称"太和三年二月廿三日，中尚方造铜熨人、熨斗"，堪为确证。此外河南巩义市仓西40号西晋墓还出土过一件陶熨人，说明此物流行于东汉晚期至魏晋时（图 26-2）[4]。

焦作窖藏中所出铜器，除了有东汉中晚期之物外，还有若干件的年代要晚于汉代。比如这里出土的帷帐插管（藏 1—9 号），应名"帐钩"。战国和西汉的帐钩如山东长清及河北满城所出者，皆由方管构成。东汉晚期的帐钩，如河北定县 43 号汉墓所出者，虽一端为圆形，但另一端仍然是方形。到了魏晋时期，帐钩则由圆管构成。如洛阳 16 工区曹魏墓出土的"正始八年"铁帐钩、辽宁朝阳袁台子后燕墓出土的鎏金铜帐钩均为此式[5]。焦作窖藏中的帐钩亦由圆管构成，故应为魏晋物。

不仅如此，窖藏出土物中有的还应晚到北朝。比如简报说这里出土的铜权（藏 19 号）为："圆形瓜棱状，小圆底，上部中间有一桥形钮。通高 4.3、腹径 5.8、底径 4 厘米，重 528 克"（图 26-3:1）。过去

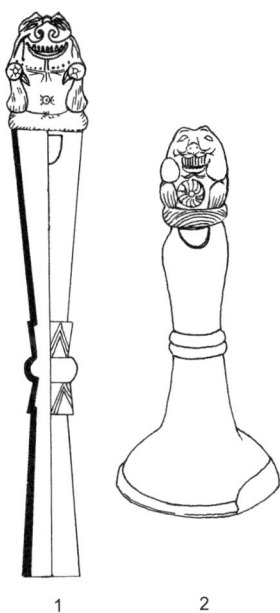

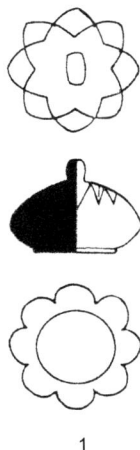

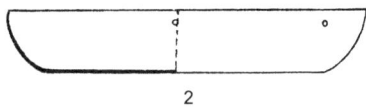

图 26-2 熨人
1. 焦作窖藏出土
2. 河南巩义晋墓出土

图 26-3 焦作窖藏出土
的秤砣（1）与秤盘（2）

通称为瓜棱状的权，实际上包含两种不同的形式。一种在权壁上起凸棱，依凸棱将权壁划分成若干条平缓的弧面。如河北省博物馆藏战国中山王 6 号墓出土铜权，中国国家博物馆藏始皇诏二十斤铜权、始皇诏九斤铜权，旅顺博物馆藏始皇诏五斤铜权等均呈此状[6]。另一种铜权上并无凸起的棱，而且由凹陷的沟槽将权壁分割成膨起的若干凸瓣（通常为八瓣），顶部在钮的四周还往往有萼片状纹饰，有的文章中称之为"蒜头形"；焦作窖藏所出铜权的形制正是如此。蒜头形铁权曾在河南渑池车站北魏窖藏出土，中国国家博物馆和北京故宫博物院亦藏有北朝的此式铜权[7]。故焦作窖藏中出土的这枚铜权应为北朝物。

可是将此物称作"权"并不确切。权字的本义与铨衡无关。《说文·木部》："权，黄华木。"乃是一种树木之名。段玉裁在《说文·金部》"铨"下的注中说："古权、衡二字皆假借字，权为垂之假借。"他认为用在衡器中的权字是一个假借字，其说可取。但权字古音属元部，垂字属歌部，不属于同一韵部，虽可对转，然以权为垂字之假，却终嫌迂曲。况且段氏当时没有认识到，权和垂（锤）的形制实不相同。

按我国自春秋以来，衡器所用砝码之形南北有别，南方楚国用环状的，北方各国用半球状的。环状砝码的正式名称为"环"。重庆市博物馆收藏的一套战国衡器，有木衡杆和六枚环状铜砝码，是 1933 年在安徽寿县朱家集楚墓出土的，其第四枚砝码上刻有"盱子之官环"铭文，表明它们是政府监制的环[8]。而半球状砝码如云梦秦简《效律》中所称："黄金衡赢不正，半朱（以）上，赀各一盾。"衡赢即衡累，表明其名为"累"。中国国家博物馆、上海博物馆、旅顺博物馆等处均藏有刻铭为"官累，重斤十两"的西汉半球状铜砝码，亦足为证[9]。不过在汉代，"累"只是官称，通俗的说法叫"称锤"。《礼记·月令》郑玄注中已出现"称锤"之名。《尔雅·释乐》郭璞注：埙"大如鹅子，锐上平底，形如称锤"。描写的正是这种形状。所以焦作窖藏中的"藏 19 号"铜器，严格说不宜称为铜权，因为衡器中用的权（權）字本是环（環）字之假。古音环属元部匣母，权属元部群母，这两个字为同部旁纽，从语音上讲互相通假是没有问题的。而且《说文·走部》："趯，疾也。从走，瞏声，读若讙。"更直接说明有些以瞏为声的字和以雚为声的字读音相同。又《考工记·玉人》："驵琮五寸，宗后以为权。"郑玄注："驵读为组，以组系之，因名焉。"琮是中空的筒形器，小扁琮则接近环形，所以可以拴上组用它代替权；这又从造型方面给出了旁证。中古音权读群仙合三，环读匣删合二，到这时这两个字的读音才被拉开。但为什么"权"这个名称广泛流行呢？大概是受到《汉书·律历志》的影响之故。那里说："五权之制，以义立之，以物钧之，其余大小之差，以轻重为宜。圜而环之，令之肉倍好者，周旋无端，终而复始，无穷已也。"由于《律历志》以刘歆《钟律书》为底本，所以其中反映的多为王莽时的情况。王莽篡汉后，硬要托古改制。新莽一朝不用西汉时通行的半球状称锤，而改用楚式环权。这和他仿照平首平肩、长身方足的楚币"旆钱当釿"，铸造"大布黄千"等十布的作法有点类似。甘肃定西秤钩驿出土的新莽环权，铭文中自名为权[10]。而在半球状称锤的铭文中，却从来没有将自己称作权的，所以权和累即称锤是两种不同的器物；过去把称锤叫权，从形制上说可谓张冠李戴。何况称锤这个名称比权通俗得多，今天似乎无必要为了维护约定俗成的习惯，而给半球状称锤继续加上"权"这样一个名不符实的古称了。

对权和累（称锤）作以上辨析，不仅为了正名，而是研究衡器发展史的需要。我国春秋时的衡器多为等臂式天平，即《汉书·律历志》所说："权与物钧而生衡。"湖南各地楚墓中出土了许多件这种天平，有的在衡杆两侧各悬一称盘，所用环状砝码多的一套达十枚，其使用方法也比较清楚[11]。但与秦汉之称锤配套的衡杆似与等臂式天平不同。因为称锤一般只出一枚，而且其上又常标明本身的自重，多为一斤的整数倍。陕西长武虽然出过六枚东汉铁称锤，但其重量的增减没有规律，它们不是一套，而只能说是一批，所以这一特例并不能改变称锤的性质[12]。既然只有一枚称锤，如果把它用在等臂式天平上，则只能称固定的重量，显然很不方便。但实际上其使用情况并非如此。因为早在战国时已出现了不等臂铜衡，最先论述这种衡器的刘东瑞先生将它定名为"衡秤"[13]。鉴于战国时尚无秤字，本文姑称之为"衡称"。中国国家博物馆收藏的两件衡称，衡杆当中有鼻纽，衡面有十等分刻度。使用时可移动砝码或被称物体所悬挂的位置，根据衡杆上刻度的距离，依照杠杆原理计算出所称之物的重量（图26-4）。虽然使用时须进行计算，仍不够简便，但比起使用多枚砝码的等臂式天平来，终究前进了一大步。不过衡称由于提纽位于衡杆中央，尚未摆脱等臂式天平的格局，所以只能被看作是从天平到杆秤之间的过渡型衡器了。

插在这个过程中之主张复古的新莽衡器却反映出一种倒退的现象。定西秤钩驿出土的新莽铜衡，其衡杆上部中央有提纽，衡杆下部装对称的挂钩，只能与成套的新莽铜环权配合使用，仍沿袭着等臂式天平之旧制。

撇开新莽衡器不论，则等臂式天平与环权、衡称与称锤，大体上是互相对应的。由于衡称在使用方式上与天平有近似之处，故其称锤仍带有砝码的某些痕迹。再前进一步，衡称的提纽移开衡杆中央的位置，这就成为杆秤了。杆秤之砣的重量只要和秤星间距的臂比关系相适合便可，本身无须作成整斤数。因此，我国古代衡器的发展，大体上经过天平·环权——衡称·称锤——杆秤·秤砣三个阶段。当然，它们并不是截然划分开的。尽管到了很晚的时代，不仅天平仍在使用，

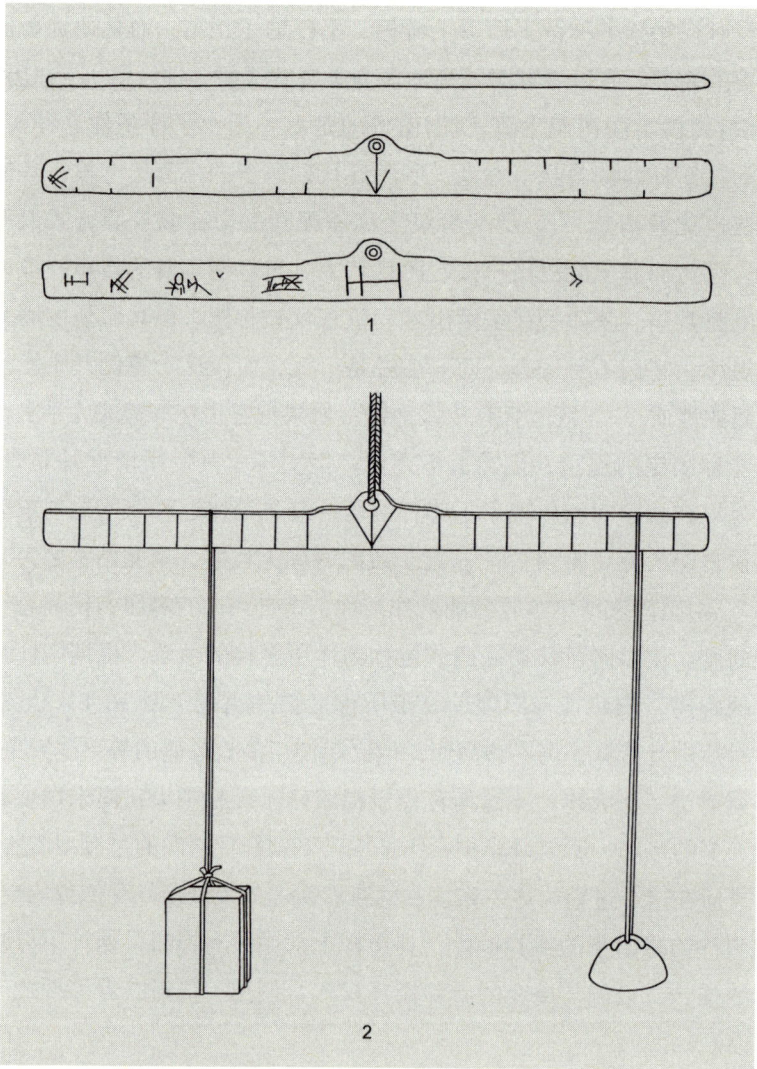

图 26-4 战国"王铜衡"
（1）与其使用方法示意图（2）

图 26-5　莫高窟 254 窟北魏
壁画中所见杆秤

而且有些秤砣仍标明其自重，如北宋熙宁秤砣上有"一百斤铜砣"的
铭记，元大德八年秤砣上有"五十五斤秤"和八思巴文"二斤砣"的
铭记，还带有称锤的影子[14]。

　　我国最早的衡器当为等臂式天平。战国时的《墨子·经说下》已分
析了与杠杆平衡有关的问题，显然这时已具有出现衡称的条件。秦汉的
称锤大多数已当是与衡称配套使用的。但杆秤出现于何时，尚无明确答
案。《国语·周语》吴·韦昭注："衡，称上衡，衡有斤两之数。"衡杆
上有斤两，岂不意味着这上面已标定了秤星吗？又《御览》卷三七六引
《诸葛亮书》："吾心如秤，不能为人作轻重。"更似乎表示三国时已有杆
秤。然而由于衡称和杆秤亦有类似之处，其间的变化是渐进的，故文献
中的说法仍带有模糊的区间。从考古材料看，敦煌莫高窟 254 窟北壁北
魏壁画《尸毗王本生图》中出现的杆秤，其秤杆上的提纽距被秤之物近，
而距秤砣较远，可以确认无疑（图 26-5）。过去有学者曾引用所谓南朝
梁·张僧繇《二十八宿神像图》的秤物图，认为它比上述北魏壁画还早。
但此图的作者实为唐代的梁令瓒，图卷的全名应为《五星二十八宿真形图》。此图卷已流入日本，见阿部房次郎、阿部孝次郎辑《爽籁馆真赏》二辑，时代比北魏晚得多。所以从文献记载和图像资料两方面看，杆秤的出现大约在三国至北魏这一时期[15]。

说到这里，让我们再回到焦作窖藏出土的"藏19号"铜器上来，看来它不仅不宜称为铜权，也不宜称为铜累或铜称锤，因为这时已经进入了杆秤的时代，似可定名为"蒜头形铜秤砣"。它和同窖所出"藏41号"铜秤盘应组合成一套衡器。此秤盘直径27.5厘米，口沿上有三个等距离的小孔，为系绳链之用（图26-3:2）。莫高窟254窟壁画中之杆秤的秤盘上也有三系，与此盘相同；而湖南出土的战国天平铜盘的直径多为4厘米左右，边沿穿四孔，和它有明显的区别。

焦作铜秤砣重528克，应代表一斤之重。在我国度量衡史上，北朝是衡制单位量值急剧增长的时期。《左传》定公八年孔颖达正义："魏、齐斗称于古二而为一。"这里说的古制指汉、魏旧制。汉代一斤约合250克，则北魏、北齐一斤约合500克。故宫博物院所藏北朝一斤铜砣重487.5克；中国国家博物馆所藏北朝半斤铜砣重265克，一斤合530克[16]。焦作窖藏之一斤砣的重量与上述之例相近。北朝时尺斗秤值的大幅度增长，与北魏初年百官无俸禄有关。北魏班禄始于太和八年（484年），以前是没有的，但其后行之未久，又大加裁减。《魏书·于栗磾传附于忠传》说："太和中，军国多事，高祖以用度不足，百官之禄，四分减一。"《北史·齐本纪》"天保元年"（550年）条说："自魏孝庄（528年即位）已后，百官绝禄，至是复给焉。"既无官禄，则一切供给资用，皆任其向民间敛取，因此北魏官员很少有"廉白自立"的。在管理失控制度废弛的情况下，统治者遂将衡制单位增大，以盘剥人民。这时租税制度由劳役地租向实物地租的转化，也助长了此种趋势。北魏政府虽曾加以干涉，却没有多少实际效果。太和十九年（495年）"诏改长尺、大斗，依《周礼》制度，班之天下"[17]。但到孝明帝初年，距太和十九年也不过二十余年之后，张普惠就上疏说："高祖废大斗，去长尺，改重秤，……自兹以降，渐渐长阔，百姓嗟怨，闻于朝野。"[18]可见北朝度量衡值增大的势头并未被遏止住。所以到了隋开皇时，遂达到"以古称三斤为一斤"的程度[19]。

1930 年在河北易县老姥台出土的隋一斤铁砣重 693.1 克，与古称三斤亦可谓相当接近了[20]。虽然现在尚不能系统地排列出自北魏至隋衡值递增的序列，但焦作窖藏铜砣所提供的一斤重 528 克之值大约还排不到北朝最晚期。这件铜砣有可能是北魏时的遗物。

　　总之，不论焦作铜砣的年代为北魏或略晚些，它和同出的秤盘相配，参照莫高窟 254 窟壁画，便可复原出一套杆秤来；而在度量衡史上，这就是我国最早的杆秤之实例了。

（原载《华夏考古》1997 年第 1 期）

注释

[1]　《焦作出土一批汉代窖藏铜器》，《中国文物报》1989 年 12 月 1 日，2 版。

[2]　拙著：《汉代物质文化资料图说》第 81 篇，文物出版社，1991 年。

[3]　洛阳出土的牌饰，见洛阳市文物工作队：《洛阳吉利区东汉墓发掘简报》，《文物》2001 年第 10 期。除传世者不计外，这种牌饰还曾在山东掖县坊北村（《文物参考资料》1956 年第 12 期）、湖南长沙纸园冲（《考古通讯》1957 年第 5 期）、长沙五里牌（《文物》1960 年第 3 期）、河南陕县刘家渠（《考古学报》1965 年第 1 期）、陕西兴平窦马村（《文物》1965 年第 7 期）、河北石家庄东岗头（《考古》1965 年第 12 期）、四川西昌六合（《考古与文物》1983 年第 1 期）、陕西华阴（《考古与文物》1986 年第 5 期）等地的东汉墓及窖藏中出土。其用途有厌胜钱、锉、瓶、磨姜汁蒜泥的厨具诸说，似均有可商。四川简阳元代墓出土者，其上铸有西王母像（《文物》1987 年第 2 期），表明它含有某种宗教上的用意。

[4]　拙著：《汉代物质文化资料图说》第 87 篇。河南省文物考古研究所：《河南巩义市仓西战国汉晋墓》，《考古学报》1995 年第 3 期。

[5]　定县博物馆：《河北定县四三号汉墓发掘简报》，《文物》1973 年第 11 期。李宗道等：《洛阳一六工区曹魏墓清理》，《考古通讯》1958 年第 7 期。辽宁省博物馆文物队等：《朝阳袁台子东晋壁画墓》，《文物》1984 年第 6 期。

[6]　国家计量总局等：《中国古代度量衡图集》图版 165、176、182、187，文物出版社，1981 年。

[7]　《中国古代度量衡图集》图版 221、222。渑池县文化馆等：《渑池县发现的古代窖藏铁器》，《文物》1976 年第 8 期。

[8]　《中国古代度量衡图集》图版 160。

[9]　同上书，图版 199、200、201。

[10]　《中国古代度量衡图集》图版 207。傅振伦：《甘肃定西出土的新莽权衡》，《中国历史

博物馆馆刊》第 1 期，1979 年。

［11］高至喜：《湖南楚墓出土的天平与砝码》，《考古》1979 年第 4 期。

［12］丘光明：《我国古代权衡器简论》，《文物》1984 年第 10 期。又商承祚先生认为"锤形权""都是不可信"，并称汉代"一律用'肉倍好'的环权"（《秦权使用及辨伪》，《学术研究》1965 年第 3 期）。面对长武出土物，以及满城 2 号汉墓所出"三钧"、成都天回山崖墓所出"汶江市平"等称锤的实例，可知商先生之说殆不可从。

［13］刘东瑞：《谈战国时期的不等臂秤"王"铜衡》，《文物》1979 年第 4 期。

［14］《中国古代度量衡图集》图版 226、229。

［15］张勋燎：《杆秤的起源发展和秦权的使用方法》（《四川大学学报（哲学社会科学版）》1977 年第 3 期）认为西汉武帝末年以后，杆秤已"完全脱离原始状态而进入了成熟阶段"；恐与事实不符。

［16］《中国古代度量衡图集》图版 222。

［17］《魏书·高祖纪》。

［18］《魏书·张普惠传》。

［19］《隋书·律历志》。

［20］《中国古代度量衡图集》图版 224。

27　记保利艺术博物馆所藏青铜鼓座

　　保利艺术博物馆收藏有一件青铜鼓座，高 46.5、底径 63 厘米，重 19.4 公斤（图 27-1）[1]，体型巨大，气势堂皇。其器身似膨起的半圆球体。底部中空。近底处的器壁垂直，饰一圈蟠螭纹带，四面各铸出一枚铺首衔环。器身上部饰三圈蟠螭纹带，在当中的花纹带上突起八枚圆形对兽纹附饰。三圈蟠螭纹带之上下两侧均间以较窄的绚纹，直壁上的蟠螭纹带下面也有一圈绚纹。

　　此器系建鼓的底座。建鼓是我国古代的大型鼓类。它在座上立楹柱，柱中部贯鼓胴，鼓横置，两面蒙皮，穿过鼓胴之柱的上端还饰以

图 27-1　蟠螭纹铜鼓座
北京保利艺术博物馆藏

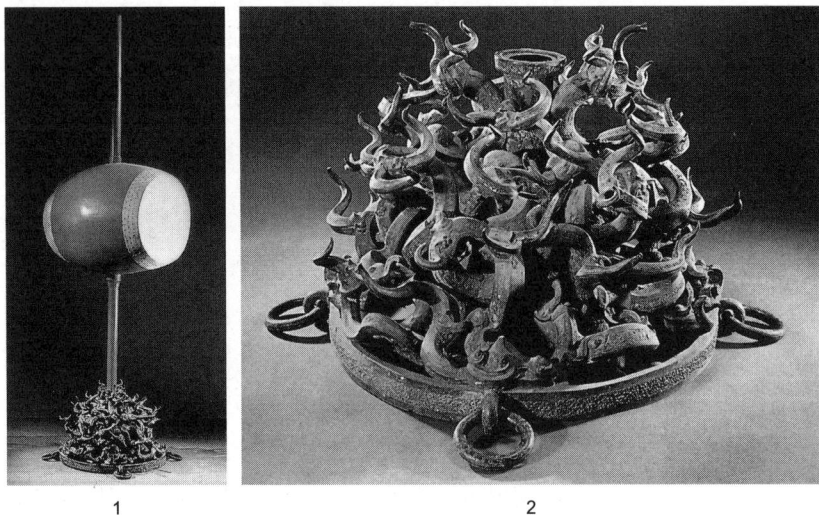

图27-2 曾侯乙墓出土
铜鼓座（2）及复原之
建鼓（1）

1　　　　　　　　　　　　　　2

羽葆或华盖等物。商代是否已有建鼓，目前尚不能确知，但甲骨文鼓字作 　（《佚》233，《粹》539，《乙》7378），由上部的装饰物、中部的鼓面和下部的鼓座构成，已经包含了建鼓的主要组成部分。安阳侯家庄西北冈 M1217 号墓西墓道出土之鼓，鼓胴两面蒙鼍皮，有鼓架、鼓座，入葬时已拆散，原来的高度达 150 厘米；其整体形制虽不明，但应与建鼓相当接近。

周代讲究钟鼓之乐。《诗·小雅·彤弓》："钟鼓既设，一朝飨之。"郑笺："大饮宾曰飨。"又《周南·关雎》："窈窕淑女，钟鼓乐之。"郑笺："琴瑟在堂，钟鼓在庭。"则周代贵族于大飨宴时在堂下庭中设钟鼓之乐。当然，大祭祀时在宗庙的庭中亦应设之。在这些场合中，所用之钟是带笋簴的高架编钟，而立于楹柱上的建鼓之形制正和它相适应。先秦建鼓较完整的实例见于湖北随州曾侯乙墓，此墓所出建鼓之鼓柱、鼓胴、鼓座尚存，唯鼓柱顶上的羽葆和蒙鼓面的皮革已朽失。木制的鼓胴、鼓柱也有损坏之处，但却保存下来一件极精美的立雕蟠龙铜鼓座（图27-2）[2]。这种器物古代称为"鼓趺"。《仪礼·大射》："建鼓在阼阶。"郑注："建犹树也，以木贯而载之，树之趺也。"《左传》宣公四年："伯棼射王，汰辀，及鼓趺。"即谓此。不过像编钟的笋簴一样，大多数鼓座也是木制的。《说文·虍部》："虡，钟鼓之柎也。"

将跗字写作柎，从木，可证。所以青铜鼓座很少。出土物中时代最早的一例见于安徽舒城九里墩春秋墓，铭文中自名为"隽鼓"[3]。陈秉新和殷涤非先生各撰文考证，皆认为隽应释隽，读作晋，晋鼓即建鼓[4]。李纯一先生则认为，古读精母文部的隽和精母真部的晋都可通假为建[5]。《国语·吴语》："十旌一将军，载常建鼓。"韦昭注："鼓，晋鼓也。"从水陆攻战图鉴的花纹上看，将军所建之晋鼓即本文上述之建鼓，《左传》宣公四年孔疏也说："车上不得置簨簴以悬鼓，故为作跗，若殷之楹鼓也。"故陈、殷、李说可从。

建鼓两面蒙皮，可以由二人相对敲击。湖南长沙马王堆3号西汉墓之遣册中说："建鼓一，……鼓者二人，操桴。"在汉画像石上也常见到二人对击建鼓的场面。但也有只由一人敲击鼓之一面的，在河南辉县山彪镇与琉璃阁等地出土之铜器及曾侯乙墓出土之漆器的纹饰中都能看到这种做法。不仅如此，《仪礼》中还特别指出，何处所陈之鼓为"南鼓"，何处为"东鼓"；郑注："南鼓谓所伐面也。"可见那些建鼓只敲它的南面或东面。然而无论单敲一面或对敲两面，由于建鼓的鼓胴大，并高贯于柱上，所以鸣鼓之际引起的震动均较剧烈，故将鼓座做得大而且重，以保持稳定。九里墩鼓座已残，原来的重量不明，曾侯乙鼓座底径72厘米，重达192.1公斤。本器虽略小，但比起随州擂鼓墩2号墓所出之底径仅为37厘米的战国中期铜鼓座来，又要大得多[6]；然而其重量仅为曾侯乙鼓座的十分之一。从本器之壳体的形状看，内部原应装有某种填充物。

本器所饰蟠螭纹具有三晋青铜纹饰的特色，比如用两道绹纹间一道蟠螭纹的图案，见于侯马铸铜遗址所出 Ⅱ 59T10H93:4 号陶模，其风格与南方楚式青铜器上的花纹有别。依类型学排出的演变序列，应为春秋晚期之物。而上述九里墩、曾侯乙、擂鼓墩2号等墓所出铜鼓座，都是舒、曾等楚文化圈中的产物；本器却是中原制品。它的式样很典型，因为它和水陆攻战图鉴等处见到的鼓座之轮廓全然一致。只不过后者因系战地所用，故于鼓座上斜出一杆以插钲，俾可"鸣金收兵"。本器如用于宴飨、祭祀，则无须插钲了。水陆攻战图鉴等器中的鼓座或未必尽是铜铸；倘全以木制，似为实木削成的墩形物。到了汉代，从画像石上看，建鼓所用多为纵横交午呈十字形的四足支座，这种情形在晋代的《洛神赋图卷》中犹清晰可见。《说文·木部》："柎，阑足也。"正与之相合。也有作兽形的，则可能是陶、石制品。南北朝以后，外来的大鼓、羯鼓等乐器广泛流行，建鼓仅在宫廷韶乐中偶一出现，以青铜铸鼓座之举遂渐成绝响。

铜鼓座是我国青铜铸造工艺臻于极盛时期始克生产之物，数量本来就少，而本器的年代早，形体大，造型与纹饰端庄严饬，壳体的保存又极为完好。先秦铜编钟虽不乏存世者，然而倘无以铜鼓座为代表之建鼓相配合，仍不足窥"钟鼓之乐"的全貌，故本器洵极可珍。

（原载《文物》1999 年第 9 期）

注释

[1]　保利艺术博物馆：《保利藏金》页 243—248，岭南美术出版社，1999 年。

[2]　湖北省博物馆：《曾侯乙墓》上册，页 152，下册，图版 43，文物出版社，1989 年。

[3]　安徽省文物工作队：《安徽舒城九里墩春秋墓》，《考古学报》1982 年第 2 期。

[4]　陈秉新：《舒城鼓座铭文初探》，《江汉考古》1984 年第 2 期。殷涤非：《九里墩的青铜鼓座》，《古文字研究》14，中华书局，1986 年。

[5]　李纯一：《中国上古出土器综论》页 6，文物出版社，1996 年。

[6]　湖北省博物馆、随州市博物馆：《湖北随县擂鼓墩二号墓发掘简报》，《文物》1985 年第 1 期。

28　中国梵钟

中国先秦时代的乐钟在世界音乐史上曾大放异彩，它的截面呈合瓦形，一钟可奏双音；成编的乐钟则能演奏复杂的乐曲。而中国梵钟的出现远较先秦乐钟为迟。它的截面呈圆形，并不成编悬挂，也无法演奏乐曲，和先秦古钟属于不同的类型。它虽然称作梵钟，但古印度却未发现过这类器物[1]。印度佛寺召集大众时敲击犍椎（ghantā），泛指能敲打出声的各类法器。因此，中国梵钟并不是现成的外国钟的仿制品，而基本上应被看作是古代中国所创制的一种体鸣乐器。

关于中国先秦古乐钟的渊源，一说认为其前身为铙，另一说认为其前身为铃。河南偃师二里头曾出土早商时期的铜铃，到晚商时期铃更为常见。商代铜铃的截面亦呈合瓦形，两侧多有扉棱。扉棱是由合范对缝所留下的痕迹演变而来。有些铜钟上也有扉棱，显然是承袭了铜铃的形制。而铙则是器口向上倒立起来敲击的，和铃、钟的悬挂方式不同。故中国古乐钟可能是由铜铃演变出来的。梵钟的起源与此有类似之处，它的前身也是铃。当佛教在印度兴起后，各地建塔礼佛，塔上除以幢幡璎珞等物为饰外，并悬有许多铜铃。《妙法莲华经·宝塔品》说："尔时佛前，有七宝塔"，"无数幢幡，以为严饰，垂璎珞、宝铃万亿而悬其上。"如果说佛经中的描写有想象成分的话，那么《洛阳伽蓝记》卷五中对伽腻色迦王所造、号称"西域浮图，最为第一"的雀离大塔的描写则是翔实的。那里说这座塔"旭日始升，则金盘晃朗；微风渐发，则宝铎和鸣"。这段话出自北魏·宋云等人游历印度时所撰《行记》，应是当时实际情况的记录。印度佛塔上所悬之铃的截面呈圆形，与先秦乐钟之呈合瓦形者判然有别。及至佛法东传，中国依西域制度，也在塔上悬挂圆形铜铃。但先秦时中国原有铸大钟（特钟）的传统，东汉时又出现了用于报时的钟。《文选·放歌行》："日中安能止，钟鸣犹未归。"唐·李善注引东汉·崔寔《政论》："永宁诏曰：'钟鸣漏尽，洛阳城中不得有夜行者。'"《三国志·魏书·田豫传》也说："年过七十而以居位，譬犹钟鸣漏尽而夜行不休，是罪人也。"说明这时使用漏壶计时，而当昼漏水尽行将入夜之际，乃鸣钟报时并开始宵禁。由于出土物中尚未发现过此类钟，形制不知其详，但可以推测它们大约安置在谯楼或市楼等处。至南北朝时，文献中出现了在楼上鸣钟的明确记载。《洛阳伽蓝记》说北魏洛阳建阳里的旗亭上"有钟一口，撞之闻五十里"。《南齐书·武穆裴皇后传》说："宫内深隐，不闻端门鼓漏声。置钟于景阳楼上，宫人闻钟声，早起装饰。"宋·刘子翚咏景阳钟的诗说："景阳钟动晓寒清，度柳穿花隐隐声。"[2]度柳穿花固属诗人之想象，但声欲远闻，甚至达五十里，所用之钟便不能是合瓦形口的，而只能是圆形口。如果钟体呈合瓦形，则声音迅速衰减，就难以传播到远处了。陈·江总《摄山栖霞寺山房夜坐》诗中有"翻愁夜钟尽，同志不盘桓"之句[3]，忖其情状，此"夜钟"似是寺中之钟声。所以有理由推测：东汉出现的报时钟，受到佛塔所悬铜铃的影响，最晚不迟于南北朝时，已改作圆形，成为所谓的梵钟了。虽然在梵宇之外，道观、黉舍以及一般钟楼都悬挂这种钟，并非专用于佛寺；笼统地称之为梵钟，不过是沿用习惯的说法而已。

传世之最古的中国梵钟也正是南北朝时代的，与古文献所反映的情况恰相符合。日本奈良国立博物馆藏有陈太建七年（575年）铜钟，高39.1、口径21厘米，属于小型钟（图28-1:1）[4]。此钟钟体为圆筒形，上部略收缩，口沿平直。外壁中部偏下铸出两个饰以莲瓣纹的撞座，以撞座为中心用凸起的阳线隔成十字形方格纹，十字形之外的空间再用短横线加以分割。这种纵横有序的方格近似僧人所着袈裟上的图案，故名袈裟纹。钟顶部则有两端饰龙首的蒲牢。据《文选·东都赋》李善注引薛综曰："海中有大鱼曰鲸，海边又有兽名蒲牢，蒲牢素畏鲸，鲸鱼击，蒲牢辄大鸣。凡钟欲令声大者，故作蒲牢于上。"民间传说中则认为龙生九子，"一曰蒲牢，好鸣，为钟上钮鼻"。但龙子的

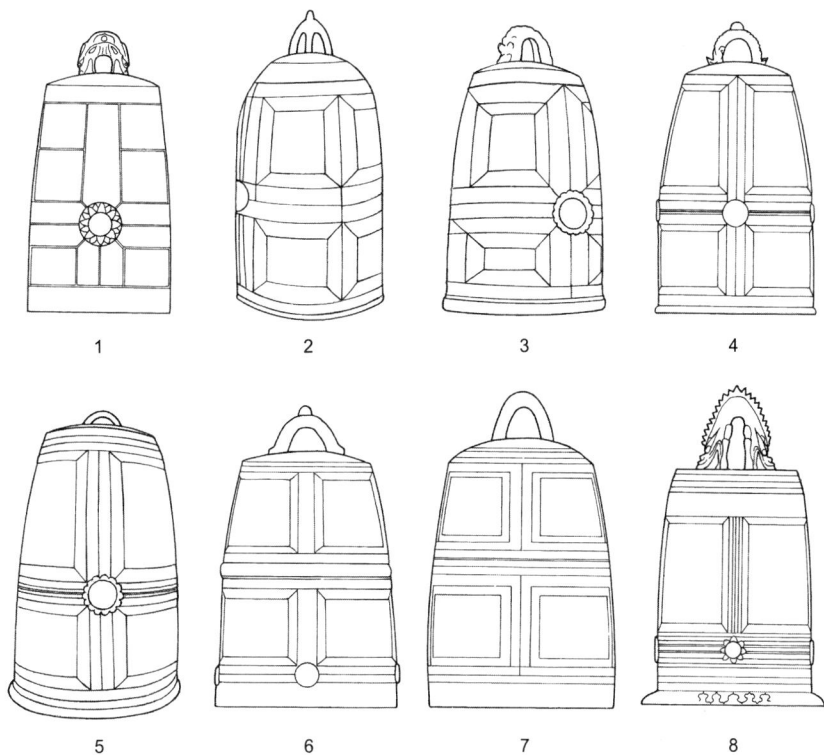

行第说亦不一,见明·杨慎《升庵外集》卷九五、明·陆容《菽园杂记》卷二等处。不过从正立面看,太建钟与古乐钟中的平口钮钟(如蔡侯编钟等)之外轮廓颇相近。所以中国梵钟的造型既吸取了印度铜铃的因素,也取法于中国古乐钟;它从这两方面均受到启发,均有所取舍。但得自古乐钟的成分是不能低估的。如果再对在中国的影响下产生的朝鲜梵钟和日本梵钟加以考察,更发现这些钟都在钟体上部铸出乳枚,而印度铜铃上绝无此物,所以它只能来源于中国古乐钟。特别是朝鲜梵钟顶部有的还立有一枚圆筒,被称为"甬",更使人不能不想到它是从乐钟中的甬钟那里摹拟而来的(图 28-2)。

以陈太建钟为代表的钟型本文称之为 I 型。I 型钟主要流行于长江以南,自南北朝以迄明、清,历代相沿不绝。以下依年代为序,试

图 28-2 韩国公州博物馆藏
带甬的新罗钟

对有代表性的 I 型钟略作讨论。

现存唐代 I 型钟中，最早的一例是浙江省博物馆所藏开元八年（720 年）钟，高 40 厘米许，也是一件小型钟[5]。其次是山东省博物馆所藏唐北海郡龙兴寺钟，肩高 129.4、口径 97 厘米。唐代钟铭已于金大定间被划毁殆尽，推定是天宝年间（742-755 年）所铸[6]。还有一口天宝钟保存在四川黔江县文化馆，高 143、口径 78 厘米（图 28-1:2）。钟腹刻铭中有"金紫光禄大夫工部尚书兼黔府都督御史大夫持节充本道观察处置选补等使汧国公赵国琛"题名[7]。按赵国琛在天宝年间任黔府都督。"黔府"旧称"黔中府"，治所在今四川彭水，黔江为其属县之一。故此钟亦是天宝遗物。上述两天宝钟均饰袈裟纹，双撞座。另一口 I 型唐钟出土于浙江诸暨，广德元年（763 年）铸造，高 45、口径 25 厘米，尺寸与造型均和太建钟及开元八年钟相近（图 28-1:3）[8]。此外，有一口流入日本的 I 型唐钟，今在岐阜县大垣市长德寺，原为广东端州清泉禅院之钟，铸于天复二年（902 年）[9]。此钟高 127.6、口径 73 厘米（图 28-1:4）。造型上与上述各钟不同的是，它在前后左右四方设四个撞座，余则仍旧。北宋时，有政和四年（1114 年）铸造的广东潮州开元寺钟，形制与天复钟酷似（图

28-1:5）[10]。明代的Ⅰ型钟如云南昆明金殿钟，永乐二十二年（1424年）铸，高约165厘米[11]。其钟壁上的袈裟纹与前并无大殊，但四枚撞座已移至接近口沿的位置上了（图28-1:6）。明末，崇祯十三年（1640年）所铸福建黄檗山万福寺钟，仍沿袭此种形制，唯不设撞座（图28-1:7）[12]。至清代，Ⅰ型钟已较少见，存世之广西浔州府平南县大佛寺钟，高231、口径141厘米。其袈裟纹的方格很宽大，与唐代Ⅰ型钟的风格已颇异其趣，钟口的边缘且明显外侈（图28-1:8）。钟上的铭文说："时龙飞康熙三年岁次甲辰仲春之吉，平南王捐资鼎建大佛寺于仙湖之麓。"则此钟乃清初三藩中的平南王尚可喜于康熙三年（1664年）斥资铸造。今已流入日本，藏大阪府羽曳野市大黑寺[13]。

唐代的Ⅰ型钟对日本有较大影响，和钟除了上部设乳枚为其特殊的做法外，整体造型皆与唐Ⅰ型钟相近。从现存最早的京都花园妙心寺"春米连广国铸钟"（文武天皇二年，698年）起，直到庆长末年（1615年），和钟的形制仍大体相沿未替。

Ⅱ型梵钟的造型与Ⅰ型之最显著的区别是钟口有波曲，但较浅，可称为"浅波口钟"。印度古代的铜铃都是平口，从未出现过波口的，所以波口为中国所创造。但圆钟一般可以被看作是一端闭合的圆柱体，受到敲击时之发音的机制是由其周向振动的模式决定的，与钟口的形状没有多大关系。钟口如制出深陷的波曲，虽然会对其基音以外的哼音有些影响，但就浅波口钟而言，这一点是可以忽略不计的。因此，早期之浅波口钟的出现并非出于音响上的考虑，而只是受到工艺造型上之创新要求的推动。然而审美的眼光为何会偏爱这种带波曲的钟口呢？回答这个问题仍须从塔上悬铃说起。早期中国佛塔上所悬之铃本是圆体平口的，与印度铃之原型相近，敦煌莫高窟428窟北周壁画金刚宝座式塔上就悬着这样的塔铃（图28-3:1）。可是铜铃内有铃舌，有些铃舌的底端还露在铃口之外。河北邯郸南响堂山第1洞北齐浮雕佛塔上的塔铃甚至将舌下之锤都露了出来（图28-3:2）。也有些浮雕的表现手法较含蓄，铃舌微露，与铃口混合为一条波状曲线（图28-3:3）。随着时间的推移，当这种曲线逐渐在人们心目中形成较固定的印象，并进而转移到钟口上时，"浅波口钟"遂开始问世[14]。

图 28-3 佛教建筑上所悬之铃
1. 莫高窟 428 窟北周壁画中的塔顶
2. 南响堂山第 1 洞北齐浮雕塔顶
3. 南响堂山第 7 洞北齐窟檐

在 Ⅱ 型浅波口钟中，首先应当提到的是陕西富县宝室寺钟，高155、口径 150 厘米，铸于唐贞观三年（629 年）[15]。钟口分六道波曲，自钮部向每道波曲的弧尖处连接条带纹，将钟壁表面纵分为六区，再以水平条带将钟壁横分为三层，从而整个钟面共划分成十八格。每格中或饰飞天纹、龙纹、凤纹，或饰对角线与圆珠纹，但迭错相间，同样的图案互不毗邻，颇富韵律感（图 28-4:1）。此钟下部较宽，钟体呈馒头形，但 Ⅱ 型钟当中也有钟壁较直、接近圆筒形的。宝室寺钟底层当中一格内阴刻铭文三百一十八字，是我国国内所藏有明确纪年之最早的铜梵钟。加以其花纹优美，范铸精工，声音洪亮，确可远闻数十里，故为世所珍。

Ⅱ 型梵钟主要流行于北方。敦煌莫高窟唐代经变壁画中的佛寺，殿堂两侧的两座角楼，一座悬钟，另一座贮经卷（图 28-5）[16]；其所

图 28-4　Ⅱ型梵钟

1. 陕西富县宝室寺唐钟
2. 甘肃武威钟楼唐钟
3. 西安碑林唐景云二年钟

4. 江苏丹阳唐中和三年钟
5. 北京古钟博物馆宋熙宁十年钟
6. 韩国江华岛传灯寺宋绍圣四年钟

7. 沈阳故宫金天德三年钟
8. 日本长崎发心寺明正统三年钟
9. 日本福冈光明寺明正德四年钟

悬之钟多为Ⅱ型钟。寺院中的钟声除了作为起居作息的信号外，兼有醒世弘法的意义。《法苑珠林·鸣钟部》说："洪钟震响觉群生，声遍十方无量土。含识群生普闻知，被除众生长夜苦。"元代所修《百丈清规·法器章》则说：钟，"丛林号令资始也，晓则破长夜，警睡眠，暮则觉昏衢、疏冥昧。"

还有两口Ⅱ型钟的风格与宝室寺钟逼肖，但都比它的形体大。其中一口是甘肃武威钟楼所悬之钟，为唐大云寺故物，高240、口径145厘米，铸于武则天时期（684—704年）。此钟钟面亦分成十八格，除对角线纹外，饰有飞天、天王、鬼卒、夜叉及龙纹。惜其下部稍有残损（图28-4:2）[17]。另一口是西安碑林所存景龙观钟，高247、口径165厘米，铸于唐景云二年（711年）。此钟钟面上的十八格中分别饰以仙人、翔鹤、走狮、腾龙、朱雀、独角独腿牛等，每格四角饰祥云，充溢着道教的色彩（图28-4:3）[18]。底层当中的框格内刻有唐睿宗李旦撰文并自书的铭文二百九十二字，其中说："朕翘情八素，缔想九玄。命彼鼓延，铸斯无射。"也是信奉道教之君主的口吻。

宝室寺钟、大云寺钟与景龙观钟虽分属佛、道二教，但三钟时代相接，大小相次，形制基本相同，可以作为唐代前期关陇地区铸钟工艺水平的代表。唐代后期的此型钟，如原存江苏丹阳县公园内的中和三年（883年）钟，虽外轮廓变化不大，但钟面上仅以凸线勾画出简单的袈裟纹，与上述三种之纹饰的壮丽，乃不可同日而语（图28-4:4）[19]。

宋代的Ⅱ型钟如北京大钟寺古钟博物馆所藏熙宁十年（1077年）钟，高130、口径113.5厘米（图28-4:5）[20]；今在韩国江华岛传灯寺的绍圣四年（1097年）钟，高164、口径100厘米（图28-4:6）[21]；以及韶关南华寺的乾道三年（1167年）钟[22]，虽皆为浅波口钟，但已由六曲增为八曲。只有沈阳故宫所藏金天德三年（1151年）钟，因为是在"因兵火隳坏"的古钟的基础上"再铸"的，所以保存了若干早期钟的特点，仍为六曲（图28-4:7）[23]。

明代的Ⅱ型钟如浙江余杭径山寺永乐元年（1403年）钟[24]、现在日本长崎市发心寺的正统三年（1438年）钟（图28-4:8）[25]，也都是八曲浅波口。值得注意的是，这些钟之钟面的区划是先横向分层，

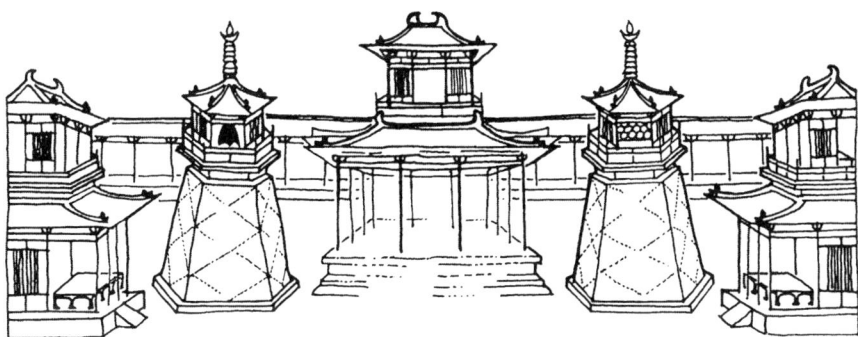

图 28-5 莫高窟 91 窟盛唐壁画中的佛寺

每层再纵向分成大小八个格。与之相适应，常在钟壁之近底部的八个方位上标以八卦纹。少数例外如现在日本福冈县田川郡光明寺的正德四年（1509 年）钟，钟口为六曲；但它也标以八卦纹，显示出当时的风尚（图 28-4:9）[26]。

明代 II 型钟中之最著名的重器是北京大钟寺的永乐大钟，1420 年铸，高 675、口径 330 厘米，重 46.5 吨。虽然它比重 59.5 吨的北京钟鼓楼大钟为轻，但铸造精美。依重量计，排名在它前面的几口外国大钟的年代则均不如它古老[27]。此大钟钟壁内外铸有佛教经咒一百多种，达二十三万多字。大钟是分铸的，钟身用泥范；蒲牢用失蜡法铸成后，嵌入钟体外范内，再浇铸铜液接为一体。大钟的波口亦为六曲，显得分外庄严。

II 型钟为浅波口，III 型钟则为深波口。深波口钟出现于金代。宁夏宁县文化馆所存贞元四年（1156 年）钟，高 220、口径 150 厘米，为八曲深波口，但钟面上仍饰以袈裟纹（图 28-6:1）[28]。山东肥城关帝庙金大定二十四年（1184 年）铁钟（图 28-6:2）[29]、四川达县太平兴国禅院南宋庆元五年（1199 年）铁钟（图 28-6:3）[30]、河北正定临济寺明天顺四年（1460 年）铁钟（图 28-6:4）[31]、日本京都藤井有邻馆所藏清康熙三十九年（1700 年）铜钟（图 28-6:5）[32]，也都是八曲深波口。在这类钟上，钟口分为八曲渐成定制。钟面纹饰的布局多依横向分层，以前的袈裟纹已很少见到。钟上这时常铸出吉语，如庆元

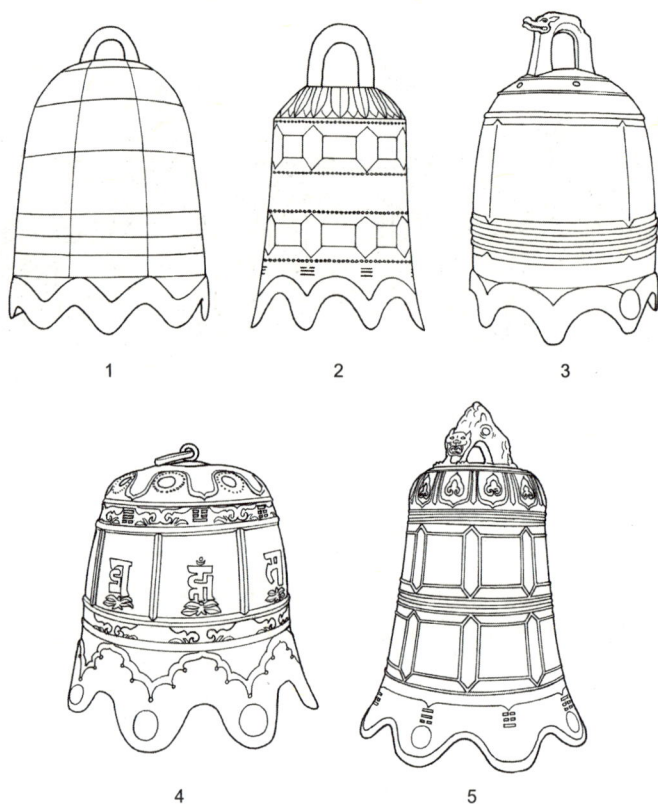

钟有"皇帝万岁，重臣千秋"铭文。此种吉语北宋时已流行[33]，历南宋、金、元各代沿用不衰，也有再续以"风调雨顺，国泰民安"等语句的，使梵钟带上了浓厚的世俗化色彩。到了清代，在有邻馆所藏康熙钟上，还铸出"皇帝万岁万万岁"铭文，虽说是梵钟，但对人间帝王的崇拜已上升到第一位了。

　　Ⅳ型钟出现于元代，平口，口缘向外扩张。元至元三十年（1293年）的益都路府学钟（图 28-7:1）[34]、明成化二十一年（1485 年）的云门寺钟（图 28-7:2）[35]，以及流入日本的康熙四十七年（1708 年）顺德凌水会馆铁钟（图 28-7:3）[36]，均可为例。此类钟之外扩的口缘部分增厚，形成水平型声弓，敲钟时撞击声弓发声，钟声可更加响亮。此种设计本是西洋钟的特点，却已经被中国的Ⅳ型梵钟所吸取。这时，

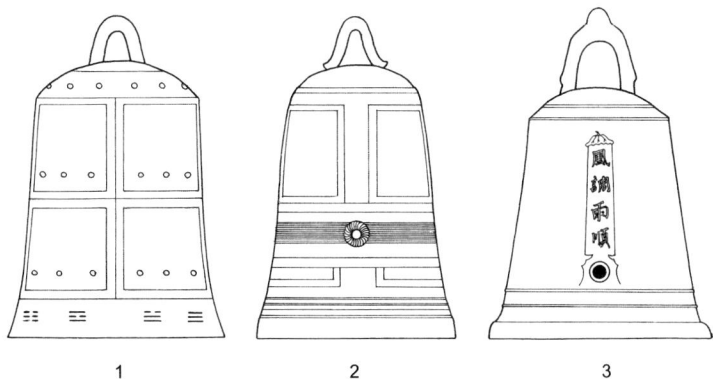

图 28-7 Ⅳ型梵钟
1. 元至元三十年益都路府学钟
2. 明成化二十年云门寺钟
3. 清康熙四十七年顺德凌水会馆铁钟

中国佛寺朝暮各撞钟一百零八下，分为三通，每通前后缓紧各十八下。霜晨月夕，音朗声洪，亦足涤荡尘心。

中国梵钟上还有独具特色的蒲牢；西洋钟顶部却只有简单的钟钮，那里未曾将这一部件作为装饰的重点，发展出如此优美瑰奇的造型。在我国，先秦铜镈之钮式已相当繁复，蒲牢的出现或曾受到它的启发，但梵钟毕竟是中世纪以后的产物，与先秦铜镈的艺术趣味有所不同。早期梵钟上的蒲牢多为两端饰龙头的桥形钮。此种意匠的起源极古老，新石器时代红山文化的玉器中就发现过双龙头璜，商代甲骨文的"虹"字也写作两端带龙头的弧形。不过寻找蒲牢造型之渊源似乎不必把目光投向如此遥远的往昔，因为南北朝时代若干石碑的碑首亦作此形。如北魏鲁郡太守张猛龙碑（正光三年，552 年）之碑首的图案（图 28-8:1），就和比它仅仅晚半个世纪的太建钟之蒲牢相一致（图 28-8:2）。循此线索试作探寻，不难发现碑首与蒲牢之演变的轨迹彼此互相呼应，大体上保持同步；所以用碑首作为蒲牢造型的参照系之说是可以成立的。

在唐钟上，蒲牢两端的龙头或铸出前肢，拱起的背部正中饰以摹拟宝珠形的出尖之如意头（图 28-8:4）。再看唐碑，如李勣碑、李靖碑、温彦博碑（图 28-8:3）、房玄龄碑，乃至道因法师碑、大秦景教流行中国碑等碑之碑首，从正面看，都是左右二龙啮碑肩，前爪攀碑额，两后爪相对将宝珠擎在当中。蒲牢的造型虽稍简化，但主要特征并无

图 28-8 碑首（1、3、5）蒲牢（2、4、6）的图案
1. 北魏·张猛龙碑
2. 陈太建钟
3. 唐·温彦博碑
4. 唐龙兴寺钟
5. 曲阜颜庙元碑
6. 金卤簿纹钟

二致。宋代碑首继踵唐制，河南登封的嵩岳中天王庙碑、河南偃师的重修升仙太子大殿碑之碑首，都很精致；而古钟博物馆所藏宋熙宁钟的蒲牢，正可与此类碑首相比附。到了金元时代，碑首之蟠龙改变了原先龙首俯向下方的构图，呈二龙昂首相向共衔宝珠之式，如山东曲阜颜庙元加封公国复圣公制词碑（图 28-8:5）、山东济宁文庙重修尊经阁记碑等碑首可以为例。同样，这时的蒲牢也作二龙相对状，辽宁省博物馆旧藏之金代卤簿纹钟的蒲牢即呈此式，造型英挺，风格雄浑（图 28-8:6）。此型蒲牢在古钟博物馆所藏明正德鹤纹钟上也能见到，均为杰出的工艺品。

也有些巨型钟因顶端距地面很高，且多悬挂在钟楼或钟亭内，钟顶不易看到，所以它们反而不铸出复杂的蒲牢。比如古钟博物馆的永乐大钟就只有简洁的钟钮，承重只靠一根长 1 米，高 14、宽 6 厘米的铁芯铜穿钉。其工程设计之精到，力学结构之合理，久为科学界所称誉[37]。

中国梵钟的发展经历了一千四百多年的岁月星霜，在艺术造型、声学性能、合金配比、铸造技术诸方面，均达到极高的水平。目前尚未进行全面的调查、修整和研究，今后在这方面还有许多工作要做。

（原载《考古与文物》1998 年第 5 期）

注释

［1］ 林谦三：《东亚乐器考·梵钟形态里的印度要素》，中译本，音乐出版社，1962 年。

［2］ 《宋诗钞》卷 2，页 1532，中华书局，1986 年。

［3］ 逯钦立：《全汉三国晋南北朝诗·陈诗七》，中华书局，1983 年。

［4］ 坪井良平：《歷史考古学の研究·支那鐘随想》，东京，1984 年。

［5］ 原田淑人：《中国考古学の旅》页 123、170，东京，1957 年。

［6］ 毕沅、阮元：《山左金石志》卷三。段松苓《益都金石记》卷一。

［7］ 龚节流、陈世雄：《唐代铜钟》，《文物》1981 年第 9 期。

［8］ 方志良、张光助：《浙江诸暨发现唐代铭文铜钟》，《文物》1984 年第 12 期。

［9］ 隐元等重修：《广东通志》卷二〇四。

［10］ 常磐大定、关野贞：《中国文化史迹》卷三、四。

［11］ 同注［4］。

［12］ 同注［10］。

［13］ 同注［4］。

［14］ 本文举出的口下露舌之铃，时代已近南北朝晚期，可能还有更早的实例有待发现。铜钟改平口为波口，首先应从它本身，或与之最具亲缘关系的器物上找原因。文中的说法则仅仅是一种设想。也有人认为波口仿自莲瓣图案。但这类铜钟为数众多，却从未见过钟口上有明确的莲瓣纹样的。

［15］ 姬乃军：《我国存世最早的唐钟》，《考古与文物》1983 年第 1 期。王永亮：《富县宝室寺铜钟》，《文博》1990 年第 3 期。

［16］ 萧默：《敦煌建筑研究·佛寺院落式布局的讨论》，文物出版社，1989 年。

［17］ 丝绸之路考察队：《丝路访古·考察纪程》，甘肃人民出版社，1983 年。

［18］ 王翰章：《景云钟的铸造技术及其铭文考释》，《文博》1986 年第 4 期。

［19］ 《江苏金石待访目》卷七。

［20］ 全锦云：《铸造祥和》，《中华文化画报》1996 年第 3、4 期。

［21］ 武亿：《授堂金石文字续跋》卷一一。金庠基：《宋崇明寺钟》，《考古美术》4 卷 3 期。

［22］ 翁方纲：《粤东金石略》卷四。

［23］ 王明琦、李仲元：《盛京定更钟考》，《故宫博物院院刊》1981 年第 2 期。

［24］ 同注［10］。

［25］ 同注［4］。

［26］同注［4］。

［27］世界上现存最大的钟是俄罗斯克里姆林宫的沙皇钟，重193吨，1735年铸。缅甸的敏贡钟重90吨，1808年铸。而日本四天王寺的颂德钟，虽重达158吨，但铸造的时间已迟至1903年，比永乐大钟晚了483年。

［28］许俊臣：《宁县贞元铜钟》，《考古与文物》1985年第2期。

［29］田口㳟三郎：《東亞の梵鐘》，《日本学術協會報告》第16卷第3号。

［30］刘喜海：《金石苑》。余天健、程前林：《宋太平兴国禅院古钟》，《文物》1984年第3期。

［31］同注［10］。

［32］同注［4］。

［33］山西临猗双塔寺塔基出土的北宋熙宁二年（1069年）《地宫记》石碑上已有"皇帝万岁，臣佐千秋，雨顺风调，兆民安泰"之吉语。见《文物》1997年第3期。

［34］同注［6］。

［35］同注［10］。

［36］同注［4］。

［37］凌业勤、王炳仁：《北京明永乐大铜钟铸造技术的探讨》，《科学史集刊》第6集，1963年。吴坤仪：《明永乐大钟铸造工艺研究》，载北京钢铁学院《中国冶金史论文集》，1986年。

29 佛像的火焰肩与火焰背光

美国哈佛大学福格美术博物馆藏有一尊据传出自我国河北石家庄地区的鎏金铜佛像，应制作于 4 世纪前期[1]。这是一尊着通肩衣的禅定坐佛，高 31.8 厘米，方形台座，座前供养瓶花，左右踞伏狮子。座两侧各铸出一执灯或执莲花的供养人。佛像隆准修目，八字短髭，薄唇长耳，额间凸起白毫，造型带有浓厚的贵霜色彩；但供养人的面像却完全是中国式的。特别应当注意的是，佛像之两肩分别升起四束向内弯成弧形的火焰。在鎏金铜造像中极为独特（图 29-1）。

肩上升起火焰的佛像通称焰肩佛。但就存世之实例而言，火焰肩并不是首先出现在佛像上，而是出现在贵霜帝王像上。公元 1 世纪中期，自我国西北地区迁徙到中亚阿姆河流域的大月氏各部，由丘就却（Kujūla Kadphises）将五翕侯统一起来，建立贵霜帝国。又经过无名王的拓殖，至 1 世纪后期，丘就却之子阎膏珍（Vima Kadphises）继立，国势强盛，领土扩张至西北印度。阎膏珍所铸金币正面的国王像于左肩升起火焰（图 29-2）。可是在已发现的早期佛像上，却未看到这种做法。如 19 世纪中叶在阿富汗贾拉拉巴德附近的比马兰 2 号佛塔出土的镶宝石金舍利函外壁所铸佛像，及 1908 年在白沙瓦附近的沙吉奇德里出土的伽腻色迦铜舍利函上所铸佛像，均不呈火焰肩（图 29-3）。比马兰舍利函中盛有四枚塞王阿泽斯的钱币，故近年研究者多将其年代定为 1 世纪，也有人径指为丘就却时代之作[2]。沙吉奇德里舍利函上的佉卢文铭中则说，此器制于伽腻色迦王元年。它是伽腻色迦一世送给在伽腻色迦布逻城中他的寺庙的礼物[3]。伽腻色迦一世在位之年代目前尚无一致的说法，但此器的制作当不晚于 2 世纪中

图 29-2 贵霜阎膏珍王金币，国王像于
左肩升起火焰

图 29-1 美国哈佛大学福格美术博物馆藏
鎏金铜焰肩佛像

1

2

图 29-3 舍利函
1. 阿富汗比马兰 2 号佛塔出土
2. 伽腻色迦舍利函

叶。以上两例中的佛像均不施火焰肩，并非偶然。这种情况在伽腻色迦一世的钱币上也看得很清楚。由于贵霜帝国统治地域中民族众多，信仰复杂，而当政者采取宽容的宗教政策，所以在其钱币背面铸出的神像中，希腊的以及祆教、婆罗门教、佛教的神祇都曾出现。与火焰肩相关的神像主要是祆教中的火神兼锻冶之神阿次洒（Athsho），它还可以代表其创造者祆教的主神阿胡拉·玛兹达。在一枚伽腻色迦一世的金币上，正面的国王像仅在右肩升起火焰，而背面的阿次洒像却于双肩均升起火焰（图 29-4:1、2）。祆教崇拜火，像上的火代表善和光明。国王像大多只在肩之一侧升火焰，似乎意味着下阿次洒神一等，从大贵霜时的阎膏珍像到小贵霜时的瓦尔喀什王（Valkash，484—488 年）像上都能看到这样的例子[4]。至于有些晚期的国王像逾出此规格，那就是另外的问题了。但在早期，在伽腻色迦一世所铸背面有佛陀像的著名金币上，虽正面的国王像亦循例于肩之一侧升起火焰，佛陀像的双肩上却一无所有（图 29-4:3、4）；因知火焰肩本非佛像之固有的相好。然而伽腻色迦一世是一位虔诚的佛教徒，他信奉大乘教派，佛教之第四次"无遮大会"即在他的主持下召开，名僧龙树、马鸣、僧伽罗刹等都得到他的优礼。从而原本是伊兰系神官之尊贵的表征的火焰肩，此后遂逐渐与佛像发生联系。《大唐西域记·迦毕试国·大雪山龙池及其传说》条记伽腻色迦王与龙王较量，龙王作法，"声震雷动，暴风拔木，沙石如雨，云雾晦冥，军马惊骇。王乃归命三宝，请求加护。曰：'宿殖多福，得为人王，威慑强敌，统赡部洲，今为龙畜所屈，诚乃我之薄福也。愿诸福力，于今现前！'即于两肩起大烟焰，龙退风静，雾卷云开。"由于玄奘去伽腻色迦王时已近五六百年，他记载的神话已经后世润色加工，所以伽腻色迦一世在佛法的佑护下，也于"两肩起大烟焰"了。不过就在此王之后不久，于迦毕试地区确已出现焰肩佛像。迦毕试在汉籍中又作迦臂施、迦毗试、迦卑试、劫比舍也，其地即今阿富汗的贝格拉姆（Begram），位于巴米安石窟东面，南距喀布尔 62 公里，伽腻色迦时为贵霜帝国之夏都[5]。此古城附近的派特瓦（Pāitāvā）寺院遗址所出石雕"大奇迹佛"，两肩各升起四束火焰，年代约为 3 世纪，正可与《西域记》的记载相印证；惜其下部已残[6]。

图 29-4　贵霜金币
（左、正面；右、背面）
1、2. 伽腻色迦一世金
币，背面为阿次洒
神像
3、4. 同一国王的金币，
背面为佛陀像

法国吉美博物馆所藏阿富汗出土的石雕《舍卫城双神变》，构图与前者基本相同，却相当完整[7]。此像雕出大水从地下涌起，佛像腾空而立，熊熊烈焰在肩后喷薄摇曳，呈密集状；佛像抵右掌作施无畏印，气势雄健，风姿轩昂，极显刀工（图 29-5:1）。但此立佛肩上之火焰尚不够规范。喀布尔博物馆所藏石佛像，肩上的火焰虽仍为前后两丛，却已归并成几束（图 29-5:2）。而派特瓦出土的禅定佛像于双肩各出火焰四束，以后逐渐成为定式（图 29-5:3）。从出土地点看，这类佛像是在新疆以西到印度河上游之间，即今南乌兹别克斯坦至北阿富汗一带形成的，这一带正是贵霜艺术中乌浒河派的发祥之地；它是犍陀罗造像进一步与伊兰风、大夏风以及若干中亚本地特色相结合的产物[8]。

　　5 世纪以前，贵霜一直是佛法东传的枢纽，我国的佛教最初就是

图 29-5　贵霜乌浒河派焰肩佛像

1. 吉美博物馆藏《舍卫城双神变》的佛像
2. 喀布尔博物馆藏禅定佛像
3. 派特瓦出土的禅定佛像

从大月氏人那里传来的。《三国志》卷三〇裴松之注引鱼豢《魏略·西戎传》说:"哀帝元寿元年(前 2 年)博士弟子景卢受大月氏王使伊存口授《浮屠经》。"不仅如此,将佛经译成汉文的早期译者也几乎都是月氏人,或经贵霜来华的安息人、天竺人、粟特人。而我国新疆地区由于毗邻贵霜,所以率先接受佛教,修寺建窟,开展佛事活动。新疆地区的石窟多集中在丝路北道沿线的绿洲地带,而以龟兹境内之石窟遗迹最富,尤其是拜城的克孜尔石窟和库车的库木吐拉石窟规模为大。克孜尔石窟由于开凿的时间早,地位更加重要。宿白老师说:"它正处在葱岭以西阿富汗巴米安石窟群和新疆以东诸石窟群之间。它所保存早期壁画的洞窟的数量,远远超过了巴米安,而其第一阶段的洞窟的具体年代至少要早于新疆以东现存最早的洞窟约一百年左右。"[9] 在克孜尔石窟的壁画中，就出现了画得很清楚的焰肩佛，其双肩升起的成束的火焰，但彼此靠得很近，与上述派特瓦出土禅定像的造型基本一致（图 29-6:2）。此外，在吐鲁番拜西哈尔石窟和鄯善吐峪沟石窟的壁画中，也能看到肩背之后升起火焰的佛像（图 29-6:1）和比丘像，不过这些像上的火焰呈分散状。值得注意的是，在我国通往巴基斯坦的喀喇昆仑高山公路所经山谷间发现的岩画中，也有带火焰肩的造像，如沙提阿勒桥附近所刻《尸毗王舍身救鸽本生》，尸毗王双肩各有四道火焰（图 29-7）[10]。晃华山先生说：喀喇昆仑高山公路"正是汉代以来所谓的'罽宾道'，它是由现在新疆塔里木盆地西南部的皮山县向西南，经红其拉甫山口进入巴基斯坦境内的洪札河谷，接着是吉尔吉特河谷和印度河谷，最后到达白沙瓦、土瓦特以及阿富汗喀布尔河中下游地区。这个地区包括古代的迦毕试、犍陀罗、呾叉始罗和乌苌等地，汉代所说的罽宾就是指这个地区"[11]。因此，这条路线正是贵霜艺术中的犍陀罗流派与乌浒河流派传入新疆的通道之一。在这里发现带火焰肩的造像并不使人感到意外，通过它不难使人联想

图 29-6　新疆早期石窟壁画中的焰肩佛
1. 吐鲁番拜西哈尔第3窟
2. 克孜尔 207 窟

1　　　　　2

图 29-7 喀喇昆仑高山公路土瓦特山
谷间的岩画《尸毗王舍身救鸽本生》

起福格博物馆所藏金铜焰肩佛像；看来两肩各出四束火焰乃是此类造像之较规范的格式。福格馆的金铜像与上述罽宾道岩画的年代大约相去不远，均不出 4 世纪。而克孜尔石窟的开凿，据研究可以上溯到 3 世纪[12]，所以这里有些早期佛像两肩上的火焰各密集成一整朵，尚未明显分列成束。

我国开始造佛像的时间约为 2 世纪后期，如四川乐山"麻浩享堂"、江苏连云港孔望山等地之例，但这时毕竟为数不多（图 29-8:5）[13]。至 3 世纪，在东吴统治区内出现了较多的佛像，可又往往只充作器物的装饰。"人们将佛教造像饰于马具中用于鞦带的饰件，以及用作酒樽的附饰，甚至以佛像作为支承香熏的足，或贴饰承痰的唾壶"[14]。尤不堪者，如《法苑珠林·敬佛篇·观佛部》说："吴时于建业后园平地，获金像一躯，……孙晧得之。素未有信，不甚尊重，置于厕处，令执厕筹。"其亵慢乃尔。像湖北鄂州塘角头 4 号吴墓所出之独立的、两旁伴以胁侍，显然作为供奉对象的佛像，是很少见到的（图 29-8:6）[15]。不过也有例外，在这时的若干种铜镜如画纹带佛兽镜、夔纹佛像镜的图纹中，佛像出现在原先安排东王公、西王母的位置上，表明它们同样被视为神仙，受到崇敬。在东汉晚期的画像镜或神兽镜上，东王公的形象比比皆是。起初东王公戴高山、进贤之类高冠，装束和世俗的诸侯王差不多。后来东王公改戴山字形冠，或即《仙传拾遗》所称东王公"冠三维之冠"的三维冠。这种冠式是识别东王公的标志之一。而且东王公之肩可生羽翼。《论衡·道虚篇》："好道学仙，中生毛羽，终以飞升。"《楚辞·远游》王逸注："人得道，身生毛羽也。"铜镜上的东王公有的生小羽翼（图 29-8:1）[16]，也有的将羽翼表现为许多道弧线（图 29-8:2）[17]，甘肃高台骆驼城魏晋墓出土画砖上的东王公之翼仍然如此（图 29-8:4）[18]，东王公又和西王母一样，起初"梯几"，后来坐龙虎座（图 29-8:3）[19]。它们的坐姿本应为汉族传统式样的跪坐，但由于镜上不少图像采取正视的角度，且因衣裾向两侧扩张，所以看起来颇类似趺坐。不过肩生羽翼或毛羽始终是东王公、西王母等神仙的特征；出现在 3 世纪之三国和西晋前期铜镜上的佛像，是不具备这一特征的。尽管后者有时也坐龙虎座，双肩上却并无这类附加物（图 29-8:7）[20]。也就是说，3 世纪时长江流域铸造的铜镜上的佛像，不像新疆那样，于其上看不到贵霜艺术之乌浒河派的影响。有的学者指出，佛教初向我国传播时还有几条南方之路[21]；而从南方之路传入的佛教艺术看来与乌浒河派有一定距离。可是到了如福格美术博物馆所藏大约制作于华北的 4 世纪前期的佛像上，肩部出现了分散的弧线形附加物，虽然它和东王公像上的毛羽十分相似，所代表的却是火焰（图 29-8:8）。佛教入华之初，依附于神仙道术，其表现是所谓佛道杂糅，此世所共鉴。比如将佛像安排在龙虎座上，于佛经则无据，于神仙家则有征。所以上述福格馆藏品肩上的火焰形与羽翼形正大同小异，说是受"模仿佛像的神仙像"的做法的影响[22]，或"模仿神仙像的佛像"的做法的影响，均无不可，真可谓左右逢源了。

于犍陀罗晚期，迦毕试地区出土的贵霜石造像已有在背光边缘处增饰窄窄的一圈火焰纹之例，但并未扩及整个背光（图 29-5:2）。而在克孜尔 76 窟中发现的两件木雕佛像，其椭圆形背光中充满了不规则的火焰纹，时代约为 5 世纪初（图 29-9:1）[23]。同时期的辽宁北票北燕冯素弗墓（太平七年，415 年）出土的金冠珰上压印的佛像，背后也升腾起不规则的火焰（图 29-9:2）[24]，与上述克孜尔木雕像可谓异曲同工。这样形成的火焰背光问世后，很快便传播开来，5 世纪前期的几十年中，

图 29-8 东王公（左）
与佛陀（右）

1. 浙江省博物馆藏东
   汉龙虎神仙画像镜
2. 浙江省博物馆藏东
   汉神仙画像镜
3. 湖北鄂州出土三国
   画纹带神兽镜
4. 甘肃高台骆驼城魏
   晋墓出土画砖
5. 四川乐山麻浩享堂
   门额刻佛像
6. 鄂州塘角头 4 号吴
   墓出土陶佛像
7. 鄂州出土四叶八凤
   佛兽镜
8. 福格美术馆藏佛像

南北方都出现了配舟形火焰背光的佛像。而且对火焰纹的处理手法渐趋严谨，不复铺张散漫，仅使之缭绕于背光外缘，如日本永青文库藏宋元嘉十四年（437 年）韩谦造铜禅定佛像（图 29-9:3）[25]、意大利罗马某氏藏北魏太平真君五年（444 年）铜立佛像（图 29-9:4）[26]，它们的背光制作精巧，火焰纹路细密，繁而不乱，布局既有规律又洋溢着流丽圆转的跃动感，所以为后世所长期仿效。

然而并不是说当火焰背光出现后，原先的焰肩图案随即消失；实

图 29-9 带火焰背光的佛像

1. 克孜尔石窟第76窟发现的木雕佛像（5 世纪初）
2. 辽宁北票北燕冯素弗墓出土金珰
3. 刘宋元嘉十四年韩谦造铜佛像
4. 北魏太平真君五年造铜佛像

际上，整个 5 世纪乃至 6 世纪前期，火焰肩仍是背光的一个组成部分。这时在头光与背光之间，于佛像肩部正余下一块弧边三角形的空隙，恰可填充火焰。它和头光、背光结合在一起，不仅使火焰肩这一传统观念继续保留，而且也使佛像靠背的图案更加充实。如甘肃刘家峡市炳灵寺 169 窟第 6 龛有西秦建弘元年（420 年）题记，是已知有明确记年的最早石窟造像。此像作禅定式，背光边缘绘细密的火焰纹，两肩又各升起一朵炎炎的火焰（图 29-10:1）[27]。这种构图传入北魏后，无论在小型造像或大型石窟中都能看到它的踪迹。日本藤井有邻馆所藏北魏太安元年（455 年）石造像[28]、日本书道博物馆所藏北魏延兴二年（472 年）石造像（图 29-10:2）[29]，背光边缘均为忍冬纹，背光及头光中有多尊化佛，但双肩却升起火焰，颇为醒目。石窟中的背光图案也是如此。如云冈 20 窟是和平初年（460 年或稍后）开凿的昙曜五窟之一，窟内正中有大坐佛，高 13.7 米，为云冈最宏伟的造像，其背光也在两肩处刻火焰纹。直到孝文帝迁洛前最后开凿的云冈第 6 窟中的佛像之背光，仍保持着此种构图（图 29-10:3）。也就在迁洛这一年，太和十八年（494 年）尹受国所造石佛坐像，被认为具有典型的太和期佛像风格，也在头光、背光中刻火焰纹。其头光的边框且向下延伸，将双肩上的火焰纳于其中，构图显得更加整齐，火光内外辉映，浑然一体，但火焰肩反而不够突出（图 29-10:4）[30]。北魏迁洛，将这种图案带到龙门。古阳洞北壁太和十九年（495 年），长乐王丘穆陵亮夫人尉迟氏所凿龛像，为古阳洞诸龛中最早者。造像的布局恢宏，装饰瑰丽，上部张垂璎珞花蔓，其下为大舟形火焰背光，内有多层化佛与供养天，头光最内一层为莲花纹。由于背光太大太复杂，肩上的三角形区域所占比例相对减小，其中容纳的火焰就更不突出了。6 世纪初的焰肩佛，可以陕西历史博物馆所藏西安市王家仓出土的北魏永平二年（509 年）石造像为代表（图 29-10:5）[31]。往后直到 6 世纪末，在莫高窟 410、282、427、420 等隋窟中，佛像两肩上仍然画出火焰。入唐，它才完全与背光融为一片。

　　火焰背光是在贵霜佛像背光上的一窄圈火焰纹和焰肩图案的基础上创造性地发展而成，从而为佛像提供出一屏辉煌的背景，不仅烘托气

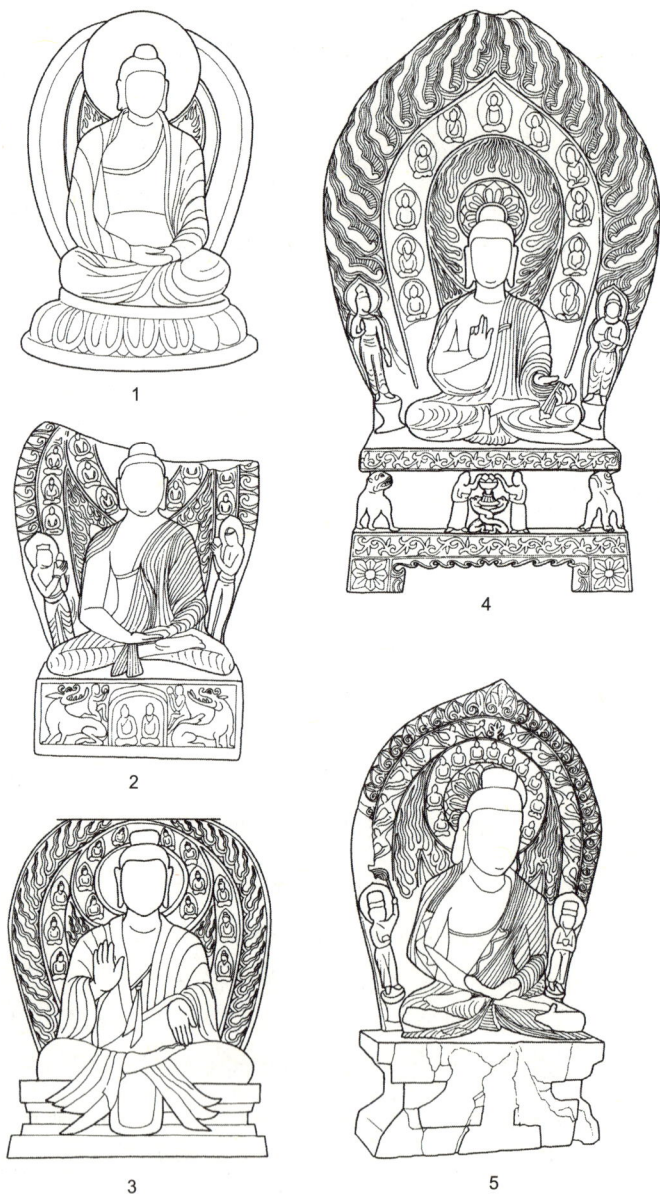

图 29-10 带背光的焰肩佛像

1. 甘肃刘家峡炳灵寺169窟西秦建弘元年佛像
2. 日本书道博物馆藏北魏延兴二年佛像
3. 云冈第6窟北魏佛像
4. 北魏太和十八年尹受国造佛像
5. 陕西历史博物馆藏北魏永平二年佛像

氛，而且激发联想。当它出现以后，大型佛殿中的造像如不安装火焰背光，就有失去依托之感。而且，我国的火焰背光的图案也曾不断有新的创意。6 世纪 20 年代的正光时期，不但在背光中将火焰纹和缠枝卷草、莲花、化佛等巧妙地组合在一起，而且在背光外缘装饰多身飞天。它们手持乐器，凌空翱翔，裙帔飘扬上举，其轻盈之体态与升腾之火焰若合节拍，相得益彰。有些背光顶部尖端还装小舍利塔，塔顶耸立相轮；祥容宝刹，流光动瑞，虽华饰缤纷而意致高朗。存世之正光三年（522 年）、正光五年（524 年）、永安二年（529 年）诸作[32]，均为其个中翘楚。故中国式样的火焰背光可以说是我国在佛像艺术上的重大创造。

（原载《中国历史博物馆考古部纪念文集》，
科学出版社，2000 年）

注释

［1］ 水野清一：《中国の彫刻》图 7，东京，1960 年。

［2］ 林梅村：《古代大夏所出丘就却时代犍陀罗语三藏写经》，《文物天地》1998 年第 1 期。

［3］ B. N. Mukherjee, "Shah-ji-ki-Dheri casket-inscription", *British Museum Quarterly*, 28.

［4］ Katsumi Tanabe, *Silk Road Coins, The Hirayama Collection*, fig.103、108, London, 1993.

［5］ 季羡林等：《大唐西域记校注》页 137，中华书局，1985 年。

［6］ B. Rowland, *The Art and Architecture of India*, p. 128, New Delhi, 1984.

［7］ J. Meunié, *Shotorak*, Paris, 1942.

［8］ 贵霜艺术中的"乌浒河流派"是樋口隆康提出来的。他说："可以认为，贵霜除有犍陀罗派和秣菟罗派两个美术流派以外，贵霜还有一个新的流派。把这个流派称为大夏（巴克特利亚）美术，会发生时代上的语病。称之为吐火罗斯坦美术，一般又不为人熟悉。因此，以这种美术作品制作材料的石灰岩的出产地乌浒河（Oxus，即今阿姆河）来命名。"转引自姜伯勤：《论咀密石窟寺与西域佛教美术中的乌浒河流派》，载《段文杰敦煌研究五十年纪念文集》，世界图书出版公司，1996 年。

［9］ 宿白：《中国石窟寺研究·新疆拜城克孜尔石窟部分洞窟的类型与年代》页 37，文物出版社，1996 年。

［10］ 国家文物局教育处：《佛教石窟考古概要·中亚佛教建筑与造像》页 287～288、292，文物出版社，1993 年。

［11］ 同注［10］。

［12］ 霍旭初、王建林：《丹青斑驳，千秋壮观——克孜尔石窟壁画艺术及分期概述》，载

《中国新疆壁画全集·1·克孜尔》。

［13］俞伟超：《东汉佛教图像考》，《文物》1980 年第 5 期。俞伟超、信立祥：《孔望山摩崖造像的年代考察》，《文物》1981 年第 7 期。

［14］杨泓：《跋鄂州孙吴墓出土陶佛像》，《考古》1996 年第 11 期。

［15］湖北省文物考古研究所等：《湖北鄂州市塘角头六朝墓》，《考古》1996 年第 11 期。

［16］王士伦：《浙江出土铜镜》图 37、39，文物出版社，1987 年。

［17］同注［16］。

［18］张掖地区文物管理办公室等：《甘肃高台骆驼城画像砖墓调查》，《文物》1997 年第 12 期。

［19］《山海经·海内北经》：“西王母梯几而戴胜杖。”汉画像石中常见西王母坐高几上，东王公亦然。坐龙虎座的东王公见湖北鄂城鄂钢 544 工地出土镜，载《鄂城汉三国六朝铜镜》图 103，文物出版社，1986 年。

［20］《鄂城汉三国六朝铜镜》图 81。

［21］南京博物院等编：《佛教初传南方之路文物图录》，文物出版社，1993 年。

［22］西田守夫：《铅同位體比法による漢式鏡研への期待と雑感——主として吴鏡と三角緣神獸鏡の関俁資料について》，《MUSEUM——東京国立博物舘美術志》1982 年 1 月号。

［23］查娅·帕塔卡娅：《中亚艺术》图 21、28，载许建英、何汉民编译：《中亚佛教艺术》，新疆美术摄影出版社，1992 年。

［24］黎瑶渤：《辽宁北票县西官营子北燕冯素弗墓》，《文物》1973 年第 3 期。

［25］金申：《中国历代纪年佛像图典》图 7、11、22、80，文物出版社，1994 年。

［26］同注［25］。

［27］《中国石窟寺研究》图版 19、20。

［27］《中国の雕刻》插图 54、82。

［29］同注［25］。

［30］同注［28］。

［31］同注［25］。

［32］张总：《北朝金铜佛像背光飞天分析》，《文物》1993 年第 12 期。

30　中国早期高层佛塔造型之渊源

　　在中国建筑史上，佛塔固应认为是由于佛教的传入而引进的外来建筑形式，汉文塔字的语源来自巴利语 thūpa，梵文作 stūpa，汉语的对音为窣堵婆。但中国早期高层佛塔与印度窣堵婆的造型差异甚大[1]。对于形成这一特殊现象的原因，海内外建筑史学者已作过许多探讨[2]。笔者不揣谫陋，亦略陈所见，以求教正。

印度的窣堵婆与精舍

　　如所众知，印度窣堵婆的本义指坟墓。宋·法云《翻译名义集》卷二〇："窣堵婆，《西域记》云：'浮图，又曰偷婆，又曰私偷簸，皆讹也。'此翻方坟，亦翻圆冢，亦翻高显，义翻灵庙。刘熙《释名》云：'庙者貌也，先祖形貌所在也。'又梵名塔婆，发轸曰：《说文》元无此字，徐铉新加，云西国浮图也。'言浮图者，此翻聚相。《戒坛图经》云：'原无塔字，此方字书乃是物声，本非西土之号。若依梵本，瘗佛骨所，名曰塔婆。'"不过根据桑奇大窣堵婆（波）垣门浮雕图像中之所见，这种形状的坟墓在佛教出现以前就存在于印度，瘗佛舍利的窣堵婆乃是在传统形制的基础上发展而成。中印度之典型的窣堵婆，其主体是接近半球状的覆钵（anda 或 garbha），其下部有供右绕礼拜用的附阶（sopāna），再下部为基坛（medhi）。在覆钵之上有方形的平头（神邸）（harmikā），上立刹杆（yasti），杆上装伞盖（chattrā）。在其周围一定距离处建有栏楯（vedikā），栏楯四方辟四垣门（torana）（图 30-1、2）。这样的一座窣堵婆是寺院中最神圣的场所，也是佛陀生涯中最后的大

图 30-1　印度桑奇 3 号窣堵波

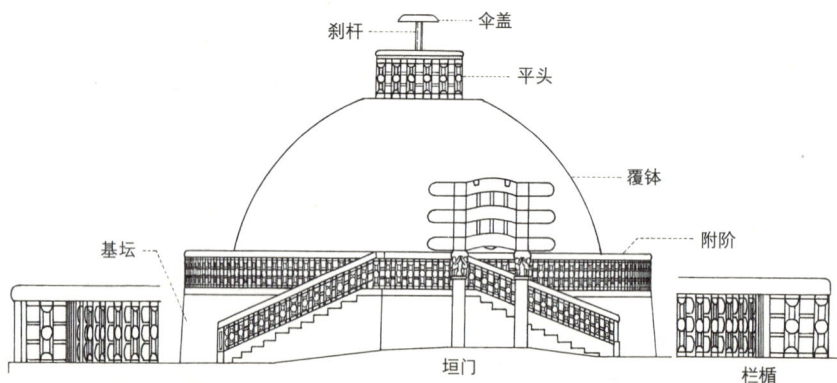

图 30-2　中印度典型的窣堵波（据桑奇 3 号窣堵波制图，补出栏楯）

事件涅槃的象征。特别是在纪元前的小乘佛教时代，从教义上就认为佛身不可形象。如《增一阿含经》卷二一谓："如来身不可造作"，"不可模则，不可言长言短"（《大正藏》卷二）。因此，信徒并不供奉佛像，只以若干象征物如白象、铁钵、菩提树、金刚座、法轮等来代表[3]。在它们当中，窣堵婆当然是更重要的对象，它常建造于寺院正中，在最瞩目的位置上接受信徒的礼拜。由于窣堵婆是坟墓，是礼佛的象征物，因此它是实心的，信徒不仅在事实上不能进入其内部，在愿望上一般也无由产生这样的要求。

不过，到了公元 1 世纪以后，情况发生了变化，这时在西北印犍陀罗地区由马鸣（阿湿缚鎏沙，Aśvaghoṣa）所倡导的大乘佛教兴盛起来了。大乘佛教主张造佛像，大乘经典《般舟三昧经》中明确指出："复有四事，疾得是三昧，一者作佛形象，用成是三昧故"（《大正藏》卷一三）[4]。因此这时在犍陀罗地区留下了不少带有希腊风的佛像。而佛像一出现，就成为信徒通过直观直接礼拜的对象，寺院中必须安排适当的处所放置它们。虽然，这时在犍陀罗的、较之中印度的形制已有所改易的窣堵婆上常于覆钵中部辟龛造像，但大量佛像不能全都依托于窣堵婆，仍然要有专门供奉佛像的建筑物。可是这种建筑物原先是没有的，所以佛教徒遂借用婆罗门教的天祠，特别是一种名为希诃罗（śikhara）的神堂的形式来建造自己的佛殿——精舍[5]。这种情况在玄奘的《大唐西域记》中反映得很清楚。此书卷五《殑伽河伽蓝》条说：

> 伽蓝东南不远有大精舍，石基砖室，高二百余尺，中作如来立像，高三十余尺，铸以鍮石，饰诸妙宝。精舍四周石壁之上，雕画如来修菩萨行所经事迹，备尽镌镂。石精舍南不远有日天祠，祠南不远有大自在天祠，并莹青石，俱穷雕刻，规模度量，同佛精舍。

此书卷六《给孤独园》条又说：

> 伽蓝东六七十步有一精舍，高六十余尺，中有佛像东面而坐。如来在昔于此与诸外道论议。次东有天祠，量等精舍。日旦流光，天祠之影不蔽精舍；日将落照，精舍之阴遂覆天祠。

玄奘站在佛教的立场上立论，所以说天祠"量等精舍"，其实倒是精舍的建筑形式在模仿天祠；而《西域记》中对精舍的描写，也无不与希诃罗式建筑物大体相合。如该书卷七所记鹿野伽蓝中的一座精舍："高二百余尺，上以黄金隐起作庵没罗果，石为基陛，砖作层龛，翕匝四周，节级百数"；正是希诃罗式布满层层水平节线的高塔式建筑的写照。而所谓庵没罗果即药用植物余甘子的果实[6]，在这里指此类建筑结顶处所装扁球状物。但是也有些精舍在结顶处装刹，如《西域记·

鞬罗释迦伽蓝》条所记之精舍：

> 中门当涂，有三精舍，上置轮相，铃铎虚悬。下建层基，轩槛周列，户牖栋梁，壖垣阶墀，金铜隐起，厕间庄严。中精舍佛立像高三丈，左多罗菩萨像，右观自在菩萨像。凡斯三像，鍮石铸成，威神肃然，冥鉴远矣。精舍中各有舍利一升，灵光或照，奇瑞间起。

这段记载很重要，它表明有的精舍不但在顶部装相轮即刹，而且内部放有舍利；这两点都和窣堵婆相接近。但它毕竟是中空的高建筑，其中且置有三丈高的佛像。所以，综合起来看，就有理由认为这类精舍已具有窣堵婆和佛殿的双重性质了。

中国楼阁式木塔造型的渊源

中国是在印度本土的佛教建筑已大致发展到这一阶段时才开始营建自己的佛塔的。因此对于佛塔的认识，已难以回到公元前印度小乘佛教的单纯象征物的概念上去。佛教虽已于西汉末年开始传入我国，但这种宗教引起社会高层的注意是在东汉明帝时，而佛像从一开始便是它的显著的标志。《洛阳伽蓝记》卷四说："白马寺，汉明帝所立也，佛入中国之始。寺在西阳门外三里御道南。帝梦金神长丈六，项背日月光明，金神号曰佛。遣使向西域求之，乃得经像焉。时白马负而来，因以为名。"汉明帝感梦之说虽不可尽信，但此时佛像已传入中国是实，而洛阳白马寺中也确有像和塔。《魏书·释老志》说："自洛中构白马寺，盛饰佛图，画迹甚妙，为四方式。凡宫塔制度，犹依天竺旧状而重构之，从一级至三、五、七、九，世人相承，谓之浮图。"可见在这座寺院中应建有浮图，即塔；而以塔为主体建筑的佛寺也叫塔庙或浮图寺。我国古文献中最早作出较具体的描述的浮图寺是东汉末年笮融在徐州建造的。《三国志·吴书·刘繇传》说：笮融"大起浮图祠，以铜为人，黄金涂身，衣以锦采。垂铜盘九重，下为重楼阁道，可容三千余人。"同一史实在《后汉书·陶谦传》中也有记载，那里说笮融"大起浮屠寺。上累金盘，下为重楼，又堂阁周回，可容三千许人。作黄金涂像，衣以锦彩。"陈寿和范晔关于这座浮图的两段文字，其内容略有出入，容于下文中再加探讨；而它们的相同之处，是都说这座浮图的塔身为重楼，楼顶上装重层鎏金铜盘，内部置鎏金铜佛像。由于在塔内供佛像，所以晋·葛洪《字苑》说："塔，佛堂也"（《玄应音义》卷六引）。《魏书·释老志》也说："塔亦胡言，犹宗庙也。"至于是否瘗有舍利，史无明文。虽然如此，仍可认为这座塔应与鞬罗释迦伽蓝中的精舍为近，而与桑奇等地的窣堵婆却差得远。所以严格地说，笮融的浮图不是塔而是精舍，或者至少是具有精舍和塔的双重性质。

　　不过并不能把笮融的浮图只看作是中国重楼与印度窣堵婆上的刹的简单叠合。如果在中国建筑的传统中完全不存在嫁接这种外来植株的砧木的话，陌生的印度塔刹是难以移植到重楼上的。所以笮融浮图的结构中，实际上包含着不少中国固有的成分。

　　在汉代，木构楼观有在屋顶上立标柱的做法。张衡《西京赋》："营宇之制，事兼未央。圆阙竦以造天，若双碣之相望。凤骞翥于甍标，咸溯风而欲翔。"李善注："谓作铁凤凰，令张两翼，举头敷尾，以函屋上，当栋中央，下有转枢，常向风，如将飞者焉。"圆阙的阙身应为圆形，其屋顶如果像若干陶囷的做法那样，则可在攒尖处立标。如果此阙之顶仍砌出短短的正脊，依张衡赋，其脊上也应立标，标上再装铁凤凰。平面作矩形的建筑物之顶用四角攒尖者在汉代尚少见[7]，但也有在短脊上立标柱的。《汉书·尹赏传》颜师古注引如淳曰："旧亭传于四角面百步筑土四方，上有屋，屋上有柱出，高丈余，有大板贯柱四出，名曰桓表。"师古曰："即华表也。"华表也可简称为"表"或"标"[8]。山东沂南画像石中出现过在屋顶上立"交午柱"即华表的阙（图30-3:2）。山东莒南大店和河南南阳杨官寺的汉画像石中都出现过在高楼上立华表的图形（图30-3:1、4），其华表顶部呈三角形，与沂南画像石中立于桥头之华表的造型一致（图30-3:3）[9]。而在中国旅行家看来，印度窣堵婆顶上的刹也属此类。《西域记·大雪山龙池》条记一座窣堵婆失火的情况，谓其"内忽有烟起，少间便出猛焰，

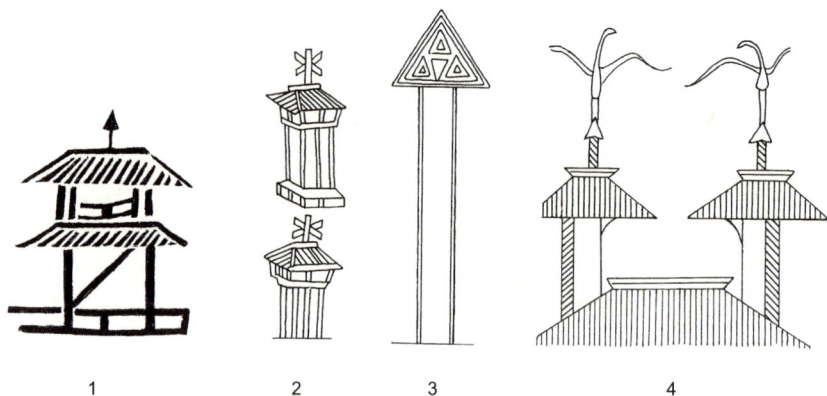

1 2 3 4

图30-3 汉画像石上
所见之标
1. 山东莒南大店出土
2、3. 山东沂南出土
4. 河南南阳杨官寺出土

时人谓窣堵婆已从火烬。瞻视良久，火灭烟消，乃见舍利如白珠璠，循环表柱，宛转而上。"这里说的"表柱"正指其刹而言。并且这个词不仅用于窣堵婆，也用于精舍。同书卷一一"僧伽罗国"条云："王宫侧有佛牙精舍……上建表柱，置钵县摩罗伽大宝"，便是其例。同样，此称谓也适用于中国塔的刹，所以杜甫《同诸公登慈恩寺塔》一诗开头就说"高标跨苍天"。因此，笮融之浮图如在重楼顶上立标柱，则与汉代建筑的传统手法并无违碍之处。

但是印度窣堵婆的刹上还要装伞盖。印度气候炎热，贵人出行常有从者执伞护侍；窣堵婆上立伞盖，也是用以表示尊贵崇敬之意。但我国汉代原来也有礼仪性的华盖，在武氏祠镌刻的周成王像和沂南画像石的西王母像上均张有华盖（图30-4:1、2），可见无论帝王或神仙均可用之。我国早期金铜佛像上所张之盖亦与上述华盖并无二致（图30-4:3、4）。不过印度窣堵婆上的伞盖不止一重，《法苑珠林》卷三七引《十二因缘经》谓：伞盖"佛塔八重，菩萨七重，辟支佛六重，四果五重，三果四，二果三，初果二，轮王一；凡僧但蕉叶火珠而已"。堪称巧合的是，中国古代也有使用多重盖的传统，其渊源可以追溯到先秦。《山海经·海外西经》："大乐之野，夏后启……乘两龙，云盖三层。"汉代的耕根车也用三重盖[10]。王莽的"登仙车"则用九重盖。《汉

书·王莽传》："或言黄帝时建华盖以登仙，莽乃造华盖九重，高八丈一尺。"车盖之外，也在神坛上树多重盖。《水经注·谷水》引华峤《后汉书》："灵帝于平乐观下起大坛，上建十二重五彩华盖，高十丈。坛东北为小坛，复建九重华盖，高九丈。"所以，笮融在他的重楼上累金盘九重，既可以看作是在楼顶的标柱上建九重华盖，又可以被认为是装上了印度式的刹。传统的形制和外来的因素在这里恰好被统一了起来。2008 年在湖北襄樊菜越三国墓中出土了一座陶楼院，由门屋、围墙和当中的二层楼组成。特别值得注意的是，楼顶上耸立着由七重圆盘累起的高标，相当于伞盖即塔刹，正可与时代相近之笮融的建筑物相比照（图 30-5）[11]。只不过襄樊楼院小了点，远处容不下三千人，却不妨被视为上述重楼型浮图寺之简化了的模型。

但有的研究者认为，中国塔的刹就是整座窣堵婆的缩影或模型[12]。他们常强调塔刹底部的小覆钵，认为这一部分就代表窣堵婆的主体。对于晚期佛塔来说，或许可以作这样的理解，但不能认为中国塔的结构从一开始便遵循着这样的法则；因为现存为数不多的早期塔刹并不支持此说，在它们的底部很难明确地指出一个覆钵来。如云冈 11、14 窟中若干浮雕塔之刹，相轮底部多承以用蕉叶装饰的基座，对照云冈 14 窟中雕出大覆钵的单层塔，则前者仅相当于窣堵婆上的平头（图 30-6）。因

图 30-5　湖北襄樊樊城菜越
三国墓出土之带塔刹的陶楼

图 30-6　塔刹（各塔
在图中虚线以上不应
再起覆钵）
1. 北凉·高善穆造石
　塔，甘肃酒泉出土
2. 云冈石窟第 14 窟浮
　雕塔
3. 云冈石窟第 11 窟浮
　雕塔

1   2

图 30-7　汉晋陶楼
1. 甘肃张掖郭家沙滩
　汉墓出土
2. 甘肃武威雷台晋墓
　出土

此更有理由认为，笮融重楼上的金盘是窣堵婆之伞盖和中国之多重华盖的综合体，而并非叠床架屋，在重楼顶部再拼接上整座的缩小了的窣堵婆。

如前所述，印度往往将窣堵婆建于佛寺的中央，中国早期佛塔的位置也是如此。这种将高层建筑置于正中的布局虽与中国传统的以门塾堂寝等组成的建筑平面不同，但不能说汉晋时没有类似的式样。不但汉长安城南郊礼制建筑在平面正中安置了一座规模巨大的高建筑，而且与笮融的时代相近的东汉晚期至魏晋间的墓葬中出土的若干明器陶楼，也有安排在院落当中的，如河南灵宝张湾、甘肃张掖郭家沙滩、甘肃武威雷台等地所出者均如此（图 30-7）。特别是雷台所出的一例，院当中建有五层高楼，四隅建角楼，角楼之间连以带栏杆的天桥，院内又用重墙砌出夹道，天桥与夹道上下相对。依《史记·留侯世家》集解引如淳说，这种构造名为"复道"，而依韦昭说，则名为"阁道"。也有的文献认为单是天桥即可名为阁道。《史记·天官书》正义："阁道，……飞阁之道。"又同书《高祖纪》索隐："栈道，阁道也。"则不论依哪一说，雷台所出的这件明器正是一座重楼阁道的建筑模型。它和《三国志》所记笮融浮图的"重楼阁道"之形制颇相合。可以设想，笮融浮图的塔身或与雷台陶楼和樊城陶楼相近。再看《后汉书》中所称"下为重楼，又堂阁周回"云云，则有失陈寿原意。因为如依《后汉书》所说，此塔院四周应绕以廊庑和殿堂，这就和"阁道"不是同一种形式了。

中国密檐式砖塔造型的渊源

上述高层佛塔的实物以木塔为主，《洛阳伽蓝记》中所记之十七座塔也大都是木塔。但木塔顶部装有巨大的金属塔刹，容易引电落雷而失火。如北魏熙平元年（516年）所建洛阳永宁寺九层大木塔，"殚土木之功，穷造形之巧"，为一时伟观，但只经过十八年，至永熙三年（534年）便被焚毁。所以远在晋太康六年（285年）已经出现了太康寺的三层砖浮经图[13]。砖塔的防火性能较木塔为优，它是当时突然出现的一种全新的建筑类型，北魏正光四年（523年）所建河南登封嵩岳寺塔是中国现存最早的砖塔。在这座塔上第一次看到以逐层缩短而内收的叠涩密檐形成的缓和弧线，这使它的外轮廓略呈炮弹形（图30-8）。应当指出的是，在中国传统的梁柱式土木结构的建筑物上是难以出现这种效果的，所以

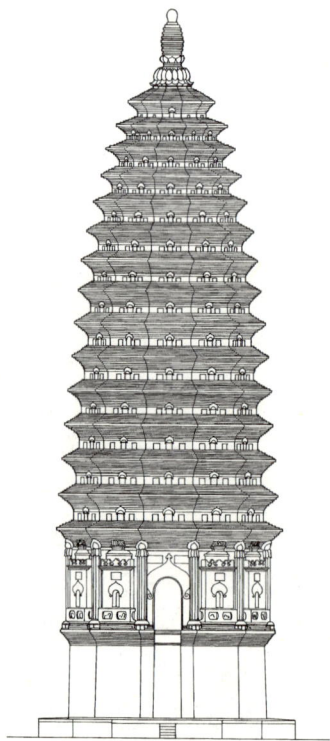

图30-8 河南登封北魏嵩岳寺塔

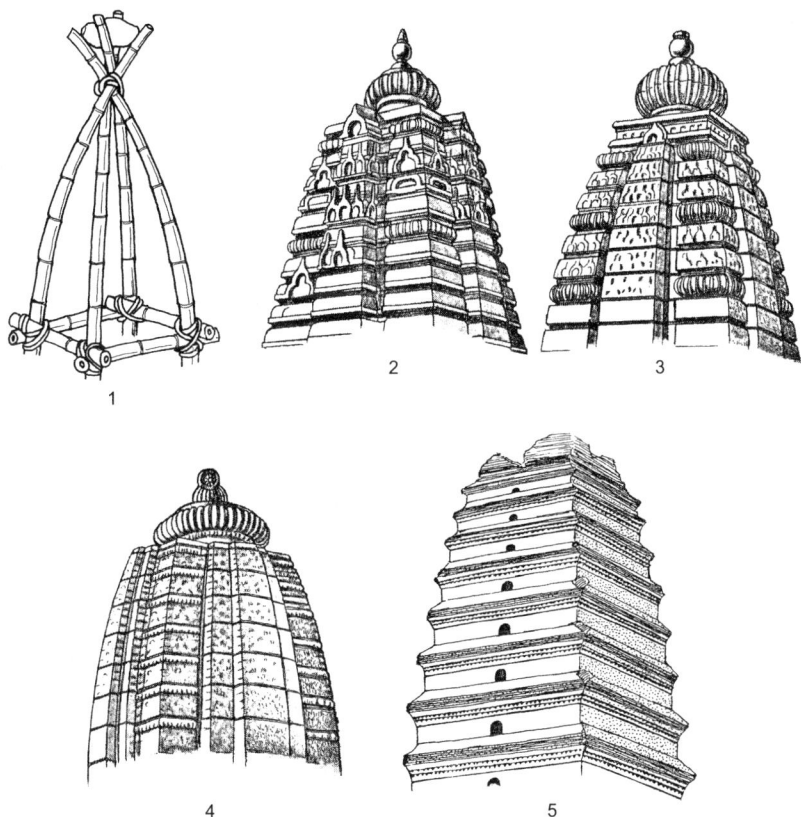

图 30-9 建筑物上的炮弹形轮廓线

1. 印度古代缚竹构架示意图
2. 印度 Aihole 希诃罗，5 世纪
3. 印度 Pattadakal 希诃罗，6 世纪
4. 印度 Jodhpur 希诃罗，8 世纪
5. 西安小雁塔，8 世纪

这种弧线不可能在中国自身的建筑意匠中产生。结合上文对中国塔与希诃罗式建筑的关系的分析，可以认为，炮弹形的轮廓当来自印度。印度古代有一类竹构建筑物，它是将植在地上的四根竹竿的梢部缚在一起，再以石块封顶（图 30-9:1），这样很自然地形成了一个弧形的方锥体。这是在印度本土产生的一种建筑形式，希诃罗的造型即取法于此。用砖石建造的希诃罗的外壁，早期多砌出水平节级。而嵩岳寺塔不但接受了希诃罗的外轮廓，并且它的叠涩密檐也是在当时的条件下用中国建筑的语汇迻译希诃罗之水平节级的既接近又可行的作法。又如《西域记》卷八所记，在印度，这类建筑有的"叠以青砖，涂以石灰"；而嵩岳寺塔

的外皮也正满涂石灰。虽经千年风霜，今已多处剥脱，但还保留着相当一部分，而且其砖砌的塔刹由于包在灰皮里面，还曾长期被误认为系用白石雕成。这些情况都说明，至南北朝时，虽然自汉代已经形成的以木构重楼充塔身的做法仍相沿未替，但随着佛教知识在中国的流传，僧俗信士已经产生了使佛教建筑物进一步肖似印度"旧状"的要求。特别在修建砖塔时，由于采用了新材料，所以在形式上也进行了新探索。嵩岳寺塔就是在这样的背景下建造的最早的实例之一。

唐代高层砖塔仍以密檐式为多，如西安荐福寺小雁塔、嵩山永泰寺塔和法王寺塔、北京房山云居寺石塔、昆明慧光寺塔、大理崇圣寺千寻塔等都属于此种类型。而且唐代密檐塔的平面均为方形，这就更接近希诃罗的式样了（图30-9:2～5）。不过印度建筑对唐代密檐塔所起的影响亦仅到此为止。希诃罗在印度教建筑中以后还有所发展，它在四隅簇生出许多层方锥状突起，最后变得像一丛由大小方锥嵌结而成的结晶体，同时表面雕饰也愈益繁缛。但晚期的希诃罗对中国佛教建筑未产生影响。

余 论

中国早期高层佛塔主要的两种类型——楼阁式塔和密檐式塔虽然在唐以前已初步定型，但在唐代还有人进行了一次使中国高层佛塔进一步向窣堵婆靠拢的努力，这就是玄奘修建长安大慈恩寺塔的活动。玄奘在印淹留日久，濡染较深，姑不论他所建立的慈恩宗学说是否具有太印度化的倾向，但至少他在建塔时是向往于较纯粹的印度形制的。他在永徽三年（652年）建议修慈恩寺塔，原计划全用石料，地点在寺端门之阳，高度为300尺。后经唐高宗劝阻，材料改用砖，地点改在该寺西院，高度减为180尺。当时玄奘"亲负篑畚，担运砖石"，所以塔的规模虽然缩减，但式样仍是依玄奘的要求："仿西域制度，不循此旧式也。"[14] 因知此塔不会是习见的密檐式或楼阁式。其塔基每面为140尺，可是塔高连相轮露盘在内才180尺，而且这座塔为"砖表土心"，即是实心的；所以它与此前之具有精舍性质的塔不同，而应接近于半球形的窣堵婆。但此塔建成后不到半个世纪，"浮图心内，卉木钻出，渐以颓毁。长安中（701—704年）更拆改造，依东夏刹表旧式，特崇于前"[15]。重修时据说是武则天和王公大臣们出的钱[16]。这回不但恢复了中国式样，而且增至十层，中空有梯可攀。自盛唐以降，它始终是长安城中登临的胜地；而玄奘恢复"西域制度"的努力在唐代遂成绝响。中国佛塔仍然依中国佛教徒当时的理解，用中国的材料、技术，遵循东汉、六朝以来形成的传统于各地继续兴建，从而在中国建筑史上留下了独具风格的许多建筑珍品。

　　基本保持窣堵婆形制的塔，虽在南北朝、隋、唐的壁画与线雕中曾经出现，但较具规模的建筑实例除五台山佛光寺后山之窣堵婆式砖塔外，颇为罕见。在我国，只有喇嘛塔接近犍陀罗式窣堵婆。它于元代才在内地流行，最早的一例是至元八年（1271年）所建北京妙应寺白塔。也就是说，在佛教传入中国一千余年之后，窣堵婆的身影才真正从南亚次大陆投射到我国东部地区。

（原载《中国历史博物馆馆刊》第6期，1984年，

收入本集时作了修改）

注释

[1]　本文所论仅限于高层佛塔，单层佛塔另有其发展途径，兹未涉及。

[2]　关于中国佛塔造型的起源诸说不一：梁思成《中国的佛教建筑》、罗哲文《中国古塔》、伊东忠太《東洋建筑研究》主张起源于重楼；关野贞《南北朝時代の塔とがこグう式塔との関係》、G. Combaz, *L'évolution du stūpa*、H. G. Franz, *Von Gandhāra bis Pagàn* 主张起源于犍陀罗式塔；原田淑人《中国式塔婆の起因についての考察》主张起源于门阙；村田治郎《支那の佛塔》则主张一种折衷说。而刘致平《中国建筑类型及结构》、P. Brown, *Indian Architecture* 都认为嵩岳寺塔很像印度的希诃罗。

[3]　如以白象象征佛诞生，铁钵象征巡锡，菩提树、金刚座象征成道，法轮象征说法等等。

[4]　支娄迦谶于东汉光和二年（179年）已将此经译成汉文，因此中土的造像活动开展得较早。

[5]　《史记·大宛列传》正义引《括地志》："佛上忉利天，为母说法九十日。波斯匿王思欲见佛，即刻牛头旃檀像，置精舍内佛坐。此像是众像之始，后人所法也。"也认为

最早的佛像置于精舍中。

[6] 《毗奈耶杂事》卷五："庵摩洛迦即岭南余甘子也。初食之时，稍如苦涩，及其饮水，美味便生，从事立名，号余甘矣。旧云庵摩勒果者，讹也。"

[7] 汉代的四角攒尖顶曾于广州 4019 号东汉墓出土的井亭上一见。英国不列颠博物院所藏之攒尖顶陶望楼既装宝珠又悬匾额，与汉制不合，殆伪。

[8] 《吕氏春秋·似顺论·慎小篇》高诱注："表，柱也。"《管子·君臣上》尹知章注："表谓以木为标，有所告示也。"《宋书·五行志》："大明七年，风吹初宁陵左标折"，而《建康实录》卷一三则谓，"大明七年夏四月，大风折初宁陵华表。"可见表、标、华表诸名称互通。

[9] 沂南画像石中桥头华表顶部为三角形，孝堂山画像石中桥头华表顶上立鸟，杨官寺华表顶部兼有三角形物与立鸟。后来由于受了丁令威化鹤归来立于华表的神话的影响，此鸟常作鹤形。

[10] 《文选·东京赋》薛综注："农舆三盖，所谓耕根车也。"《续汉书·舆服志》："耕车有三盖。"河北满城 2 号汉墓之 1 号车，在车箱范围内共出盖弓帽 61 枚，分大、中、小三种，属于三个车盖，应看作汉代装三盖之车的直接证据。

[11] 襄樊市文物考古研究所：《湖北襄樊樊城菜越三国墓发掘报告》，《考古学报》2013 年第 3 期。

[12] 梁思成：《中国的佛教建筑》，《现代佛学》1961 年第 2 期。

[13] 北魏·杨衒之：《洛阳伽蓝记》卷二。

[14] 唐·慧立：《大慈恩寺三藏法师传》卷七。

[15] 宋·宋敏求：《长安志》卷八。

[16] 宋·张礼：《游城南记》。

31 中国早期单层佛塔建筑中的粟特因素

从渊源上说，中国佛塔之造型应追溯到不晚于公元前3世纪已在中印度出现的窣堵婆。大型窣堵婆以半球形覆钵丘为主体，下承圆形塔基，周围设环道，树栏楯，辟塔门，供信士右绕礼拜。覆钵丘正顶建平台，名平头，其正中立刹杆，装相轮。但这类窣堵婆并未在中国营造，我国古代不仅没有此型建筑物之实例，而且在图像中也不曾见过它。与中国塔之造型关系较近的是北印度的犍陀罗式塔。这类塔的圆形塔身建在方形塔基上，覆钵丘的比例加高，平头成为倒置的方坛形，皆立相轮多重。最下层的相轮特别大，面积远远超过平头，有时甚至与覆钵的直径相当；往上逐渐减小，其外缘的连线侧视呈三角形。而且大部分犍陀罗式塔已不在外围设栏楯（图31-1:1）。

佛教通过克什米尔自印度向北传布，2世纪以降，这一带留下了不少犍陀罗式塔的图像。近年经新疆塔什库尔干出红其拉甫山口，循吉尔吉特河谷至印度河平原修建了一条中巴国际公路，沿线发现的岩画中常刻有这种类型的塔[1]。20世纪初，斯坦因第二次赴和田时选择的路线偏北，他是沿着今巴基斯坦西北边境省的吉德拉尔河谷经阿富汗瓦罕谷地东行，翻越瓦赫吉里山口进入我国的，沿线也发现了刻有犍陀罗式塔的岩画[2]。如自瓦罕谷地转而向西，取道喷赤河谷可径达乌兹别克斯坦南陲的铁尔梅兹，这里的卡拉切佩1号寺院遗址的壁画中所绘之塔也是这样的（图31-1:2）[3]。所以最早传入中国的塔型似莫能外，亦应属于犍陀罗式塔。但在我国早期佛教遗物中，这种塔不仅少，而且其造型已在发生变化，覆钵丘以上之平头、相轮部分的变化尤其明显。斯坦因于新疆楼兰遗址劫获之木雕小塔，相轮结构单调，

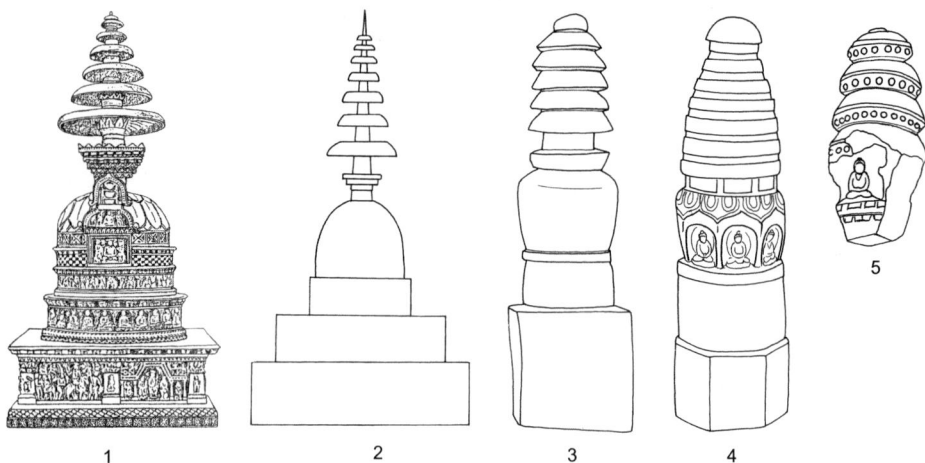

互相连接, 只在边缘部分稍加刻削, 划出层次 (图 31-1:3)[4]。而酒泉、敦煌、吐鲁番等地出土之北凉石塔, 其保存较完整者, 相轮均聚合成一体, 仅以刻出的环状浅槽表示分层, 平头部分则简化成八角或四角之短柱, 也被称为塔颈 (图 31-1:4)[5]。新疆和田约特干遗址出土的小石塔残件, 相轮直接加在覆钵丘上, 平头、刹杆均被略去, 所谓塔颈几乎不存, 硕大的多重相轮依次增减所形成的气势也看不到了 (图 31-1:5)[6]。这种情况说明, 犍陀罗式塔传入我国后, 其固有的建筑意匠并未再度辉煌, 相反, 无论整体造型或细部结构都出现了省便的趋势。

为什么犍陀罗式塔在我国没有获得充分发展的空间呢? 这是由于在小乘佛教时期, 塔本是礼佛的象征物, 佛教纪念地所建大窣堵婆固不待言, 小型供养塔也是如此。有一类小型塔建在石窟中以供礼拜, 这种窟被称作支提窟或塔堂窟。但由于大乘教义的创立和造像活动的盛行, 佛像已成为礼佛之重要而直观的崇拜对象, 出现了供奉佛像的精舍和石窟中的佛殿窟; 塔也随即在外壁增饰龛像, 这样就突破了其原先之单纯的象征性意义。塔既然与像相结合, 而我国又早就有在楼阁式塔内 "作黄金涂像, 衣以锦綵" 的做法, 所以中土信士自然会产

图 31-1 犍陀罗式塔
1. 犍陀罗小石塔
印度加尔各答博物馆藏
2. 壁画中所绘之塔
卡拉切佩 1 号寺院遗址
3. 木雕塔
新疆楼兰出土
4. 北凉·程段儿造石塔
5. 残石塔
新疆和田约特干出土

生入塔礼佛，使塔也成为一种"佛堂"的愿望[7]。而以封闭的、相当于墓葬封土之覆钵丘为主体的犍陀罗式塔，则难以满足这种要求。

另一方面，当时修造石窟已形成风气。可是在有些沙漠绿洲地区中找不到适合开窟的山体，于是出现了平地上砌起的相当于塔堂窟的建筑物，即用土坯建一座方形塔堂，堂中央建圆形实心塔。最清楚的实例是新疆若羌米兰的 3 号塔堂，因为其中的塔保存较好，而且还在塔堂内壁发现了精美的壁画，故蜚声于世。此塔堂每边长约 9 米，四面辟门，堂内为直径 7.8 米的圆形空间。中央之塔：基座直径 2.74 米，残高 3.5 米（图 31-2:1）[8]。如果将堂中的圆塔易为方形塔柱，内部空间随之改建成方形，则米兰塔堂与山东历城神通寺四门塔的平面可谓基本一致（图 31-2:2）。因此有理由设想，新疆绿洲地区以土坯砌造之塔堂，在我国早期单层佛塔从不能入内的象征物、到得以入内的"佛堂"之发展过程中，曾起到承前启后的作用。

但这里有一个问题，米兰 3 号塔堂的外形是什么样子？发现时此塔堂四壁虽已坍塌成低矮的土墩，但相距不远的 10 号建筑遗迹之用焙烧过的土坯砌成的穹隆顶仍有部分完好，能辨认出原是一座方形圆拱顶的屋子；3 号塔堂可能与之近似[9]。西域气候干燥，居民原有建土

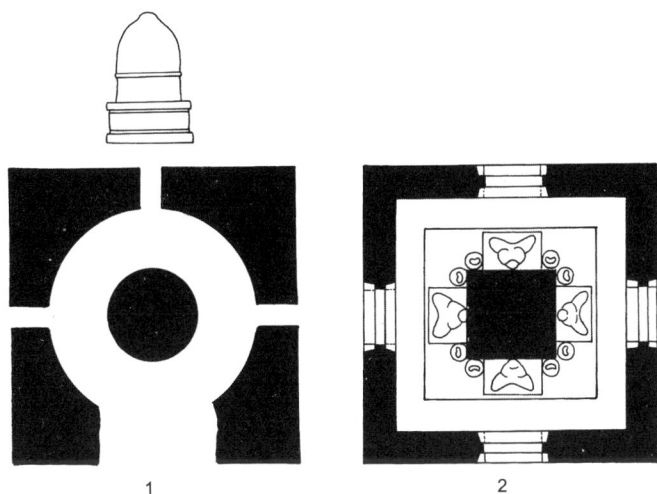

图 31-2　新疆若羌米兰塔堂（1）与山东历城神通寺四门塔（2）平面之比较

1　　　　　2

图 31-3 敦煌壁画中所见西域式建筑
1. 莫高窟第 217 窟盛唐壁画
2. 莫高窟第 23 窟盛唐壁画

坯房屋的传统，称作"土室"。唐·杜环《经行记》说："从此（拔汗那国，今费尔干纳）至西海，尽居土室。"在莫高窟第 217 窟盛唐壁画《法华经变·化城喻品》中出现过一座西域城，城中有方形建筑，其表面未表现砖缝，应为土室。此建筑物顶上有两重平直的屋檐，檐口饰山花，上层屋檐特别宽，似延伸为一层屋顶，但其上又起一筒形拱顶（图 31-3:1）。这里的平檐很值得注意，莫高窟第 23 窟盛唐壁画中的一座西域式精舍，也是平檐，也起筒形拱顶（图 31-3:2）。《隋书·西域·安国传》谓安国"宫殿皆为平头"。所称"平头"，似与此种平直的屋檐有关。不过在平檐上不一定非加筒形拱顶不可，也可用圆拱顶。圆拱顶是穹庐的外形。安国等粟特地区曾受突厥统治，突厥人习用"穹庐毡帐"，多以"毡帐为屋"，所以毡帐在粟特地区应不罕见[10]。而且砖石或土坯建造的屋宇与毡帐可以并存。唐太和公主嫁回纥时，"可汗先升楼东向坐，设毡幄于楼下，以居公主"，足资参证[11]。野外用的毡帐构造简单（图 31-4:1），而设于较固定的地点供贵人起居的毡帐却有很华丽的。《大慈恩寺三藏法师传》说：突厥"可汗居一大帐，帐以金华饰之，烂眩人目"。2000 年西安掘的北周·安伽墓所出石棺床，其围屏的三面雕刻中均出现毡帐。右侧面刻的那一顶比较讲究：帐门上端平直，似装有木质门额，两端突出蕉叶状物，圆拱形帐顶上饰以由忍冬叶片托

1   2   3

图 31-4　毡帐
1、2. 西安北周·安伽
墓石棺床雕刻
3. 日本滋贺美秀博物馆
藏北朝石棺床雕刻

起的大花朵（图 31-4:2）[12]。日本滋贺美秀博物馆近年入藏之北朝石棺床上雕刻的大帐更精致。帐门以木柱支撑，其上之阑额及多层枋木间施弛脚人字栱、蜀柱和曲尺形的花格子。平直的檐口上饰山花蕉叶，圆拱形帐顶上满布花饰（图 31-4:3）[13]。而在法国吉美博物馆和美国波士顿美术博物馆所藏传安阳出土的北齐石棺床围屏上所雕厅堂、门屋，虽与毡帐的形式不同，但圆拱顶、平檐、山花蕉叶等粟特建筑的特点，同样被强调地予以表现。更由于这些雕刻刀工细致，它们的造型显得格外优雅（图 31-5:1；31-10:1）[14]。应当说明的是，在这里，艺术夸张的成分并不是主要的。《经行记》说末禄国（即木鹿城，今土库曼斯坦的马雷）的建筑："墙宇高厚，市廛平正，木既雕刻，土亦绘画。"木鹿虽不在河中地区，但此城北临阿姆河，文化面貌与粟特应无大殊。上面举出的例子，可以证明杜环所赞不虚，粟特建筑的确有相当高的水平，形成了自己的风格。

特别当看到甘肃天水一座隋唐墓出土的石棺床上所雕屋宇时，更惊异地发现原来中国早期之单层佛塔的造型竟与粟特建筑有密切的关系。这所屋子呈方形，门边立柱，在柱头枋上又施尖拱，状若龛楣。两重屋檐，底下露出许多椽子，可知这一部分是木结构，但檐口出奇地平直。上筑圆拱顶，山花蕉叶均醒目而洒脱。屋内一胡人

图 31-5　粟特式建筑与中国早期单层佛塔
1. 安阳出土北齐石棺床雕刻
2. 天水出土隋唐石棺床雕刻
3. 邯郸南响堂山第 1 窟浮雕石塔

图 31-6　无"受花"之塔
1. 莫高窟第 23 窟盛唐壁画
2. 榆林窟第 33 窟五代壁画
3. 莫高窟第 61 窟五代壁画

坐筌蹄，持来通饮酒，面前跪一侍者
（图31-5:2）[15]。它纯粹是世俗的厅
堂，不带任何宗教气味。可是以南响
堂山第1窟之浮雕石塔与之相比，则
二者极其相似（图31-5:3）。可以说，
南响堂山石塔除了在圆拱顶上立刹杆、
悬铃铎以外，几乎原封不动地借用了
粟特建筑的外形。其刹杆直插在原先
饰于圆拱顶端的花朵上，这一部分后
来被称作"受花"，原以为是从犍陀罗
塔之平头演变而成，其实它本是粟特
建筑上的饰件。北响堂山第9窟中的
塔形龛，在圆拱顶上饰以忍冬卷草、
火焰宝珠等，手法极奔放恣肆，但相

图31-7　安阳宝山北齐·道凭法师塔

轮却被压缩成小纺锤形，夹在花饰当中，没有给予应有的地位，显然
不符合印度佛塔的法则，完全是设计者根据粟特建筑艺术模式而作的
发挥。在敦煌壁画中看到的单层砖石塔，有的甚至连受花都被省去，
刹杆和相轮直接装在圆拱顶上（图31-6）。也有些塔上的受花造型端
庄，如安阳宝山北齐·道凭法师塔上所见者，但也无非是对上述粟特
饰件加以规范化处理而已。假使不考虑其基座和受花以上部分，只看
塔身，那么这座方室圆顶之塔的外形大约和米兰3号塔堂相去不远
（图31-7）[16]。阿富汗瓦罕谷地兰加尔以东有一座用石块砌成的塔，
似是3—4世纪所建，当地称之为"喀尔万巴拉什"，还保存着方形塔
身与圆拱顶。此地距离我国边界只有步行半日的路程，可谓近在国门
之前；如果说米兰3号塔堂的外形和它更接近，或不为无据[17]。所以
像南响堂山、宝山这类6世纪的北齐塔，正不妨被看作是3世纪之米
兰塔堂的胤裔。

　　既然早期单层佛塔之造型源于粟特建筑，从而对过去的一些说法
遂有重新认识的必要。首先，如南响堂山第1窟浮雕中表现的这类塔，
其塔檐以上的半球体从根源上说代表的并非窣堵婆上的覆钵丘，而是

图 31-8　装 "受花"（1、2）与装 "仰月、宝珠" 之塔（3）
1. 莫高窟第 68 窟初唐壁画
2. 莫高窟第 468 窟晚唐壁画
3. 榆林窟第 32 窟五代壁画

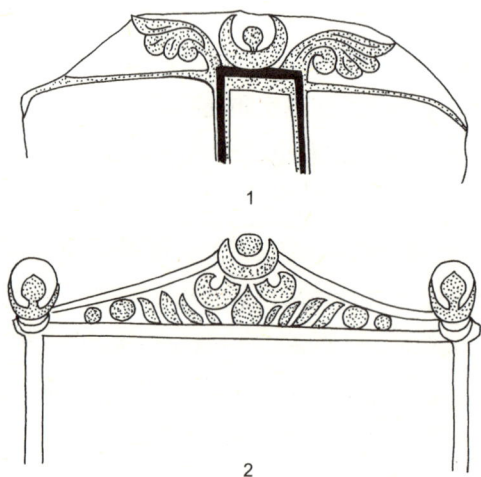

图 31-9　粟特式建筑上的星月纹
1. 花剌子模出土的纳骨器上所绘屋宇大门
2. 西安北周·安伽墓出土石棺床雕刻中之帐顶

1　　　　　　　　　　　　2

图 31-10　河南安阳出土北齐石棺床雕刻中的粟特式建筑（1），与河北邯郸南响堂山 7 号窟窟檐（2）

粟特建筑的圆拱顶。我国古塔中，大约只在北凉石塔一类塔和喇嘛塔上有真正的覆钵丘。关于喇嘛塔无须多说。北凉石塔从其上所刻之经文来看，尚是小乘教义下的产物，当然与北齐诸塔不同[18]。受花部分也是如此，如图 31-6 所示，这类塔本可不设此部件；唐代壁画中塔上的受花，乃是将粟特式塔之塔檐以上部分缩小了置于塔顶而成，图 31-8:1、2 所举的例子反映得很清楚。或以为这时有些塔的受花部分叠涩挑出其远，似已成为塔檐。其实它本来就是塔檐，不过用在这里，看起来又像受花而已。为了使塔显得高耸，此类受花有时重复叠加好几层，如莫高窟第 217 窟盛唐壁画中所见者[19]。不仅壁画如此，建筑遗物中也有实例：山西平顺明惠大师塔为亭式单层方形石塔，它就在石雕的盝顶上加两层此式受花，再以仰覆莲、宝珠等构成塔刹。至于有些塔刹上出现的仰月、宝珠（图 31-8:3），则也有可能来自粟特；花剌子模出土的粟特纳骨器上、安伽石棺床刻纹中的帐顶上均有其例（图 31-9）。这种图案源于拜火教，但显然已为佛教艺术所吸收。

　　粟特人是富于艺术才能的民族。以前我国学者研究粟特金银器的文章为数不少，注意力多集中在这一方面。现在看来，粟特建筑也是值得探讨的课题。以本文所涉及的安阳石棺床雕刻中的建筑装饰为例，其造型为南响堂山第 7 窟窟檐所仿效，也是不容忽视的事实（图 31-10）。

（原载《宿白先生八秩华诞纪念文集》，

文物出版社，2002 年）

注释

［ 1 ］ 国家文物局教育处：《佛教石窟考古概要》页 289～293，文物出版社，1993 年。

［ 2 ］ 斯坦因：《重返和阗绿洲》（刘文锁译本）页 78～93，广西师范大学出版社，2000 年。

［ 3 ］ 同注［ 1 ］，页 300。

［ 4 ］ 斯坦因：《路经楼兰》（萧小勇、巫新华译本）页 87，广西师范大学出版社，2000 年。

［ 5 ］ 王毅：《北凉石塔》，《文物资料丛刊》第 1 辑，1977 年。

［ 6 ］ 同注［ 2 ］。

［ 7 ］ 《后汉书·陶谦传》，又葛洪《字苑》："塔，佛堂也"（《玄应音义》卷六引）。

［ 8 ］ 同注［ 4 ］，页 213～249，312～314。

［ 9 ］ 同注［ 4 ］。

［10］ 《隋书·突厥传》。慧超《往五天竺国传》。

［11］ 《旧唐书·回纥传》。

［12］ 陕西省考古研究所：《西安发现的北周安伽墓》，《文物》2001 年第 1 期。

［13］ Annette L. Juliano and Judith A. Lerner, "Cultural Crossroads: Central Asian and Chinese Entertainers on the Miho Funerary Couch", in *Orientations*, Oct., 1997.

［14］ O. Siren, *Chinese Sculpture from the Fifth to the Fourteenth Century*, Pl. 448, Lond., 1925.

［15］ 天水市博物馆：《天水市发现隋唐屏风石棺床墓》，《考古》1992 年第 1 期。

［16］ 杨宝顺等：《河南安阳宝山寺北齐双石塔》，《文物》1984 年第 9 期。

［17］ 同注［ 2 ］，页 158～163。

［18］ 北凉石塔上所刻经文皆为《增一阿含经》，属小乘经典。见注［ 5 ］所揭文。

［19］ 萧默：《敦煌建筑研究》页 164，文物出版社，1989 年。本文所举敦煌壁画中的塔，皆自此书转引。

32 汉代的跳丸飞剑

　　抛球在杂技表演中是一个常见的节目，它在汉代叫跳丸，先秦则叫弄丸。《庄子·徐无鬼》提到楚国有善弄丸的勇士名宜僚。据陆德明《释文》称：当时楚国的白公胜想袭杀令尹子西，打算借用宜僚的力量。"乃往告之，不许也。承之以剑，不动，弄丸如故。"宜僚在刀剑的胁迫下，不失常态，继续弄丸，可见其风度之从容与技艺之娴熟；则先秦时我国的这项表演已有相当高的水平。至汉代，在艺术品中更屡屡见到它。四川彭县出土的画像砖上有跳三丸的，山东肥城出土的画像石上有跳六丸的（图 32-1:1、2）；演员或一脚踩盘，或一脚踩鼓，说明它与七盘舞、鼙舞等节目有所关联，属于我国传统的表演范畴。跳丸本来只用手抛接，但仅靠手技，能掌握之球的数量有限。据杂技家傅起凤、傅腾龙先生说：抛三四个球还不难，五个以上要想再增加一个，非磨上几年功夫不可。目前能抛九个的人，世界上也不多。可是在山东济宁出土的画像石上有跳八丸的；傅惜华先生所编《汉代画像全集》中著录的一块山东地区所出之画像石上，还有跳九丸的（图 32-1:3、4）。从图像上看，这些表演者不仅用双手，还用身体其他部位抛接弹丸，这是值得注意的现象。

　　除跳丸外，杂技表演中还有抛剑的。由于剑刃锋利，手不能触，抛接时须看准方向，握住剑柄，故难度更大。《列子·说符篇》说宋人兰子能抛剑，"弄七剑迭而跃之，五剑常在空中。"《列子》一书虽是魏晋人所作，但其中颇采撷逸书，缀集旧闻，所以抛剑之技的出现，纵使到不了先秦，也不会晚于汉代。因为不但在沂南汉画像石中有抛剑者，而且在别处还看到将球和剑同时抛接的表演；汉代称后者为跳丸飞剑，有时也写作飞丸跳剑。李尤《平乐观赋》说："飞丸跳剑，沸渭回扰"（《艺文类聚》卷六三引）。张衡《西京赋》说："跳丸剑之挥霍。"《魏略》

图 32-1　汉代跳丸
1. 跳三丸，四川彭县
出土画像砖
2. 跳六丸，山东肥城
出土画像石
3. 跳八丸，山东济宁
出土画像石
4. 跳九丸，山东出土
画像石

中曾提到曹植能"跳丸击剑"（《三国志·魏书·王粲传》裴松之注引），如果这里说的跳丸和击剑是边跳边击，同时进行，则诗人曹子建也是一位了不起的杂技家了。这都是东汉时的事。魏明帝时，杰出的发明家马钧能"使木人跳丸掷剑"（《三国志·魏书·杜夔传》裴注引傅玄《序》）。南朝刘宋时，鲍照在《舞鹤赋》中描写了鹤的舞姿之美妙，然后说："当是时也，燕姬色沮，巴童心耻，巾拂两停，丸剑双止。"可见这时的表演者仍以兼用丸、剑两种道具者为多。而到了唐代，白居易在《立部伎》一诗中却只说："舞双剑，跳七丸。"这时似乎已将舞剑和跳丸分开，变成为两个节目。日本奈良正仓院所藏唐代漆弹弓背上所绘杂技图，是很有代表性的，但其中的跳丸者只抛六个球而未掷剑。再往后，同时又跳丸又飞剑的表演遂鲜有所闻。

跳丸飞剑的表演大约在东汉安帝以后才形成高潮，魏晋时犹衍其余波；不过文物中见到的形象资料主要是东汉晚期的。山东诸城前凉台画像石中的表演者跳四丸、飞三剑，山东安丘王封村画像石中的表演者跳八丸、飞三剑（图 32-2:1、2）。而更引人瞩目的是安丘董家庄画像中所见之例。此石出在一座有前、中、后三室附两个耳室的大型画像石墓中，该墓南北长 14.3、东西宽 7.91 米，大部分壁面刻有画像。在全墓的二百二十四块石材中，刻画像者达一〇三块。乐舞百戏画像石位于墓之中室室顶北坡，场面极为宏大，除仙凡人物、神禽异

兽散缀其间外，一幅力士手擎九人的缘橦图和这幅跳丸飞剑图最为精彩。过去《山东汉画像石选集》刊载过它的拓片，但较模糊，细部难以辨认。1992 年出版的《安丘董家庄画像石墓》一书中有清晰的图版，可以明确地看出此表演者共跳十一丸、飞三剑（图 32-2:3）。弹丸与利刃同掷，抛接的要领不同，颇难兼顾；况且其总数有十四件之多，起落纷繁，节奏急促，表演者掷雪回电，观赏者目眩神驰，真是罕见的热闹场面。而东汉晚期的杂技家之所以能胜任如此繁难的表演要求，主要是因为他们不仅用双手，连腰、膝、足背、足跟、肩、臂乃至臀部都以不同的方式参与抛接，其动作要领在画像石上反映得相当具体。不过，剑的抛接却只能用手，否则无法准确地握住剑柄，这也就是为什么此节目中用的剑始终不超过三把的缘故。

跳丸飞剑的表演之所以形成高潮，是与它在抛接技巧上的改进分不开的，而这一点又和西方杂技的影响有关。我国古代史书中经常称赞西亚和欧洲的条支（叙利亚）、大秦（又称犁轩，即罗马）等国的杂技艺术。《史记·大宛列传》说："条支在安息西数千里，临西海。……国善眩。"安息即西亚古代史上的帕提亚。《通典》卷一九三说：武帝时"安息献犁轩（轩）幻人二，皆蹙眉峭鼻，乱发拳须，长四尺五寸"。好像是两名侏儒。这时正是安息名王密司立对提二世（Mithridates Ⅱ）在位期间，他遣使来"观汉广大"并献幻人是在元鼎五年（前 112 年）。此事又见《汉书·张骞传》及《西域传》，但均对杂技演出的情况未加描述。《魏略》中则说："大秦国俗多奇幻：口中吐火，自缚自解，跳十二丸，巧妙非常"（《后汉书·西域传》李贤注引）。大秦的杂技演员在西汉武帝和东汉安帝时都到中国来过。《后汉书·西南夷传》说："永宁元年（120 年），掸国（在今缅甸）王雍由调复遣使诣阙朝贺，献乐及幻人，能变化吐火、自支解、易牛马头，又善跳丸，数乃至千。自言我海西人，海西即大秦也。"他们来华的次年（永宁二年），"元会，作之于庭，安帝与群臣共观，大奇之"。可见罗马杂技的表演使中国观众大开眼界。但在场的谏议大夫陈禅却出来阻止，说："帝王之庭不宜设夷狄之技。"其观点狭隘得连安帝都无法接受，所以把他左迁至玄菟郡，当一名边防线上的障尉，让他到那儿防"夷狄"去了（见《后汉书·陈禅传》）。然而为什么罗马杂技演员随掸国使者一道来华呢？因为罗马和中南半岛间原有一条海上交通线。《魏略》说："大秦国一号犁靬（轩），在安息、条支西，大海之西，……故俗谓之海西。""大秦道既从海北陆通，又循海而南，与交趾七郡外夷比。又有水道通益州永昌，故永昌出异物"（《三国志·魏书·东夷传》裴松之注引）。在《后汉书·安帝纪》中，上述永宁元年掸国使者来华之事，正被记为："永昌徼外掸国遣使贡献。"则罗马演员是先从地中海地区赴中南半岛的缅甸，再从缅甸到云南西部的永昌郡，最后从永昌抵东汉首都洛阳，经由的路线很清楚。不过《后汉书·西南夷传》说大秦跳丸"数乃至千"的"千"，却应为"十"字之误；因为不仅抛接一千个球非人力所能致，也和《魏略》说的"跳丸十二"过分悬殊。古书中"十"字和"千"字常互讹。如《汉书·西域传》说自乌秅城（今新疆塔什库尔干）赴悬度（今克什米尔西北部之巴勒提斯坦 Baltistan）的途中有一段险路，"临峥嵘不测之深，行者骑步相持，绳索相引，二千余里乃到悬度。"而《水经注》卷一则说：这条路上"有盘石之蹬，道狭尺余，行者骑步相持，絚桥相引，二十许里方到悬度"。证明《汉书·西域传》的"二千"实为"二十"之误。《后汉书·西南夷传》那段话中的误字之所以出现和它有类似之处。

东汉永宁年间罗马演员来华演出，对我国杂技中跳丸飞剑这套节目的改进产生了积极影响。相形之下，西汉时由新开通的丝路上到来

的罗马俳儒演员，演出的情况究竟如何，文献中却语焉不详。而根据
《魏略》、《后汉书》等处的记载，东汉时到来的罗马演员肯定在我国表
演过其拿手的跳丸之技。以上述山东地区汉画像石中出现的形象与罗
马的同类图画作比较，会发现双方之抛接的基本动作如出一辙。罗马
演员表演跳丸的图像，日本学者宫崎市定在《条支、大秦和西海》一
文中介绍过一例。他说："玩十二丸的艺人之形相，可从古罗马的折合
双连画中看到。图中的艺人只玩了七个圆球，但与玩十二丸的原理相
同，就是使圆球在前额、手腕、足尖、小腿肚等处跳动而不致落地。
在拉丁语中称之为 Pilarius"（图 32-2:4）[1]。看来这种抛接方法或起
于罗马，我国杂技接受了他们的若干技巧。虽然这幅罗马跳丸图中只
画出七丸，但如宫崎先生所说，用这套方法将圆球增加到十二个也是
有可能应付的。这样一来，则与董家庄画像石上跳的十一丸非常接近
了。不过西方虽擅长跳丸，却未能同时掷剑；从这个角度上讲，汉代
表演的难度要更胜一筹。这是因为汉代杂技演员在吸收外来技巧的基
础又有所发展，冰寒于水，青出于蓝；从而呈现出如董家庄画像石上
之跳丸飞剑的技术水平，遂傲视群侪，雄踞于当时世界上此类表演的
顶峰了。

（原载《寻常的精致》，辽宁教育出版社，1996 年）

注释

[1]　原载《史林》24 卷 1 号，1939 年。刘韶军译文载《日本学者研究中国史论著选译》
　　　卷 9，中华书局，1993 年。

33 魏晋时代的"啸"

顷读《美国的隐逸派诗人》一文，看到其中有这样一段对话：

> "中国有没有垮掉的一代诗人？"
>
> 我说："有。一千七百年前的晋朝就有。嵇康、阮籍、吕安、向秀，还有孙登、陶渊明，都可说是他们的代表人物。"
>
> "他们唱歌吗？"
>
> "唱歌。他们唱一种'无词之歌'，也叫'长啸'，每天在小林中仰天长啸，抒发感情。孙登是长啸大师。"
>
> （一九八二年十二月四日《光明日报》）

从嵇叔夜到陶靖节，这些在中国历史上一直受到尊重的文化名人，为何忽然一齐"垮掉"？虽殊感费解，且姑不具论。只说把长啸指为"唱无词之歌"这一点，揆诸史实，已未免不够确切。

魏晋名士，风流倜傥，雅好长啸，本来不假。然而啸却不是由他们所首倡，早在《诗经》里就屡次提到啸。

> 《召南·江有汜》："之子归，不我过，其啸也歌。"
>
> 《王风·中谷有蓷》："有女仳离，条其歗矣。"
>
> 《小雅·白华》："啸歌伤怀，念彼硕人。"

啸和歗是一个字的不同写法，郑玄说它的意思是"蹙口而出声"（《江有汜》笺），也就是现代所说的吹口哨。值得注意的是《诗经》里出现的啸者多是女性，她们心怀幽怨，发而为啸。在其他记载中也常提到妇女作啸，如《列女传·仁智篇》说鲁漆室之女因忧念邦国，倚柱而啸。《古今注·音乐篇》说商陵牧子婚后五年无子，将别娶，妻闻之，中夜起倚户而悲啸。妇女用吹口哨来舒其不平之气，大概是古代流行而现代已经完全陌生的一种习俗。不过，啸也不完全是抒情的，它也用在某些行施巫术的场合中。如《楚辞·招魂》："招具该备，永啸呼些。"王逸注："夫啸阴，呼阳，阳主魂，阴主魄；故必啸呼以感之。"这是用啸来召唤亡者之魄。《灵宝经》记某国大旱，一个名叫姓音的女仙"为王仰啸，天降洪水，至十丈"（《文选·啸赋》李善注引）。这是用啸来求雨。说得更具体的是葛洪的《神仙传》，此书记西汉人刘根学成道术，郡太守知道后，命刘召鬼；如召不来，将加刑戮。刘根于是"长啸，啸音非常清亮，闻者莫不肃然，众客震悚"。忽然南壁裂开数丈，有许多兵护送一辆车出来，车上以大绳缚着郡守已亡故的父母。则啸又被认为能召鬼。此类神话虽属无稽，但可证啸是术士的一宗本领，而且法术高深者，啸得还不同凡响。

至东汉时，这种音调既清越，用意又含有若干神秘色彩的啸，逐渐从妇女和巫师那里进入文士的生活圈。《后汉书·向栩传》说此人"恒读《老子》，状如学道，不好语言，而喜长啸"。他之好长啸，如果说还可能同"学道"有点关系的话，那么《后汉书·隗嚣传》所载王遵致牛邯书中，说自己由于激愤而"吟啸扼腕"，就和道术全不相干了。魏晋以后，关于吟啸的记事更加常见。《世说新语·雅量篇》："谢太傅（安）盘桓东山时，与孙兴公（绰）诸人泛海戏。风起浪涌，孙、王诸人色并遽，便唱使还。太傅神情方王，吟啸不言。"同书《文学篇》："桓玄尝登江陵城南楼，云我今欲为王孝伯作诔。因吟啸良久，随而下笔。"吟是吟咏，啸是长啸，所以它也可称为"讽啸"或"啸咏"。如《晋书·王徽之传》说："时吴中一士夫家有好竹，（徽之）欲观之，便出坐舆，造竹下讽啸。"《世说新语·言语篇》说："周仆射（颛）雍容好仪形，诣王公（导）。初下车隐数人，王公含笑看之。既坐，傲然啸咏。"这时的吟啸、讽啸或啸咏，不仅出现在情绪激动的场合，而且当其意兴恬适，心神旷放，谈玄挥麈，登高临远之际，也常常且吟且啸。但于大庭广众之前放声长啸，自然有点旁若无人的样子。可是在"魏晋之际，天下多故"，荦卓不群之士由主张达生任性而走向逸世高蹈的时代背景下，吟啸却正是他们很欣赏的一种姿态。所以此风不胫而走，广泛流行，以致成为名士风度的一个组成部分。其实啸是形式，倨傲狂放才是它的灵魂；《世说新语》用"傲然"来形容周颛啸咏时的神态，可谓搔中痒处。而这种动作和神态又可被简称为"啸傲"，即郭璞《游仙诗》所说的"啸傲遗世罗，纵情任独往"；陶渊明《饮酒诗》所说的"啸傲东轩下，聊复得此生"。至于《归去来辞》中的"登东皋以舒啸，临清流而赋诗"，虽不言傲，而傲世之态，已尽在其中。

但魏晋时的吟啸，现代却有时把它理解为"唉声长叹"（新版《辞源》）或"感慨发声"（新版《辞海》）；果如是，就只不过是一种哼哼唉唉的声音，既谈不上什么音乐性，也和讲风骨、讲吐属的魏晋名士的气质颇不相投了。实际上并非如此。《世说新语·任诞篇》说刘道真少时"善歌啸，闻者留连"；《陈留风俗传》说阮籍的歌啸"与琴声相谐"，反映出他们的啸声是带有旋律的、相当优美的。把啸的方法和啸的音调记述得最细致的是西晋·成公绥的《啸赋》（《文选》卷一八）。他写啸的发声是：

> 近取诸身，役心御气。
> 动唇有曲，发口成音。
> 触类感物，因歌随吟……
> 音韵不恒，曲无定制。
> 行而不流，止而不滞。
> 随口吻而发扬，假芳气而远逝。

啸音则柔曼而又尖峭：

> 响抑扬而潜转，气冲郁而熛起。
> 协黄宫于清角，杂商羽于流徵。
> 飘游云于泰清，集长风乎万里……

> 时幽散而将绝，中矫厉而慷慨。
>
> 徐婉约而优游，纷繁骛而激扬。
>
> 情既思而能反，心虽哀而不伤。

其效果则是：

> 清激切于筝笙，优润和于琴瑟。
>
> 玄妙足以通神悟灵，精微足以穷幽测深……
>
> 散滞积而播扬，荡埃蔼之溷浊。
>
> 变阴阳之至和，移淫风之秽俗。

末一项虽被渲染夸张，但啸于其音乐性之外，再蒙上这样薄薄一层玄学的外衣，遂使它在当时更具有魅力。一些关于长啸的记述，也往往在这方面点睛增毫。如《晋书·阮籍传》说他在苏门山遇见后来被称为"仙君"的孙登（附带说一句，孙登并不作诗，所以把他也归入"垮掉的一代诗人"之列，更是冤枉），"与商略终古及栖神导气之术，登皆不应，籍因长啸而退。至半岭，闻有声若鸾凤之音，响乎岩谷，乃登之啸也。"所以直到唐代，孙广在《啸旨》中还说"啸之清可以感鬼神、致不死"，就是这层用意的发挥。

不过，啸声中确乎没有歌词，那么是不是可以称它为无词之歌呢？否。因为吹口哨与唱歌虽互相接近，却究竟是两回事；不能把吹口哨说成是无词之歌，正像不能把吹喇叭说成是无词之歌一样。啸之发声的特点不是唱，而是吹。正像《啸旨》中说的："夫气激于喉中而浊，谓之言；激于舌而清，谓之啸。"南京西善桥太岗寺南朝墓出土的《竹林七贤与荣启期》砖画中之阮籍，即作长啸状（图 33-1）。他席地而坐，举起右手靠在口边，正吹得很起劲。南朝去晋尚近，砖画中所表现的均应信而有征。看到这幅画，魏晋名士的引吭长啸之风姿，便栩栩如生地呈现在我们眼前了。

文士吟啸的习俗在唐代尚有孑余。王维《竹里馆》"独坐幽篁里，弹琴复长啸"；李白《游太山》"天门一长啸，万里清风来"等句可以

图 33-1　南朝拼镶砖画中的"阮籍"

图 33-2　宋代砖画中的艺人

为证。唐以后，此风渐息。到了宋代，学者讲义理，士子重举业，没有谁再像魏晋时那样动不动就长啸。诗文中偶或提到啸，多半是在掉书袋，不一定实有其事。这时在考古材料中看到的啸者，则大抵为艺人。河南偃师出土的宋代砖画（图 33-2），以及河南焦作、山西侯马出土的金代陶俑中都有吹口哨的。他们都是正在演戏的演员。元杂剧的科泛中记明吹哨子的地方也不少见。在宋、金至元的杂剧演出中，打呼哨是丑角行当的一项重要表演技巧。但它和魏晋之长啸的艺术风格和社会意义已经完全不同。经过长时间的隔膜，现代人对魏晋之啸不甚了然，也就不足为奇了。

（原载《文史知识》1983 年 7 期）

34　金明池上的龙舟和水戏

　　20 世纪 50 年代后期天津市艺术博物馆征集到一幅宋代绢画，描绘的是北宋时在东京开封府金明池上泛龙舟观水戏的情景。它原是从一套册叶里散出的一开，高 29.5、宽 30 厘米。此图所表示的方位：上为西，下为东，左为南，右为北，与现代画地图的习惯不同。尺幅之中，反映出了这一热闹场面的全貌。虹桥水殿、楼观彩棚，尽收眼底。水面之上，大小龙舟鼓枻激浪，池岸夭桃垂柳，掩映成趣。各处稠人广众，徘徊瞻眺，熙来攘往，不下数百。此图界画精妙，对池台亭榭的形制布局，反映得准确而细致（图 34-1）。四十余年前，罗哲文、李庵二位先生就此图所写的文章已指出这一点[1]。金明池位于东京外城西垣之外，在顺天门和汴河西水门之间。它虽然距汴河较近，但引入的却主要是供内苑使用的金水河之水（《玉海》卷一四七）[2]；所以图中的池面为一鉴清波，与浊流滚滚的汴河水不同。东京顺天门俗称新郑门，因为它是外城即新城之门，且正对着内城即旧城西垣的旧郑门（正式名称为宜秋门）之故。明·李濂《汴京遗迹志》卷八说："金明池在城西郑门外西北，周回九里余。"泛称郑门，不分新旧，有失缜密，但所记池周长度与孟元老《东京梦华录》卷七之"九里三十步"相一致。而《梦华录》称"池西（吕原明《岁时杂记》作'池面'，是）直径七里许"则有误。因为新郑门和西水门相距仅二里许，且金明池的平面接近方形，每面只能有二里多，故周回九里有余。据新近钻探的结果：此池东西长 1240、南北宽 1230、周长 4940 米[3]。周长折合 9 宋里 45 宋步，与记载堪称密合。它的面积不算太大，但在开封的四处池苑：凝祥、金明、琼林、玉津中，却是最著名的。主要是因为它从三

图 34-1 宋·张择端
(传)《金明池争标图》

月初一开放，时称"开池"，上巳过后才关闭（《续资治通鉴长编》卷四八）。至南宋时，犹艳称"宣和中，京师西池春游"[4]。在此期间还有皇帝车驾亲临，宴群臣、观龙舟竞渡之举，这天"游人增倍"。图中表现的正是这一盛况。

此图右下角接近边缘处有一道雉堞，即开封外城西垣。雉堞上高耸之楼，即新郑门的门楼。其左方之乌头门，挟门柱上端装日月版，两扇棂子门大开，应即金明池正门。池对岸位置与此门相当的另一座乌头门，即金明池西门。门内为池之西岸，"亦无屋宇，但垂杨蘸水，烟草铺堤，游人稀少"（《梦华录》）。这里就是刘斧《青琐高议·西池春游》所记侯生与独孤姬邂逅之处，该文中说"池西游人多不往"，与《梦华录》及此图所示之状况正合。循池西折而向北，有高大的屋宇

跨水而建,《梦华录》称之为"奥屋",沈括《梦溪笔谈·补笔谈》卷
二称之为"澳屋",即神宗时采纳黄怀信的设计所筑,用以修理和存
放大龙舟的船坞。图中的大龙舟已离开澳屋,正向南岸驶去。此舟极
其富丽豪华,应为哲宗绍圣年间名匠杨谈重造者(蔡绦《铁围山丛
谈》卷四)。《梦华录》说:"大龙船约长三四十丈,阔三四丈,头尾
鳞鬣皆雕镂金饰。""上有层楼台观槛曲,安设御座。龙头上人舞旗,
左右水棚排列六桨。"然而考虑到郑和下西洋时乘坐的宝船据说才长
四十四丈四尺[5],则这里所记长度显系夸大之词,因为即以长三十
宋丈而论,折合今制已达 98.7 米,这么大的船用六支桨是划不动
的;对此本文姑存而不论。但《梦华录》的其他描写在图中均约略可
辨,特别是大龙舟船首龙头上站着的人,后来的同类图画中多半未予
表现,在这里却看得清清楚楚。可是这样一艘高峻巍峨的平底船,在
水上极易倾侧,为了保持稳定,其舱底密排着桌面大小的压舱铁,据
《铁围山丛谈》说,总重量达十八万斤,折合今制约 115.2 吨,数字
亦太大,难以全信。不过此船的规模无论如何总是相当惊人的,从而
运转之时势难灵便。元符年间有一次上巳节宴群臣,蔡京在金明池登
大龙舟,刚要上船,"而龙舟忽远开去,势大且不可回",竟将他闪跌
入池。当时"万众喧骇,仓卒召善泅水者",但这位人称"六贼"之首
的蔡京还有一身功夫[6],救援的人尚未赶到,他自己已经游出水来了
(《铁围山丛谈》卷三)。

大龙舟行驶的方向正对着池南岸的一座殿宇,此殿名临水殿。据
陆游《老学庵笔记》卷六记载,哲宗有一次曾拒绝登大龙舟,表示"但
临水殿略观足矣"。因知其建造的年代不会晚于此时。惟《梦华录》
称:金明池南岸"有面北临水殿,车驾临幸观争标,锡宴于此。往日
旋以彩幄,政和间用土木造成矣"。仿佛临水殿是政和时才建造的,其
实它在哲宗时已经存在,政和时所建者只不过是用以取代"彩幄"的
那一部分而已。图中所画的临水殿,前部有宽阔的露台,上面搭设着
黄色的大幄帐。这是一个很值得注意的现象,是对此图进行断代的标
尺,因为它说明此图之最初的创作时间不会晚到政和时;而图中的大
龙舟又说明它不会早于重造此舟的绍圣时。

宋初开凿金明池的目的本为操练水军，真宗时曾在池侧置水军营"按试战棹"（《续资治通鉴长编》卷八一）。宋·袁褧《枫窗小牍》说当年神卫虎翼水军在池中演习时，"船舫回旋，戈船飞虎，迎弄江涛，出没聚散，欸忽如神"。熙宁以后，武备渐弛，水战演变成水戏。不过由于有原先形成的传统，所以水戏也相当紧张热烈。其中最主要的项目是龙舟争标。上述小绢画中，在临水殿的露台前，两列红旗立于水中，这是为竞渡争标之船"标"识地分远近用的。两列旗当中还竖着一根高竿，上面挂着不少"利物"（奖品），即《梦华录》所说："有小舟，一军校执一竿，上挂以锦彩、银碗之类，谓之标竿，插在近殿水中。"竞渡的小龙船、虎头船等，正在大龙舟两侧鼓噪前进。遗憾的是画幅太小，展观时如自高空俯瞰大地，景色虽一览无余，细节却不甚了了。比如在两列红旗之西，即图的中部，池面上还停泊着三艘船，靠左面的那一艘形制奇特，仿佛是搭在水上的一座舞台。此船或即《梦华录》所记："又有一小船，上结小彩楼，下有三小门，如傀儡棚，正对水中乐船。上参军色进致语，乐作，彩棚中门开，出小木偶人，小船子。……又作乐，小船入棚。继有木偶筑球舞旋之类，亦各念致语唱和乐作而已，谓之水傀儡。"可惜这一在戏剧史上具有重要意义的表演项目虽已近在眼前，却看不真切。至于当中之带架子的船是否即"水秋千"，右面那艘是否即"乐船"，就更不易作出判断了。但在这三艘船后面的仙桥，却画得很清楚。此桥"南北约数百步，桥面三虹，朱漆栏楯，下排雁柱，中央隆起，谓之骆驼虹"（《梦华录》）。郑獬《游金明池》诗中"波底画桥天上动，岸边游客鉴中行"之句，即咏此桥[7]。桥之右端通往池中心的亚字形人工岛，岛上有以廊庑相连接的五座殿堂，名水心殿。桥左端则通往建于砖砌高台上的宝津楼，这是皇帝赏阅诸军表演百戏之处，与龙舟争标无关，所以图中只把它们作为衬景处理了。

不过，图中那些分辨不清的细节，有的却可以参看元仁宗时王振鹏所绘《金明池争标图》（图34-2）。此图台北故宫博物院藏有两卷，美国纽约大都会博物馆、底特律美术馆各藏一卷，内容及笔意大致相同，可能原作便不止一本。此卷中出现的大龙舟，较短而宽，甲板上的建筑物

图 34-2 元·王振鹏《金明池争标图》(局部)

图 34-3 宋·李嵩《天中戏水图》

拥挤不堪，显然是摹自南宋·李嵩的《天中戏水图》（图 34-3）。这艘船在结构上不合理的地方很多，它似乎受了当时流行的仿大龙舟制作的玩具龙船（金盈之《醉翁谈录》卷三）的影响。李嵩画过不少幅《货郎图》，对玩具知之甚稔，容有所偏爱。而王振鹏在其历史画卷中，居然把大龙舟也画成这种样子，就使人感到他对北宋的情况未免有些隔膜。虽然如此，但他画的水秋千却十分具体，荡起者与腾越半空行将入水者的姿势都很生动（图 34-4）。与《梦华录》所说"又有两画船，上立秋千，船尾百戏人上竿，左右军院虞候监教，鼓笛相和。又一人上蹴秋千，将平架，筋斗掷身入水"的情况差似。表演水秋千给人的印象深刻。朱翌诗："却忆金明三月天，春风引出大龙船。二十余年成一梦，梦中犹记水秋千。"[8] 真可谓梦萦魂牵。南宋时，"西湖春中，浙江秋中，皆有龙舟争标，轻捷可观，有金明池之遗风"（耐得翁《都城纪胜》）；"又有踏滚木、水傀儡、水百戏、撮弄等，各呈技艺"（周

图 34-4 王振鹏图中的"水秋千"

密《武林旧事》卷七）。这些记载却都未提水秋千，或者此时这个节目已不太流行。清代又有秋千船，然而只是女孩子在船面的秋千上荡来荡去，"飘然而来花冥冥，忽然而去风泠泠"，并不往水里跳（丁午《湖船续录》），和北宋时的水秋千大不相同。至于《梦华录》所说"百戏人上竿"的情况，在王振鹏的画卷里也能看到。这里的一艘船上叠起长凳和条案，案上有人足蹬高竿，竿头的表演者手展长幡，上书"庆国泰民安贺风调雨顺"等字。此船上还有一人执长竿，上面也悬挂着各色"利物"，应即标竿（图 34-5）。此外，卷中众多小龙船争先恐后互相竞赛的气氛也被渲染得紧张热烈，立在小船龙头上的军校"舞旗招引"之状颇为传神。而在上述小幅绢画中，虽然也有人立在小船的龙头上，但仅具轮廓，就难以充分引起观者的注意了。

　　在王振鹏的画卷中，金明池的建筑物也画得比较实在，虽然不无改动之处，且因所采用的透视方法不同，它们被以横向顺序排列开来，与正常的方位亦有别，但水心殿、仙桥、桥头的华表、桥南的彩楼以及竞渡之终点临水殿的形象都还认得出来。金明池毁于靖康兵燹，元代的王振鹏无缘得见，而且他对该池的详情也并不十分了解，他的《争标图》有一本在临水殿的匾额上竟添写"宝津之楼"四字，张冠李戴，就闹了一个笑话。所以他绘此长卷时必有所本。南渡以后，中原人士

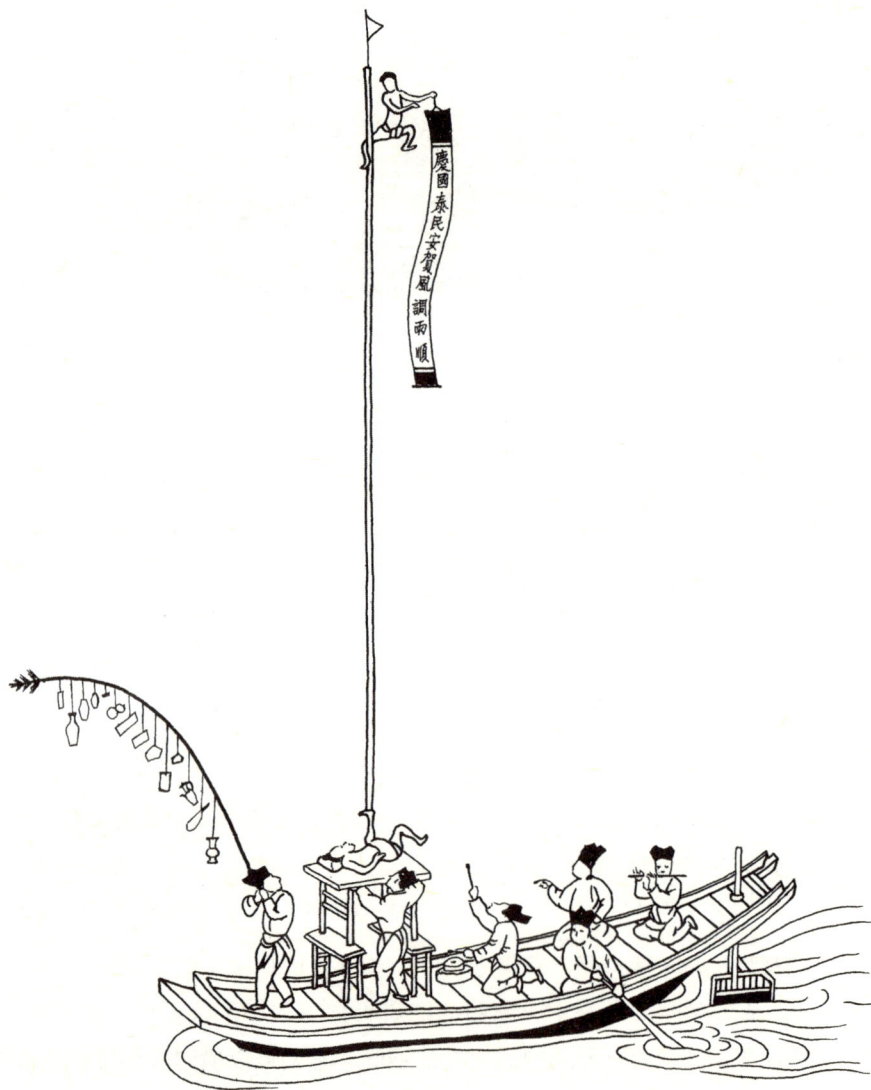

图 34-5 王振鹏图中的"百戏人上竿"

之旅居江外者，往往通过描写京师风物的文字或图画以寄托乡愁。及至元代，这类图画之存世者尚有多少？有哪些可能被王振鹏看到？已很难说清。但寻觅蛛丝马迹，仍会找见若干可资探讨的线索。

让我们再回到上文所说的小幅绢画上来。此图左侧粉墙一角有"张择端呈进"细字款，但画的笔意与北京故宫所藏张择端《清明上河图》相去很远，其非张氏原作，固不待言；研究者多认为它是南宋时传摹之本。但问题是它的底本有没有可能出自张氏手笔？答案应该是肯定的。只要看图中描绘的金明池风物的真实程度，便可知其创作者倘非亲历，是绝对画不出来的。至于有些细节与《东京梦华录》的记载微有出入，则不足病。因为一来《梦华录》的记载也并不见得完全可靠，到底是相信该书还是相信此图，也还有个比较鉴别、见仁见智的问题。二来古代中国画并无百分之百地照原样写生的传统，小绢画所绘金明池与《梦华录》所记如此契合，已经是很难能可贵的了。再者《上河图》后幅金代张著的题跋说张择端有《西湖争标图》与《清明上河图》；鉴于金明池当时通称"西池"，故《西湖争标图》也有可能即《西池争标图》之误记。又据张著所列二画的次序，《争标图》应作于《上河图》之前。而这时张择端尚不应南渡，当时杭州的西湖上也未闻有龙舟争标之盛。所以有理由认为，画史上推重的张氏早年所作《争标图》，或即这幅小绢画的底本。不过从构图上说，王振鹏的《争标图》是长卷的形式，倒与张氏的《上河图》更为接近。

现存的《上河图》是从东京外城东部较空旷之处起手向西画，经过下土桥，进内城角子门，然而再经过一处十字路口，画卷就戛然而止，分明是一个残卷[9]。其完本往西还应画出相国寺、州桥等东京城内有代表性的繁华市街，可惜后面的一大段已佚失不存。郑振铎先生说："根据后来的许多本子，《清明上河图》的场面还应向前展开，要画到金明池为止"[10]。无疑是正确的判断。因为只有这样才是一卷首尾完整、横亘东京的都城全景图。金明池龙舟争标和清明节常在同月之中，时间相近，《上河图》末段在金明池上安排争标的场面也是合乎情理的。这一热闹景观张氏久已会心，在《上河图》中一定描绘得比小绢画更精彩。它引起了王振鹏的怀古之情，从而以之为主要依据完成了他的在形式上亦互相接近的"争标图"。虽然后者并非前者之忠实的摹本，这里面夹杂着若干后出之事物。大龙舟不必说，画卷中的"鳅鱼船"，也和《梦华录》所称"止容一人撑划，乃独木为之"的情况不同，而是一人站在鱼形长木上，且不见撑划的动作，令人觉得其中有南宋弄潮人之踏滚木表演的身影。其他不合宋制之处尚有不少，不备述。但从王氏画卷几个本子的内容无多大出入，而且所绘金明池风物确非向壁虚构等方面看来，王氏挥毫之前，胸中应有一先入为主的底样，而此底样或即《上河图》未残本（包括其摹本）的末段。假如本文的这一设想能够成立，则今日犹可据王氏画卷窥知《上河图》佚失部分的风貌之一斑。失之东隅，收之桑榆，对读画者说来也是不幸中的大幸了。

（原载《文物天地》1992 年第 6 期）

注释

[1] 罗哲文：《一幅宋代官苑建筑写实图》，《文物》1960 年第 7 期。李庵：《宋张择端的金明池龙舟争标图》，《新观察》1960 年第 7 期。

[2] 当时很重视金水河的清水，东京城里自金水河引水的渠道多用砖衬砌，且有覆盖。又《梦溪笔谈·补笔谈》中提到金明池建澳屋后，"决汴水入澳"，则金明池中亦曾注入汴河之水。但此水是当时改引洛水为源的清汴之水。

[3] 见 1996 年 12 月 29 日《中国文物报》。

[4] 洪迈：《夷坚志·丁志》卷九。

[5] 郑和宝船的长度依 44.4 明丈折合，应在 150 米以上，从而其排水量应达 3 万吨；这个数字也大得令人怀疑。上海交大杨槱教授据宝船现存的舵杆之长估算，宝船的长度为 60 米左右。池中的龙舟自应比作为远洋航船的宝船小得多。

[6] 北宋末年祸国殃民的权奸大珰蔡京、梁师成、李彦、朱勔、王黼、童贯等六人被称为"六贼"。见宋·陈东《陈修撰集·登闻检院上钦宗书》。

[7] 郑獬：《郧溪集》卷二七。

[8] 朱翌：《灊山集》卷一。

[9] 《许政扬文存·"清明上河图"画的是哪座桥》，中华书局，1984 年。

[10] 郑振铎：《"清河上河图"的研究》，《文物精华》1，文物出版社，1959 年。

35　江陵凤凰山汉墓简文中的"大柙"

　　1975 年在湖北江陵楚纪南故城内发掘的凤凰山 167 号西汉墓中，出土了由七十四枚木简组成的一套遣册。由于此墓的随葬品基本上保持原来的位置，且与遣册所记大体相符，所以简文与实物可以互相对应。其中第 32 号简文云"大柙一枚"，发掘简报以为指的就是随葬品中的扁壶[1]。《凤凰山一六七号汉墓遣策考释》一文则谓："'柙'与'榼'音同。'大柙'即'大榼'。《说文》：'榼，酒器也。'榼有方、圆、扁、横四形。此墓出漆扁壶一，即榼之扁形者。"[2] 其后笔者在《文物》1980 年第 10 期发表短文《说"柙"》，从形、音、义三方面加以论证，认为"大柙"当为"大椑"之假。后读黄盛璋先生文，他仍主柙为榼字异体之说，认为柙与椑在字义上"毫无相干"。他并强调指出："'柙'与'椑'不论古今音读皆相差很远：古音'柙'在叶部，'椑'在佳部，主元音与收音皆异，声母更是牙（柙）、唇（椑）有别，说'柙、椑读音全同'，从字音上全属误解。"[3] 的确，像这样两个字的读音如全不相干，通假关系是难以建立的。至于字义，鉴于黄氏亦曾确认"扁壶形扁圆，亦即椭圆，所以也用'椑'或'錍'为名"[4]，因此关于字义、字形，这里不再讨论。现在主要就字音方面进一步作些说明。

　　诚然，汉代将酒器称为榼，但它仅指小口的盛酒之器。《说文·酉部》："茜，榼上塞也。"段注："榼，酒器也。以草窒其上孔曰茜。"榼类器物的上孔既然能用草塞住，可知其口不大。同时，从《淮南子·泛论》"溜水足以溢壶榼"的提法中，又可知此器当与壶为类。所以像尊、柸等大口的盛酒之器不能归到榼类中去。黄文认为"'椑''扁'音近义通"，并引王念孙《广雅疏证》中之说："匾与椑一声之转，故盆之大口而卑者谓之甌。"可是椷，包括这里讨论的扁壶，都不属于"大口而卑"的器型，因此王说与本题无涉。不过扁壶虽然可以归入椷类，如古乐浪出土的阳朔二年漆扁壶，铭文中称为"鬃汾画木黄钘椷"，用的就是这一通称；但此外它还有自己的专名。凤凰山167号墓出土的这一件，简文中称为柙。凤凰山10号墓出土简中也记有"酒柙二斗一"。柙亦作钾，见于江西九江征集的汉代"于兰家"铜扁壶铭文[5]。而山西太原拣选到的战国铜扁壶"土勺鎞"的铭文中则称为鎞[6]。同为铜扁壶，一件铭文作钾，另一件铭文作鎞，它们很可能是互相通假之字。但鎞字的本义与壶类无关，而椑字却是壶类的名称之一。《广雅·释器》："扁椷谓之椑。"扁壶正是椷类中之扁椭者，与椑的定义完全相符；故鎞实为椑字之异体。同时，《考工记·庐人》郑众注："椑，隋圜也。"则椑字本身就包含有椭圆形之义，所以用它作为扁壶的名称非常切合。那么，上举遣册中的柙字，也可能就是椑的假借字了。

这里的问题是，柙与椑的读音是否相同？认为它们的读音相同，最现成的证据可以在《说文》中看到。《木部》："椑，从木，卑声。"《ㄅ部》："卑，从ㄅ，甲声。"从而不难推出椑字也读甲声。卑本来是一个会意字，"静簋"作 甲（鎞字偏旁），系手持一器之形。但此字在西周时已有甲声一读。陕西扶风出土之穆王时的"彧簋"铭文称："孚（俘）戎兵：瞂（盾）、矛、戈、弓、备（箙）、矢、裹、冑"（图35-1:1）。此铭之"裹冑（甲号）"即"虢簋"之"裹冑（令号）"（图35-1:2）[7]。所以卑字在小篆中遂径作 甲，上部明确地书作甲字。不过这并不是说，在古音中卑纯粹是一个甲声字。因为根据先秦两汉韵文中若干韵脚的通押情况，卑字常应列入支部。甲声只是一种异读，但并不罕见。反映在《说文》里面，不同的本子对卑字遂有不同的说法。覆宋本作："卑，贱也，执事也。从ㄅ、甲。"另一些本子有作"卑，贱也，执事者。从ㄅ，甲声"的。卑字"从ㄅ、甲"的本子除覆宋本外，有南唐·徐锴《说文系传》、清·段玉裁《说文解字注》、清·王筠《说文句读》、清·钱坫《说文解字斠诠》、清·高翔麟《说文字通》等。校作卑字"从ㄅ，甲声"的本子，则有清·钮树玉《说文解字校录》、

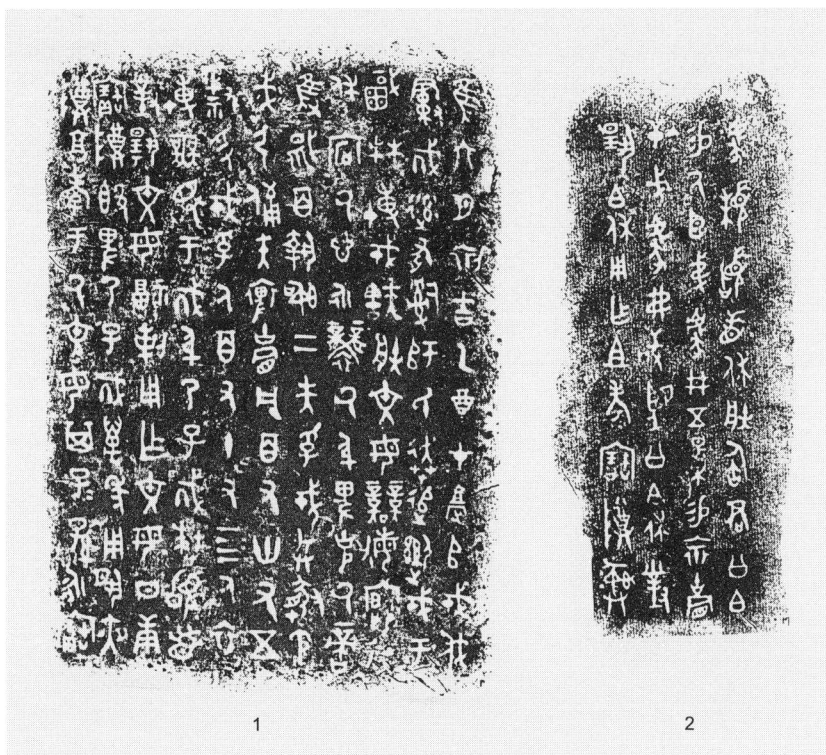

图 35-1 西周铜器铭文中的"甲"字

1. 彧簋铭文，右起第6行第5、6字为"裹（甲）胄"

2. 虤簋铭文，右起第2行末二字为"裹（甲）胄"

清·姚文田、严可均《说文校议》、清·汪宪《说文系传考异》、清·桂馥《说文解字义证》、清·孔广居《说文疑疑》、清·王玉树《说文拈字》等。前一类本子对卑字的理解可以徐传为代表："右重而左卑，故在甲下。"然而古代并不见得全是以右为尊，譬如乘车，君位即在左；"虚左以待"的故事可以为证[8]。何况甲文中刂、又的位置有时可互换。所以卑字虽源出于会意，但徐传的解释却不尽准确。后一类本子的理解可以《说文校议》为代表："宋本声字空白，小徐无声字。卑，甲声之转。世从卉声，枼从世声，瘀、瘗从瘥声，可以见例。小徐语谬议删。"姚、严二氏考察的角度与徐传不同，他们的看法很值得重视，但所举之例仍稍嫌迂远。让我们再看一些更直截了当的例子。

《说文·木部》："柶梱，桪指也。"玄应《一切经音义》卷一二引晋·吕忱《字林》则作"枊㭫，柙其指也"。可证椑通柙。《艺文类聚》卷四一引魏文帝《饮马长城窟行》："武将齐贯錍。"又《世说新语·捷悟篇》："魏武征袁本初，治装，余有数十斛竹片……谓可为竹椑楯。"余嘉锡笺疏："椑，唐本作柙。"《太平御览》卷三五七引《世说》作"竹甲楯"。则椑楯就是甲盾，贯錍就是贯甲。僧伽提婆在东晋时译出的《中阿含经·卷三四·商人求财经》云："彼商人等各自乘浮海之具——殺羊皮囊、大瓠、柙栿，浮向诸方。"[9]其柙栿应即箄筏。《方言》卷九："泭谓之箄，箄谓之筏。"箄亦作椑，《御览》卷七七一引《东观汉记》云："张堪为陪义长，公孙述遣击之。……乃选习水三百人，斩竹为椑渡水。"亦是椑、柙相通之证。再如《尔雅·释鸟》晋·郭璞注："鷃，雅乌也。小而多群，腹下白。江东亦呼为鹎乌。"清·郝懿行义疏："此鸟大如鸽，百千为群，其形如乌，其声雅雅，故名雅乌。"则雅是状其鸣声。月落乌啼，今不殊古，如依后人的注音读鹎为匹，则与其鸣声迥不相侔，因知此鹎字亦当读甲声。从以上诸例看来，卑字的古音有甲声的读法，当无可置疑。

此外，若干间接的例证也能从侧面说明这个问题。《说文·口部》："嗑，从口，盍声，读若甲。"《言部》："譪，嗑也。从言，闟声。"甲、盍、闟都是盍部字。榻字《说文》未收，其字当为从木，闟省声。《释名·释床帐》："长狭而卑曰榻。"按《释名》以声为训，所以这里的狭（夹声与甲声通。呷，从口，甲声。字亦作歃）、卑、榻三字的读音亦应相近。再如《庄子·马蹄篇》"而马知介倪"，释文引晋·李颐云："介倪犹睥睨也。"按《诗·郑风·清人》毛传："介，甲也。"介为月部，甲为盍部，月盍通转；而且这两个字同属见纽。王力先生在《同源字典》中指出此二字是同源字。因此，从介、睥互通的情况，亦可证甲与睥读音相近。

还有一个值得注意的现象是，若干以卑声字为名的古物，常同时又有甲声字的名称。如《说文·土部》："堞，城上女垣也，从土，叶声。"堞亦作堞，亦谓之陴。《广雅·释官》："埤堄，女墙也。"《左传》宣公十二年杜注："陴，城上陴倪。"则陴（支部）亦可称为堞（盍部）。又如《玉篇》："錏、鑪，鍱也。"《广雅·释器》王念孙疏证："錏、鑪当为钾、鑪。"则錍（支部）亦可称为钾（盍部）。又如《说文·刀部》："削，鞞也。"《广雅·释器》："枱，剑削也。"而《说文·木部》谓："枱，剑柙也。"则鞞（支部）亦可称为柙（盍部）。这种现象应当不是偶然的。

从音韵史上考察，盍部的韵母为 ap，其中有些字的韵尾辅音 -p 在汉代已经失落，如甲（keap）这时读 kea，因而这些字可以归入鱼部麻韵。又如罗常培、周祖谟先生指出的：在汉代，鱼部麻韵一系的字又转到歌部里去，并与支部通押[10]。如《子虚赋》中之隁、加通押，《光禄勋箴》中之鼙、差通押均是其例。本来具有甲声这一异读的卑，在此音韵演变的背景下，遂完全成为支部字了。不过直到唐末，卑字读甲声的现象仍未完全消失。姜亮夫《瀛涯敦煌韵辑补逸》收录之敦煌所出五代韵书残片之狎韵字内有"碑"字[11]。《说文·石部》：碑"从石，卑声。"此字在《广韵》中列入支部，残片却将它列入狎部；清楚地说明了上述情况。这些例子不仅证实柙、枱两字古音相同，而且也为《说文》中卑字到底是"从丿、甲"还是"从丿，甲声"的老问题找到答案。在汉代，柙、枱相通，正书作枱，俗书作柙，它们是扁壶的专名。只不过从木的柙字常指木胎漆扁壶，铜扁壶作钾；晚出的瓷扁壶则作甀[12]。

证实卑字在古音中有甲声的读法，其意义不仅在于为扁壶正名而已。触类旁通，它还可以为解决考古工作中某些悬而未决的疑点提供解决问题的新思路。比如近年屡次出土而受到广泛注意的玉衣即玉柙，它的起源还不十分清楚。既然卑字可读甲声，那么再看《礼记·檀弓》："君即位为枱，岁一漆之，藏焉。"郑玄注："枱谓杝棺，亲尸者。枱，坚著之言也。"就可以知道这里的枱，应即"玉柙"之柙。《吕氏春秋·节丧篇》："含珠鳞施。"高诱注："鳞施，施玉匣于死者之体如鱼鳞也。"正是亲尸之敛具之义。郑训枱为"坚著"，孔颖达疏"漆之坚固"，亦应就柙字而为说。则玉柙的渊源当与《檀弓》中所记之枱棺有关。用玉柙者如满城刘胜墓，发掘报告根据棺环等遗物推定在玉柙之外有一棺一椁[13]。按此墓凿山为藏，在置棺的后室内且建有石屋，石屋即相当于石椁。《史记·张释之列传》说汉文帝欲"以北山石为椁"。北京故宫所藏山西离石出土的汉墓石门，刻铭中亦自名为"郭"。所以满城汉墓中无须再安放木椁。刘胜为诸侯王身分，断无只用单棺单椁之理。《礼记·檀弓》、《丧大记》及郑注，皆谓诸侯用三棺。据单先进《西汉“黄肠题凑”葬制初探》一文的统计表明，西汉诸侯王墓多用三层棺；正与礼制相合[14]。而平山中山王墓出土的“兆域图”谓夫人的“椑棺、中棺视哀后”[15]，则椑棺之外为中棺。今知玉柙相当于椑棺，则报告中所谓一棺一椁，实应为刘胜的中棺与外棺，这样也正符合诸侯王用三棺之制。再如居延简中记有“皮窅，草萆”（《甲编》1863）。在居延甲渠候官遗址新出简中作“皮瞀，草萆”（EPT48·129）。皮瞀亦作“鞮瞀”（EJT·119）。证以《战国策·韩策》“甲、盾、鞮鍪”，吴师道补注“鞮鍪，首铠也。”《汉书·韩延寿传》“被甲鞮鞪”，颜师古注“鞮鞪即兜鍪也”。则其物为革制之胄。萆则应读为《世说》“竹椑楯”之椑，草萆即草制之甲。居延简中记有“革甲鞮瞀各一”（《甲编》121），广西贵县罗泊湾汉墓所出《从器志》记有“缫甲鞪瞀”[16]，均以甲瞀连言，可为旁证。研究者或释窅萆为革制之幕与草制之蓑、簾[17]，义恐未安。释窅为鍪，萆为甲，则文义略无窒碍，问题可涣然冰释。

最后，还应当讨论一下《急就篇》“槫榼椑榹匕箸籫”句中“椑榹”两字如何解释的问题。为《急就篇》作注的颜师古和王应麟都认为这是两种器物。从整个句子看，这里列举的是饮食器：槫是圆筒形有盖的卮，榼是小口盛酒器，椑是扁壶，榹是盘子[18]，匕是尖匙，箸是筷子，籫是筷筒，意思本来很清楚、连贯。榼与椑均为小口酒器，举此及彼，是很自然的。《汉书·张骞传》颜注引韦昭说及晋·郭义恭《广志》（《初学记》卷二八引），均曾将“椑榼”连称。但自从在马王堆1号墓所出遣册中发现指盘子而言的“卑虒”一词后，研究者或认为“卑虒”即《急就篇》中之“椑榹”。其说未为得之。黄文也认为：“《急就篇》椑榹可能连读，表圆形之盘，所以名为椑榹，因其形扁圆，椑就是扁。”亦不确。因为卑虒之卑属支部，读音与甲声的椑不同。卑虒是叠韵连语，音转为“匾匮”或“椑匮”（均见《一切经音义》卷六）。由于读音和构词方式均异，故各有所指。虽然“卑虒”、“椑匮”中的卑、椑与椑的字形相近，却不宜把它们分离出来与椑相攀比。如凤凰山167号汉墓的遣册中，也记有“绪（纻）卑匮”、“食卑匮”、“脍卑匮”

等，但其卑字的写法与"大柙"之柙字判然有别；更可透露出此二字
当时读音不同的个中消息。

（原载《文物》1986 年第 11 期，收入本集时作了修改）

注释

[1] 凤凰山 167 号汉墓发掘整理小组：《江陵凤凰山一六七号汉墓发掘简报》，《文物》
     1976 年第 10 期。

[2] 吉林大学历史系考古专业赴纪南城开门办学小分队：《凤凰山一六七号汉墓遣策考
     释》，《文物》1976 年第 10 期。

[3] 黄盛璋：《关于壶的形制发展与名称演变考略》，《中原文物》1983 年第 2 期。

[4] 黄盛璋：《盱眙新出铜器、金器及相关问题考辨》，《文物》1984 年第 10 期。

[5] 彭适凡：《江西收集的西汉铜钾》，《文物》1978 年第 7 期。

[6] 胡振祺：《太原检选到土匀鍴》，《文物》1981 年第 8 期。

[7] 戜簋铭文见《文物》1976 年第 6 期，页 57。虡簋铭文见唐兰《西周青铜器铭文分代
     史征》页 319，中华书局，1986 年。

[8] 《史记·信陵君列传》。

[9] 《大正藏》卷一。

[10] 罗常培、周祖谟：《汉魏晋南北朝韵部演变研究》页 26，科学出版社，1958 年。

[11] 姜亮夫：《瀛涯敦煌韵辑补逸》，《敦煌学辑刊》4，1983 年。但裘锡圭认为："'卑'
     跟'甲'的古音实不相近。只是由于'椑''柙'形近，古书中有二字互讹的现象"
     （《古代文史研究新探》页 587，江苏古籍出版社，1992 年）。然而如果认为从西周直
     到唐代，诸多以"甲"为声符之字与以"卑"为声符之字互相通假的现象均为"互讹"，
     并无语音上的依据。殊属不经。

[12] 宋捷、刘兴：《介绍一件上虞窑青瓷扁壶》，《文物》1976 年第 9 期。

[13] 中国社会科学院考古研究所、河北省文物管理处：《满城汉墓发掘报告》页 33，文物
     出版社，1980 年。

[14] 文载《中国考古学会第三次年会论文集》，1981 年。

[15] 朱德熙等：《平山中山王墓铜器铭文的初步研究》，《文物》1979 年第 1 期。

[16] 广西壮族自治区文物工作队：《广西贵县罗泊湾一号墓发掘简报》，《文物》1978 年第
     9 期。

[17] 初师宾：《汉边塞守御器备考略》，载《汉简研究文集》，甘肃人民出版社，1984 年。

[18] 《说文·木部》："榹，槃也。"

36 "温明"与"秘器"

　　《文物》1987 年第 7 期载有裘锡圭先生的《漆"面罩"应称"秘器"》一文，认为汉墓所出罩在墓主头部的漆面罩就是"秘器"，亦即"温明秘器"。按以温明混同于秘器，肇自清·王念孙《读书杂志》卷六"温明"条。他说：《汉书·霍光传》云"东园温明"，其"'温明'下有'秘器'二字，而今本脱之。……《太平御览·礼仪部》三十二引此已脱'秘器'二字。《文选·齐竟陵文宣王行状》注引此正作'东园温明秘器'。《汉纪》同"。往年研习王著，于此说窃不以为然。王氏好执荀悦《汉纪》以攻《汉书》，屡有所失。如改《汉书·淮南王传》之"离骚传"为"离骚傅（赋）"，即据《汉纪》而致误，杨树达先生辨之甚核[1]。且王氏于汉代棺具、敛具未曾寓目，其说与实际情况容有出入。但近年发掘了不少汉代大墓，棺具、敛具之定名却成为一个很有现实意义的问题了。

　　汉代少府下属有东园署，主事者称东园匠。《汉书·百官公卿表》颜师古注："东园匠，主作陵内器物者也。"陵内器物种类繁多，但最主要的是棺；故《后汉书·孝崇匽皇后纪》李贤注谓东园署"掌为棺器"。皇帝之棺名"东园秘器"。《汉书·董贤传》颜师古注引《汉旧仪》："东园秘器作棺，梓素木长二丈，崇广四尺"（此处引文或有讹夺，孙星衍《汉官六种》本作"东园秘器作梓宫，素木长丈三尺，崇广四尺"）。而《后汉书·袁逢传》李贤注说得更为明确："秘器，棺也。"可见秘器就是棺。有的著作认为"东园制作之器物，称为东园秘器"[2]；这样就把秘器的范围扩大了，不妥。按我国古代称棺为器。《史记·伍子胥列传》："必树吾墓上以梓，令可以为器。"张守节正义："器谓棺也。"六朝人犹沿袭此称。甘肃武威旱滩坡 19 号晋墓所出衣物疏中记有"故黄柏器一口",即柏木棺一具。王羲之书札中有"市器俱不合用"之语(《法书要录》卷一〇),意同。器亦作棺器,如《晋书·杜预传》说:"棺器小敛之事,皆当称此。"《世说新语·文学篇》也说:"何以将得位而梦棺器?"均是其例。棺器又称凶器。《抱朴子·内篇·道意》:"既没之日,无复凶器之直,衣衾之周。"秘器也是棺木的通称,所谓"秘",只不过表示它是丧葬用品。《后汉书·和熹邓皇后纪》李贤注:"冢藏之中,故言秘也。"别无深意。所以一直到唐代还有这样的语例。段安节《乐府杂录》说:"梁厚本有别墅在昭应之西,正临河岸,垂钓之际,忽见一物浮过,长五六尺许,上以锦绮缠之,令家僮接得就岸,即秘器也。及发棺视之,乃一女郎妆饰俨然。"故秘器就是棺,乃不争之事实。

但东园匠所制东园秘器,因为是供皇帝等人用的,所以特别考究。《续汉书·礼仪志》说:皇帝死后"东园匠、考工令奏东园秘器,表里洞赤,虡文,画日月、鸟龟、龙虎、连璧、偃月、牙桧梓宫如故"。至于诸侯王、公主、贵人则用"樟棺,洞朱,云气画"。形制要下皇帝一等,其重要的区别之一,是樟棺未在红地上画虡纹。

虡文一名,在古文献中屡见。《续汉书·舆服志》说:金根车"橻文画辀。"晋·崔豹《古今注》卷上说:汉成帝顾成庙的拘栏,"画飞云、龙、角虚于其上。"虡、橻和角虚,所指应相同。按《说文·虍部》虡通虡,"虡,钟鼓之柎也,饰为猛兽"。虡是钟、鼓的支架,它的底座常雕刻成怪兽状。《考工记》称钟座的雕兽为"蠃属"。但当这种装饰手法久相沿袭形成定制以后,虡就逐渐变成这种怪兽的专名了。汉·张衡《西京赋》:"洪钟万钧,猛虡趪趪;负笋业而余怒,乃奋翅而腾骧。"句中"虡"字的用法就是如此。所以颜师古注《汉书·郊祀志》时便径说:"虡,神兽名也。"虡纹的得名与这种神兽应有所关联。

不过除了钟虡之外,虡纹还同汉代所说一种叫"巨虚"的动物不无关系。这从虡纹也被称作"苣文",云虡也被称作"云矩"的情况中透露了出来[3]。巨虚在汉代并不是一个冷僻的名称。《急就篇》中就提到"豹、狐、距虚、豻、犀、兕"。但巨虚又是什么动物呢?《逸周书·王会解》晋·孔晁注只说巨虚是"驴、骡之属"。颜师古在《急就篇》

注中说："距虚即蛩蛩也，似马而有青色。一曰距虚似骡而小。"唐·张戬《考声》也说："距驉似骡而小，面短而折"（慧琳《一切经音义》卷七八引）。这些书中都认为巨虚乃驴、骡之类。后唐·马缟在《中华古今注》中则明确说："驴为牡则马（当作骡），为牝则駏。"那么巨虚就是马父驴母所生的"驴骡"了，它的体形较驴父马母的"马骡"为小。白鸟库吉认为巨虚相当于蒙语的 giki lagusa，满语的 gihitu lorn，它们也都指"驴骡"而言[4]。

但在汉代以前，骡类在我国中原地区尚罕。明·谢肇淛《五杂组》说："骡之为畜，不见于三代，至汉时始有之。""马骡"即駃騠（蒙语 kuti lagusa，满语 kutitu lorn），至汉代还被认为是匈奴的"奇畜"。所以，巨虚之名虽然在汉代社会上流传，但很多人却并不了解它的底细。直到晋代，葛洪在《抱朴子·论仙》中仍说："愚人乃不信黄丹及胡粉是化铅所作，又不信骡及駏驉是驴、马所生。"[5]寻其上下文意，葛洪在这里并不是指很个别的人说的，因知至此时骡类尚不为世所熟知，它也就很容易被夸张为一种善跑的奇兽。本来，《逸周书·王会解》中曾说："独鹿邛邛距虚，善走者也"[6]。《穆天子传》卷一也说："狻、□、野马走五百里，邛邛距虚走百里。"所以汉代文学作品如司马相如在《子虚赋》中遂加以发挥："蹴蛩蛩，辚距虚，轶野马，轊騊駼，乘遗风，射游骐。倏眴倩浰，雷动焱至，星流霆击。"极言其奔走之迅疾。他如枚乘《七发》、王褒《九怀》、黄香《九宫赋》等处对巨虚的描写，也着眼于此，都把它说成是善跑的动物。在若干镜铭中还出现了"距虚辟邪除群凶"、"角王巨虚辟不详（祥）"的提法，可见汉代人还把它当作一种吉祥的神兽来看待[7]。

综上所述，汉代一般观念中所谓"虚"或"巨虚"，就具有孔武有力、能辟除邪厉和体形矫健、迅捷善跑的两重属性，并不把它看成是普通的"驴骡之属"。但这种神兽是什么样子，它的形象有哪些特点，古文献中却交代得很不明确。颜师古只说它是"神兽"。《后汉书·董卓传》李贤注引《前书音义》也只含糊地说它是"鹿头龙身"的"神兽"。因而这个名字遂成为神兽之笼统的称谓。把握住这一点，就可以理解到，汉代文物中常见的那类有各种灵禽异兽穿插奔驰于云气间的图案，原

图 36-1　长沙马王堆
1 号西汉墓出土漆棺上
的云虞纹

来就是云虞纹或虞纹。而像《隋书·礼仪志》中所说："画……牙、箱、轼以虞文，虞内画以杂兽。"这种似乎叠沓费解的句子，含义就明朗了。什么叫在"虞内画以杂兽"呢？看来就是指包含着多种形象的较复杂的云气禽兽纹而言。比如长沙马王堆 1 号汉墓出土的黑地彩绘外棺，所绘即云虞纹（图 36-1）。有的研究者曾企图把其中的每一个灵怪都给予诠释，并寻求其相互间的情节性的联系，反而胶滞难通；如果把它看作在云虞中"画以杂兽"，事情就容易理解了。和东园秘器不同的是，它的地子为黑色，如果也髹成"表里洞赤"，那就与前者更为接近，不过同时也就有僭越之嫌了。

　　东园秘器亦可赏赐亲贵，在《汉书·董贤传》、《后汉书·和熹邓皇后纪》及《冯勤传》、《刘恺传》、《杨赐传》、《盖勋传》、《单超传》等处，都记有这类事例。不过由于东园秘器本为皇帝所用，故又称"乘舆秘器"，见《汉书·孔光传》及《翟方进传》。由于棺上有彩绘，故亦称"东园画棺"，见《后汉书·梁竦传》。由于这种棺为梓木所制，故又称"东园梓器"，见《后汉书·胡广传》。还有称之为"东园画梓寿器"或"东园朱寿器"的，见《后汉书·孝崇匽皇后纪》及《梁商传》；李贤注："寿器，棺也。"可见名称虽多，指的却都是一种以红漆为地、彩绘云气禽兽纹的梓木棺。

至于温明，在汉代只见于《汉书·霍光传》，谓："光薨，上及皇太后亲临光丧。"赐"梓官、便房、黄肠题凑各一具，枞木外藏椁十五具，东园温明，皆如乘舆制度"。其所赐之"梓官"就是棺，颜注："以梓木为之，亲身之棺也；为天子制，故亦称梓官。"《汉纪》记叙此事时，在"东园温明"句下增"秘器"二字，王念孙氏即持以为据，其实是讲不通的。依《汉纪》所言，于霍光之丧，皇帝既赐梓官，又赐秘器；在一次葬礼中，重复赐棺，亦于理不合。而所谓"温明"，据《霍光传》颜注引服虔说："东园处此器，形如方漆桶，开一面，漆画之，以镜置其中，以悬尸上，大敛并盖之。"过去虽曾怀疑温明即汉墓所出漆面罩，但"方漆桶"、"开一面"云云，语意不甚明晰，未敢遽定。1983 年发掘的江苏扬州平山养殖场 1 号西汉墓出土了一件漆面罩，位于死者头部，呈方形，盝顶，前面敞开。两侧壁垂直，相当人耳处有马蹄形孔，后壁有长方孔。"罩内盝顶顶部中心有铜镜一面，直径 9 厘米。两侧马蹄状气孔的上部各有铜镜一面，直径 7.8 厘米。铜镜均正面向内，背面纹饰全为四乳蟠螭纹，小钮，宽平缘，无铭文。铜镜用瓦灰和生漆作为黏合剂粘在木胎上，惜出土时已残破"（图 36-2）[8]。这是第一次见到在漆面罩内粘附铜镜，其用意或类似宋·周密在《癸辛杂识》中所说，"用镜悬

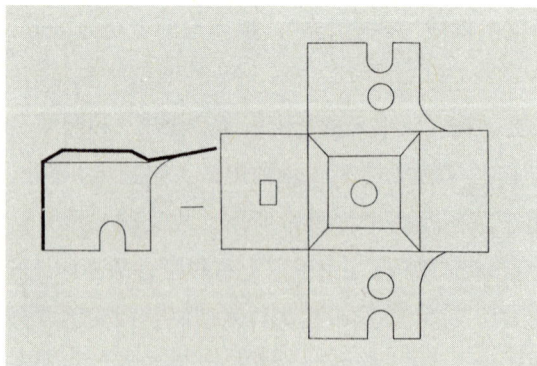

图 36-2　扬州平山养殖场西汉墓出土漆温明

图 36-3 邗江西汉墓出土绘虎纹的漆温明（俯视）

棺，盖以照尸取光明破暗之义"。但无独有偶，次年即 1984 年江苏邗江姚庄 101 号墓中又出了这样一件漆面罩，其结构虽与平山养殖场汉墓所出者类似，但装饰更加华奂。此面罩"盝顶中心饰鎏金铜柿蒂，四角饰鎏金铜乳丁各一颗，四角边沿亦饰鎏金铜乳丁。盝顶下三面带立板，左右立板下方开马蹄形孔，孔上外壁各饰铜铺首一枚。后立板中间开一长方形气孔，气孔置有网状铜格板，四角以铜乳丁加固。面罩内上顶及左右壁各嵌铜镜一面。铜镜直径均为 9 厘米，因嵌在壁板上，镜背纹饰不详。面罩外髹褐漆，边沿绘斜菱形几何纹，其他部位用深色绘云气、禽兽、羽人等。内髹朱红漆，绘黑色云气纹、禽兽、羽人等"（图 36-3）[9]。后来发掘的安徽天长西汉桓平墓、江苏泗阳贾家墩 1 号等西汉墓所出漆面罩上也嵌以铜镜[10]。与服虔所称"漆画之，以镜置其中"之制，正若合符契，故此物无疑就是温明。镜有辟除不祥的用意。《抱朴子·登涉》说："明镜径九寸已上，悬于背后，则老魅不敢近人。"温明中置镜，大概是要它起这种作用。也有些温明镶嵌玉璧及琉璃饰片以代铜镜，更加踵事增华，如连云港尹湾 6 号西汉墓所出之例[11]。又抗战期间日人在山西阳高古城堡盗掘之西汉晚期墓中所出温明，其上不仅镶有琉璃璧、璜等饰件，而且从下部左右侧之马蹄形孔中伸出温明内所置尸枕两端的兽头，样子很可怖（图 36-4）[12]。王育成先生据东汉·应劭《风俗通》所说："俗说亡人魂

图 36-4 山西阳高古城堡西汉墓出土温明，图中侧面露出尸枕一端的兽头

气浮扬，故作魌头以存之，言头体魌魌然
盛大也。或谓魌头为'触圹'，殊方语也。"
认为漆面罩亦名"魌头"[13]。很有道理。
《说文》段注谓："魌、頢字同。"而頢训丑。
那么称作"魌头"正意味着它是一件令人
生畏的大头，与阳高之例颇相符。特别是
"触圹"一名，尤其形象。作为敛具之温
明，虽然纵使"盛大"，也不会接触到墓
圹，但置于棺中，它却塞得相当紧。以上
述扬州平山1号墓乙棺为例，棺内的宽度
约47厘米，而温明宽36厘米，两边各余
5.5厘米；如果像阳高的做法那样，此间
隙中恰可容纳尸枕两端的兽头（图36-5）。
称之为触圹，看来也是讲得通的。不过至
今尚未见东汉之温明，应劭说的情况仍有
待证实。

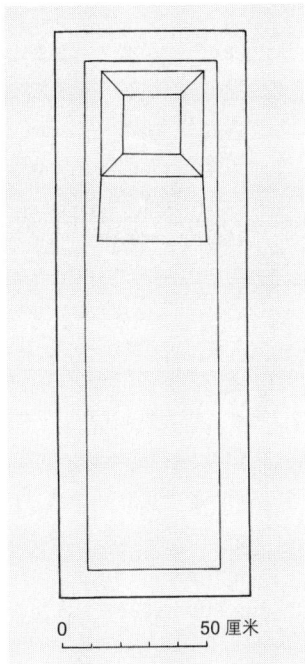

图 36-5 扬州平山1号西汉墓乙棺中之温明的位置

　　由于温明的被确认，从而上述《霍光
传》中提到的敛具和葬具之所指，也就很清楚了。它们是：梓木彩绘
漆棺（梓宫），楩木内椁（便房）、柏木枋垒砌之外椁（黄肠题凑）、陪
葬坑所用枞木椁（外藏椁）及漆面罩（温明）。文意完整，无须添改。
《汉纪》所增"秘器"，适成蛇足。温明在《汉书》、《后汉书》中不多见，
但在《晋书》中却屡屡出现，如言"赐温明、秘器"（《荀顗传》），"赐
东园温明、秘器"（《安平献王孚传》）等。这些温明虽与秘器并举，指
的却是两件东西。只是当时未加标点，论者或不谙句读，乃囫囵吞枣
地生给混为一谈了。

（原载《文物》1988年第3期）

注释

[1]　杨说见《积微居小学述林·离骚传与离骚赋》，中国科学院，1954年。

［2］ 安作璋、熊铁基：《秦汉官制史稿》上册，页 193，齐鲁书社，1984 年。

［3］ 如《旧唐书·舆服志》说玉辂"画虡文"，《新唐书·车服志》作"画苣文"。又《水经注》卷一三"湿水"说石虎邺城东门石桥柱"柱侧悉镂云矩"。同书卷二三"涡水"说曹嵩冢上"石阙双峙，高一丈六尺，檐栌及柱，皆雕镂云矩"。赵一清本校作"云烟"，不确。不过随着"苣文"一词在语言中的使用，它逐渐脱离了其原始的意义，只被当作一般花纹的名称。如梁·沈约《少年新婚为之咏》："锦履并花纹，绣带同心苣。"沈满愿（沈约孙女）《咏五彩竹火笼》："可怜润霜质，纤剖复毫分。织作回风苣，制为萦绮文"（见《玉台新咏》卷五）。均可为例。

［4］ 白鸟库吉：《东胡民族考》，方壮猷译本，商务印书馆，1923 年。

［5］ 此据日本影印田中庆太郎藏古写本。《四部丛刊》影明本"駏驉"误作"駏驴"。《宝颜堂秘笈》本误作"胙骚"。

［6］ 邛邛距虚还被说成是互为依存的比肩兽，见《尔雅·释地》、《吕氏春秋·不广篇》等，以与本题无关，兹不旁骛。

［7］ 前一例见富岗谦藏：《古镜の研究》页 96，图版 24，东京丸善株式会社，1920 年。后一例见罗振玉：《古镜图录》卷中，罗氏自印本，1916 年。

［8］ 扬州博物馆：《扬州平山养殖场汉墓清理简报》，《文物》1987 年第 1 期。

［9］ 扬州博物馆：《江苏邗江姚庄一〇一号西汉墓》，《文物》1988 年第 2 期。

［10］ 见《文物》1993 年第 9 期；《东南文化》1988 年第 1 期。

［11］ 连云港市博物馆等：《尹湾汉墓简牍》页 163，中华书局，1997 年。

［12］ 林巳奈夫：《中国古玉器总说》页 454，东京吉川弘文馆，1999 年。

［13］ 王育成：《从"温明"觅"魌头"》，《文物天地》1993 年第 5 期。所引《风俗通》之文见《太平御览》卷五五二。

37 "明火"与"明烛"

我国古代曾以阳燧将日光反射聚焦引燃艾绒而得火，因为此火"从天来"（《论衡·说日篇》），乃称之为"明火"。《周礼·秋官·司烜氏》："掌以夫遂取明火于日，以鉴取明水于月，以共祭祀之明齍、明烛，共明水。"郑玄注："夫遂，阳遂也。鉴，镜属，取水者；世谓之方诸。取日之火、月之水，欲得阴阳之絜气也。明烛以照馔陈，明水以为玄酒。"可见明火与明水均用于祭祀，点燃明火的灯称为"明烛"，用它照亮陈设的祭品。取明火、明水的仪式出现于先秦时，而为汉代所继承。《汉旧仪》说："皇帝唯八月饮酎。……以鉴诸取水于月，以阳燧取火于日，为明水、火。"[1]这种做法至唐代还能看到。《旧唐书·礼仪志》载李敬贞议："今司宰有阳燧，形如圆镜，以取明火。……比年祭祀，皆用阳燧取火。"称阳燧"形如圆镜"，这是较晚的说法。《淮南子·天文》高诱注只说："阳燧，金也。取金杯无缘者，熟摩令热，日中时，以当日下，以艾承之，则燃得火也。"[2]淮南书另有许慎注，唐·慧琳《一切经音义》卷三三及《太平广记》卷一六一引作："阳燧，五石之铜精。圆以仰日，则得火。"在这里，许慎只说阳燧是圆形的铜器，魏晋时人乃以镜拟之。《太平御览》卷七一七引魏·高堂隆奏："阳燧取火于日，……阴燧取水于月，并以铜作镜，名曰水火之镜。"晋·崔豹《古今注·杂注第七》也说："阳燧，以铜为之，形如镜，向日则火生，以艾承之，则得火也。"不过阳燧与普通的镜子也有区别，它是凹面的，而不像铜镜那样做平面或微凸状。《考工记·凫氏》郑玄注："隧在鼓中，窒而生光，有似夫隧。"[3]其特点是"窒而生光"。高诱注把它比作杯状物，虽曲度有深浅之别，但用意大致相同。将阳燧之形制的特点概括得最全面的是唐·张戬的《考声切韵》，谓："燧者，今之火镜也。圆径二寸许，皆有文，面窊。照日以艾承之，便得火。"[4]出土的铜质阳燧正作凹面圆镜状。已知之最早的几件是西周时期的。1975年在北京昌平白浮2、3号西周墓各出土一件（图37-1:1）[5]；1995年在陕西扶风黄堆60号西周墓又出土一件[6]；以上三件均为素背。1972年在扶风王太川村西周中晚期墓出土的，背面有重圈纹[7]。春秋时代的阳燧，于1957年在河南三门峡市上村岭1052号虢国墓中出过一件，背面为双虎纹（图37-1:2）[8]。战国时代的，于1981年在浙江绍兴狮子山306号墓中出过一件，背面上下左右各饰一条龙纹（图37-1:3）[9]。1960—1961年，在山西侯马Ⅱ号铸铜遗址之13号战国房址中还出过整套的阳燧范（图37-1:4）[10]。至西汉时，1983年在广州象岗南越王墓中出土素背阳燧两件[11]。此外还有若干传世品，天津博物馆所藏汉代阳燧，铭文中说："五月五丙午，火遂可取天火。"中国国家博物馆、上海博物馆及日本京都大学文学部博物馆也有收藏。这些阳燧皆为圆形，正面均内凹，其中作过实测的，曲率半径为30.8—7.26厘米不等[12]。它们的背面并不都铸有花纹，与张戬所称"皆有文"的说法不尽合。但从其凹面看，都能反射聚焦而引火，证明《司烜氏》的记载可信。

由于阳燧的这功能，遂被认为具有与天相通的性质，从而阳燧一词也被赋予这样一层含义。《文选·洞箫赋》形容箫声："被淋洒其靡靡兮，时横溃以阳遂。"张铣注："忽如水流之纵横溃乱，复有清畅之音以通达也。"则阳遂亦训通达。北京市拣选到一件汉代铜尊，铭文说："郝氏之家大富贵，子孙千人皆阳遂"[13]。也是祝愿其子孙获得通达尊显的地位之意。"富贵阳遂"作为吉语，在汉、三国时的铜器和砖瓦上曾一再出现[14]。而如陕西绥德苏家岩东汉永元八年（96年）墓西门槛左下角阴刻的"阳燧"二字，却无疑应具有辟邪祈福的意味了[15]。

可是"阳燧"的含义仅用"通达"来解释显然是不够的。阳燧点的是"明烛"；而我国古代所说的烛，则将火炬、灯火、蜡烛等都

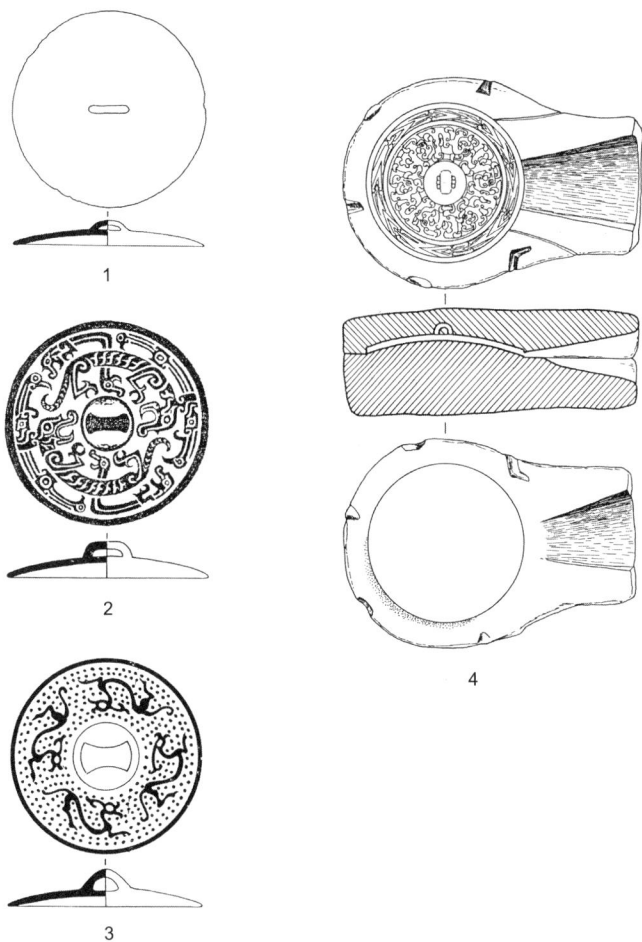

图 37-1 阳燧与阳燧范
1. 西周阳燧，北京昌平白浮 3 号墓出土
2. 春秋阳燧，河南三门峡市上村岭虢国墓出土
3. 战国阳燧，浙江绍兴狮子山 306 号墓出土
4. 陶范，山西侯马战国铸铜遗址出土

包括在内。《礼记·曲礼》孔颖达疏"古者未有蜡烛，唯呼火炬为之也。"用于照明的火炬，早在宁夏海原菜园村新石器时代建筑遗址中已经发现。这里的第 13 号窑洞之西壁，发现了多处供插松枝用的孔洞，附近的壁土已因火炬的烘烤而变色。此遗址之碳 14 年代为距今 4100—4500 年，因知此时室内已知燃"烛"[16]。虽然在壁上插松明当烛，烟气既大又不便移动，是相当原始的，但毕竟已经出现了照明的设施。过去曾认为真正的灯要到战国时才有，但这比海原的松明推

迟了两千多年，时间差距太大。实际上不晚于商代我国已有燃油的灯具[17]。点油脂和燃松明不同：第一，它须有盛油脂的容器；第二，须有支承灯炷，使灯火不至延烧及油面的装置。我国在唐代以前，灯炷都是直立在灯盏当中的。山东沂南北寨村、河南邓县长冢店等地之汉画像石及山西大同北魏·司马金龙墓所出漆屏风上刻画的灯，都在灯盏中心升起火焰，即这类灯点燃时的写照（图37-2）。充当灯炷的材料有硬有软，硬的如麻蒸（麻秸的穰），软的如各类纱缕。麻蒸插在灯盏当中的支钉（又称"火主"）上；软灯炷则需以台面承托，在灯盏中立一小圆台是比较方便的做法。而郑州东里路黄河医院属于二里岗下层的 C8M32 号商墓出土的陶容器，敞口，平底，底部当中正立有一根圆柱，柱顶微凸（图37-3:1）[18]。此式器物之更多的一批出土于郑州小双桥商代遗址，计十六件，中柱顶端有平面的也有凸面的[19]。在郑州商城东南角外向阳回族食品厂之灰坑 H1 中还出土了一件此型青铜器，侈口、鼓腹、圈足，底部中央突起一圆柱，柱顶有饰涡旋纹的伞形帽（图37-3:2）[20]。和它同出的青铜器共十三件，包括大方鼎、大圆鼎、牛首尊、羊首尊、饕餮纹大提梁卣等。在灰坑 H2、

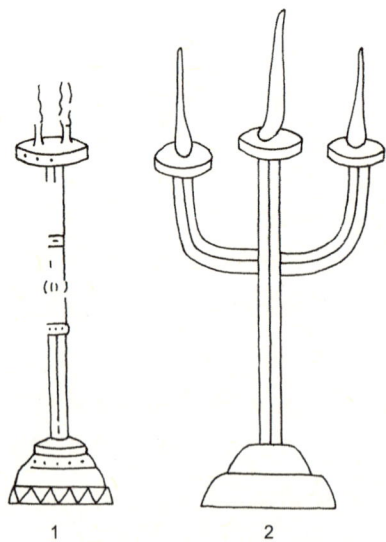

图37-2　盏中立炷之灯
1. 山东沂南汉画像石
2. 山西大同出土北魏屏风漆画

图 37-3　商代的中柱灯（1.陶 2、3.铜）
1.河南郑州东里路出土
2.河南郑州商城出土
3.河南安阳殷墟出土

H4 内还发现了不少牛骨。发掘者认为："这一地点与祭礼有关。"[21]
此类带中柱的容器过去曾命以"中柱盂"或"中柱盆"之名，其实它
们正是搭软灯炷的灯具，应称为"中柱灯"。根据出土的情况看，郑
州出土的这件铜中柱灯乃是一件礼器。从纹饰上看，它和"明烛"
或有所关联。因为其伞帽上的涡旋纹即囧纹。囧字在《说文》中作
囧，并引贾逵说以为囧"读与明同"。那么，将囧纹伞帽上所搭之灯
炷点燃，似亦可视为"明烛"。上文已指出，灯炷即烛；有些铜灯在
铭文中自名为"烛锭（灯）"，则烛也就是灯[22]。这类灯不仅早商时
有，河南安阳出土的晚商器物中也有，上世纪 30 年代在殷墟王陵区
HPKM1005 号墓中出土过两件铜"中柱旋龙盂"，中柱的顶部呈分瓣
的小花朵状，中柱周围还绕以蟠龙（图 37-3:3）[23]。过去曾把它们
视作玩赏用的水器，不确；因为和早商的中柱灯联系起来考察，便不
难认出它们也是灯具。特别是"旋龙盂"之中柱顶端的花朵，更与北
京故宫博物院所藏战国玉灯灯盏中部凸起的花朵状小圆台极相近；它
们都应当是承搭软灯炷用的（图 37-4）。不过至今尚未在商代遗物中

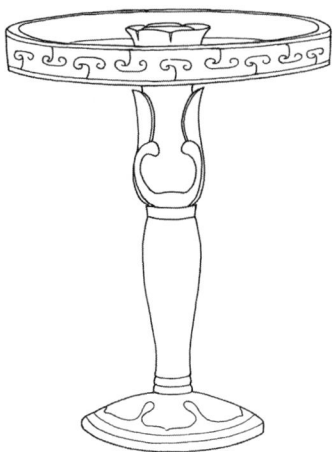

图 37-4　战国玉灯
北京故宫博物院藏

发现过凹面镜状的阳燧，不能证明商代是否已知用反射聚焦的方法从太阳光取火，并且也不能确认当时是否已有"明火"与"明烛"的概念。但可以认为，上述郑州出土的铜中柱灯，不能都看作是一般的日用之器。

到了战国时代，情况就豁然开朗了。这时除了在河南信阳、郑州二里岗等地的战国墓中仍看到中柱灯外，又新出现了一类鸟柱灯，它们虽然是从前者演进来的，但数量很多，后来居上。如河南辉县固围村、新乡李大召、宜阳元村，山西长治分水岭、榆次猫儿岭、万荣庙前，河北邯郸百家村、邢台尹郭村、平山中山王墓群以及山东济宁薛故城等地的战国墓中均曾出土[24]。鸟柱灯和中柱灯的构造基本相同，只是在中柱顶上加了一只鸟。在我国，自邃古之初鸟就和太阳结下了不解之缘。陕西华县泉护村出土的仰韶彩陶上有鸟纹和日纹组合在一起的图案（本书图 2-1）。良渚文化玉器的刻纹中也常出现一个飞鸟，鸟身中部接近圆形，前有头，后有尾，左右展开双翼（图 37-5）。牟永抗先生和吴汝祚先生说，这是"一太阳符号，上端作冠冕状图形，两侧有翅膀，是神化了的太阳"[25]。他们认为鸟身中部的圆形代表太阳，是中肯的见解。而"取天火"的阳燧既与天相通，自然也是与太阳有关

的神物。近来发现，在祥瑞图中阳燧还有一个神化了的形象，它和代表太阳的阳乌竟极其类似，也作禽鸟形。朝鲜平安南道大安市德兴里高句丽永乐十八年（408 年）壁画墓前室墓顶东侧所绘神禽灵兽中有一大鸟，其旁之榜题为："阳燧之鸟，履火而行。"[26]周季木先生收藏的陶文中，还有在鸟纹之旁印"阳遂虫"三字的（图 37-6）[27]。《书·益稷》"山龙华虫"，传："虫，雉也。"《周礼·地官·大司徒》郑注："羽虫，翟雉之属。"故"阳遂虫"即阳燧鸟。这两个形象的出现对认识"明烛"为何物很有启迪，拿它来印证 1969 年在河南济源泗涧沟 24 号新莽墓出土的一件陶灯，问题的解决就变得更有门径可循。此灯通高 28 厘米，基座为蟾蜍形，灯柱上部为兔形，灯盏为昂首振翅翘尾的鸟形（图 37-7）。发掘者李京华先生说："这件灯和汉代画像石上的金乌含义有些相同，金乌象征太阳，中柱和灯座塑的兔和蟾蜍是象征月亮。日、月相合为'明'。"[28]如从此说，则这盏灯或亦"明烛"之侪；尽管其中不无推测的成分。但无论如何，从良渚玉器上的鸟纹、到阳燧鸟以至阳乌，都和鸟柱灯上的鸟的用意有相通之处。以阳燧鸟充当"明烛"的标志，显然比囧纹伞帽更直观。在庄严的祭礼中，用阳燧镜在神鸟背上引起炎炎明火，使关于太阳的神话在众目之前呈现，会使在场的与祭者感受到不同寻常的感染力。这样，它也就成为点燃"明火"的神灯，照耀祭品的"明烛"了。

　　不仅如此，为了使"明烛"不同于日用灯具，战国时还在灯盏之下设筒形或瓶形灯座。在长治分水岭、万荣庙前、济宁薛故城等地都有灯与座配套的实例出土（图 37-8）。灯座将灯火抬高，照明的范围扩大，显然更有气势。陶灯座的高度一般在 15—25 厘米之间。平山中山国 6 号墓（成公墓）出土的铜灯座高 33 厘米（图 37-9）。中山王𝑦墓与其陪葬墓中都出带座的这类陶灯，通高都在 40 厘米以上（图 37-10）。但中山王墓另外还出土了一件大型铜鸟柱灯，灯盏的直径为 57 厘米。盏内底伏一鳌，背负灯柱。柱顶为展翅的阳燧鸟。鸟足下端装筒形鎣，套在灯柱上，可任意转动。灯盏外壁有四枚铺首衔环。下承束腰圆柱形器足，底座铸出镂空的蟠螭纹，极精致。和它配套的筒形灯座，通体饰变形蟠螭并衬以云雷纹地纹。筒底有三兽足。造型稳重。此灯座高 58.8 厘米，搁上铜灯后，通高达 1 米多（图 37-10:7）。灯盏硕大，膏油充盈，灯炷会比较粗，灯火会很炽烈。炫金涌碧，星爆烟飞，与其自太阳取火之不平凡的身分恰相适应，堪称神圣而豪华、高踞古灯具之巅峰的"明烛"，即神灯。

然而应当说明的是，鸟柱灯即"明烛"的灯座尽管实例不少，却

图 37-6 "阳燧鸟"与"阳遂虫"
1. 朝鲜大安德兴里高句丽墓壁画
2. 据《季木藏陶》

图 37-7 陶灯
河南济源泗涧沟新莽墓出土

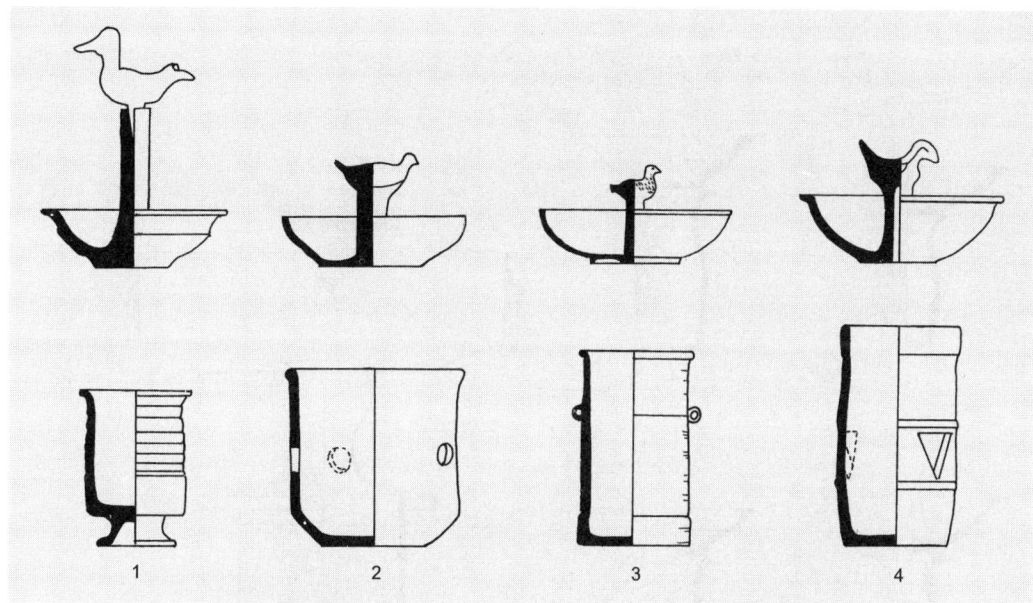

图 37-8 战国陶鸟柱灯与灯座
1. 山东济宁薛故城 5 号墓出土
2. 山西长治分水岭 68 号墓出土
3. 山西万荣庙前 61M1 号墓出土
4. 长治分水岭 21 号墓出土

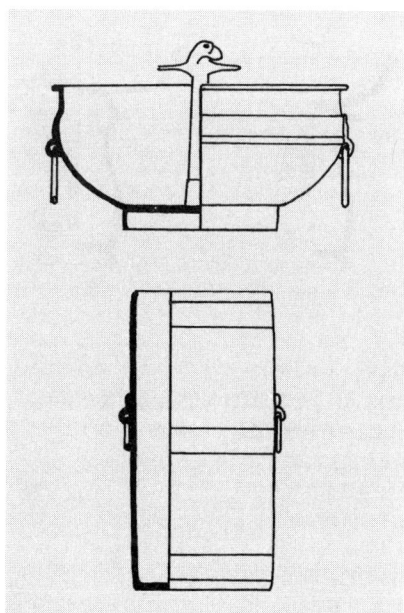

图 37-9 战国铜鸟柱灯与灯座
河北平山中山国 6 号墓出土

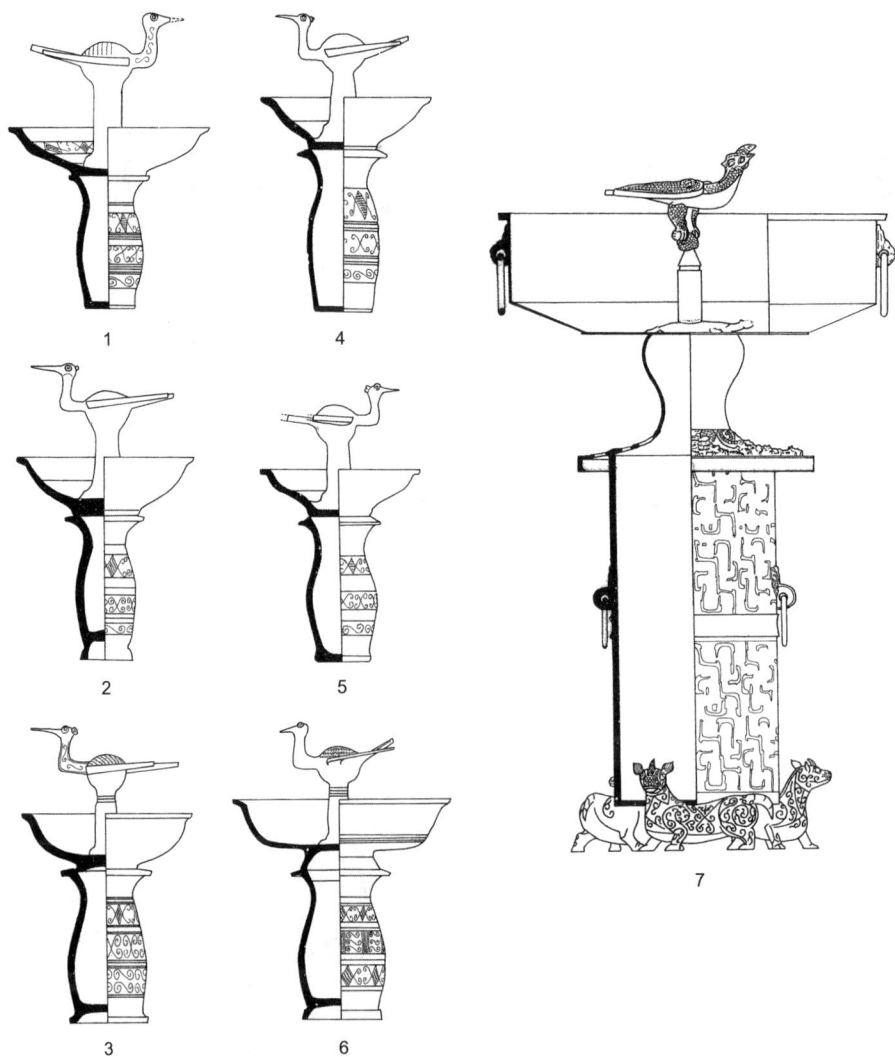

图37-10 河北平山战国中山王主墓与陪葬墓中
出土之带灯座的鸟柱灯（1~6.陶 7.铜）
1. 1号陪葬墓出土
2. 2号陪葬墓出土
3. 3号陪葬墓出土
4. 4号陪葬墓出土
5. 5号陪葬墓出土
6、7. 主墓出土

也并非每盏灯必备。而且这种灯在结构上还有一宗缺陷，即灯炷顶部平摊在鸟背上，底面不接触空气。特别是其中之形体较小者，灯火产生的热量更低，空气对流状况不佳，火焰旺不起来。这样，势必会影响灯的亮度。如果仅仅是荧荧一豆，迷离闪烁，就和隆重的祭祀场面不相称了。在这种仪式盛行的战国时代，古人已经注意到这一点。山西长治分水岭 118 号墓所出者，已在鸟背中部开一小孔，与空心灯柱上下贯通，较好地解决了透气的问题（图 37-11:2）；比不透气的式样（图 37-11:1）改进了一大步。东汉时且将鸟背上的穿孔扩大，使气流更加顺畅（图 37-11:3）。[29] 但仍有一些灯将鸟形部件粘在空心柱顶端，空气仍被阻塞。不过实用的要求总会顽强地冲决障碍。到了三国、西晋时，附有鸟形的"明烛"隐没，空柱灯行世。开始还有在灯的外面套上钵形护罩，或在空心柱顶上叠加带小孔的灯盘（图 37-11:4、5）。[30] 后来就直接使用空柱灯了（图 37-11:6～8）。[31] 空柱灯上略去了代表阳燧的象征物，表示"取明火"之古老的仪式渐趋式微。纵然在皇家典礼上，偶或因循旧制，演示一下，但已盛况不再。六朝以降，铜制的阳燧镜更难得一见。大部分空柱灯可能已回归为日用灯具。隋唐以后，盏唇搭炷式灯流行，鸟柱灯及其衍生的各种类型从此绝迹。李敬贞虽然提到用阳燧取火，但已缄口不言"明烛"。附带提一笔，《急就篇》颜师古注曾说："镫，所以盛膏夜然燎者也，其形若杆而中施钉。"粗看起来，这话仿佛可以理解成是指空柱灯而言。可是这时空柱灯久不通行，颜氏已不及见。他说的乃是唐代使用的在盏中装空心圆管、但与盏底并不通透的烛台（图 37-12）。[32]

　　我国自太阳光取火用于典礼的做法，出现之早，历时之久，用具之华美，在世界上是罕见的。中国的明火相当于现今说的圣火（Sacred flamesz），对圣火的崇拜曾在古代世界的广大地区中流行。就亚洲而言，伊朗的琐罗亚斯德教即拜火教、祆教，不仅崇拜火，也崇拜太阳，其主神阿胡拉·玛兹达的形象就居于日轮之中。突厥人也事火。王小甫《"弓月"名义考》认为：突厥的弓月城（在今新疆伊犁河流域）之名，"来自古突厥语 kün（日、太阳）和 ört（火、火焰）组成的一个合成词，其意为'日火'或'太阳之火'，表达了当时已

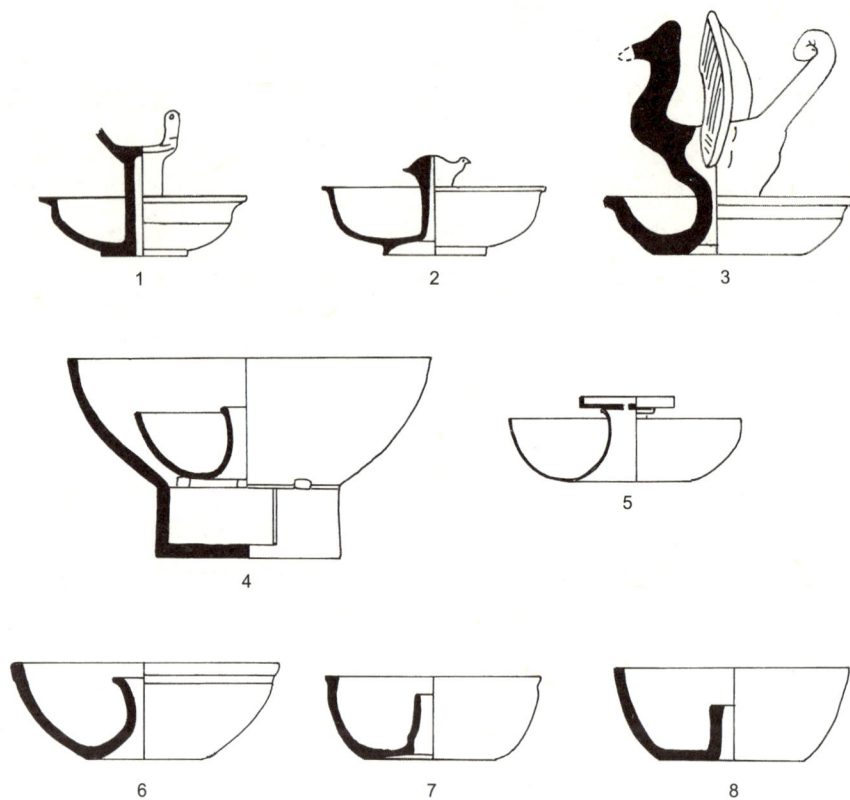

图 37-11　空柱灯
1. 河南辉县固围村 1 号战国墓出土
2. 山西长治分水岭 118 号战国墓出土
3. 河北阜城桑庄东汉墓出土
4. 安徽合肥三国新城遗址出土
5. 山东临沂洗砚池西晋墓出土
6. 河南洛阳衡山路西晋墓出土
7. 洛阳厚载门街西晋墓出土
8. 洛阳吉利区西晋墓出土

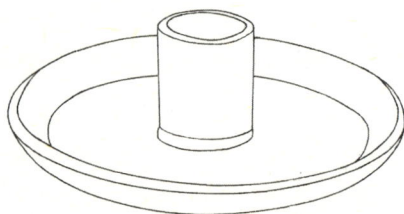

图 37-12　西安市长安区
出土唐代陶烛台

传入突厥的祆教信仰"[33]。但突厥人的"日火"或系采自某些宗教圣山上的自燃之火。他们是否使用阳燧，至今尚不清楚。在地中海地区，一般认为阳燧形反光镜是罗马帝国时代的普卢塔克（Plutarch，约46—119年）发明的，还较我国为迟。至于世所习知之奥运圣火，古代曾使用玻璃透镜将阳光聚焦；反射聚焦的方式要到1928年在阿姆斯特丹举行的第九届奥运会上才采用，已然是20世纪之初了。

（原载《中国文化》2014年秋季号）

注释

[1] 据周天游点校：《汉官六种》本，页101，中华书局，1990年。

[2] 《艺文类聚》卷八〇引《淮南子》高诱注作："阳遂，金也。取金盂无缘者，执日高三四丈时，以向，持燥艾承之寸余，有顷焦之，吹之则然，得火。"语意较详。

[3] 燧字除作遂外，亦作隧、镱。清·孙诒让《周礼正义》卷七〇说："案：遂，《考工记·攻金之工》经注及《築氏》注并作燧。《鬼氏》注文作隧，《内则》亦作镱。镱（见《说文》）正字，遂、隧并假借字。……燧则鐆之俗，鐆为烽火，与阳燧义别也。"今通用燧字。

[4] 唐·慧琳：《一切经音义》卷三三引。

[5] 北京市文物管理处：《北京地区的又一重要考古收获——昌平白浮西周木椁墓的新启示》，《考古》1976年第4期。

[6] 边江、杨林：《三千年前中华人民取火于日有了明证》，《光明日报》1995年10月13日2版。

[7] 罗西章：《扶风出土的商周青铜器》，《考古与文物》1980年第4期。

[8] 中国科学院考古研究所：《上村岭虢国墓地》图版38，科学出版社，1959年。

[9] 浙江省文物管理委员会等：《绍兴306号战国墓发掘简报》，《文物》1984年第1期。

[10] 山西省考古研究所：《侯马铸铜遗址》上册，页175—177，文物出版社，1993年。

[11] 广州市文物管理委员会等：《西汉南越王墓》下册，图版42，文物出版社，1991年。

[12] 昌平白浮阳燧的曲率半径为30.8厘米，见《考古》1980年第4期。京都大学文学部博物馆藏饕餮纹阳燧的曲率半径为22.12厘米；同馆所藏蟠螭纹阳燧的曲率半径为7.26厘米；见梅原末治：《中国殷周の古镜》，《史林》42卷4号，1959年。扶风黄堆出土阳燧的曲率半径为20.75厘米，见注[6]所揭文。侯马出土阳燧之凹面的曲率半径为7.6厘米。见注[10]所揭书。

[13] 程长新：《北京市拣选古代青铜器续志》，《文物》1984年第12期。

[14] 《汉金文录》卷五所录汉代铜尊铭文为"大吉，宜用，富贵阳遂"。《鄂城汉三国六朝

铜镜》（文物出版社，1986 年）图 110 所载黄武六年镜的铭文中有"宜子孙，阳遂富贵老寿"之语。湖南衡阳茶山坳 27 号三国墓所出墓砖上有"阳遂富贵"铭文，见《考古》1986 年第 12 期。

［15］绥德县博物馆：《陕西绥德汉画像石墓》，《文物》1983 年第 5 期。

［16］陈斌：《灯具的鼻祖——四千年前窑洞的壁灯》，《文物天地》1989 年第 2 期。

［17］我国古代既用动物油脂也用植物油点灯。《齐民要术·种麻子篇》引汉·崔寔说，麻子的油可以"作烛"即点灯。同书《荏蓼篇》又说："荏（即白苏子）油色绿可爱，其气香美，……又可以为烛。"直到元代，王祯《农书》中仍说："按麻子、苏子，……于人有灯油之用，皆不可缺也。"

［18］杨育彬等：《近几年来在郑州新发现的商代青铜器》，《中原文物》1981 年第 2 期。

［19］河南省文物考古研究所等：《1995 年郑州小双桥遗址的发掘》，《华夏考古》1996 年第 3 期。

［20］［21］河南省文物研究所等：《郑州新发现商代窖藏青铜器》，《文物》1983 年第 3 期。

［22］参看拙著：《汉代物质文化资料图说》第 88 篇，文物出版社，1991 年。

［23］胡厚宣：《殷墟发掘》图版 49，学习生活出版社，1955 年。

［24］中国科学院考古研究所：《辉县发掘报告》，科学出版社，1956 年。郑州大学考古专业等：《河南新乡李大召遗址战国两汉墓发掘简报》，《考古与文物》2005 年第 4 期。洛阳市第二文物工作队等：《洛阳市宜阳县元村战国墓发掘简报》，《文物》2003 年第 9 期。山西省文物管理委员会等：《山西长治分水岭战国墓第二次发掘》，《考古》1964 年第 3 期。山西省考古研究所等：《长治分水岭东周墓地》，文物出版社，2010 年。猫儿岭考古队：《1984 年榆次猫儿岭战国墓葬发掘简报》，《三晋考古》第 1 辑，1994 年。山西省考古研究所：《万荣庙前东周墓葬发掘收获》，《三晋考古》第 1 辑，1994 年。河北省文物局文物工作队：《河北邯郸百家村战国墓》，《考古》1962 年第 12 期。河北省文物研究所：《邯郸百家村两座战国墓》，《文物春秋》2009 年第 4 期。同作者：《䂬墓——战国中山国国王之墓》，文物出版社，1996 年。同作者：《战国中山国灵寿城——1975—1993 年考古发掘报告》，文物出版社，2005 年。山东省济宁市文物管理局：《薛国故城勘查和墓葬发掘报告》，《考古学报》1991 年第 4 期。

［25］牟永抗、吴汝祚：《水稻、蚕丝和玉器——中华文明起源的若干问题》，《考古》1993 年第 6 期。

［26］朝鲜民主主义人民共和国社会科学院等：《德兴里高句丽壁画古坟》图版 38，讲谈社，1986 年。

［27］《季木藏陶》册四，页一〇七，1943 年。"遂"字居延简作" "，《石门颂》作" "，均与此陶文相同，可证其不伪。

［28］河南省博物馆：《济源泗涧沟三座汉墓的发掘》，《文物》1973 年第 2 期。

［29］河北省文物研究所：《河北阜城桑庄东汉墓发掘报告》，《文物》1990 年第 1 期。

［30］安徽省文物考古研究所：《合肥市三国新城遗址的勘探和发掘》，《考古》2008 年第 12 期。山东省文物考古研究所等：《山东临沂洗砚池晋墓》，《文物》2005 年第 7 期。

［31］洛阳市第二文物工作队等：《河南偃师市首阳山西晋帝陵陪葬墓》，《考古》2010 年

第 2 期。洛阳市第二文物工作队：《洛阳衡山路西晋墓发掘简报》，《文物》2005 年第
7 期。洛阳市文物工作队：《洛阳厚载门西晋墓发掘简报》，《文物》2009 年第 11 期。
同作者：《洛阳吉利区西晋墓发掘简报》，《文物》2010 年第 8 期。

［32］陕西历史博物馆：《新入藏文物精华》，页 74，三秦出版社，2011 年。

［33］王小甫：《唐、吐蕃、大食政治关系史·附录》，北京大学出版社，1992 年。

38 水禽衔鱼釭灯

汉代的灯式样繁多，蔚为大观。其中的鸟柱灯虽然高贵，却并非日常用品。多枝灯之类，则未脱战国旧制。汉代始创的新灯型是带烟管的灯。此型铜灯早在上世纪 50 年代初已于长沙五里牌 401 号西汉墓中发现过，灯身作鼎形，装两条烟管。鼎形器口置灯盘，有两道槽口，嵌插两片弧形鬶板作为灯罩。灯盘可以转动，鬶板可以开合，从而灯光的照度和照射方向可以调节。这种灯型特别见长的是：它可以通过烟管将灯烟导入灯腹，溶入其中所贮之水，使室内减少煤炱而保持清洁。这一点已为研究者多次指出。但它既然具有与普通灯不同的功用，成为一种独特的灯型，则应有自己的专名。然而在给出土的这类铜灯定名时，却往往把结构上的特征撇在一边，仅依造型或铭记定名，比如灯身呈牛形或凤形的被称为"牛灯"或"凤灯"；灯上的刻文中标出长信宫的就称为"长信宫灯"。可是同样以"牛灯"为名的，除了这种带烟管的类型外，还有一种不带烟管，结构与常见的羊灯相似，背部可以翻开成为灯盏的那一种。两种构造互不相同的器物，却都被简单地称为"牛灯"，其容易引起误解，自不待言。

那么，带烟管的灯究竟应该怎样定名呢？这个问题早在宋代的《宣和博古图》中已透露出一点线索。此书中著录了一件双烟管鼎形灯的残器，铭文为："王氏铜虹烛锭"。此虹字应为釭字之假。南京大学藏有一件据传出自长沙柳家大山古墓的同型之灯。有三条铭文。器肩铭："闾翁主铜釭一具"；灯盘铭："闾翁主釭中錪"；盖铭："闾翁主釭錪盖"[1]。后来，湖北省博物馆在柳家大山清理了一座编号为 M32 的西汉晚期墓，其中出土的铜奁上刻铭："闾翁主家"，则该灯即此墓所出[2]。䦙即闵字异体。鐕则为盏之假字。又晋·夏侯湛有《釭灯赋》，称此种灯："取光藏烟，致巧金铜。""隐以金翳，疏以华笼。融素膏于回盘，发朱辉于绮窗"（《艺文类聚》卷八〇引）。金翳、回盘，正是这种灯上的构件；藏烟，正是其性能的特点。釭指中空的管状物，《释名·释车》："釭，空也，其中空也。"车釭和建筑物壁带上的金釭均由此得名，也正与烟管的形状相符。所以烟管就是釭，带烟管的灯就是釭灯；釭灯又可简称为釭。这种灯至南北朝时仍为人所熟知，经常在诗文中被提到。如刘宋·谢庄《宋孝武宣贵妃诔》："庭树惊兮中帷响，金釭暖兮玉座寒。"齐·王融《咏幔诗》："但愿致樽酒，兰釭当夜明。"梁·萧绎《草名诗》："金钱买含笑，银釭影梳头。"不仅在南北朝，这类名称还出现在唐代诗人笔下，如白居易《卧听法曲霓裳诗》中仍有"起尝残酌听余曲，斜背银釭半下帷"之句。考虑到唐·段成式《寺塔记》中记载过一种令人怀疑与釭灯类似的"息烟灯"，则唐代人可能还曾使用，或者至少还了解这种类型的灯。到了北宋时，如晏几道的名句"今宵剩把银釭照，犹恐相逢是梦中"，则大约只是在使用典故。时代再晚些，对于何以称灯为釭，遂愈益不解。《康熙字典·金部》"釭"字下甚至说："按金釭非灯，乃诗人误用也。"又引《韵会》："俗谓金釭为灯，音杠，又书作缸；字义、字音、字画皆误。"由于装烟管的灯型久已湮佚不存，所以他们遂全然不解釭灯之制。近人有时甚至连上引《咏幔诗》中的"兰釭"之兰也不知其所指，如说："兰釭，盖因釭体饰有兰花，故名。"[3]其实古兰是菊科的都梁香，又名泽兰，并不观赏其花，而是以其茎、叶作为香料（图38-1）。故可以煮兰为兰汤，如《楚辞·九歌》所称"浴兰汤兮沐芳"。也可以煎兰为兰膏，如《楚辞·招魂》所称"兰膏明烛"。兰釭就是由于其中点燃的是煎兰制成的香油而得名，即北周·庾信《灯赋》所称："香添然蜜，气杂烧兰。"至于兰科的春兰，即现代通称之兰花，要到南唐时才为人所注意，宋以前的文献中几乎不曾提到它。宋·黄庭坚在《书幽芳亭》一文中捆兰花为古兰，就受到李时珍《本草纲目》的抨讥。所以釭灯和春兰大约未见过面，更谈不到在釭灯上饰以兰花了。

尽管南北朝的釭灯之实物尚未发现过，但就已出土的汉代釭灯而言，它们在工艺上的成就已令人击节赞叹。且不说蜚声海内外的长信宫灯。即以牛形釭灯而论，已发现的三例在造型上也各擅其胜，并不雷同。长沙桂家花园出土的牛釭灯安详雍雅；睢宁刘楼出土的古拙凝重；而邗江甘泉出土的那件通体错银，牛的体态出之以写实手法，侧首扬角，睥睨暗噁，更是神气十足[4]。作鸟形者有广西合浦出土的一对凤形釭灯。而近年在山西平朔照什八庄、襄汾吴兴庄和陕西神木塔村又分别发现水禽衔鱼釭灯，这几件铜灯极为肖似，好像是一组器物（图38-2:1、2、3）[5]。它们在不同的地点相继出土，珠联璧合，堪称佳话。特别值得注意的是其造型采用了水禽衔鱼的形象，更加耐人寻味。

图38-1 兰草（即古兰）
据《本草纲目》

水禽衔鱼的图案，在河南临汝阎村、陕西宝鸡北首岭等地出土的新石器时代彩陶上已经出现。到了历史时期，在商和西周的玉雕、凤翔秦雍城遗址出土的瓦当、河北满城与辽宁新金西汉墓出土的陶盆以及江苏

图38-2 水禽衔鱼釭灯
1. 山西平朔出土
2. 陕西神木出土
3. 山西襄汾出土

图 38-3 衔鱼纹与鱼纹

（1～6. 水禽衔鱼 7. 凤凰衔鱼 8. 辟邪衔鱼
9. 飞仙衔鱼 10. 代表吉祥的鱼纹）

1. 商代玉雕，不列颠博物馆藏
2. 西周玉雕，山东济阳出土
3. 秦瓦当，陕西凤翔出土
4. 西汉彩绘陶盆，河北满城出土
5、9. 东汉画像石，山东济宁出土

6. 北魏石砚，山西大同出土
7. 东汉画像石，江苏徐州出土
8. 东汉画像石，山东诸城出土
10. 东汉铜杆，云南昭通出土

铜山周庄、湖北当阳刘家冢子、四川宜宾翠屏村、山东苍山卞庄、济宁南张、四川合川濮湖等地发现的东汉石刻画像中也有这一题材[6]。降至北魏，在山西大同司马金龙墓出土的石砚上仍刻有水禽衔鱼（图38-3:1～7）。水禽的种类有鹤，满城汉墓所出陶盆上清楚地画着一只衔鱼的丹顶鹤，苍山画像石的题记中也有“龙爵（雀）除央（殃）鶮（鹤）噣鱼”之句。还有鹭，西南各地出土的朱提堂狼铜杅，器底常铸出一鹭一鱼。还有鹳，登封启母阙及宜宾翠屏村石棺刻有此类图形，衔鱼的水禽都是鹳。在汉代，鹳衔鱼是升官之兆。《后汉书·杨震传》：“后有冠雀衔三鳣鱼，飞集讲堂前。都讲取鱼进曰：‘先生自此升矣。’”李贤注：“冠音贯，即鹳雀也。”有意思的是，在云南晋宁石寨山21号墓中还出了一件作鸬鹚衔鱼状的铜扣饰。除了这四种水禽外，此类图形中还有不少衔鱼之鸟因特征不明显而难以确指其名。可是在汉代艺术中，凤凰的特点是很突出的，这种神禽有时也来衔鱼；广东德庆大辽山东汉墓之铜案、江苏徐州青山泉东汉墓之画像石中均有其例。不仅禽类，在山东诸城前凉台、济宁南张的东汉画像石中，还有辟邪衔鱼与飞仙衔鱼的场面（图38-3:8、9）[7]。它们为什么都要衔鱼呢？大约因为当时还把鱼视作吉祥物之故。云南昭通出土的一件汉代铜杅，器底铸出一条大鱼，两旁有“吉羊（祥）”二字（图38-3:10）。《古玺汇编》5683所收两面印，一面的印文为“□□吉鉨”；另一面为肖形印，作水禽衔鱼状。可见这是一种吉祥图案。釭灯做成此形，无疑更将博得人们的喜爱。

不过话又说回来，朔县、襄汾与神木出土的釭灯上的水禽，与鹤、鹭等涉禽全异其趣，它们有点像雁、凫之类。因而《晋东宫旧事》中一再提到的“铜鸭头灯”、“金涂连盘鸭灯”（《艺文类聚》卷八〇引）等，其造型或与此二灯相近。那么，将来会不会有晋代前后的水禽状釭灯出土呢？看来是不无可能的。

（原载《文物天地》1987年第5期，
收入本集时作了修改）

注释

［1］　查瑞珍：《闿翁主钉鐎》，《文物》1979 年第 7 期。

［2］　湖南省博物馆：《长沙柳家大山古墓葬清理简报》，《文物》1960 年第 3 期。

［3］　同注［1］。

［4］　长信宫灯与牛灯参见拙著《汉代物质文化资料图说·灯 II》，上海古籍出版社，2008 年。

［5］　雷云贵：《西汉雁鱼灯》，《文物》1987 年第 6 期。牛志国：《鹅鱼灯》，《美术》1986 年第 12 期。襄汾铜灯见《山西省博物馆馆藏文物精华》图 54，山西人民出版社，1999 年。

［6］　商代玉雕见讲谈社《世界博物館·六·大英博物館》图 271。西周玉雕为山东济阳刘台子西周墓出土，见《文物》1986 年第 12 期。凤翔秦瓦当见《文物》1984 年第 1 期。满城陶盆见《满城汉墓发掘报告》上册，图 194。新金陶盆见《文物资料丛刊》4，1981 年。铜山周庄画像石为徐州市博物馆藏品。当阳刘家冢子画像石见《文物资料丛刊》1，1977 年。宜宾翠屏村画像石棺见《考古通讯》1957 年第 3 期。苍山下庄画像石见《考古》1975 年第 2 期。合川濮湖画像石见《文物》1977 年第 2 期。

［7］　济宁出土画像石见《山东画像石选集》图 147、560，齐鲁书社，1982 年。

39 绞胎器与瘿器

唐、宋时代，我国陶瓷制品中有一类绞胎器。它的坯胎是用深（如褐色或棕色）、浅（如白色或牙黄色）两色瓷土重叠糅合，烧成后器表呈现盘旋蟠结的纹理。此种纹理初看似任意蟠屈，不受拘束；但综观多数绞胎器，就发现它们具有大体相近的组织形式和格调，形成了所谓野鸡翅、木理纹等，其构图应有所本。因此，绞合坯泥时须遵循一定的规律，对操作技艺会有种种要求；特别由于它不能用拉坯法成型，而是将绞合好的花泥一片片拼接或叠筑起来的，故相当费工。有时乃将制法简化，只在器物的表面（甚至只在局部）贴一薄层绞花泥片，内层仍为素胎。不过无论制法之繁简，它们所追求的效果是相同的，同属于一类工艺品。而另一种所谓绞釉，是将两色釉汁掺兑搅拌，趁其混而未合之际，在素胚上荡出一层带有两色斑条的釉面来。但这样产生的斑条往往汗漫晕散，难以形成条理，与绞胎的风格不尽同，本文不作讨论。

绞胎器大约出现于 7 世纪末至 8 世纪初。陕西乾县唐懿德太子李重润墓中曾出土一件绞胎骑马俑[1]。13 世纪以降，这类器物渐趋绝迹。明、清时有关陶瓷的著述中几乎没有提起过它。只是到了 20 世纪 30 年代，在河北省宋巨鹿故城址的发掘中又发现了这类器物，才重新引起注意。此后出土实例渐增，且有不少精品流出国外。近年在唐代的巩县窑、耀州窑、寿州窑与宋代的磁州窑、当阳峪窑等窑址中，均曾发现绞胎瓷片。完整的器物在各地唐墓中亦时有所获。大致说来，器种有杯、碗、平盘、三足盘、钵、罐、注子、枕等，而以长方形的绞胎瓷枕为最常见。

　　这种形制独特的绞胎的意匠究竟是怎样产生的，迄今尚无定论。西方学者称之为"大理石纹陶瓷器"（marbled ware），然而这只是一个借用的名称，其纹理显然并非模仿大理石。也有些研究者以为它是仿自漆器的犀皮工艺[2]。然而犀皮漆器"文有片云、圆花、松鳞诸斑"[3]，"漫无定律，天然流动"[4]；可见它的图案是以不规则的大小斑块构成的，与绞胎器之主要以线条构成纹理者有别。从直观印象说，绞胎器的纹理很像木纹。据此进一步推求，则其意匠很可能与一类特殊的木器——瘿器有关。

　　我国古代很重视木材的纹理美。《拾遗记》说："周灵王起昆昭之台，聚天下异木，得崿谷阴生之树，其枝千寻，文理盘错，有龙蛇鸟兽之形。"《西京杂记》说："鲁恭王得文木一枚，伐以为器，意甚玩之。"它的纹理据形容是："或如龙盘虎踞，复似鸾集凤翔。青绀紫绶，环璧珪璋。重山累嶂，连波迭浪。奔电屯云，薄雾浓氛。麏宗骥旅，鸡族雉群。蠲绣鸳绵，莲藻芰文。"简直美丽得无以复加。但这些例子中的"异木"、"文木"，还只是树木的干材，而未特指瘿木。到了三国时，文献中开始特别注意瘿木。吴·张纮在《瑰材枕赋》中说此枕的纹理是："有若蒲陶之蔓延，或如兔丝之烦萦。有若嘉禾之垂颖，又似灵芝之吐英。其似木者，有类桂枝之阑干，或象灌木之丛生。其似鸟者，若惊鹤之径逝，或类鸿鹊之上征；有若孤雌之无味，或效鸳鸯之交颈。纷云兴而气蒸，般星罗而流精。何众文之同朗，灼儵爥而发明。"[5]据《三国志·吴书·张纮传》裴松之注："纮见楠榴枕，爱其文，为作赋。"则此枕当为楠榴所制。晋·左思《吴都赋》也说："楠榴之木，相思之树。"李善注："南榴，木之盘结者，其盘节文尤好，可以作器。"晋·苏彦亦有《楠榴枕铭》，谓："珍木之奇，文树理解。槏橮方正，密滑贞坚。朝景西翳，夕舒映天。"[6]这些文献里一再提到的楠榴木，实际上就是瘿木。明·方以智《通雅》卷四三说："楠榴乃斗斑樱木，非涂林之丹若也。吴·张纮有《楠榴枕赋》，人多疑为石榴也。智按《后山丛谈》曰：'嘉州产紫竹、楠榴。'盖木有瘿瘤，取其材多花斑，谓之瘿子木，书作樱子木，讹为影子木。……陈后主施瓦官寺，有南榴枕，即楠榴。今《马湖府志》：'楠年深向阳者，结成花纹，俗呼斗柏楠。'乃斗斑楠，状其瘿瘤文耳。"明·谢肇淛在《五杂组》中也说："木之有瘿，乃木之病也。而后人乃取其瘿瘤砢礧者，截以为器。盖有瘿而后有旋文，磨而光之，亦自可观。"其实齐·许瑶《咏柚榴枕》中说，"端木生河测，因病遂成妍"[7]，已指出这一点。唐代仍用瘿器。唐·张鷟《游仙窟》中描写一处宴席上的酒器有"金盏银杯，江螺海蜯。竹根细眼，树瘿蝎唇。九曲酒池，十盛饮器"。《新唐书·武攸绪传》说王公赠彼之物有"鹿裘、素障、瘿杯"。瘿杯亦见于皮日休诗，他有"淡影微阴正送梅，幽人逃暑瘿楠杯"之句[8]。瘿杯之外，唐诗中还提到瘿樽，李益有句云："千畦抱瓮园，一酌瘿樽酒"[9]。张籍与陆龟蒙的诗中则均写到"瘿床"[10]。可见当时的瘿器不仅精致，而且是很高雅的。

瘿器的种类甚多，其中最常见的还是瘿枕，虽然在唐诗中没有提到；然而上引张纮、苏彦等人所描写的以及陈后主所施舍的皆是此物。我国古代有用木枕的传统，故枕字从木。五代钱镠与宋代司马光皆曾以圆木为枕，还保持着其朴素的原始状态；讲究的木枕则注重纹理之美。《酉阳杂俎·续集·支植》下说："台山有色绫木，理如绫文（《太平广记》卷四〇六引作'理如绫窠'，《白孔六帖》卷一四引作'理如绫纹窠'），百姓取为枕，呼为色绫枕。"今本《杂俎》所夺之"窠"，是一个关键的字。窠指团窠。《元和郡县图志·剑南道绵州贡赋》中有"对凤两窠"之锦名，即团窠对凤纹锦。《唐会要》卷三二中有"小团窠绫"，《旧唐书·舆服志》中称之为"小科细绫"；"科"即"窠"字之假。《营造法式》卷三三所载"团科宝照"之图案亦作团花形。清·王琦《李长吉歌诗汇解·梁公子》注："所谓窠者，即团花也。"其说是。色绫枕上的纹理中当有若干团花，它大约是由分蘖的节理所形成的。而现存绞胎枕上也恰恰出现了这样的团花。上海博物馆所藏绞胎枕的枕面上有三组团花，枕底刻"杜家花枕"四字。苏州博物馆所藏绞胎枕的枕面上有一组团花和两组花蕾状纹饰，枕底刻"裴家花枕"四字（图39-1:1）。巩县窑出土的唐代绞胎枕上也有团花（图39-1:2）。这类瓷枕通称"花枕"，而其造型正仿自瘿木枕。此外犀皮漆器中虽亦有枕，如《太平广记》卷一九五所引唐·袁郊《甘泽谣》中就提到"犀皮枕"，但犀皮漆

图 39-1　绞胎瓷枕
1. 唐 "裴家花枕"，苏州博物馆藏
2. 唐代绞胎枕，河南巩县出土

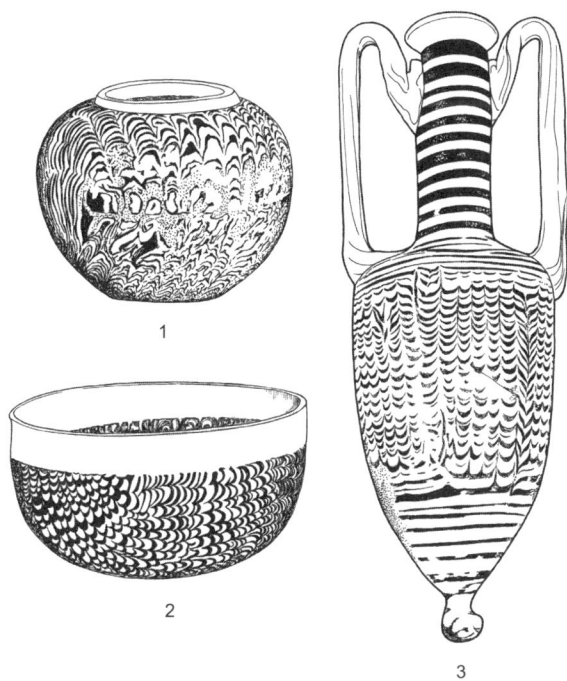

图 39-2　绞胎瓷器与绞花玻璃器
1、2. 唐代绞胎瓷器，美国波士顿美术馆藏
3. 绞花玻璃器，前 2—1 世纪地中海东岸地区
　　产品，日本出光美术馆藏

器上未见以团花为饰者，故不能为绞胎枕所取法。再看存世的绞胎瓷杯、钵等器，也无疑是仿自文献中所说的"瘿杯"、"瘿樽"之属，因为器物类型既相近，纹理结构又绝肖。唐、宋瘿器实物虽未能保存下来，但自然形成的树瘿之纹理古今无殊，则上述论点不难在现实材料中得到证明。

另外还有一种见解，认为绞胎之意匠来自西方的玻璃器[11]。但是西方古代玻璃器中并无与上述绞胎器的纹理完全相合的。只有如图39-2:1、2所举的一类不太常见的绞胎器，它们的纹理由或纵或横排列成行的鱼鳞形弧纹组成，看起来与图39-2:3所举西方玻璃器相近。但西方玻璃器上的这种纹饰早在公元前15世纪已出现于埃及，以后在罗马和地中海东岸如叙利亚等地均曾发现过这类标本。据研究，制作时是将平行地缠绕在器芯上的两色相间的玻璃条，趁其尚未冷凝之际，用细棒从垂直于平行条纹的方向划过，被划之处的条纹互相挤合，遂形成一排排鱼鳞形的弧线[12]。而我国之鱼鳞形弧纹搅胎器胚之花泥是揉搓成的，效果虽与上述西方玻璃器相仿，而工艺实不相同。何况我国之这类绞胎器的年代不早于公元8世纪；而在公元后，上述绞花纹样于西方玻璃器中却已不再流行。更何况在我国的出土物中几乎可以说并未发现过此类西方玻璃的标本，纵使偶尔见到个别约略接近之物，亦属凤毛麟角。所以即便就这一部分绞胎器而言，其意匠也很少有自西方传入的可能；两者的近似之处，恐怕仅仅是偶合而已。

（原载《文物》1988年第12期）

注释

[1]　王仁波：《唐三彩骑马狩猎俑》，《文物》1979年第1期。

[2]　横田贤次郎：《太宰府出土的唐三彩と绞胎陶》，《考古学杂志》196号，东京，1981年。中国硅酸盐学会编：《中国陶瓷史》页214，文物出版社，1982年。

[3]　明·黄成：《髹饰录》坤集，杨明注。

[4]　袁荃猷：《谈犀皮漆器》，《文物参考资料》1957年第7期。

[5]　均见《艺文类聚》卷七〇。

［6］ 同注［5］。

［7］ 《玉台新咏》卷一〇。

［8］ 皮日休：《夏景无事因怀章、来二上人》之一，《全唐诗》卷六一四。

［9］ 李益：《与宣供奉携罂樽归杏溪园联句》，《全唐诗》卷七八九。

［10］ 张籍：《和左司元郎中秋居》之六，《张司业集》卷二。陆龟蒙《寂上人院联句》，《甫里集》卷一三。

［11］ 转引自 J. C. Y. Watt, Marbled Ware of the Tang and Song Periods，载《三上次男博士喜寿紀念論文集・陶磁編》，东京平凡社，1985 年。

［12］ 杉山二郎：《東洋古代ガラス》页 71，东京国立博物馆，1980 年。

40 诸葛亮拿的是"羽扇"吗？

　　无论在雕塑、绘画或舞台上，诸葛亮手里总离不开一把羽扇（图 40-1）。这件道具犹如孙悟空的金箍棒或李逵的板斧一样，和人物的性格结合得如此紧密，几乎成为其有机整体中的组成部分了。甚至在口语当中，也常把"摇羽毛扇的"作为智囊或谋士的代名词。但历史上的诸葛亮并不拿这件东西。说他执羽扇，其根据大约可以追溯到晋代裴启的《语林》。此书今已不传，据《北堂书钞》（光绪孔氏刊本）卷一一八、余嘉锡《殷芸小说辑证》卷六等处的引文，都说："武侯乘素舆，葛巾、白羽扇。"然而查对若干唐、宋类书的早期刊本，所引文句则有所不同。宋刊《艺文类聚》卷六七引《语林》是这样说的：

> 诸葛武侯与宣皇在渭滨将战，宣皇戎服莅事，使人视武侯：乘素舆，葛巾、毛扇，指麾三军，皆随其进止。宣皇闻而叹曰："可谓名士矣！"

在这里，诸葛亮拿的不是白羽扇，而是"毛扇"。宋刊《白氏六帖事类集》卷四"葛巾"条、宋刊《太平御览》卷六八七引《蜀书》，文句大致相同，也作"葛巾、毛扇"，可见当以毛扇为正。毛扇并非羽扇，而是麈尾的别名。麈是一种大鹿。《逸周书·王会解》："稷慎大麈。"孔晁注："稷慎，肃慎也，贡麈似鹿。"清·姚元之《竹叶亭杂记》卷八说："麈即今之四不像也。"又说即"时所称堪达罕也"。在口语中，四不像可以指麋鹿，也可以指驯鹿。而根据《清文鉴》的解释，满语堪达罕（kandahan）指驯鹿，而与麈对应的满文为 ultseheu-golmin-buho，

是长尾鹿之意。据动物学家谭邦杰先
生说，麈实为驼鹿[1]。驼鹿的尾较长，
古人将其尾毛夹在柄中，制成一种类
似拂子之物，就叫麈尾。因为它的轮
廓像扇子，所以也叫"麈尾扇"，见
《南齐书·陈显达传》。又因为它是用尾
毛制作的，所以又叫毛扇。《世说新语·
言语篇》："庾稚恭（庾翼）为荆州，以
毛扇上武（当作成）帝。"这里的毛扇
也就是《宋书·明恭王皇后传》中说的
"玉柄毛扇"；而所谓玉柄毛扇在《晋
书·王衍传》、《陈书·张讥传》、《世
说新语·容止篇》等处都称为玉柄麈

图 40-1　成都武侯祠中的诸葛亮塑像

尾。华贵的麈尾常装玉柄，故《通鉴》卷八九胡三省注称："晋王公贵
人多执麈尾，以玉为柄。"而在当时人描写羽扇的文字中，却未见有明
言装玉柄者。相反，《晋书·五行志》说："旧为羽扇者，刻木象其骨形。
……王敦南征，始改为长柄，下出可捉。"则羽扇装木柄，故这时装玉
柄的只能是毛扇，即麈尾。

　　麈尾起于东汉。东汉·李尤有《麈尾铭》，见《北堂书钞》卷
一三四。因尾毛之夹装与修剪的工艺不同，故式样不一（图40-2）。
早期多为歧头式或尖头式。圆头的虽然出现的时间也不算晚，但要到
南北朝时才定型；不过此式后来居上，陈·徐陵《麈尾铭》所称，"员
上天形，平下地势"，即指圆头式麈尾而言[2]。就目前所知，歧头式
麈尾最早见于浙江绍兴出土的一面龙虎神人画像镜的纹饰中[3]。尖头
式者最早见于河南洛阳朱村东汉墓壁画中[4]。接近圆头式者，最早见
于甘肃嘉峪关魏晋墓壁画，但修剪得不够典型[5]。及至南北朝以迄唐
代，麈尾却大都呈圆头式的了。其制作的起因，据释藏《音义指归》
引《兼名苑》说："鹿之大者曰麈，群鹿随之，皆看麈所往，随麈尾
所转为准；故古之谈者挥焉。"[6]魏正始以降，名士执麈清谈，渐成
风气。甚至被誉为"君子运之，探玄理微。因通无远，废兴可师"[7]。

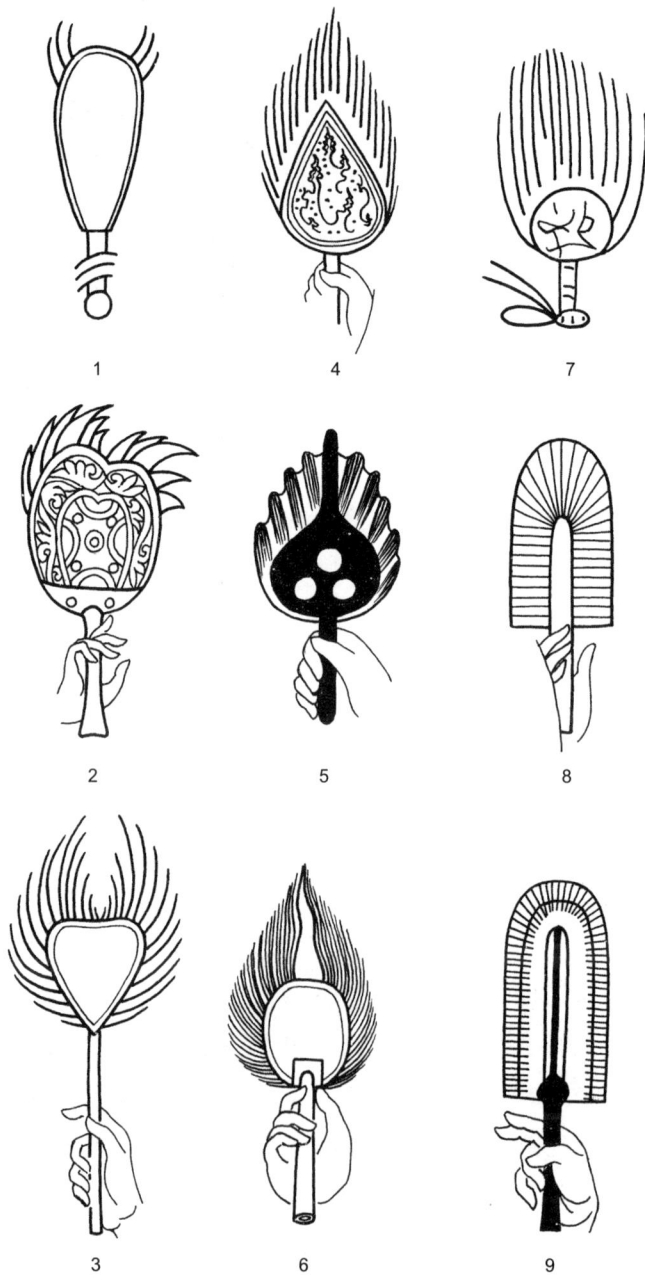

图 40-2　麈尾（1～3.
歧头式　4～6.尖头式
7～9.圆头式）
1. 绍兴出土东汉龙虎神
　人画像镜
2. 洛阳出土北魏画像
　石棺
3、9. 莫高窟第 103 窟
　唐代壁画
4. 洛阳朱村东汉墓壁画
5. 长沙新火车站东晋·
　雷陔墓出土漆盘
6.《历代帝王图卷》
7. 嘉峪关 5 号魏晋墓
　出土画砖
8. 龙门宾阳中洞北魏
　浮雕

图 40-3　执麈尾的人像
1. 朝鲜安岳晋·冬寿墓壁画
2. 云南昭通晋·霍承嗣墓壁画
3. 甘肃酒泉丁家闸十六国墓壁画

"既落天花，亦通神语。用动舍默，出处随时。扬斯雅论，释此繁疑。拂尘静暑，引饰妙词。谁云质贱？左右宜之"[8]。赵翼《廿二史札记》卷八遂谓：麈尾"初以谈玄用之，相习成俗，遂为名流雅器，虽不谈亦常执持耳"。其实麈尾本非专为清谈制作的，所以《晋阳秋》中曾说王浚还把麈尾送给石勒（《御览》卷七〇三引）。石勒是一个"不知书"的军阀，与清谈沾不上边，连他都要执麈尾，可见此物的使用范围很广泛。从考古材料看，朝鲜安岳发现的"使持节，都督诸军事，……乐浪……玄菟、带方太守"冬寿墓壁画中之冬寿像，云南昭通发现的"晋故使节，都督江南交、宁二州诸军事，建宁、越巂、兴古三郡太守，南夷校尉，交、宁二州刺史，成都县侯"霍承嗣墓壁画中之霍承嗣像，与甘肃酒泉丁家闸 5 号十六国墓之墓主像均手执麈尾（图 40-3）[9]。安岳、昭通与酒泉，东南西北，天各一方，但画中的高官皆执此物。则诸葛亮以麈尾指挥三军，也正符合当时的风尚。

　　但是，是不是统军者只能用麈尾指挥而不能用羽扇指挥呢？这倒不尽然。只要翻开庾信的《哀江南赋》，就能看到"陶侃空争米船，顾荣虚摇羽扇"之句。顾荣手执白羽扇指挥军队，荡平陈敏，二定江南，是东晋建国之初的著名战役[10]。那么，既然顾荣可以执羽扇，诸葛亮不就也可以执吗？然而情况却并非如此。因为诸葛之执麈尾与顾荣之执羽扇，两者背后存在着不容忽视的时间与地域的差异。

　　自出土物中所见，战国、西汉时多用竹篾编的长方形扇，即张敞所执的便面之类。东汉时纨扇增多，形状也有方有圆。即所谓"织竹廓素，或规或矩"（傅毅《扇赋》）；"裂素制圆，剖竹为方"（张载《扇赋》）。但在汉末以前，却很少有提到羽扇的。这是因为羽扇创始于吴地。晋·江逌《扇赋》说："惟羽类之攸出，生东南之遐峒"（《艺文类聚》卷六九引）。晋·傅咸《羽扇赋·序》说："昔吴人直截鸟翼而摇之，风不减方圆二扇，而功无加；然中国莫有生意者。灭吴之后，翕然贵之，无人不用"（《世说·言语篇》刘孝标注引）。又晋·嵇含《羽扇赋·序》也说："吴楚之士，多执鹤翼以为扇。虽曰出自南鄙，而可以遏阳隔暑。大晋附吴，迁其羽扇，御于上国"（《北堂书钞》卷一三四引）。叙述得非常明确，羽扇是东吴之具有浓厚的地方特色的工艺品。而且从"历代帝王图卷"中之孙权像仍执麈尾的情况看，即使在东吴，羽扇亦仍不如麈尾高贵。那么，西晋统一以后，此物是否随即风靡全国呢？也不然。只要读一下陆机的《羽扇赋》（《艺文类聚》卷六九引），对当时的情形便可有所体会：

昔楚王会于章台之上，山西与河右诸侯在焉。大夫宋玉、唐勒侍，皆操白鹤之羽以为扇。诸侯掩麈尾而笑。襄王不悦。

宋玉趋而进曰："敢问诸侯何笑？"

"昔者武王玄览，造扇于前；而五明、安众，世繁于后。各有托于方圆，盖受则于箕甫。舍兹器而不明，顾奚取于鸟羽？"

宋玉曰："夫创始者恒朴，而饰终者必妍。是故烹饪起于热石，玉辂基于椎轮。安众方而气散，五明圆而风烦。未若兹羽之为丽，固体后而用鲜。于是镂巨兽之齿，裁奇木之干。宪灵朴于造化，审贞则而妙观。"

诸侯曰："善。"

宋玉遂言曰："伊兹羽之骏敏，似南箕之启扉。垂皓曜之奕奕，含鲜风之微微。"

襄王抑而拊节。诸侯伏而引非。皆委扇（此扇亦指麈尾扇）于楚庭，执鸟羽而言归。

在这里，执麈尾的诸侯不但与操羽扇的宋玉相辩难，而且他们根本看不起羽扇，"掩麈尾而笑"。考虑到西晋平吴之后，洛中对南人的轻视，可知羽扇的推广不会是一帆风顺的。赋中的结局恐怕只不过是代表其作者吴士陆机的主观想法罢了。试看与上述江东首望吴郡顾荣同时在建康活动的过江名臣琅玡王导，就不用羽扇而仍执麈尾。这不仅有他自己写的《麈尾铭》，声称"勿谓质卑，御于君子"，可以为证。而且《世说·轻诋篇》刘注引《妒记》说：王导"密营别馆"，夫人曹氏闻知，将出寻讨。"王公亦遽命驾，飞辔出门，犹患牛迟。乃以左手攀车栏，右手捉麈尾，以柄助御者打牛，狼狈奔驰，劣得先至。"此刻王氏犹捉麈尾，可证其平日殆手不释麈。《轻诋篇》还提到庾亮握重兵，因而与王导有矛盾。当时庾在武昌，王在冶城。西风扬尘，"王以扇拂尘曰：'元规尘汙人'"。此所谓扇，亦当指毛扇即麈尾。《埤雅》卷三说：麈"其尾辟尘。"则麈尾自是用于拂尘之物，与扇之用于拂暑者小有不同。王导在东晋初年尚且如此；那么，和他同属琅玡之"伦"的诸葛亮，于七十多年以前，更无独开风气之先，率尔轻操羽扇之理。而且蜀、吴关系，时弛时张，猇亭一战，刘备败亡。纵使此时羽扇已兴，而诸葛亮忽袭用敌国之仪饰，亦不知其将何以自解。何况梁简文帝《赋得白羽扇》诗云："可怜白羽扇，却暑复来氛。终无顾庶子（顾荣），谁为一挥军！"咏羽扇数典而全不及诸葛。可见当时《语林》原书具在，"毛扇"尚未讹为"羽扇"，诸葛亮与羽扇尚未发生关系。

羽扇和麈尾的质地不同，使用方法亦有区别。用羽扇多称摇，用麈尾多称挥，因而执麈与操扇的姿

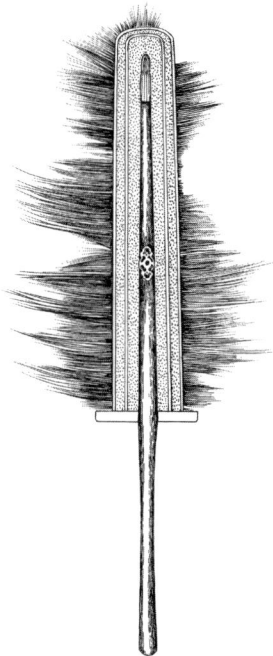

图 40-4　日本奈良正仓院藏柿柄麈尾（毛残）

势也不一样。这一点大概对当时清谈家的风度有一定影响，所以羽扇
始终未能占领清谈的阵地。故后人亦称清谈为"麈谈"，可是从来没有
称之为"羽谈"或"扇谈"的。在晋与南北朝时代的形象材料中，常
常见到执麈尾的人物。至唐代，此物仍然流行。日本奈良正仓院藏有
唐代的麈尾多件。其中之梜柄麈尾，牙装虽剥落，但尾毛犹有存者，
可据以推知其原状（图 40-4）。此麈尾盛于黑漆匣中。梁宣帝《咏麈
尾诗》："匣上生光影，毫际起风流。"其所谓匣，正指此类麈尾匣。而
羽扇在这一时期中却很少出现，它似乎还未打开局面。宋、元以降，
在形象材料中才常看到它。

（原载《文物天地》1987 年第 4 期）

注释

[1]　谭邦杰：《关于真假四不像》，《光明日报》1980 年 3 月 31 日 4 版。

[2]　见《艺文类聚》卷六九引。

[3]　王士伦：《浙江出土铜镜》图 40，文物出版社，1987 年。

[4]　黄明兰、郭引强：《洛阳汉墓壁画》页 192，文物出版社，1996 年。

[5]　甘肃省文物队等：《嘉峪关壁画墓发掘报告》，文物出版社，1985 年。

[6]　宋·吴曾：《能改斋漫录》卷二引。

[7]　许询：《白麈尾铭》，《北堂书钞》卷一三四引。

[8]　同注［2］。

[9]　宿白：《朝鲜安岳所发现的冬寿墓》，《文物参考资料》1952 年第 1 期。洪晴玉：《关
于冬寿墓的发现和研究》，《考古》1959 年第 1 期。云南省文物工作队：《云南省昭通
后海子东晋壁画墓清理简报》，《文物》1963 年第 12 期。甘肃省文物考古研究所：《酒
泉十六国墓壁画》，文物出版社，1989 年。

[10]　又晋·干宝：《搜神记》中曾两次提到吴时人执羽扇。卷一："吴猛，濮阳人，仕吴，
为西安（今江西武宁）令。后将弟子回豫章，江水大急，人不得渡。猛乃以手中白羽
扇画江，水横流，遂成陆路，徐行而过。"卷五："蒋子文者，广陵人也。……逐贼至
钟山下，贼击伤额，因解绶缚之，有顷遂死。及吴先主之初，其故吏见文于道，乘白
马，执白羽扇，侍从如平生。"可见一时之风尚。而书中所写其他时代的人物，则均
不涉及羽扇。苏轼《念奴娇　赤壁怀古》云："遥想公瑾当年，小乔初嫁了，雄姿英
发。羽扇纶巾，谈笑间，樯橹灰飞烟灭。"周瑜亦正是吴人。但不知东坡先生落笔时
是否清楚地意识到这一点。

41 三子钗与九子铃

旧时代的金石学家有一种偷懒的办法，即常把一些他们认不得的小件片状铜器归入古钱币类；比如铜珩被称为"桥形币"，辟兵符被称为"厌胜钱"。本文所介绍的三子钗，也曾长期被称为"太昊伏羲氏金币"或"棘币"。当然，这种说法是完全靠不住的。三子钗多为铜制，一般长 15—17 厘米，当中为长条形横框，两端为对称的三叉形；有些标本之居中的一股再分为两叉，且与两侧的两股分别弯成三个呈品字形排列之不封闭的弧圈。

近年，它在考古发掘中屡被发现。如洛阳烧沟 1035、1037 号及陕西华阴 2 号东汉墓、洛阳 16 工区及沈阳伯官屯 1 号魏墓、广州西北郊晋墓中均出此物（图 41-1）[1]。它的出土地点从东北直到岭南，在东汉、魏晋时期，应当说是一件风行全国的器物。可是过去由于不知其用途，难以定名。在考古报告中它或被称为"叉形器"、"铜架"，或者干脆叫作"不知名铜器"。"不知名"就是提出了问题，就具有吸引力，使文物考古工作者去寻求能圆满地解释这个问题的答案。

20 世纪 50 年代中期，根据在广州西北郊晋墓中此物出于砚台后面这一情况，曾认为它是"砚台的附属品"，或者说得更具体，认为它就是"笔架"。但这个答案并不令人满意，因为这种铜器上的叉有些几乎抱拢在一起，根本容纳不下一支笔；更不要说它的两端为对称的叉形，也难以立得稳。答案既不能成立，此事遂又被搁置。在这里，前提是弄清楚其用途；而出土时的位置与状况，以及对它们的正确理解与判断，则是解决问题的突破口。

这把钥匙终于在二十多年后于北京顺义大营村 4 号西晋墓中找到

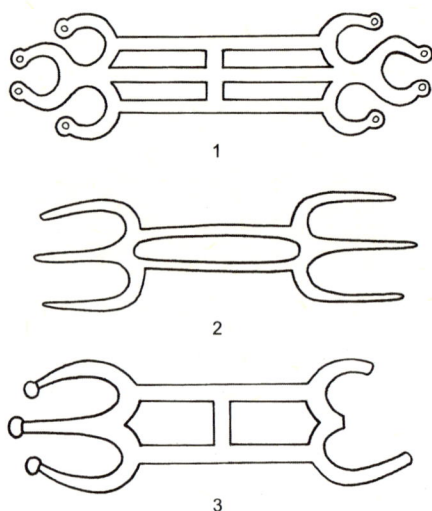

图 41-1　三子钗
1. 洛阳烧沟东汉墓出土
2. 北京顺义西晋墓出土
3. 广州西北郊东晋墓出土

了[2]。此墓中的一具未被扰动的女性头骨上端出现此物（图 41-1:2）。这就给人以启示：它很可能是妇女用的发饰。可是在汉、晋女俑头上未见过这种发饰；如果没有进一步的证据，此说也只能停留在推测阶段。可喜的是，经过搜寻比较，在山东临沂西张官庄出土的东汉画像石中的一个神灵头上发现了和它相似的发钗[3]。这件发钗较长，横贯于额顶，与戴胜杖的式样相近（图 41-2）。神灵头顶有一绺竖立的长发，世间妇女则应当在这里梳一个髻。得到了西张官庄画像石的证据，问题遂豁然开朗：此物正是一枚发钗。

但是，此种发钗当时叫什么名字？这就需要到古文献中去找答案。经检寻，发现东汉·崔瑗《三子钗铭》中描写的或即此物。铭文说："元正上日，百福孔灵。鬓发如云，乃象众星。三珠横钗，摄媛赞灵"（《艺文类聚》卷七〇引）。其最末一句或有讹误，不大好讲。前面的几句则可以理解为：三子钗又名三珠钗，于节日盛妆时使用，而且它应是横着簪戴的。又《江表传》说："魏文帝遣使于吴，求玳瑁三点钗。群臣以为非礼，咸云不与。孙权敕付使者"（《御览》卷七一八引）。广州晋墓出土的那一件，三个叉尖上都铸出小圆球，正可称为三点或三

图 41-2　山东临沂西张官庄出
土东汉画像上戴三子钗的神灵

珠。当然，三珠之名和《山海经》里描写的三珠树也可能有点关系。至于叉端呈弧圈形者，则可以看作是其繁体。总之，文献和实物在这里得到结合，答案也就显得较坚实可靠。

　　不过，三点钗或三珠钗的名称，似乎已经把这种发钗的特征概括得很形象了；为什么又称之为三子钗呢？这是由于汉、晋间人习惯于钱币"子母相权"的说法，常把一件器物上的小部件或小组成部分称为"子"。比如东汉晚期至六朝时流行的七乳禽兽带纹镜，由于其花纹内的七枚乳突之中央皆有小钮、周围且绕以连弧纹，好像在大镜子上又饰以七面小镜子，故又名"七子镜"（图 41-3）[4]。诗人咏满月常以镜为喻，所以它也常常在这类诗里出现。如梁简文帝《望月》云："形同七子镜，影类九秋霜。"庾信《望月》中也有"照人非七子，金风异九华"之句。与此类器物之命名方式相同的还可以举出九子铃。《西京杂记》说赵飞燕之妹住在昭阳殿，"上设九金龙，皆衔九子金铃"，微风吹来，响起一殿铃声。《西京杂记》成书于六朝，其中所记之器物有些并不见于汉代。比如九子铃，在汉代的文献和文物中就未能得到证实。而南朝时却确有这种铃。《南史·齐本纪》说齐废帝东昏侯萧宝卷

图 41-3　东汉"宜子孙"铭七子镜

图 41-4　北京八宝山西晋·华芳墓出土的八子银铃

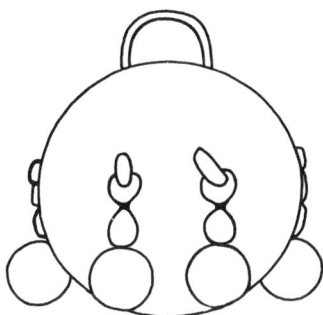

图41-5　南京仙鹤观
6号东晋墓出土的八子
银铃（左）

图41-6　九子金铃，传
世品（右）

把庄严寺的玉九子铃取下来，装饰他嬖幸的潘妃之神仙、永寿、玉寿三殿。后来李商隐在《齐宫词》一诗中写道："永寿兵来夜不局，金莲无复印中庭。梁台歌管三更罢，犹自风摇九子铃！"所咏即东昏与潘妃之事。诗人抚今追昔，诗句悱恻低回；从而使读者早就熟悉了九子铃的名字。1965年在北京西郊八宝山西晋幽州刺史王浚妻华芳墓中出了一件相类之物[5]。这是一枚镂饰极精的银铃，腹径2.6厘米，嵌红、蓝宝石。钮下承以伏牛。铃体上半部以掐丝工艺做出八个乐人，各持乐器一件，每名乐人下面悬一小铃（图41-4）。或可称为八子铃。1998年在南京仙鹤观6号东晋墓中又出土一件八子银铃，腹径2.7厘米，素面，应悬之小铃被简化成了八个小银球（图41-5）[6]。2003年在山东临沂洗砚池晋墓出土九子银铃八件，惜子铃多已脱落[7]。而1990年在伦敦克里斯蒂拍卖行的目录中也有一件时代与前几件大致相当的小金铃，腹径4厘米，比那两个稍大一点。腹壁有以金粟粒排焊成的花纹，并嵌饰绿松石。铃腹周围附有九个挂小铃用的环，但所挂小铃只存七枚，其他二枚佚失；补足之，恰是九子金铃（图41-6）。三国六朝人士喜佩铃。《三国志·吴书·甘宁传》说他"负耖带铃，民闻铃声，即知是宁"。《晋书·清河王覃传》："初，覃为清河世子，所佩金铃欻生（光）隐起如麻粟。"南朝宋·刘敬叔《异苑》："山阴刘琦每出门，见一女子貌极艳丽，琦便解银铃赠之。"这些铃都是佩饰，不见得附子铃。上述临沂洗砚池晋墓与南昌小兰乡晋墓均曾出土单个的金铃或银铃。

刘琦等所佩者倘亦其类，不过有的建筑装饰亦取法于佩饰。汉代宫室内常饰璧翣，即仲长统《昌言》所称"壁带加珠玉之物"；六朝时则于幄帐四角悬垂玉璜、流苏之类。故佩饰中之铃铛与建筑装饰之铃的造型差别不大。昭阳殿的九子金铃与潘妃三殿的九子玉铃虽已不可复睹，但读史者与读诗者钩稽史迹，或可根据这几件金银铃而仿佛其大略了。

（原载《文物天地》1987 年第 6 期，

收入本集时略作修改）

注释

［1］ 洛阳烧沟出土者，见《洛阳烧沟汉墓》页 183。华阴出土者，见《考古与文物》1986 年第 5 期。洛阳 16 工区出土者，见《考古通讯》1958 年第 7 期。沈阳出土者，见《考古》1964 年第 1 期。广州出土者，见《考古通讯》1955 年第 5 期。

［2］ 北京市文物工作队：《北京市顺义县大营村西晋墓葬发掘简报》，《文物》1983 年第 10 期。

［3］ 《山东汉画像石选集》图 394。

［4］ 樋口隆康：《武宁王陵出土镜与七子镜》，《史林》55 卷 4 号，1972 年。杨泓：《七子镜》，载《文物丛谈》，文物出版社，1991 年。

［5］ 北京市文物工作队：《北京西郊西晋王浚妻华芳墓清理简报》，《文物》1965 年第 12 期。

［6］ 南京市博物馆：《江苏南京仙鹤观东晋墓》，《文物》2001 年第 3 期。

［7］ 山东省文物考古研究所等：《山东临沂洗砚池晋墓》，《文物》2005 年第 7 期。

42　鹦鹉杯与力士铛

鸬鹚杓，鹦鹉杯，

百年三万六千日，一日须倾三百杯。

遥看汉水鸭头绿，恰似葡萄初酸醅。

此江若变为春酒，垒曲便作糟丘台！

············

舒州杓，力士铛，李白与尔共死生。

襄王云雨今安在？江水东流猿夜声。

　　　　　　　李白《襄阳歌》

　　李白的这首脍炙人口的名作，多少年来广泛流传。但其中提到的鹦鹉杯与力士铛究竟是何等样的器物，过去一直说不很清楚。往年咏习此诗时，念到这里，虽然也囫囵吞下，却总不免有梗塞之感。诗人举出眼前的器物，本应使诗中的形象更加亲切鲜明；可是由于后世的读者对它们已然陌生，所以印象反而扑朔迷离，甚至使这些千古绝唱的艺术感染力也因之而减色了。

　　其实鹦鹉杯在诗文中并不罕见。如隋·薛道衡诗："同倾鹦鹉杯"；唐·骆宾王赋："鹦鹉杯中休劝酒"；唐·方干诗："琵琶弦促千般语，鹦鹉杯深四散飞。"所咏均系此物。它是用南海所产鹦鹉螺的壳制作的杯子。在我国此物大约于4世纪初才受到重视；这和当时交广地区进一步得到开发，岭表异物纷纷进入中原的形势是分不开的。东晋初，做过广州刺史的陶侃曾"上成帝螺杯一枚"（《艺文类聚》卷七三引《陶侃故事》）。《宋书·张畅传》说："孝武又致螺杯、杂粽，南土所珍。"[1]此所谓螺杯，指的就是鹦鹉螺制的杯。吴·万震《南州异物志》说："鹦鹉螺状似霞，杯形如鸟，头向其腹，视似鹦鹉，故以为名。"唐·刘恂《岭表录异》卷中："鹦鹉螺旋尖处屈而朱，如鹦鹉嘴，故以此名。壳上青绿斑文，大者可受三升。壳内光莹如云母，装为酒杯，奇而可玩。"直到清代，屈大均在《广东新语》卷一六中还说："鹦鹉杯本海螺壳也，出琼州三亚港青栏海中。前屈而朱，如鹦鹉嘴然，尾旋尖处作数层，一穴相贯，甚诘曲，可以藏酒。"它的壳外有暗紫色、鲜红色或青绿色的花斑，壳内光莹如云母。此物用于盛酒，庾信诗"香螺酌美酒"，可证。《宋书·礼志》说："奠霍山，盛酒当以蠡杯。"蠡杯也就是螺杯，因为用于祭山，登上了高贵的庙坛，所以名称也变得古雅了。讲究的螺杯琢磨精致，往往镶金银钿（见《格古要论》）。并且由于螺腔蜿曲，薮穴幽深，饮酒时不易一倾而尽，号称"九曲螺杯"（见《清异录》），故为人所宝爱。欧阳修《鹦鹉螺诗》中甚至写出了"一螺千金价谁量"之句[2]。又元·谢宗可《螺杯》称："香醅浮蚁入旋涡，半壳苍琼费琢磨。应愧美人盘宝髻，且供豪客卷金波。"元·王恽《赋鹦鹉螺杯》则称："鹏斑渍粉垂金薤，鹦喙嫌寒缩翠窠。樽出瘿藤纹浪异，瓢成椰子腹空蟠。"[3]均极尽体物肖形之能事。

可是过去没有出土过鹦鹉螺杯，尽管文献中言之凿凿，对其具体形制仍不明了。1965年，在南京人台山东晋·王兴之墓中出土了一件大螺壳，以铜镶钿，器口两侧装铜质双耳，壳外并饰有朱红色的条纹。此器长13.3、高10.2、宽9.9厘米。发掘报告称之为"镶铜蚌饰"，并推测说："可能为一冠或盔饰。"[4]基于这种认识，所以最初发表的照片是底朝上倒扣着的。其实，它并不是冠饰，而正是一只鹦鹉杯，并且是科学发掘出土的早期鹦鹉杯之已知的唯一实例（图42-1）。这只杯的旋尖处弯向器口，即所谓"头向其腹"。它装有双耳，表明确是杯子。它是圜底器，无圈足，平置之不易放稳；这又和梁·陆倕《蠡杯铭》中所说"用迈羽杯，珍愈渠碗。实同蠡测，形均扑满"的提法相一致。扑满也被看作是欹器之类，用它比拟圜底的鹦鹉杯，正相切合。从前见到的图画中的"太白醉酒"，画家常在李白手里放一只于唐代遗

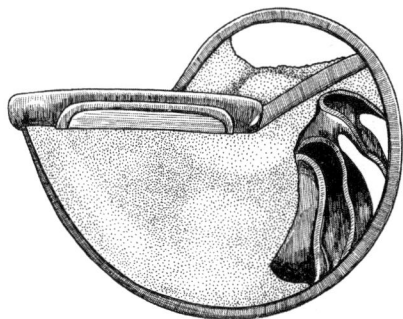

图 42-1　鹦鹉杯
南京人台山东晋墓出土，后部残损

图 42-2　西安何家村
出土唐代金铛

物中绝不经见的方形酒斗；其实按照《襄阳歌》中所述，李白拿的却应是这种斑驳晶莹的鹦鹉杯。

　　至于力士铛，则是一件温酒之器。《通俗文》说："鬴有足曰铛"（《御览》卷七五七引）。唐代的铛三足有柄，在西安何家村唐代窖藏中曾出过两件。一件是金铛（图 42-2），一件是银铛。金铛在鱼子纹地上刻镂出缠枝卷草和飞禽走兽。银铛虽为素面，但足作蹄形，柄可折叠。均极精美。《新唐书·武攸绪传》说朝廷赐给他"金银铛鬲"，其物大约与何家村所出者相接近。李白所吟咏的，可能也是这类器物。但问题是对力士铛之"力士"二字应作何解释。《新唐书·韦坚传》说，天宝二载（743 年）自江南向长安进奉之物中有"豫章力士瓷饮器"一品。1982 年，在江苏丹徒丁卯桥的唐代窖藏中出土了一大批银器，其中的银盆、银盒、银茶托、银碗、银盘、银碟、银高足杯、银注子、银锅、

图 42-3　丹徒丁卯桥出土银器上的"力士"刻铭

银勺、银筷、银匕、银熏炉以及银令旗上，都刻有"力士"二字（图 42-3）[5]。研究者或认为标有"力士"字样的器物都是酒器，说"力士"是"标明一种银酒具的特定名称"。但像盒子、茶托、熏炉之类，实难归入酒器之列。还有一种更具体的意见，即认为"力士"是器主之名，并找到盛唐大珰高力士名下，说"这批银器可能即是当时润州地方官吏进献高力士或受命制作的礼品"。可是丁卯桥银器的风格显然晚于盛唐，去高力士炙手可热之时已远，地方官员已经没有必要去巴结一个已失势或已逝世的人物了。故此说难以成立。结合《襄阳歌》中的"力士铛"与《韦坚传》中的"力士瓷饮器"来考虑；则第一，"力士"不应是器主之名。第二，从在瓷饮器之前冠以"豫章"的语法看，"力士"也不应代表特定的产地。第三，丁卯桥之力士银器，种类繁杂，所以"力士"也并不专指酒器。而高力士之得名，本无深意。《旧唐书·宦者·高力士传》称："高力士……少阉，与同类金刚二人，圣历元年岭南讨击使李千里进入宫。""力士"既与"金刚"为类，则不过是流俗之恒语而已。河南巩县一座晚唐墓出土的彩绘陶俑，在背面有墨书题名，分别为"力士"、"执砚"、"从命"、"奉言"等[6]。高力士之得名应亦循此例。金刚力士是强有力的天将，所以它似乎又可以被认为是当时对坚实之制品的一种美称。比如在汉代，铜器、漆器以及砖的铭文中，都出现过"造作牢"之类说法。六朝至唐代的文献中，又有所谓"百炼刀"、"百炼镜"、"百炼金"等物；这时说的"百炼"是泛指优等品，并不代表特定的技术规格。犹之乎宋代所称之"功夫布"、"功夫细针"，明、清所称之"贡酒"、"贡米"、"贡缎"一样，一般皆为虚誉。这和现代说的"高级"品相仿；既无统一的标准，也不限其使用范围。当然，像"牢"、"百炼"、"功夫"、"贡"等词的语源已为人所共知；而唐代何以将优质品称为"力士"？其语源尚无一致看法，有待作进一步地探讨。

总之，鹦鹉杯即螺壳杯，力士铛即高级三足铛。弄清楚了它们的形制，虽然对名物研究不无小补，但诗就是诗，既要理解其细微之处，还要随着诗人一同展开想象的翅膀。倘使只看好螺杯而不识酒中真趣，只统计酒量（300 杯／日）而不解谪仙之幽思逸想，则不知将何以自拔于"买椟还珠"之讥！

（原载《文物天地》1987 年第 1 期）

注释

［1］　余嘉锡说："李慈铭云：'案《通鉴》：卢循遗刘裕益智粽。《宋书》：废帝杀江夏王义恭，以蜜渍目睛，谓之鬼目粽。近儒段玉裁谓粽皆当作糉。《广韵》、《集韵》、《类篇》、《干禄字书》皆有糉字，蜜渍瓜食也。'……嘉锡考之诸书，凡释糉字，皆谓蜜渍瓜果，盖即今之所谓蜜饯。"见《世说新语笺证》页 832，中华书局，1983 年。

［2］　《六一居士集》卷四。

［3］　清·俞琰：《咏物诗选》卷五。清·张玉书等：《佩文斋咏物诗选》卷二一三。

［4］　南京市文物保管委员会：《南京人台山东晋王兴之夫妇墓发掘报告》，《文物》1965 年第 6 期。

［5］　丹徒县文教局、镇江博物馆：《江苏丹徒丁卯桥出土唐代银器窖藏》，《文物》1982 年第 11 期。

［6］　赵会军：《河南唐墓概况》，《中原文物》1984 年第 4 期。

43 刺鹅锥

在内蒙古奈曼旗青龙山辽开泰七年（1018 年）陈国公主、驸马合葬墓中，驸马萧绍矩腰间的佩物内有一枚玉柄银锥（图 43-1）[1]。此锥有鎏金银鞘，锥鞘的式样与所佩的刀子之鞘基本一致（图 43-2）。这把刀子大体仍沿袭唐制。在唐代，刀子不属于武器的范畴。《唐六典·武库令》条所记作为武器用的刀，只有仪刀、鄣刀、横刀、陌刀四种，不含刀子。唐代壁画上的人物佩带的刀子，或于鞘外附有洁手的帨巾，说明它的用途大约与近代蒙古族随身佩带的餐刀相近[2]。辽之刀子应不例外。此锥既与刀子配套，则亦应与饮宴有关，但一般饮食器中未闻用锥的。结合辽代情况考察，它应是在春季捺钵时特用的刺鹅锥。

辽代皇帝四时出行，其行营名捺钵（契丹语 nutuk-ba）。在捺钵地点除夏季主要是避暑外，另外三季各有专门的游猎活动：春季捕鹅雁，名春水；秋季射鹿，名秋山；冬季则破河冰钩鱼。《辽史·营卫志》记

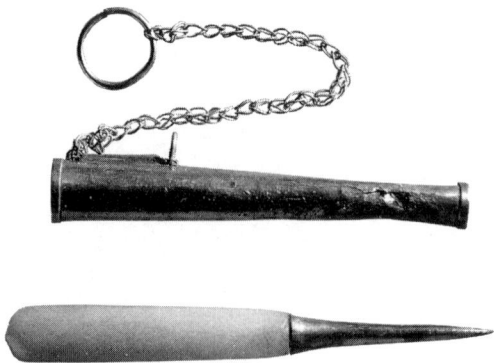

图 43-1　萧绍矩所佩玉柄银锥

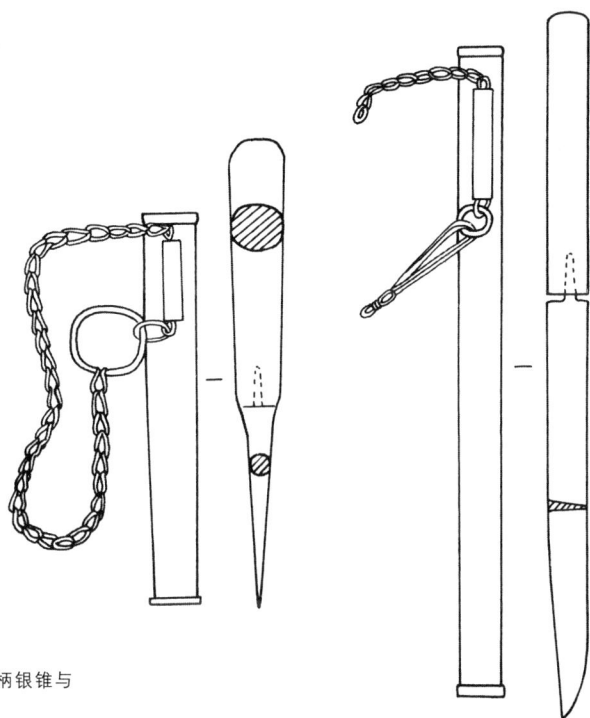

图 43-2　玉柄银锥与
玉柄银刀子

叙春季捺钵时的情况是：

> 春捺钵曰鸭子河泺（在今吉林大安月亮泡）。……皇帝每至，
> 侍御皆服墨绿色衣，各备连锤一柄，鹰食一器，刺鹅锥一枚，于
> 泺周围相去各五七步排立。……有鹅之处举旗，探旗驰报，远泊
> 鸣鼓。鹅惊腾起，左右围骑皆举帜麾之。五坊擎进海东青鹘，拜
> 授皇帝放之。鹘擒鹅坠，势力不加。排立近者举锥刺鹅，取脑以
> 饲鹘。救鹘人例赏银、绢。皇帝得头鹅荐庙，群臣各献酒果，举
> 乐，更相酬酢，致贺语。

这段文字把放海东青鹰擒天鹅的情况描写得有声有色，将刺鹅锥的用法

图 43-3　明·殷偕《鹰击天鹅图》

也说得很清楚。不过辽帝春季捺钵的地点不止鸭子河泺一处，另外还有鸳鸯泺（在今内蒙古乌盟集宁市境内）、长泺（在今内蒙古赤峰市境内）及延芳淀等处。后者位于北京市通县漷县镇，久已淤填，辽时却是美丽的湖泊。《辽史·地理志·南京道·漷阴县》载："延芳淀方数百（？十）里，春时鹅鹜所聚，夏多菱芡。国主春猎，卫士皆衣墨绿，各持连锤、鹰食、刺鹅锥，列水次，相去五七步。上风击鼓，惊鹅稍离水面，国主亲放海东青擒之。鹅坠，恐鹘力不胜，在列者以佩锥刺鹅，急取其脑饲鹘。得头鹅者例赏银绢。"记事与《营卫志》差近。但两《志》为什么都强调要刺鹅助鹘呢？因为海东青的个头远比天鹅小，当天鹅拼死挣扎时，海东青在体力上不占优势；明·殷偕的《鹰击天鹅图》对此反映得很清楚（图43-3）。但佩锥者是否皆为侍御等人，驸马之流贵族仅在一旁观赏？不是的。《契丹国志》卷二三说:"宋真宗时,晁迥往(辽)贺生辰。还,言始至长泊,泊多野鹅鸭。国主射猎,领帐下骑击扁鼓绕泊,惊鹅鸭飞起,乃纵海东青击之,或亲射焉。国主皆佩金、玉锥,号杀鹅杀鸭锥。"可见刺(或云杀)鹅锥连皇帝都佩带。获鹅,特别获头鹅是一件大事,赏赐很丰厚。《辽史·道宗纪》说:"大康五年(1079 年)三月辛未,以宰相(张)仁杰获头鹅,加侍中。"宋·姜夔《白石诗集·契丹歌》中也有"一鹅先得金百两,天使走送贤王庐"之句。因而在场的亲贵都会跃跃欲试,自然他们也都应佩带刺鹅锥。萧驸马佩带的是玉柄银锥,而像察哈尔右翼前旗豪欠营辽墓出土的玉柄铜锥,其佩带者的身分就要低一等了[3]。

再者,捺钵是否仅仅是一项游猎活动呢?也不然。上世纪 40 年代首先对这个问题进行全面考察的傅乐焕先生,在他的著名论文《辽代四时捺钵考》中说:"所谓捺钵者,初视之似仅为辽帝弋猎网钩,避暑消寒,暂时游幸之所,宜无足重视。然而夷考其实,此乃契丹民族生活之本色,有辽一代之大法,其君臣之日常活动在此,其国政之中心机构在此。凡辽代之北、南面建官,蕃、汉人分治,种种特制,考其本源,无不出于是。"[4]就现象而言,这样说并不算过分。但当时由于资料不足,傅文仅钩稽文献,而未能取证文物以使其论述更加充实。

1930 年,位于内蒙古巴林右旗瓦尔漫汗山之辽庆陵的东陵,即圣宗的永庆陵被军阀汤玉麟盗掘。后来日本人作了发掘,由于其考古报告发表较迟,傅文未及征引[5]。此墓中室壁画绘有《四季山水图》。东南壁所绘春景,丘壑间桃枝掩映,溪流潺湲,天鹅、凫鸭、鸳鸯等游栖于苇崔丛中,风光十分恬静,正是春季捺钵的处所(图 43-4)。据《辽史》记载,辽圣宗因与宋构兵,常驻南京(今北京),故多次弋猎于延芳淀,其地他帝罕至。因此圣宗陵内所绘《春景图》中,容有延芳淀的影子。唯空山寂寂,渺无人迹;击鼓纵鹰,盛况不再。后来发掘的大量辽墓,在石棺画、壁画中出现过放牧、毡帐等场景,但以捺钵为题材的尚未见过,更不要说这方面的实物了。近年虽自传世玉器中识别出有关"春水"、"秋山"的制品,但时代只定到金代,与辽之捺钵尚有距离[6]。《天水冰山录》中登录过一件带鞘的"玉柄锥",或亦为刺鹅锥,惜形制不明。上述出土的刺鹅锥,才真正是辽人捺钵

图 43-4 《春景图》
（局部）
内蒙古巴林右旗瓦
尔漫汗山辽庆陵东
陵中室东南壁壁画

中的用具，是可以被确认的、与这一重要史实直接有关的文物，宜应
受到研究者的重视。

（原载《文物》1987 年第 11 期）

注释

[1]　内蒙古文物考古研究所：《辽陈国公主驸马合葬墓发掘简报》，《文物》1987 年第 11 期。

[2]　此种餐刀宋人称之为"篦刀子"，见《武林旧事》卷七。明初叶子奇追记元代的情况
　　　时说："北人茶饭重开割。其所佩小篦刀，用镔铁、定铁造之，价贵于金，实为犀利，
　　　王公贵人皆佩之。"见《草木子》卷三下。后来明代渐不用篦刀之名，只称作"刀儿"，
　　　见刘若愚《明宫史》水集。朝鲜则称此种刀为"妆刀"。

[3]　这件玉柄铜锥首部尖圆，锥体略呈圭形，《简报》中称之为"刀形器"，它也和玉柄
　　　铜刀伴出。见乌兰察布盟文物工作站：《察右前旗豪欠营第六号辽墓清理简报》，《文
　　　物》1983 年第 9 期。

[4]　傅乐焕：《辽史丛考》页 37，中华书局，1984 年。

[5]　田村实造、小林行雄：《庆陵》，日本京都大学文学部，1953 年。

[6]　杨伯达：《女真族"春水"、"秋山"玉考》，《故宫博物院院刊》1983 年第 2 期。

44　镇

　　镇是用来压席子角的。中国古代室内家具的种类不多，比较讲究的房间里，也不过陈设矮床、几案、屏风等物。但需铺席的地方却不少，为了避免由于起身落坐时折卷席角，遂于其四隅置镇。这种做法早在西周时已出现。已知之最早的镇见于陕西宝鸡茹家庄 1 号西周墓，外层为铜质，略近椭圆形，顶面饰饕餮纹。由于浇铸时用青麻石作内模，所以其铜壳与石模紧贴在一起（图 44-1）[1]。由于西周镇只有这一件孤例，所以不知道它在当时的流行程度。镇的再次出现已届春秋末，浙江绍兴印山越国大墓虽经严重盗扰，仍出玉镇十九件，高度一般在 7 厘米左右，底径约 8 厘米，皆呈秤锤形，式样已初步定型（图 44-2:1）[2]。绍兴发现的战国原始青瓷镇，高 11.8、底径 12.8 厘米，因内部中空，故较玉镇略大，但造型类似（图 44-2:2）[3]。在这时之著名的大墓如湖北随州曾侯乙墓中，也出此式铜镇，不过装饰得很华丽，镇面上有八条互相蟠结的龙，或呈浮雕状，或高出器表呈镂空圆雕状。它不仅内部中空，且不封底，如同一枚半球形的器盖。同墓所出金镇，亦作器盖形，却更扁些、小些[4]。和这些金镇的造型极为接近的错金铜镇，又见于湖北黄冈芦冲 1 号和荆门包山 2 号、江陵九店 275 号等楚墓中（图 44-3）[5]。以上情况说明，至战国时镇已不甚罕

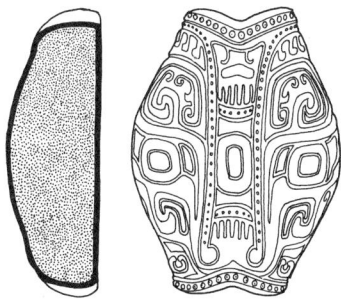

图 44-1　石模铜镇
陕西宝鸡茹家庄 1 号西周墓出土

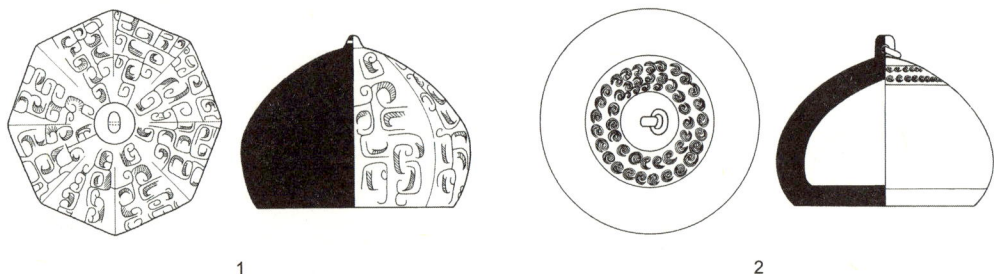

图 44-2 秤锤形镇
1. 春秋玉镇，绍兴印山越墓出土
2. 战国原始青瓷镇，绍兴征集

见，于是在文献中也能看到有关它的记述。

　　《楚辞·九歌·东皇太一》："瑶席兮玉瑱。"《北堂书钞》卷一三三、《艺文类聚》卷六九引文并作镇。朱熹集注："瑱与镇同，所以压神位之席也。"《九歌·湘夫人》："白玉兮为镇。"王逸注："以白玉镇坐席也。"汉、六朝文献中对镇的用法描述得更加具体。汉·邹阳《酒赋》说："安广坐，列雕屏，绡绮为席，犀璩为镇。"旧题汉·郭宪撰《洞冥记》卷二说："金床象（席），虎珀镇。"追记汉代情况的《西京杂记》也说昭阳殿有"绿熊席，席毛长二尺余"，"有四玉镇，皆达照，无瑕缺"。陈·姚察《汉书训纂》更指出："瑱，谓珠玉压座为饰也"（《华严经音

图 44-3　战国铜盖形镇
1. 湖北黄冈芦冲 1 号墓出土
2. 湖北荆门包山 2 号墓出土
3. 湖北江陵九店 275 号墓出土

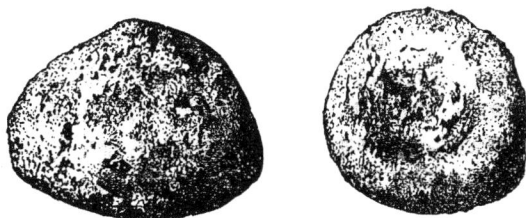

图44-4　素面铁镇
河北怀安6号汉墓出土

义》卷上引）。鉴于镇字可以从金，又可从玉，表明它有金属的和玉石的两大类，实际情况也正是如此。

　　汉代的玉石类镇不多见，广西贺县西汉墓曾出土四个一套的方锥形券顶石镇，贵州兴义东汉墓中出过下方上圆的石镇[6]。而金属镇在汉代则蔚为大观，完整的一套皆为四枚，高约3.5—10、底径6—9厘米。其中有沿袭传统的秤锤形者，如河北怀安北沙城6号墓所出素面铁镇（图44-4）。同式铁镇也曾在江苏徐州汉墓出土，徐州博物馆陈列出许多件。山东沂水荆山西汉墓出土的铅镇，虽饰以蹲兽，轮廓仍接近扁球形[7]。但更令人耳目一新的是汉代创制的动物形镇，常见的有虎、豹、辟邪、羊、鹿、熊、凤、龟、蛇等形。为了避免牵羁衣物，这些动物往往蜷屈蟠伏成一团，但其身姿并不显得局促。陕西西安小白杨村西汉墓所出鎏金银卧虎铜镇，虎转身回顾，头俯在臀上，双耳后抿，四足并拢，利爪连成一片，造型简洁洗练（图44-5:1）[8]。江苏铜山小龟山西汉崖墓及北京丰台大葆台2号西汉墓所出虎镇，式样虽与小白杨村者相接近，但缺乏后者在遒劲之中又透露出几分温驯之气的那种大可玩味的神态[9]。山西浑源毕村2号西汉墓所出虎镇，在圆座上有双虎旋绕，别具一格[10]。河北定县北庄东汉墓出土的错金银铜虎镇，虎体上嵌错出很细的斑条，作风典雅庄重[11]。一枚传河南出土的鎏金铜虎镇，虎体极度反屈，前后肢对抱在一起，给人以紧张狞猛之感（图44-5:3）。而体形与虎相接近的豹出现在汉镇中时，却又表现出不同于虎的特点。如河北沧州地区发现的一例，全身用金丝错出旋涡纹，与虎的斑条一望而有别[12]。特别是满城2号西汉墓出土的

图 44-5 汉代的异形镇（1～3.虎形 4.豹形 5、6.羊形 7.凤形 8.熊形 9.山形）

1、7.陕西西安出土　　　　　　　5.山西阳高出土
2.传世品　　　　　　　　　　　6.宁夏固原出土
3.传河南出土　　　　　　　　　8.安徽合肥出土
4.河北满城 2 号墓出土　　　　　9.山西浑源出土

四件错金银豹镇，身上嵌错出梅花状豹斑，昂首侧脑，瞋目皱鼻，口部微张，若凝视某处而发出低声的嘶吼（图 44-5:4）[13]。它们的眼睛本嵌以白玛瑙，由于黏合剂中调有颜料，故呈现红色，更显得炯炯有神；完全可以跻身于我国古代最成功的动物雕塑小品之列。

以虎豹等动物的形象制镇，大约还含有辟去邪厉的用意。汉代陵墓前常立石虎，乃是为了驱除地下的魑魅罔象。应劭《风俗通义》就说"罔象畏虎"。但汉代人还创造出了一种叫作"辟邪"的神兽，造型更加雄肆，专用以"辟除群凶"。汉镇中也有辟邪，常做成三只在一起环山绕行之状，颇似博山炉的盖子。这种辟邪镇北起乐浪、南抵合浦均有实例出土。此外，羊和鹿也是汉镇习用的题材，它们都是象征吉祥的动物。汉·郑众《婚物赞》说，"羊者祥也"，"鹿者禄也"。汉代墓地立石羊，墓门楣雕石鹿，或亦着眼于此。而当它们的形象被制成铜镇时，较之石雕就细腻生动得多了。河北定县 40 号西汉墓、邢台南郊西汉墓和宁夏固原所出羊镇，均用银嵌错[14]。辽宁新金西汉墓和河南陕县后川 3003 号西汉墓所出鹿镇，则以南海产的带斑点的大货贝充鹿身[15]。山西阳高 12 号西汉墓所出羊镇、浑源毕村所出龟镇也嵌贝[16]。莹润斑驳的贝壳和铜铸的其他部分搭配得非常自然（图 44-5:5）。有些汉镇则做成山岳形（图 44-5:9）。为了增加镇的重量，新金鹿镇在贝壳内灌满细沙，满城豹镇内甚至灌铅。汉镇一般重 650—750 克，约合2.5—3 汉斤，很适于压席，实用和装饰的目的被巧妙地统一了起来。

至于蛇镇，在《万安北沙城》一书中著录过一件，与铜印之蛇钮的造型不同，它要蟠绕纠结得更复杂些。熊在汉代也被视为吉祥的动物。《诗·小雅·斯干》郑玄笺："熊罴在山，阳之祥也。"汉代工艺家颇善塑熊，肥胖的熊体被处理得憨厚可爱，这样的四枚熊镇放置在坐席四隅，就使汉代较单调的室内布置增添了活泼的气氛（图 44-5:8）。此外，汉代还有一类人物形镇，近年在河北满城、山西朔县、甘肃灵台、江西南昌、四川资阳、广西西林等地的汉墓中多次出土[17]。它们往往袒胸露腹，手臂或上举，或下拍，表情多作嬉笑滑稽之状（图 44-6）。汉代有一种"拍袒"之戏，表演者科头袒衣，正和这类人物形镇的装束相似[18]。而且边打节拍边说唱，在我国也有悠久的传统[19]。所以

图 44-6　人物形镇
河北满城汉墓出土

图 44-7　在石柈上放置的四枚铜羊镇
山西阳高古城堡 17 号汉墓出土

这些人物似即代表作拍袒之戏的优伶。席上放置这样的镇，会使人感到诙谐可喜，室中也就显得生趣盎然了。

在未经扰动的汉墓中，四枚镇多排列成方形，也有的还放置在漆柈或石柈的四角，如在河北邢台西汉刘迁墓、山西阳高古城堡 12 号及 17 号西汉墓中所见者（图 44-7）。但柈有两种。一种是坐具，即服虔《通俗文》所说："板独坐曰柈"（《初学记》卷二五引）。这种柈呈方形矮案状，其上只坐一人。《释名·释床帐》说："小者曰独坐，主人无二，独所坐也。"河北望都 1 号东汉墓的壁画中有独坐板柈的人物，然而在画中的柈上未绘出镇。镇在汉以后还继续使用，所以刘宋·鲍照的《代白纻舞歌辞》中仍说："象床瑶席镇犀渠。"直到晚唐，在孙位《高逸图》中右起第二人所坐花毡的四角上仍各压一枚镇，将坐席镇的使用情况表现得极为明确（图 44-8）。

但《高逸图》是宋徽宗定名，参照南京西善桥南朝墓所出拼镶砖画《竹林七贤与荣启期图》及洛阳存古阁所藏宋代石刻《竹林七贤图》，则此图实为《七贤图》残卷。而自南朝以降，"竹林七贤"是常见的绘画题材，各家之作在构图上不无递相仿效之处。那么孙位画的坐席镇究竟是摹自古本？还是现实中之唐镇的写照呢？从《高逸图》中出现的器物看，后一种设想是有可能的。图中的镇虽在唐代遗物中尚未见过，但其坐席上方所置之豆，与美国弗利尔美术馆收藏的唐卷草纹带

图 44-8　唐·孙位《高逸图》中
所见坐席镇

图 44-9　唐卷草纹银盖豆
美国弗利尔美术馆藏

盖银豆绝肖，说明所绘器形确有依据（图 44-9）。图中的镇虽稍高些，但显然是在传统的秤锤状的基础上加工而成，唐镇如采用这种造型也是合理的。

再看第二种枰，它是玩六博时投箸用的，即扬雄《方言》卷五所说："所以投簙之枰。"一套博具中有六根箸，箸亦名簙，六博即得名于六簙。此外，对博的双方各有六枚棋子。棋子布在博局上。博局又名曲道，因为那上面有 TLV 形的规矩状格道。行棋之前要投箸，视所得之筹数决定行棋的步子。箸一般投在枰上。所以汉画中所见之六博图，好像在两名对博的人中间摆着两个棋盘；其实有格道的那一张是博局，素面的那一张是博枰。博枰上有时刻绘出六条线，代表六根箸。它一般比独坐之枰矮，有的只是一块方板。不过也有不用博枰，直接在博席上投箸的。如湖北江陵凤凰山 8 号西汉墓所出遣册中记载的一套博具，包括："博筭（指箸）、棊（指棋子）、梮（指博局）、博席一具、博囊一"[20]。其中就没有枰，只有席。讲究的博具则既有席，又有枰。如汉·马融《樗蒲赋》说:"枰则素游紫罽,出乎西邻,缘以缋绣,缀以绮文"(《艺文类聚》卷七四引)。它所铺的甚至是高贵的毛织物。这类博席也用镇压住四角。《说文·金部》:"镇,博压也。"即指博席上所用的博镇。但段玉裁注竟说它"如今赌钱者之有桩也",大误。山东微山两城山与四川新津出土的汉画像石之六博图中,在博席四角都刻出四枚圆形物;新津画像石上的圆形物还明显地凸起来,所表现的无疑是博镇(图 44-10)[21]。

既然汉镇分坐席镇与博镇二种,那么能不能在出土物中将二者区分开来呢?要做到这一点还是比较困难的。有的学者主张人物形镇都是博镇[22]。但人物形镇有的很大,如西林镇高 9—10 厘米,灵台镇高 7.5—9.2 厘米,旧金山亚洲美术馆所藏镇的高度近 9 厘米,日本京都有邻馆所藏两枚人物形镇分别高 9.7 和 10.3 厘米,安徽省博物馆所藏两枚人物形镇分别高 8.4 和 9 厘米。在 60—70 厘米见方的博枰之四角摆上这么高的四枚镇,显然有碍其投箸。自新津画像石上看,博镇的体积相当小。故上说似有可商。目前大约只能笼统地讲,高 4 厘米左右的小型镇中可能有博镇,而高度近 10 厘米的大型镇可能大都为坐席镇。

南北朝以后,六博已不流行,所以隋唐的镇都是压席角的,不再存在从中区分出博镇的问题。已出土的隋唐镇皆为玉或石质,作上有伏兽的方台形。安徽亳县隋·王干墓出土的石镇,底部的方台边长 10.5、高 12 厘米,上伏一狮(图 44-11:1)[23]。西安唐兴庆宫遗址出

图 44-10 博镇,四川新津出土汉画像石

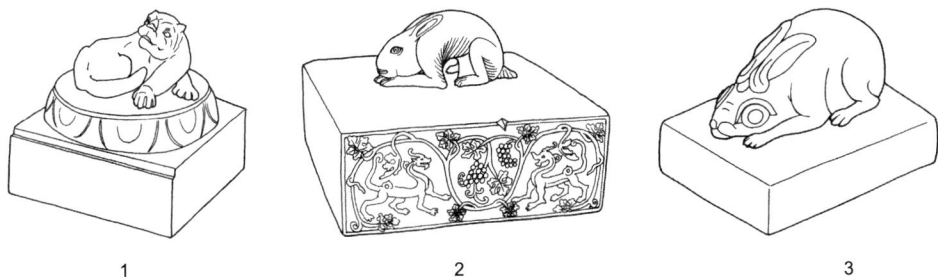

图 44-11　隋唐方台形镇
1. 安徽亳县隋·王干墓出土石镇
2. 西安唐兴庆宫遗址出土玉镇
3. 西安唐·韦美美墓出土玉镇

土的白玉镇，方台边长 13、高 7.5 厘米，刻龙凤葡萄纹，上伏一兔（图 44-11:2）[24]。西安东郊唐·韦美美墓出土的白玉镇，底部之台呈长方形，长 8、宽 4.6、高 5.6 厘米，台顶亦伏一兔（图 44-11:3）[25]。镇上伏兔或取其温驯之意，而诗文中所称道者多为伏狮镇。秦韬玉诗："地衣镇角香狮子，帘额侵钩绣辟邪"[26]。和凝诗："狻猊镇角舞筵张，鸾凤花分十六行。"[27]特别是阎随侯的《镇座石狮子赋》，由于采用了赋的体裁，所以描写得更加淋漓尽致：

> 尔其拂拭为容，剖断成质。
> 临玉簟而双丽，向雕楹而对出。
> 形势雄壮，似生入户之风；
> 浮彩轻明，欲夺临轩之日。
> …………
> 俯以瑠璃之砌，安以玳瑁之床。
> 芳座艳绮罗之色，锦衣染兰麝之香。
> 光耀铜武，彩映银章。
> 威慑百城，褰帷见之而增惧；
> 坐镇千里，伏威无劳于武张。
> …………
> 一为席上之珍，几对高堂之宴。
> 弃置为从于取舍，光价幸生乎顾盼。
> 观乎府庭之内，莫为之最。

其情也无欲于中，其质也见生于外。

既狎人之不恐，亦与物而何害。[28]

诗人未曾想到的是，其所称"狎人不恐"的狮子镇有时竟变成凶器。《辽史·穆宗纪》载：应历十年（960年）"以镇茵石狻猊击杀近侍古哥"。可见石镇也不可小觑。它和立在大门口的石狮子在造型上应有一定的亲缘关系；不过这是别一问题，这里就不拟详谈了。

（据《汉镇艺术》[《文物》1983年第6期]、

《坐席镇与博镇》[《文物天地》1989年第6期]合并改写）

注释

[1] 卢连成、胡智生：《宝鸡强国墓地》上册，页280，文物出版社，1988年。

[2] 浙江省文物考古研究所等：《浙江绍兴印山大墓发掘报告》，《文物》1999年第11期。

[3] 绍兴市文物管理处：《浙江绍兴市发现的印纹硬陶器和原始青瓷器》，《考古》1996年第4期。

[4] 湖北省博物馆：《曾侯乙墓》上册，页244、393，文物出版社，1989年。

[5] 黄冈市博物馆等：《湖北黄冈两座中型楚墓》，《考古学报》2000年第2期。湖北省荆沙铁路考古队：《包山楚墓》上册，页194，文物出版社，1991年。湖北省文物考古研究所：《江陵九店东周墓》页211，科学出版社，1995年。

[6] 广西文物工作队、贺县文化局：《广西贺县河东高寨西汉墓》，《文物资料丛刊》4，1981年。贵州省博物馆考古组：《贵州兴义、兴仁汉墓》，《文物》1979年第5期。

[7] 水野清一等：《萬安北沙城》。沂水县文物管理站《山东沂水县荆山西汉墓》，《文物》1985年第5期。

[8] 《中華人民共和国シルクロード文物展》图11。

[9] 南京博物院：《铜山小龟山西汉崖洞墓》，《文物》1973年第4期。北京市古墓发掘办公室：《大葆台西汉木椁墓发掘简报》，《文物》1977年第6期。

[10] 山西省文物工作委员会：《山西浑源毕村西汉木椁墓》，《文物》1980年第6期。

[11] 河北省文化局文物工作队：《河北定县北庄汉墓发掘报告》，《考古学报》1964年第2期。

[12] 沧州地区文化局文物组：《杜阳虎符与错金铜豹》，《文物》1981年第9期。

[13] 《满城汉墓发掘报告》上册，页265。

[14] 河北省文物研究所：《河北定县40号汉墓发掘简报》，《文物》1981年第8期。河北省文物管理处：《河北邢台南郊西汉墓》，《考古》1980年第5期。《文物考古工作

三十年·宁夏三十年文物考古工作概况》。

［15］旅顺博物馆、新金县文化馆：《辽宁新金县花儿山汉代贝墓第一次发掘》，《文物资料丛刊》4，1981年。黄河水库考古工作队：《1957年河南陕县发掘简报》，《考古通讯》1958年第11期。

［16］小野胜年、日比野丈夫：《蒙疆考古记》图版43。浑源出土龟镇见注［6］所揭文。

［17］满城人物形镇见注［13］所揭书，下册，图版60。朔县人物形镇见《山西朔县秦汉墓发掘简报》，《文物》1987年第6期。灵台人物形镇见《甘肃灵台发现的两座西汉墓》，《考古》1979年第2期。南昌人物形镇见《南昌东郊西汉墓》，《考古学报》1976年第2期。资阳人物形镇见《全国基本建设工程中出土文物展览图录》图版215。西林人物形镇见《广西西林县普驮铜鼓墓葬》，《文物》1978年第9期。

［18］《三国志·魏书·王粲传》裴松之注引《魏略》说："（曹）植初得（邯郸）淳，甚喜，延入坐，不先与谈。时天暑热，植因呼常从取水自澡迄，傅粉。遂科头拍袒，胡舞五椎锻，跳丸击剑，诵俳优小说数千言讫。"又同书《齐王芳传》裴注引《魏书》所载司马师《废帝奏》说：曹芳"日延小优郭怀、袁信等于建始芙蓉殿前裸袒游戏。"可见当时优人常袒衣。

［19］《荀子》书中有《成相篇》。宋·王应麟《汉艺文志考证》卷八说："相者，助也；举重劝力之歌。"清·俞樾《诸子平议》卷一五："郑注曰：'相谓送杵声。'盖古人于劳役之事必为歌讴以相劝勉，亦举大木呼邪许之比，其乐曲即谓之相。"后来在这类号子的基础上加工而成的说唱表演，仍要打出较强的节拍。

［20］长江流域第二期文物考古工作人员训练班：《湖北江陵凤凰山西汉墓发掘简报》，《文物》1974年第6期。

［21］微山两城画像石见《山东汉画像石选集》图9。新津画像石见R. C. Rudolph, *Han Tomb Art of West China*, pl. 57.

［22］曾布川宽：《六博の人物坐像镇と博局纹について》，《古史春秋》第5号，1988年。

［23］亳县博物馆：《安徽亳县隋墓》，《考古》1977年第1期。

［24］陕西省博物馆：《汉唐丝绸之路文物精华》图165，龙出版公司，1990年。

［25］呼林贵、侯宁彬、李恭：《西安东郊唐韦美美墓发掘记》，《考古与文物》1992年第5期。

［26］《全唐诗》十函五册。

［27］《全唐诗》十一函四册。

［28］《文苑英华》卷一〇九。

45 中国早期的眼镜

对于现代人来说，眼镜的重要性不言而喻。当眼镜未传入我国之前，年老眼花，除了感叹自己"发苍苍，视茫茫"之外，几乎无法补救；更不要说患近视的青年，只能在云山雾罩的状况下度过一生了。在西方，眼镜发明于14世纪初。这之前，那些拿在手里的有柄单片透镜，虽然也有助于观察物件，但不能戴在眼睛上，还不能算是真正的眼镜。不过最早的眼镜实际上就是用关掖连接在一起的两枚单片镜，可以折叠。一张1380年画的圣保罗像，戴的正是这种眼镜（图45-1）。恩格斯对眼镜的发明给予极高评价，他说，"使希腊文学的输入和传播、海上探险及资产阶级宗教改革真正成为可能，并且使它们的活动范围大大扩展，发展大为迅速"的几项重要发明，即"磁针、印刷、活字、亚麻纸、火药、眼镜"，以及在"计时上和力学上是一巨大进步的机械时计"[1]。在这些发明中，前几项都是我国的贡献。最后提到的机械时钟，它的一个关键部件：擒纵器，也是我国最先发明的。但眼镜却是西方文明送给古代中国的一件礼物。

制造眼镜的基本元件——玻璃透镜，在我国出现的时代并不晚。东汉·王充在《论衡·率性篇》中提到的一种阳燧，因为是"消炼五石"而成，故有可能就是指玻璃凸透镜而言。与王充的时代相近的安徽亳县曹操宗族墓中出土过五件制作得颇精致的玻璃凸透镜，最大的一件径2.4、中心部分厚0.6厘米，和《论衡》所记正可互相印证[2]。但这种工艺以后并未得到充分发展，我国在西方的眼镜传入之前亦未曾生产过类似的物品。

眼镜是在15世纪中传入我国的。明·张宁《方洲杂言》说："尝

图 45-1　1380 年所绘
圣保罗像

于指挥胡瓟寓所，见其父宗伯公所得宣庙赐物，如钱大者二，其形色绝似云母石，类世之硝子，而质甚薄，以金相轮廓，而衍之为柄。纽制其末，合则为一，歧则为二，如市肆中等子匣。老人目昏，不辨细字，张此物于双目，字明大加倍。近者，又于孙景章参政所再见一具，试之复然。景章云：'以良马易得于西域贾胡满刺，似闻其名为僾逮。'"僾逮是阿拉伯语 uwainat（眼镜）的对音。但在稍晚一些的文献中，却都借用了现成的叆叇一词。叆叇原指光线昏暗之状。《楚辞·远游》："时暧逮其曈莽兮，召玄武而奔属。"晋·潘尼《逸民吟》："朝云叆叇，行露未晞。"可见此词和眼镜本不相干，但在明代和清初，它却成为眼镜的通称。不仅我国这样称呼，日本于 1712 年成书的《倭汉三才图会》中也称眼镜为叆叇。康熙年间，顾景星《白茅堂集》中还有一首感谢曹寅赠给他叆叇之诗。乾隆时，李绿园在《歧路灯》中仍说开封一带的塾师等人"脸上拴着叆叇镜"。本意指"昧不明"貌（《慧琳音义》卷三八引《埤苍》）的一个词汇，竟尔变成视字"明大"的眼镜之专名了。

　　我国早期眼镜的图像和实物资料存世不多。中国国家博物馆所藏明人绘《南都繁会景物图卷》中，在闹市看"杂耍把戏"的观众里面，有一位戴眼镜的老者（图 45-2）。他的眼镜和 16 世纪前期日

图 45-2　明《南都繁
会景物图卷》中戴眼
镜的老者

本将军足利义晴的眼镜相似，时代应相去不远。他们的眼镜没有腿，也不像明·田艺蘅《留青日札》中说的，"用绫绢联之，缚于脑后"；而是与当时欧洲的夹鼻镜的戴法一样（图 45-3:1）。不用时，则将两枚镜片折叠，装在眼镜盒里。盒子的形状的确像等（戥）子匣，只不过稍短一些。

　　除了"叆叇"这种谐音的译名外，国人亦循其用途称之为"眼镜"。上海图书馆所藏明·于宣（成化、弘治间人）书函中云："钱复老一见知为古人，所授眼镜适与弟合。"[3] 此名称为清代所沿袭。孔尚任在康熙三十八年（1699 年）完稿的《桃花扇传奇》之《迎驾》一出中，就说阮大铖"腰内取出眼镜戴"。曹寅的《楝亭集》中也有《夜饮和培山眼镜歌》一诗。雍正时眼镜的史料增多。如雍正在云贵总督高其倬请安折上的批谕中说："赐你眼镜两个，不知可对眼否？"雍正本人也经常戴眼镜，他的遗物中眼镜种类很多，有车上戴的、安铜钩的、安别簪的、上节骨头下节钢钩的、玳瑁圈的，有近视眼镜，也有 40 岁、50 岁、60 岁等不同年龄段所戴度数不同的眼镜[4]。乾隆五十六年（1791 年），在正大光明殿大考翰林，诗以眼镜命题。参加考试者九十六人，成绩不入等的仅侍讲学士集兰一人，"着革职"[5]。可见多数翰林已能就眼镜敷衍成篇。江苏吴县祥里村清·毕沅墓出土的眼镜，应是乾隆年间的产品[6]。它的镜架为黑漆木框，已装有供系结用的丝绦（图45-3:2）。而且这副眼镜是水晶镜片，证明是我国自行制造的。因为如赵翼《陔余丛考·眼镜》所说：此物"盖本来自外洋，皆玻璃制成。后广东人仿其式，以水精制成"。我国既能琢制镜片，眼镜遂逐渐流行。不仅有视字明大的花镜，还有近视镜。乾隆十六年（1750年），杨米人写的《都门竹枝词》中说："车从热闹道中行，斜坐观书不出声。眼镜戴来装近视，学他名士老先生。"可见这时的老先生已有戴近视镜的。至嘉庆二十四年（1819年）张子秋在《续都门竹枝词》中更说："近视人人戴眼镜，铺中深浅制分明。更饶养目轻犹巧，争买皆由属后生。"则眼镜也成为青年人争买之物，形制亦踵事增华（图45-3:3）。至道光时，如李光庭在《乡言解颐》（1849年刊）中说："眼镜以十二辰编号，从亥逆数，由浅入深。"这时广州太平门外眼镜街的产品行销全国，深浅度数已较齐全，在当时的知识阶层即所谓"士林"中，已具有一定程度的普及了。《红楼梦》中也提到戴眼镜的事，第五三回《荣国府元宵开夜宴》中说："贾母歪在榻上，和众人说笑一回，又取出眼镜向戏台上照一回。"后来邓云乡先生指出，这段话"貌似十分生动，却产生小问题了。试想，贾母年纪大了，眼镜匣子所装，自然是老花镜"。而老花镜是"看近不看远的"，所以这里的描写"不是很滑稽了吗"[7]？可是如《竹枝词》所吟，乾隆年间，近视镜已经和名士老先生联系在

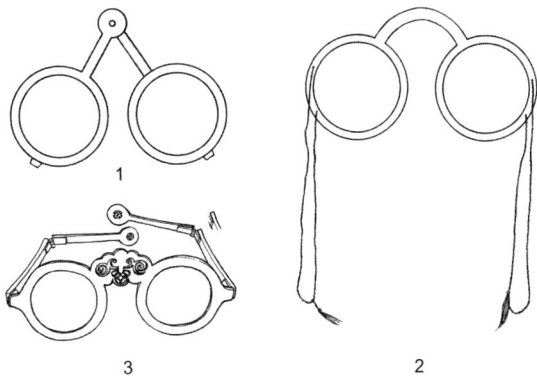

图45-3 早期的眼镜
1. 欧洲早期眼镜
2. 清·毕沅墓出土的眼镜
3. 晚清眼镜，架鼻梁处的图案以蝠形和钱形构成，寓意"福在眼前"

一起。既然老先生戴得，老太太为什么戴不得？虽然未曾给贾母验光，视力的度数说不准。但仅执其"试想"，遂放手非议古人，不亦泰乎。

（原载《文物天地》1988 年第 3 期）

注释

［1］《马克思恩格斯全集》卷 20，页 530～531，人民出版社，1971 年。

［2］安徽省亳县博物馆：《亳县曹操宗族墓葬》，《文物》1978 年第 8 期。

［3］《上海图书馆藏明人尺牍》册 1，页 176—177，上海科学技术文献出版社，2002 年。

［4］鞠德源：《清代耶稣会士与西洋奇器·下》，《故宫博物院院刊》1989 年第 2 期。

［5］清·李调元《淡墨录》卷一六。

［6］南波：《江苏吴县清毕沅墓发掘简报》，《文物资料丛刊》1，1977 年。

［7］邓云乡：《红楼风俗谭》页 200，中华书局，1987 年。

46 谈谈所谓"香妃画像"

　　清代的皇妃（不说皇后）中被稗官野史渲染得最富于传奇色彩的，当推顺治的董鄂妃、乾隆的香妃和光绪的珍妃。尽管有关的传说中子虚乌有的成分太多，而且除珍妃外，前两位都没有足资凭信的肖像流传至今。但好事者总想通过具体的形象把传说装点得更加"真实"，因而千方百计地把一些毫不相干的图像找来挂在她们名下。比如所谓香妃画像，早在 20 世纪 20 年代就出现过。这是一幅油画，是设在故宫外廷的古物陈列所成立时，从承德避暑山庄取来的。画中的女子小眼厚唇，显然属于蒙古人种，却披挂着西式盔甲，看起来有点不同寻常（图 46-1）。它是一张"贴落画"，用于室内装饰，并非清室所藏妃嫔影像。据记载，此画原来的题签上书有"美人画像"等字，则这种画取其悦目而已，不必实有所本。但旧古物陈列所却把它定为香妃画像，悬挂在武英殿浴德堂后元代所建阿拉伯式浴室的门楣上，并将此浴室也称为"香妃浴室"。展出的说明文字《香妃事略》，竟然说她原是叛乱的"回部王妃"，被纳入宫后，因体有异香，故号称香妃。但她企图刺杀乾隆皇帝，终于被太后"赐死"云云。这些说法与历史实际毫无

图 46-1 "香妃"戎装像

图 46-2 改绘的"香妃"像

共同点。可是戎装画像、阿拉伯式浴室和说明文字互相配合，编织成一面很有迷惑力的大网。以致当时不明真相的观众纷至沓来，争快先睹。此像也被印成画片，高价出售。这种做法在我国博物馆的历史上留下了一个非常不严肃的记录。可谓有哗众牟利之心，无实事求是之意。单士元先生称之为"旧社会的怪现象"[1]，一点不假。至于近年有人把它当成是乾隆之女固伦和孝公主的画像，更纯属误解[2]。

　　无独有偶，上世纪 70 年代在香港又出现了香妃像的画片，也是根据一张油画影印的。画中之人挺秀气；也许就是为了这个原因吧，此画不胫而走，被多种书刊翻印，几乎成为香妃的标准像了（图 46-2）。但其脸型毫无维族的特征，单凭这一点，也足以认定它不是香妃的画像。因为香妃之称号来自传说，她原名买木热·艾孜木，是维吾尔族上层人士艾力和卓之女。其叔额色尹与兄图尔都曾协助清军平定大、小和卓叛乱。香妃入宫后初封为贵人，乾隆二十六年封为容嫔，三十三年封为容妃。她在宫中生活了二十八年，乾隆五十三年病逝，享年五十五岁。容妃的家族反对割据，维护统一，有功于国家；她本人也被乾隆看重，不但在宫中的地位优越，而且几次陪同皇帝南巡、东巡。她死后以妃礼安葬于河北遵化清东陵的园寝中，可知绝无谋刺

图 46-3　"香妃"像原本

皇帝之事。何况她死在皇太后逝世之后十一年，故被太后"赐死"之
说更属无稽。由于她是维族人，所以不论在宗教信仰或饮食习惯上均
与宫中其他妃嫔不同，而且她长期着维族服装。直到封妃时，仍"无
满洲朝冠、朝服、吉服"，必须临时制作。甚至到了乾隆四十一年，随
同她来北京居住的亲属之女眷，仍"未改换衣装"[3]。可能也是由于
考虑到这些情况吧，所以曾将她安排在建筑景观不同一般宫殿的长春
园西洋楼的远瀛观居住。与之相邻的方外观，曾作为她的礼拜之处。
西洋楼最东面的线法墙，根据设计是张挂油画、作为衬景的处所，而
所挂之画也正是她的故乡阿克苏一带的风光。可见如若其便装像真的
被发现，那上面一定会具有浓厚的维族情调。而香港出现的香妃像却
全无此种痕迹。

　　其实，这幅画像原是根据另外一帧肖像画改绘而成（图46-3）。画中
人是一位中年妇女。她梳着大开额的元宝头，两鬓蓬起，左右扩张。发髻
仅能看到顶部，当中露出簪头。髻前插梳，一旁戴花朵，两侧采取对
称的形式插一对发钗。画中人的上衣为蓝色，织出本色暗花。领子很
矮，襟袖用浅红色花边镶滚。大襟上的花边第一道阔、第二道窄，叫
双重镶滚；已较所谓"十八镶"之类简化了。其袖子较短，袖口宽阔，

露出紧窄的里衣袖。这种式样也具有时代的特征。因为至晚清时，女上装流行的式样是高领子、窄袖子，与画像中所见者全然不同。《清稗类钞·阔袖》条说："同、光间，男女衣服尚宽博，袖广至一尺有余。及经光绪甲午、庚子之役，外患迭乘，朝政变更，衣饰起居，因而皆改革旧制，短袍窄袖，好为武装，新奇自喜，自是而日益加甚矣。"其实不待同光间，清朝中叶已然如此。画中女子的前襟挂香串，香串又名香珠、串子，多以茄楠香等物琢为圆粒，每串十八粒，故又名"十八子"。此像所挂香串半掩于衣襟之内，露在外面的一半正好是九粒，但当中却缀以珍珠、翡翠等件，似已与"多宝串"相混合，这也透露出时代的特点。乾隆时的香串中尚不杂珠宝，如《红楼梦》第二八回中，宝玉说："宝姐姐，我瞧瞧你的红麝串子。"则宝钗的香串亦未杂珠玉。而且从许地山《近三百年来底中国女装》一文所载乾隆时的仕女像看，当时戴的香串下垂长穗[4]。而此像中的香串无穗，仅在底下系两枚玉坠子，和慈禧太后油画像上所戴多宝串的形制相似。凡此种种，都说明它是晚于乾隆时代的一位富贵人家之女眷的画像。与原作相较，那张被称为香妃像的画片在临摹时又做了手脚。首先它把上衣改成红色，镶边改成蓝地，并将衣袖的花边改为龙纹，而且两只袖子改得不对称，和原作大不相同。根据画片上的颜色看，衣袖上的龙纹是盘金绣，而衣襟上的花边却是用彩线平绣，两者不相协调。其所以作这种改动，可能是想用龙纹提高画中人的身分，以便把她推上妃子的宝座；其实却与当时的制度不相符。因为衣服上表示身分的龙纹，主要用于朝服、吉服的袍、褂，而且两肩前后的正龙、衣襟上的行龙和袖端的云龙纹是配套的，不能乱来。像画片中人物的这种便装，在宫廷中举行典礼的场合根本不能穿，因而谈不上用它代表地位、等级的问题。可是这么一画，却把摹绘者存心欺世的意图暴露无遗。并且，这类经过窜改的摹本一般总存在着若干败笔，这张画也是如此。如原作中人像之耳坠，虽因其头部微倾而使两侧之底端不在一条水平线上，却挺自然；画片中把它们画得一上一下、高低失度，就显得不合理了。再如原作中人物左侧靠在桌上的衣袖呈卷屈拖垂状，而在画片中这一部分也改动得很别扭。不过另外还有一幅技巧比较好的摹本，前几年曾出现于

图46-4 改绘本的摹本

纽约苏斯比拍卖公司，我只见过翻拍的黑白照片，用色的情况不得而知（图46-4）。与原作不同的是，这幅画是画在金箔上的，笔触很细腻。人物的轮廓虽无多大变化，但神情微异，其眉宇间漾动着一丝朦胧的笑意，几乎令人怀疑是袭用了"蒙娜丽莎"的某些美感。它虽未被定为香妃像，但却说成是"仿郎世宁仕女像"。其实原作大约是当时广州大新街油画作坊的作品，与郎世宁无涉。

在过去很长一段时间中，香妃一直是一个被扭曲了的历史人物。曾有一出旗装戏《香妃恨》，说她寡言笑，不屈从，进而谋刺，最后以殉身告终；其实不过是在为分裂割据唱赞歌。今天，当有关的史料大白于世以后，应该恢复其本来的面目，应该用正式封号称她为容妃，而将来历不明的香妃之称摒弃不用。至于此类以讹传讹的画像，更不应任其继续混淆读史者的视听了。

（原载《文物天地》1989年第5期，收入本集时作了修改）

附记：此文写就十五年后，获读李士风《晚清华洋录》（上海人民出版社，2004 年）。该书第 68 页称，所谓香妃像（即本文图 46-3 所举者）实系琦善之女肯玲的画像。果如是，则一切疑问均迎刃而解了。

注释

[1]　单士元：《故宫武英殿浴德堂考》，《故宫博物院院刊》1985 年第 3 期。

[2]　《西城史迹：宫苑·坛庙·王府》页 286，团结出版社，2013 年。

[3]　乾隆四十一年十月初七日礼部内务府咨文。参看萧之兴：《"香妃"史料的新发现》，《文物》1979 年第 2 期；于善浦：《关于香妃传说的辨伪》，《故宫博物院院刊》1980 年第 2 期。

[4]　载《大公报·艺术周刊》1935 年 5 月 11 日—8 月 3 日。

47 沟通古文物研究与社会生活史研究的一次实践

——评《古诗文名物新证》

　　历史这座大厦何等辉煌壮丽，它的千门万户当然不能用同一把钥匙打开。治原始社会史的学者们强调的是考古学文化，重视的是物质遗存的组合关系。而传统意义上的史学家，其著述一般立足于文献史料。王国维先生虽提倡"二重证据法"，但他的二重证据实指传世文献与出土文献；还是从文献到文献。可是时代愈往后，材料愈多：除了史部的大量公私记载，哲学著作、宗教经典、法律文书、科技舆图、商务籍账，以及诗文戏曲、日记书翰等等，还有举不胜举之出土与传世的古文物；各自均从不同角度提出了有价值的信息。就实物资料而言，由于晚期的各类文物早已溢出考古学文化的范畴，所以层位学、类型学的方法对它们已不完全适用。而旧式的古器物学又往往是分散的个案研究，很少考虑对时代特点作宏观上的总体把握；能够与文献记载挂钩，起到补史或证史的作用，已经很了不起了。近年兴起的研究古代社会生活史之风，方向甚好，但做起来难度颇大。特别是要越过专史，一下子写成通史或断代史，有时常因若干方面尚待梳理，基本情况不尽明朗，而在著作中留下缺憾。从这个意义上说，扬之水同志的《古诗文名物新证》(紫禁城出版社 2004 年 12 月出版)，正是为深入探讨中国古代社会生活史所做的打基础的工作。

　　这部书以名物研究为切入点。名物学在我国有悠久的传承，它将训诂考据的方法应用到对物的研究上。自汉代经师、乾嘉大儒乃至近代学者的诸多建树，为这门学问厘定了严谨的规范。本书作者娴于此道，书中触处可见物、图、文互证的例子，读来每感深中肯綮。比如本书讨论的一种将莲花香炉和两个盛香料的宝子组合为一体之器，其形象在绘画、雕塑中经常出现，结构精妙，然而迄今未获实例，也很少有人提到它。那么，它到底是实有之物还是仅存在于想象中的图形呢？对此，作者举出敦煌文书中《咸通十四年敦煌某寺器物帐》所记："大金渡（镀）铜香炉壹，肆脚上有莲花两枝并香宝子贰及莲花叶。"从而判定："其形容与图像所见适相符合，而明确列于点交器物的清单，自属实有之物。"证据清楚到这种程度，怎能不令人信服。再比如谈到宋代的莲花蹲狮香炉，即当时所称"狻猊出香"时，先举出安徽宿松宋墓出土的实物，并以宋人《维摩演教图》中画的此种香炉做比照，再证以徐兢《宣和奉使高丽图经》、陆游《老学庵笔记》、周麟之《破虏凯歌》、周密《癸辛杂识》等宋人的记述。看了这些，会觉得宿松之器简直就是照着《演教图》制作的，或者说《演教图》中之炉乃以宿松出土物为蓝本，而各家的文字又仿佛是为这种器物写的说明书。实物与图文的一致性和互补性，使读者对它了解得真真切切，了无产生疑问的余地。可是有论者认为，在以形象与文献互证的过程中，存在着"以图证史的陷阱"[1]。诚然，轻率的指认并不可取。但纵使完全避开图像，也不能保证行文中不出现"失慎"之处。失慎与否，取决于论证的方法，并不在于用不用图像。如果严格遵照名物学的要求在论证中摆正代表物的图像的位置，最后必将得出更有说服力的结论。

当然，真正读懂古代的图像亦非易事。以上世纪 50 年代发掘的沂南汉墓为例，这里的画像石非常精美；山东地区的汉代画像大多气势雄浑，而沂南所出者在宏大的场面中又注意细部表现，从而为汉代社会生活提供出若干过去不甚明晰的情节，洵极可珍。但在 1956 年出版的发掘报告中，有些画面却被误解。比如该墓前室北壁横额上刻有一幅"大傩图"，其中有"十二神追恶凶"进行打鬼辟邪，以保护墓主人在冥界的安宁。而《报告》却称之为"奇禽异兽图"，说："它们互相追逐着，嬉戏着，承托着，抵接着，勾连着，也有少数搏斗着。这表现一种世界观，认为大自然界是和谐的，是成统一体的，一切生物是互相密切联系着的，依赖着的，而不是各自孤立着的，互相排斥着的，有时它们也互相矛盾着，相斗争着，但这不是主要的。从这和谐与联系中，人们充分感到生命的欢乐、世界的美好。这是一种多么健康的思想感情！"[2] 话头虽然动听，却未免发挥得接近荒唐。当时孙作云先生为此专门写了一篇文章加以驳正[3]。无独有偶，也在该墓前室，于东、南、西三壁横额上有一长幅连成一气的"上计图"，却被《报告》误认为"祭祀图"。上计是汉代重要的行政手段，每届岁尽，县道上计于郡国，郡国上计于朝廷，报告辖区中户口、垦田、钱谷、盗贼的状况，使民情汇总上达；其上级政府则据以考核官员的政绩，课殿最，定赏罚。当政者这时显得最有成就感；所以被当作"墓主人生涯中有重要意义的经历"刻在墓室中。沂南的标本是反映汉代这一社会生活场景之难得的图像材料，对此，本书作了详细的考察，证明《报告》中"祭祀图"之说不能成立，只要看图中并未陈设祭器牲牢便知。东汉·梁商临终时叮嘱："祭食如存，无用三牲"（《后汉书·梁统传》）。崔瑗临终时叮嘱："羊豕之奠，一不得受"（《后汉书·崔骃传》）。他们虽是在提倡薄葬；但反过来正说明供奉此类祭品是当时通行的做法。沂南墓主大约为二千石的官员，虽然地位比不上梁商，但不会比崔瑗（济北相）的身分低多少；而画像石中全然不见"羊豕之奠"的影子，所以刻画的不会是祭祀的情形。本书作者还指出此图中一再出现的施以封缄的计箧和书囊中盛放的应是上计所用集簿。在这里，又显示出名物研究的功力。试想，如果确系"祭祀图"，其中摆上那些公文包（计箧与书囊）做什么！《报告》不认识它们，称之为"粮袋"，结论遂南辕北辙、不着边际了。

不过，东汉距今已一千八百多年，文献记载和流传下来的遗物毕竟有限，因而对当时之事物的考证或不免简略；这和八百多年前的宋代、三百多年前的明代的情况，乃不可同日而语。到了这时，高雅而精致的生活方式已经成为文化人较普遍的追求，而在唐代却还是少数人的事。这时，那些既富于学养且雄于资财的有力者不必说；即便是未出茅庐的寒士，也希望尽量免俗。存世之器物更是琳琅满目，总数多得难以统计。今日如有幸接触，纵然是一件蕞尔小物，也往往使人爱不释手。而且这时不仅遗物的数量多，式样也多，称得上是百花齐放。由于式样太多，所以类型学的原理对它们虽仍然有效，但作用的机制已与上古时代有别，这时的各种器形已不再循单线演嬗，只看口沿的变化已经说明不了什么问题。又由于数量太多，所以研究者不得不从面上进行系统的整理，而不单是在点上或线上寻寻觅觅。以本书中占篇幅较多的香具研究为例，作者逐一描述了一百八十余器，将我国历史上这类器物的演化分合，盛衰兴替，各自的特点，使用的情况，溯源析流，解释得透辟精到。用以比照的文献看似信手拈来，却总是正对口、恰恰搔到痒处。表明作者治学黾勉，博闻多识，仅从书后的"引用文献"目录（不是参考书目）看，引书已达八百余种。虽然正像前文所说，时代愈晚，史料愈多，但作者仍孜孜以求，尽量不放过有用的信息，故而本书中举出的文献与文物相当密集，汹汹然如不尽江涛。所幸作者原是写散文的能手，下笔仍控纵自如，峰回峪转，岸阔潮平，随着其从容的叙述，洪流又变成潺湲春水，使人读之不倦。

今天看起来焚香是雅事，当年却是文士平日生活中的常事。香具如此繁复，正反映出使用者众多。其形制的演变一方面出于实际需要。比如从焚草本香料到焚树脂类香料，从焚单一品种的香料到焚合香，从焚香片到焚香饼、焚线香，在在都会使用具发生变化。但此外重要的推动力还来自对情趣的追求，而此类意兴多半流露在诗文中。通过它们，才能认识到是何种灵思拨动起敏感的审美琴弦。读罢黄庭坚诗"欲雨鸣鸠日永，下帷睡鸭春闲"，可知香鸭的氤氲依人；读罢陆游诗"棐几砚涵鸲鹆眼，古奁香斫鹧鸪斑"，可知奁式炉的格调高古；读罢刘子翚诗"午梦不知缘底破，篆烟烧遍一盘花"，更可知印香炉的大可玩味。懂得了这些文物和诗句，触类旁通，才能懂得那个焚香的时代。不然，像"小院春寒闭寂寥，杏花枝上雨潇潇。午窗归梦无人唤，银叶龙涎香渐销"一类风韵隽永之作，或将难以领略个中妙趣。

通过以上介绍，会以为本书谈的尽是器物，见物不见人。其实每个人和他所处的时代的物质文化环境均密不可分。焚香如此，首饰更是如此。本书中谈首饰的篇章亦洋洋大观，仅实物就举出近二百件。不仅讲清楚了它们的名称、形制和工艺特点；更难得的是，经过与当时的人物画对比，明确了其插戴的部位和方式。且不说这对历史画和历史剧的制作将起多大的作用，仅就读书而论，当明清说部中一位女主人公出场时，尽管被形容得花枝招展，读者却经常无从捉摸她的装扮，甚至弄不清到底是正面的赞美还是在说反话加以嘲弄。由于物象上的隔膜而对书中之褒贬臧否的用心缺乏感受，从文学鉴赏的角度讲，有点说不过去。从前沈从文先生有一篇文章，分析了《红楼梦》第四十一回中所写妙玉在栊翠庵待客的情况，她端出的茶具因人而异，递给黛玉的是一件"点犀盉"。"点犀"指犀角中心贯有一缕白色斑纹者，因稀见而价昂。"盉"则是高足杯。用犀角制杯须将当中挖空。可是这么一来，点犀之天生的白斑纹被挖掉，只剩空壳，最值钱的特征就不存在了，所以不会有人这么做，从而表明它其实是一件假古董。背后的微言深意则是在讽刺妙玉的为人之虚伪和势利[4]。但小说表面却未露形迹，不着一字而入木三分。经沈先生挑明后，这里的人物和故事一下子就活起来了，诚可被视为名物学应用于古典文学作品研究中之绝佳的实例。《古诗文名物新证》中也有一段妙文，说的是西门庆家的书房。《金瓶梅》原书是这样描写的："抹过木香棚，两边松墙，松墙里面三间小卷棚，名唤翡翠轩。""上下放着六把云南玛瑙漆减金钉藤丝甸矮矮东坡椅儿，两边挂四轴天青衢花绫裱白绫边名人山水。""里面地平上安着一张大理石黑漆缕金凉床，挂着青纱帐幔。""翡翠轩正面前，栽着一盆瑞香花，开得甚是烂漫。"似乎这位土豪的家还很幽雅。但作者在考校名物之余却指出："若把当时文人的意见作为书房之雅的标准，则西门庆的书房便处处应了其标准中的俗。比如椅，《长物志》曰'其折叠单靠'，'诸俗式，断不可用。'""比如凉床，'飘檐、拔步'，俱俗。""再比如挂在两边的四轴山水，屠隆《考槃余事》：'高斋精舍，宜挂单条，若对轴即少雅致，况四五轴乎。'即连木香棚，《长物志》也别有评说：'尝见人家园林中，必以竹为屏，牵五色蔷薇于上。木香架木为轩，名木香棚；花时杂坐其下，此何异酒肆中。'""而一盆'开得甚是烂漫'的瑞香花，亦非雅物，'枝既粗俗，香复酷烈，能损群花，称为花贼，信不虚也。'"虽不知《金瓶梅》原书之命笔是否如此字字机锋，但经作者一点拨，西门这厮的所谓书房，落在当日文士的眼里，正雅得俗不可耐；而同时也深感原书之皮里阳秋的手法，诚不可小觑。

总之，《古诗文名物新证》一书内容宽广，诸如居室、家具、仪仗、饮食乃至首饰等，都做了饶有兴味的研究。作者下笔矜慎，不落窠臼。所提问题也每每别出机杼，结论多发前人所未发，有的甚至令读者耳目一新。书中提到的古文物，均已褫去华衮，洗尽铅华，出现在或世俗或风雅的社会生活之中，以本色素面开口讲自己的故事。

（原载《文物》2005 年第 7 期）

注释

［1］　缪哲：《以图证史的陷阱》，《读书》2005 年第 2 期。

［2］　曾昭燏等：《沂南古画像石墓发掘报告》页 51，文化部文物管理局，1956 年。

［3］　孙作云：《评〈沂南古画像石墓发掘报告〉》，《考古通讯》1957 年第 6 期。

［4］　沈从文：《"觚胹斝"和"点犀盉"》，《光明日报》1961 年 8 月 6 日。

48　固原北魏漆棺画

　　1973 年出土于宁夏回族自治区固原县雷祖庙北魏墓的描金彩绘漆棺，虽其后部已损毁，木胎亦朽失不存，但残漆皮经拼接复原后，仍使大部分画面得以恢复[1]。这组绘画不仅在艺术史上应占有重要地位，而且它们所透露出的有关北魏历史面貌的若干信息，更弥足珍贵。

　　在讨论这个问题之前，应先判定漆棺制作的年代。从已发表的文章看，研究者多认为漆棺是太和年间之物，这无疑是正确的。更具体地说：一、棺画上的人物皆着鲜卑装。故漆棺的制作应早于孝文帝开始实施新服制的太和十年（486 年）[2]。二、漆棺盖上所绘络合成菱形的忍冬图案与太和八年（484 年）司马金龙墓所出漆屏的边饰相近；而棺画中人物的服饰又与内蒙古托克托县出土的太和八年鎏金铜释迦像座上之供养人的服饰相同[3]。因此，漆棺的年代有可能距太和八年至十年不远。也就是说，漆棺或是在献文帝已死、冯太后开始推行汉化政策期间制作的。因为在漆棺画上，可以明显地觉察到草原文化与中原文化并而未合、汇而未融的时代气息。

　　漆棺画中的人物皆着鲜卑装，故而在整个漆棺上笼罩着浓厚的鲜卑色彩，但中原文化的影响仍有所体现。比如漆棺盖上的主题花纹是安排在银河两侧的日轮和东王父以及月轮和西王母，实际上是一幅带有道教色彩的天象图。秦汉以来，在墓顶上绘天象本属常见之举，但也有将这类图画转移到棺盖上的，如江苏仪征烟袋山西汉墓的棺盖内就嵌有北斗七星[4]。洛阳出土的一具北魏石棺在棺盖内刻有天象和伏羲、女娲，仍然沿袭着汉代的传统[5]。固原漆棺将这种图画绘于棺盖顶部，已开 6 世纪以降高昌墓葬在棺盖上覆以绘有天象和伏羲、女娲的绢画之先河。至于此漆棺不画伏羲、女娲而画东王父、西王母,则是与十六国以来的风气有关。甘肃酒泉丁家闸一座十六国时期的墓葬,墓顶为四角攒尖,其东坡画日轮和东王父,西坡画月轮和西王母[6]。有意思的是,固原漆棺和丁家闸壁画上所画的四尊神像,其身姿、衣着均非常接近(图48-1)。漆棺就是将丁家闸这类墓顶壁画搬到棺盖上了。研究者或以为棺盖上画的就是墓主人夫妇[7],不确。因为人物身旁榜题中的"东王父"三字彰彰在目,而且漆棺前挡又绘有已被确认的墓主像;加以其位置高据天际,身侧伴以日、月,故应为神像无疑。研究者又认为漆棺画中的东王父、西王母穿的是汉式服装;虽然也可以这么说,但实际上只不过因为它们原是汉族的神祇,有固定的格式,不便全盘改动而已。尽管如此,漆棺画中仍给它们都戴上鲜卑帽;而在古代服装史上,服装的等级和属性往往是由冠、帽的式样决定的。所以它们初看起来就与丁家闸壁画中东王父戴山字形三维冠[8]、西王母绾三起式大髻的形象颇不相同,甚至使人产生这是墓主夫妇像的误解了。从而说明,根据鲜卑族墓主人的意图,棺画在形象的处理上是以我为主、为我所用。棺画中的"汉化"

图48-1 东王父(1、3)与西王母(2、4)

1、2.甘肃酒泉丁家闸十六国墓壁画

3、4.宁夏固原北魏墓壁画

图 48-2　舜（1、2）与郭巨（3、4）

1、3. 固原北魏漆棺画
2、4. 孝子石棺，美国堪萨斯市
　　埃蒂肯斯美术博物馆藏

因素是透过其鲜卑气氛闪现出来的。

　　类似的情况在棺画中的孝子像上也可以看到。在这里，无论虞舜或郭巨，一律鲜卑装扮，如果没有身边的榜题，恐怕难以认出这是些什么人。以之与北魏迁洛以后的孝子画像石棺（今藏美国堪萨斯市埃蒂肯斯美术博物馆的那一具）上的人物相较，简直判若两族（图 48-2）。孝子作鲜卑装者，就目前所知，在中国艺术史上只此一例。

　　但是这位鲜卑民族意识很强的墓主人，为什么在漆棺上画上这些汉族的孝子呢？看来这仍然与冯太后的汉化政策分不开。孝道本是儒家伦理思想的一个组成部分，西汉时已加以提倡，东汉尤盛。《后汉书·荀爽传》说："汉为火德，火生于木，木盛于火，故其德为孝。"因而《孝经》遂成为儿童必读的课本。但在西汉，蒙学读物的顺序大致是《诗经》—《论语》—《孝经》[9]。东汉时却将《孝经》提升为第一位。《四民月令》说：十一月"命幼童读《孝经》、《论语》、《篇》、《章》、小学"[10]。南北朝时仍然如此。南朝方面如顾欢"八岁诵《孝经》、《诗》、《论》"；伏挺"七岁通《孝经》、《论语》"；马枢"六岁能诵《孝经》、《论语》、《老子》"。北朝亦不落后，如徐之才"五岁诵《孝经》"；颜之仪甚至"三岁能读《孝经》"[11]。北魏且曾以鲜卑语译《孝经》，《隋书·经籍志》中有《国语孝经》一卷，据志中《经部·小学类·小序》说，"国语"即鲜卑语。这卷鲜卑语《孝经》译出的时间一说在迁洛后；但推情度理，实应在迁洛前。因为迁洛意味着与鲜卑旧俗的决裂，这时推行汉化已达到雷厉风行的程度。在语言方面，孝文帝"断诸北语，一从正音"，即禁用鲜卑语，以汉语为通用的语言，已经没有再用鲜卑语译书的必要[12]。更向前追溯，则北魏早期如《北史·魏高祖孝文帝纪》所说："有魏始基代朔，廓平南夏，辟土经世，咸以威武为业。文教之事，所未遑也。"拓跋鲜卑出自大兴安岭，本是很落后的渔猎游牧部落，道武帝拓跋珪定都平城后，登国九年（394 年）才分土定居，成为真正的国家，这时当然还谈不上翻译儒家经典[13]。至太武帝拓跋焘时，虽然他能征善战，灭北燕、北凉，统一了黄河流域；又经略江淮，与刘宋形成南北对峙的局面。但他自称"常马背中领上生活"，则其人是一位赳赳武夫[14]。《魏书·食货志》称："世祖（拓跋焘）即位，开拓四海。以五方之民各有其性，故修其教不改其俗，齐其政不易其宜。"可见他并不在鲜卑人当中推行中原的礼俗，比如拓跋鲜卑同姓为婚的原始习俗，他就未加触动。此时翻译《孝经》，恐怕条件仍不成熟。冯太后时就不然了，她断然禁止同姓通婚。秉承她的旨意所下的诏书说："夏、殷不嫌一族之婚，周世始绝同姓之娶，斯皆教随时设，政因事改者也。皇运初基，中原未混。拨乱经纶，日不暇给，古风遗朴，未遑厘改。……自今悉禁绝之，有犯以不道论。"[15]她又在各地设乡学，在诸郡署博士，在京师立孔庙。并"改析国记"，确认"魏之先出自黄帝轩辕氏。黄帝子曰昌意，昌意之少子受封北国，有大鲜卑山，因以为号"之说[16]。这样，鲜卑民族遂纳入羲农正统，汉化政策的推行也就名正言顺了。同时，她还要求全国民众都遵守儒家"父慈子孝，兄友弟顺，夫和妻柔"的伦理道德规范[17]。并指出："三千之罪，莫大于不孝"[18]。这时既然大力提倡孝道，从而读《孝经》、译《孝经》也就提到日程上来了。因为读《孝经》不仅是接受儒家教育的起步，同时也是为接受汉化奠定思想基础。而与读《孝经》相辅而行的"孝子图"，在东汉时已常见，南北朝时且有装成卷轴的[19]。所以说，如果鲜卑语《孝经》译成于冯太后时，那么鲜卑装的"孝子图"接踵而出，并进而摹绘到漆棺上，也正是自然的趋势了。

漆棺上画有孝子，是否意味着墓主人已服膺儒学？这倒并不见得。因为早在东汉末，《孝经》已染上神秘的色彩。《后汉书·向栩传》说："会张角作乱，栩上便宜，颇讥刺左右，不欲国家兴兵，但遣将于河上北向读《孝经》，贼自当消灭。"《艺文类聚》卷六九引《汉献帝传》说："尚书令王允奏曰：'太史令王立说《孝经》六隐事，能消却奸邪。'常以良日允与立入，为帝诵《孝经》一章，以丈二竹簟画九宫其上，随日时而出入焉。"可见这时已认为《孝经》能消灾辟邪。西晋·皇甫谧在《笃终》中说，他下葬时"平生之物，皆无自随，唯赍《孝经》一卷"[20]，恐怕也与这种认识有关。南北朝时，除了用《孝经》外，还兼用道经和佛经随葬。如南齐·张融遗命，入殓时"左手执《孝经》、《老子》，右手执《小品》（《般若经》）、《法华经》"[21]，表明自己三教兼习，以确保冥途平安。张融卒于建武四年（497年），与固原漆棺制作的时间（约484—486年前后）相距甚近。所以漆棺上既画孝子像，又画道教的东王父、西王母像及佛教的菩萨像，其中也应包含祈求冥福的用意。从这个角度考察，则孝子像只不过是迎合时尚的装点殡葬之物而已。所以说漆棺画中虽有"汉化"的成分，却并不以"汉化"为基调。

那么，墓主人的思想倾向到底是怎样的呢？这从漆棺前挡所绘墓主像中可以略见端倪。像中的墓主着鲜卑装坐于榻上，右手举杯，左手持小扇（图48-3:1）。令人惊异的是，此像竟尔表现出一派哌哒作风。它与乌兹别克斯坦南部铁尔梅兹市西北的巴拉雷克（Balalyk-Tepe）哌哒建筑遗址所出壁画上的人物非常肖似[22]。这里的壁画系5世纪后期到6世纪前期的作品。6世纪后期，此地遭西突厥入侵，建筑物受到

图 48-3 固原漆棺所绘人像
与嚈哒人像之比较
1.固原漆棺前挡所绘墓主像
2、3.嚈哒壁画，乌兹别克
斯坦巴拉雷克遗址出土

损坏；7世纪前期，由于萨珊入侵而沦为废墟。壁画所表现的宴饮场面中，嚈哒贵族大都一手持酒杯，一手执小扇，与固原漆棺画中的墓主像相同（图48-3:2、3）。嚈哒壁画中之人物持杯的手势很特殊，皆以拇指与食指、中指、无名指相对捏住杯足，小指单独跷起；而漆棺画上的墓主像也正作此状。两者绝非偶然雷同，应代表一种特殊的风尚。与嚈哒壁画中人物席地的坐姿略有不同的是，漆棺画中的墓主人坐在榻上，两足垂而相向。这种坐姿在《南齐书·魏虏传》中称为"跂据"，《南齐书·王敬则传》中称为"跂坐"。如果其相向的两足交叉起来，便是佛像造型中所称"交脚坐"。有的学者认为这种坐姿是摹仿鄯善王[23]。实际上乃是当时从犍陀罗、中亚到今新疆一带流行的坐姿。519年宋云在赴印求法途中经过嚈哒时，说嚈哒王"着锦衣，坐金床，以金凤凰为床脚"[24]。他的所谓"坐"，则当如义净《南海寄归内法传》卷三所称"凡是坐者，皆……双足履地，两膝皆竖"之状；当然，双足可以并垂，亦可交脚；与漆棺画中墓主像的坐姿应大致相同。

　　据《北史·哒哒传》说："哒哒国，大月氏之种类也，亦曰高车之别种，其源出于塞北。"《梁书·滑国传》则说他们是"车师之别种"。关于其族源、族属，近人有各种说法，目前尚未取得一致意见[25]。在当时，哒哒人自称为匈奴，西方则称之为白匈奴。拜占庭史家帕罗科匹斯（Procopius）说："在所有的匈奴人民中，只有他们的皮肤是白色的，也只有他们的体态是正常的。"[26]东罗马人对哒哒人作出这种评论，似乎表示他们属于印欧人种。他们起初曾居住在阿尔泰山下，因受柔然的攻击而西徙。5世纪中叶，哒哒灭贵霜；5世纪末叶又击败萨珊。公元470—500年左右，哒哒奄有康居、粟特、大夏、吐火罗、富楼沙等地，成为继贵霜而崛起的中亚大国。当固原漆棺画绘制之际，哒哒正处于其盛世。

　　哒哒虽然强盛，但他们过的是游牧生活。宋云对哒哒国的描述是："土田庶衍，山泽弥望。居无城郭，游军而治。以毡为室，随逐水草，夏则随凉，冬则就温。"又说他们在"四夷之中，最为强大。不信佛法，多事外神。杀生血食，器用七宝。诸国奉献，其饶珍异"[27]。由于哒哒既强大富足，又与北魏不相接壤，两国间没有发生过战争，不像北魏与柔然那样，频年以兵戎相见；故北魏与哒哒互相通好。《北史·哒哒传》说，哒哒"自太安（指太安二年，456年）以后，每遣使朝贡"。固原漆棺正属于这一时期。

　　固原出漆棺的这座墓中还出土了一枚萨珊银币，为卑路斯B式，年代为457—483年。萨珊在文成、献文、孝文各朝均曾遣使来北魏，这枚银币有可能直接来自波斯。但卑路斯是由哒哒王派军队支持才得以即位的，后来他又屡次组织军队进攻哒哒，可是均遭失败，卑路斯几度被俘，向哒哒支付了巨额赔款。484年，他本人也在与哒哒的战争中丧生。故哒哒应握有大量卑路斯银币。在河北定县北魏塔基出土的一枚萨珊耶斯提泽德二世（438—457年）银币的边缘上压印有一行哒哒文戳记[28]，证明是经哒哒人之手传入中国的。以此例彼，则固原所出萨珊银币也不排除有从哒哒人那里间接传入的可能。应当指出的是，我国迄今为止发现的1174枚萨珊银币中，有相当一部分可能是经哒哒人、粟特人或突厥人之手传入的，不见得都直接来自波斯。

图 48-4　哩哒鎏金银胡瓶
宁夏固原李贤墓出土

　　哩哒既与北魏有交往，而且也有通过哩哒人传来的银币，那么，是否在我国出土的文物中还能找到其他哩哒制品呢？当然，哩哒立国仅一个多世纪，不要说在中国，即便在它的故土，已发现的哩哒遗物也为数不多。但在我国近年的出土物中，却有一件精美的银器似应推断为哩哒制品。

　　这件银器是在固原深沟村北周李贤墓（天和四年，569 年）出土的，为鎏金的银胡瓶，通高 37.5、最大腹径 12.8 厘米。器腹呈小头向上的卵形（与罗马式胡瓶之器腹呈大头向上的卵形有别），高足修颈，瓶口有平直外侈之鸭嘴状短流，无盖（图 48-4、48-5）[29]。它的外轮廓与萨珊胡瓶相似，故出土之初研究者曾认为是萨珊制品。但吴焯先生主张此银瓶的作者"是哩哒占领区内的土著工匠或者客籍于这一地区的罗马手艺人"[30]。虽然他只就其艺术渊源立论，未援引哩哒器物予以证明，但笔者认为此说值得重视。

图 48-5　李贤墓出土银胡瓶腹部人物纹展开图

进一步从造型上分析，它和萨珊制品的区别还可举出以下五点：

一、李贤墓之银胡瓶在其高圈足的底座下缘饰有一周突起的大粒联珠纹。这种装饰手法亦见于巴拉雷克哌哒壁画，那里的宴饮图中所绘高足杯的底座上即饰有大联珠纹。以后在粟特银器上，此式底座更经常出现，实例很多。而萨珊银器之高圈足的底座多是平素无文的，其好尚与中亚地区不同。

二、此银胡瓶之把手的顶部饰人头像。内蒙古赤峰市敖汉旗李家营子1号墓出土的银胡瓶也在把手与器口相接处饰一人头像，那件胡瓶为粟特制品，对此我国学术界的看法已渐趋一致（图48-6）。萨珊胡瓶在把手顶部立一小圆球，本是为拴瓶盖用的。而有些哌哒与粟特瓶无盖，遂将萨珊胡瓶上有实际用途的小圆球改成装饰性的人头像了。

三、此银胡瓶之把手两端与器身连接处各饰一骆驼头，而萨珊胡瓶之把手两端多饰以长耳朵的野驴头或羚羊头等。在器物上用骆驼的形象作装饰，看来是河中地区的一种风尚。

图48-6　粟特银胡瓶
内蒙古赤峰李家营子1号墓出土

图 48-7 呀哒帽
1. 呀哒银胡瓶，宁夏
   固原李贤墓出土
2. 呀哒银碗，俄罗斯
   圣彼得堡爱米塔契
   博物馆藏
3. 呀哒壁画，乌兹别克
   斯坦巴拉雷克遗址
   出土

图 48-8 萨珊银胡瓶上的
女神像

　　四、李贤墓之银胡瓶把手上的人头和器腹上锤鍱出的一个披斗篷的男子均戴出檐圆帽，这是呀哒式的帽子。它和粟特之仅扣在脑顶上的小帽不同，萨珊更没有这种式样的帽子。而俄罗斯圣彼得堡爱米塔契博物馆所藏 5 世纪制作的呀哒银碗与上述巴拉雷克壁画中描绘的锦纹里，却都有戴这种圆帽的实例（图 48-7）[31]。

　　五、最后应强调的一点是，这件银胡瓶上锤鍱出的人物，其造型全然不类萨珊风格。萨珊银器上表现人物时，有一套程式化的章法，如所镌阿娜希塔女神以及舞女等，均有相对固定的几种姿势，一般变化不大，雷同之处较多，故特征明显，易于识别（图 48-8）。李贤墓

之银胡瓶则不然，这上面的人物无论动作和装束均与萨珊有别。特别
是那个与持短矛者对话的女子，头部扭转向后，双足却一径前行，与
乌兹别克斯坦撒马尔罕历史·建筑·艺术博物馆所藏 5 世纪后期的哒哒
银碗上之女像的姿势全然一致（图 48-9）[32]。并且李贤墓之胡瓶上由
六个人组成的画面，表现的似是某一希腊罗马神话故事[33]；由于宗教
信仰的隔阂，此类题材也不可能出现在萨珊银器上。

　　认为李贤墓出土的银胡瓶为哒哒制品，还有一条可供考虑的线索。
《北史·哒哒传》说："正光末，遣贡师子一，至高平，遇万俟丑奴反，
因留之。丑奴平，送京师。"同书《李贤传》说："魏永安中，万俟丑
奴据岐、泾等州反，孝庄遣尔朱天光击破之。天光令都督长孙邪利行
原州事，以贤为主簿。累迁高平令。"李贤在这次平叛事件中起的作用
很大[34]。当时哒哒使臣正滞留于此，李贤本人应参与保护过这些使臣
和贡品；因而在他的墓葬中发现哒哒器物是可以理解的。故这件银胡
瓶应为世所罕觏之哒哒文物中的珍品。加以本文所讨论的漆棺画中也
有模仿哒哒风习的迹象；与哒哒有关之事物频频发现于固原，看来当
时的原州确是丝路东段北线，即自长安通陇西出敦煌赴中亚这条大道

图 48-9　哒哒银碗
乌兹别克撒马尔罕历史·建筑·
艺术博物馆藏

上的一个重要地点。

　　哒器物制作精致，造型典雅，反映出他们具有较高的审美能力，并不仅仅是"凶悍能斗战"而已[35]。因此哒文明和他们的生活方式对北魏鲜卑贵族中的保守分子具有一定的吸引力。固原漆棺画中的墓主像亦步亦趋地效法哒做派，正反映出其追求与向往。但艺术水平与社会发展阶段并不总是同步的，大量役使外族工匠的情况下更是如此。在 5 世纪时，与中国之成熟的封建制度相比较，哒国家是落后的。而将固原漆棺之墓主所代表的思想倾向置于北魏的现实政治生活中，更会发现它正属于反汉化的那股势力。当孝文帝迁洛之后，不少鲜卑贵族"雅爱本风，不达新式"[36]；对"革变旧风"，"并有难色"[37]。在穆泰等人阴谋占据平城发动叛乱时，"代乡旧族，同恶者多"[38]。特别是孝文帝的太子元恂，在迁洛之后仍"追乐北方"，企图"召牧马，轻骑奔代"[39]。元恂虽然被废，后又赐死，但他的思想状况与固原漆棺之墓主或是相通的。不仅像他那种鲜卑贵族如此，在穆泰等人的谋叛事件中，甚至还有司马金龙之子司马徽亮参加。司马徽亮本是晋室宗族，竟尔也反对汉化，可见对哒等所谓"骑马民族"国家的魅力不能低估。直到唐初，唐太宗之子李承乾不是还在步这些人的后尘吗！因此当拓跋鲜卑征服中原后，在他们处于"佛狸（拓跋焘）已来，稍僭华典，胡风（西域风俗）国俗（鲜卑风俗），杂相揉乱"的十字路口之际[40]，到底下一步要建立一个怎样的国家？是继续保持游牧生活的基本习尚，成为一个像哒那样的奴隶制草原帐国呢；还是通过汉化，接受中原文明，完成向封建制的飞跃呢？这就是冯太后和孝文帝等人所必须作出的抉择。固原漆棺画从一个侧面向我们展示出元恂一类鲜卑贵族的心态，遂使人更加体会到冯太后和孝文帝的汉化事业的可贵，以及他们所面对的是何等顽强的阻力。

（原载《文物》1989 年第 9 期）

注释

[1]　固原县文物工作站:《宁夏固原北魏墓清理简报》,《文物》1984 年第 6 期。

[2]　孝文帝新服制的实施在太和十年至十八年。见宿白《"大金西京武州山重修大石窟碑"
的发现与研究》,《北京大学学报》1982 年第 2 期。

[3]　此释迦像为内蒙古自治区博物馆藏品。

[4]　南京博物院:《江苏仪征烟袋山汉墓》,《考古学报》1987 年第 4 期。

[5]　官大中:《试论洛阳关林陈列的几件北魏陵墓石刻艺术》,《文物》1982 年第 3 期。

[6]　甘肃省博物馆:《酒泉、嘉峪关晋墓的发掘》,《文物》1979 年第 6 期。

[7]　韩孔乐等:《固原北魏墓漆棺的发现》;王泷:《固原漆棺彩画》;均载《美术研究》
1984 年第 2 期。

[8]　《仙传拾遗》:"东王父亦云东王公,盖青阳之元气,百物之先也。冠三维之冠,服九
色云霞之服,亦号玉皇君。"

[9]　《汉书·霍光传》说史皇孙(宣帝)在民间时,"师受《诗》、《论语》、《孝经》",或可
代表西汉时蒙学读物的顺序。

[10]　《齐民要术·杂说第三〇》引。《篇》指《苍颉篇》,《章》指《急就章》。

[11]　见《南齐书·顾欢传》、《梁书·伏挺传》、《陈书·马枢传》、《北齐徐之才墓志》(《汉
魏南北朝墓志集释》卷七)、《周书·颜之仪传》。参看《吕思勉读史札记·戊帙·论语、
孝经》条,上海古籍出版社,1982 年;吉川忠夫:《六朝精神史研究·六朝時代にお
ける"孝經"の受容》,京都,1984 年。

[12]　《隋书·经籍志》说:"魏氏迁洛,未达华语。孝文帝命侯伏侯可悉陵以夷言译《孝经》
之旨,教于国人,谓之《国语孝经》。"但此说恐不确。因如《北史·魏咸阳王禧传》
所说,迁洛后已"断诸北语"。又《魏书·吕洛拔传》说:吕洛拔的长子文祖于献文
帝时"补龙牧曹奏事中散,以牧产不滋,坐徙于武川镇。后文祖以旧语译注《皇诰》
(冯后作),辞义通辩,超授阳平太守"。可见冯后时有以鲜卑语译书之举,译《孝经》
或亦在此时。

[13]　《魏书·贺讷传》。

[14]　《宋书·索虏传》。

[15]　《魏书·高祖孝文帝纪》。

[16]　《魏书·序纪》。

[17]　《北史·魏高祖孝文帝纪》。

[18]　《魏书·刑罚志》。

[19]　《南史·齐高帝诸子传》说:"诸王不得读异书,五经之外,唯得看《孝子图》而已。"
《南史·王慈传》说:"年八岁,外祖宋太宰江夏王义恭迎之内斋,施宝物恣所取,慈
取素琴、石砚及《孝子图》而已。"这些《孝子图》均应为单行的卷轴。

[20]　《晋书·皇甫谧传》。

[21]　《南齐书·张融传》。

[22]　Л. И. Альбаум Ьалалык-тепе. К истории материаljhной кулвтуры и искусства
Тохари-стаиа. И эд-во Академии наук Уэбекской ССР. ТАшкент, 1960.

［23］ 古正美：《再谈宿白的凉州模式》，《敦煌研究》1988 年第 2 期。

［24］ 《洛阳伽蓝记》卷五。

［25］ 余太山：《嚈哒的族名、族源和族属》，《文史》第 28 辑，1987 年。

［26］ 帕罗科匹斯《战争史》中之语，转引自麦高文著、章巽译：《中亚古国史》。

［27］ 同注［24］。

［28］ 河北省文化局文物工作队：《河北定县出土北魏石函》，《考古》1966 年第 5 期。

［29］ 宁夏回族自治区博物馆等：《宁夏固原北周李贤夫妇墓发掘简报》，《文物》1985 年第 11 期。

［30］ 吴焯：《北周李贤墓出土鎏金银壶考》，《文物》1987 年第 5 期。

［31］ 嚈哒银碗见东京国立博物馆：《シルクロードの遗宝》图版 78。巴拉雷克锦纹见 G. Furmkin, *Archaeology in Soviet Ceniral Asia*, p. 118, fig. 28。

［32］ Б. Н. МАРщак, Я. К. Крикис, Чилекские чащи-Трулы Государственного Эрмитажа, т. X. Иэд-вс "Советский художник" Ленинград 1969, с. 67-76.

［33］ 参看 B. L. パルシヤク、穴泽咊光：《北周李贤夫妻墓とその银製水瓶について》，《古代文化》41 卷 4 号，1989 年。

［34］ 《周书·李贤传》。

［35］ 《北史·嚈哒传》。

［36］ 《魏书·东阳王丕传》。

［37］ 《魏书·陈凯传》。

［38］ 《魏书·于烈传》。

［39］ 《魏书·废太子恂传》。

［40］ 《南齐书·魏虏传》。

49 "穆天子会见西王母"画像石质疑

　　《中原文物》1982年第1期发表的"穆天子会见西王母"画像石，据称是前洛阳古玩商马氏所遗（以下简称"马氏石"）。原考释将其年代定为东汉，认为它的"创作态度""认真而严肃"，是一件很重要的古文物。然而读过之后，觉得问题较多，对它的真伪和定名还有进行考订的必要（图49-1）。

　　诚如原考释所说："此块画像石，从风格上看，与南阳的不同，与山东的较近似。"初看起来，画面上若干单元的形象确乎有点面熟，仿佛都在山东出土的画像石上见过，然而综观全石，又感到它的构图很奇特。马氏石当中刻出辅以双阙的楼阁，楼两侧为车马行列，楼顶上为跨龙的天神，楼底下为骑鱼的水怪，左右对称，人神杂糅，场面虽大，物像虽多，却不太符合汉画像石的格式。因为在东汉，无论祠堂或坟墓中的画像石，多以表现墓主人生前场景为重点，诸如其起居饮宴之豪奢，出行仪卫之盛大，生平历官之显赫等。至于以辟邪祈福为目的的神怪祥瑞题材和以宣扬封建道德为目的的历史故事题材，则分栏另刻，与前一类画面一般互不掺和，而且后两类也不混刻在一起。特别是历史故事，常采取简单的图解式，且往往附有榜题。马氏石的内容如被解释为穆天子会见西王母这一历史故事，不仅证据不足，就构图而言也绝无仅有。如把楼阁人物和车马行列分离出来别作解释，则题材淆杂，更难说得通。

　　再细看一下，马氏石上有些形象很蹊跷。比如此石左右两下角刻水波纹，波浪中涌出各种鱼龙水怪以及驾鱼车的海神、河伯之类，其中有的还拿着武器，应是表现出战的场面。但在两组水怪的当中，却

图 49-1 "穆天子会见西王母"画像石，马氏旧藏

刻出了一些姿态安详的陆地动物如虎、鹿、麒麟之属，一水一陆，一动一静，全不调和，似不应刻在同一行列之内。再如马氏石中部的楼阁，有很高的柱櫍和宽大的阶石。但这么高的柱櫍要到宋代才出现。汉代的台阶也不是这种形制，殿堂所设宾阶、阼阶是分成两列的，即便只设一列踏道，也较窄小，与马氏石上的样子全不相侔。马氏石上的车马行列也怪得很，其左侧的一辆车相当豪华，大约代表出行行列中的主车，可是竟没有属车，只用几名骑吏为前导[1]。右侧的一位妇女所乘之车，不但不按汉代的惯例，排列在主车后面，即所谓"载玉女兮后车"；并且她竟不乘辎軿，而乘四面敞露的轺车，均不符合汉代的制度[2]。更不用说两组车马相对而行，似乎从两个方向走来，使人更难以理解它们之间的关系了。

说马氏石上的主车豪华，首先是因为它在马头后面刻出了一只鸾雀，在汉代，这是金根车的制度。《续汉书·舆服志》说金根车"鸾雀立衡"。刘注引徐广曰："置金鸟于衡上。"过去，这种车的画像只知道唯一的一例：山东长清孝堂山石祠出行图中的"大王车"（图 49-2:1）。这辆车驾四匹马，两匹服马夹在辕中，辕端施衡，鸾雀立在衡上，正和古文献的记载一致。可是马氏石上的主车没有刻出衡来，鸾雀也太偏后，与衡的位置不相对应，所以这里的鸾雀不是立在衡上，而是立在缰绳上。但在策马前进的过程中，缰绳不断晃动，那上面是绝不能安装金铜制的鸾雀的，所以马氏石上的安排，不合乎车制的结构原理。这种情况使人想起了清代摹刻汉画像的木版书，如冯云鹏等所编《石索》，好像就有类似的毛病。打开冯氏书一看，无独有偶，《石索》中"大王车"的鸾雀恰恰也立在缰绳上（图49-2:2）。不仅如此，《石索》还把其靠外侧的两匹马的前腿刻成双双直立；不像原石那样只一腿直立，另一腿拳屈。因此《石索》中此车内侧二马的四条前腿和后腿都拳屈起来，出现了很不合理的姿势。而马氏石主车的马腿却也正是这样处理的。而且"大王车"的主人戴的本是武弁大冠，《石索》误摹为进贤冠，马氏石又含糊地加以简化，变成不知是什么冠了（图49-2:3）。这就暴露出它是以《石索》为底本摹刻而成的破绽。不但《石索》弄错了的地

图 49-2 几种车的比较

1. 孝堂山石祠画像中的"大王车"
2. 《石索》摹刻的"大王车"
3. 马氏石中的主车

方它也跟着错，另外它还添上了若干为《石索》所无的新错误。比如车盖本来是用一根盖杠支撑，而在车盖四旁系四条用织物制作的盖维。《石索》上这一部分摹刻得大体无误，只是四维的曲线较原石稍僵直。马氏石却将盖杠和四维合并成四根支柱（女车尤其明显）了。而且它的轮子太小，约过马胸的鞅及靷不能向后连接于车轴，照它这种结构，此车既无法系驾，也难以成行。

　　马氏石上不独这辆车是在缺乏理解的情况下自《石索》剽摹而成，其他部分也大都能在《石索》中找到其底样。比如水怪出战部分，武氏祠画像石中有执刀、盾的蟾蜍（图49-3:1），《石索》中还大体保持原形（图49-3:2），在马氏石上其所执之盾却变成了不知名的棒状物（图49-3:3）。武氏祠中骑鱼的水怪肩荷棨戟（图49-3:4），《石索》摹刻的稍差一些（图49-3:5），在马氏石上它却变成三叉状物（图49-3:6），全然看不出是做什么用的了。武氏祠中有条翼龙，因为一条前腿漫漶不清（图49-3:7），《石索》误将其翼刻成向上直立的腿，而将看不清的那条腿略去（图49-3:8）。马氏石继承了《石索》的错误，将这条龙的四肢安排得更加畸形（图49-3:9），剽袭的痕迹昭然若揭。乘龙的天神也是如此，在武氏祠画像石上，一个羽人乘龙持旌（图49-3:10），《石索》把原石上生双角的龙刻成独角（图49-3:11）。在马氏石上这条龙仍是独角，但旌却变成一种汉画像中颇不经见的小旗子（图49-3:12）。

　　特别应当指出马氏石当中那座楼阁，乃是从《石索》所载武氏祠画像石三之十三完整地搬来的，只把原石楼下层的人物略去一个，楼上的人物略去两个（图49-4）。原石本为武梁祠后壁，在楼上女主人身侧，有二侍女分别持便面和捧镜；而在马氏石上，这两个人却朝着女主人的头部各举一棒，动作的意向很不明了。原石楼上的一根人像柱，伸出一只手与坐在右阙屋顶上的一人相握。马氏石略去了阙顶上的人，人像柱却兀自伸着手。原石楼下的男主人虽已大部剥蚀不清，但他所坐的矮榻或枰尚存一角，参照武氏祠中另一相仿的图像，知此男主人本呈坐姿，他的面前有侍者捧碗奉盘进食。《石索》误将男主人像补成立姿。马氏石接受了《石索》的补充，又把捧碗者改为举花端立，与男主人分庭抗礼；以致上述《中原文物》所载之文把他们误

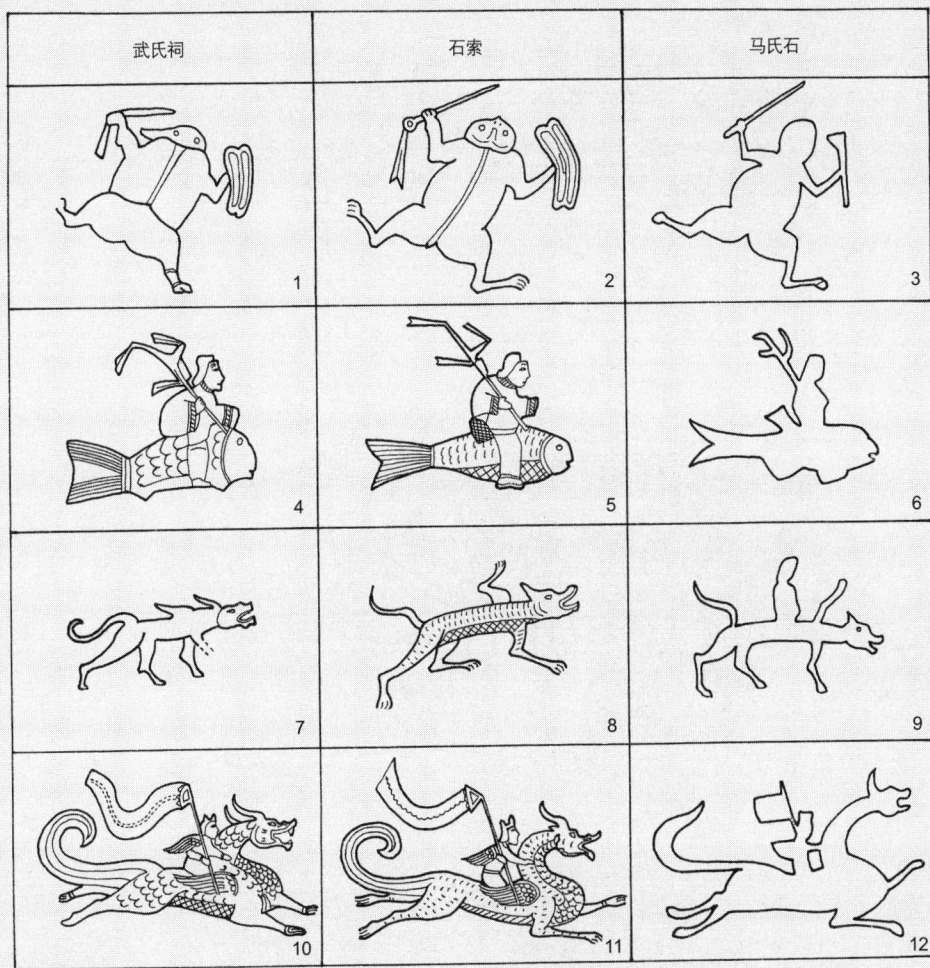

武氏祠	石索	马氏石

图 49-3 武氏祠画像、《石索》与马氏石中几种灵怪形象的比较

会成两位亭长了。更可注意的是，楼顶脊端的原始鸱尾，原石只不过刻成两个尖角形的突起物，《石索》把它们刻成 B 字形，马氏石更进一步加以美化，把它们刻得尖耸而弯曲，汉代的原始鸱尾根本不曾有过这种式样。这些情况清楚地告诉我们，马氏石上的画像是自《石索》拼凑翻摹而成。它是古玩市场上的赝品。

最后，还想就马氏石与穆天子会见西王母故事的关系谈点看法。

图 49-4 楼阁人物图
的比较
1. 武氏祠画像石中的
   楼阁
2. 《石索》摹刻的同一
   座楼阁
3. 马氏石中的楼阁

马氏石既非古物，本无考证其题材的必要。今姑舍其真伪不论，就算东汉时有这样一块画像石，它上面也很少有可能反映出穆天子会见西王母的故事。因为这个故事最初见于《穆天子传》，此书是晋代汲郡人不准于太康二年（281年）从魏襄王墓中盗掘出土的[3]；东汉人没有见过这部书，《汉书·艺文志》中亦未加著录[4]。当然，如果早于汲冢竹书就出现了一块能够印证《穆天子传》情节的画像石，的确是一件了不起的事，但那上面也总得有代表他们的特征的较典型的形象才成。在汉代，皇帝的车驾六马[5]，画像石上如出现周穆王，纵使不像《穆天子传》所描写的那样用"八骏"驾车，也至少应驾六马才是。而马氏石上的主车只驾四马，仅就这一点来判断，也难以将乘车者指认为周穆王。至于西王母，在汉代的画像砖石、铜镜、漆器上都出现过她的形象。由于《山海经·西山经》和《大荒西经》说她"蓬发戴胜""戴胜虎齿"，所以她常戴玉胜或巾帼，坐在山状座，即鳌戴三山或郭璞所说的"天柱"上[6]。也有些图像把她表现为坐在龙虎座上。她身旁常有三青鸟、三足乌及九尾狐等侍奉，不过最多见的是有玉兔或羽人捣药，因为汉代对西王母的崇拜是和求不死之药等神话联系在一起的。马氏石楼上端坐的妇女完全不具备这些特点，故无法把她和西王母拉扯在一起[7]。不过马氏石把女主人的身躯放得特别大，把侍者缩得相当小，倒不能不说有点给它的赝品增添些神化的光彩的意图，但这一切都不过是出于牟利的目的而已。古玩商伪造汉画像石，本属此辈惯技。然而称述赝品之文被学术刊物轻易登载，并联系"周与西方民族的关系"进一步强调其重要价值；就未免有失分寸了。

（原载《中原文物》1983年第3期）

注释

[1] 《续汉书·舆服志》说：乘舆大驾，属车八十一乘；乘舆法驾，属车三十六乘。诸侯贰车九乘。下至县令长，还要以贼曹、督盗贼、功曹三车为导，主簿、主记二车为从。
[2] 《续汉书》说：太皇太后、皇太后非法驾乘紫罽軿车，长公主赤罽軿车，大贵人、贵人、公主、王妃、封君等油画軿车。故《汉书·张敞传》说："君母出门，则乘辎軿。"内

蒙古和林格尔汉墓壁画榜题也写明："夫人乘辁车。"

[3] 此据《晋书·束皙传》。同书《武帝纪》作咸宁五年（279 年）。杜预《春秋经传集解后序》作太康元年（280 年）。

[4] 有人认为汉代已流传周穆王会见西王母的故事，并以《汉武帝内传》的记载为据，认为它是武帝身边的方士所"编造"，"储以自随，待上所求问"者；非是。《守山阁丛书》本《内传》有钱熙祚序，谓此书"大约东晋以后，浮华之士造作妄诞"。至于《汉武故事》一书，余嘉锡说："传本之题班固，则浅人所为，非其旧也"（《四库提要辨证》卷一八）。它们均作于《穆天子传》问世之后。在汉代的文献与图像中，未曾出现"穆天子会见西王母"故事的任何痕迹。论者为了给故事增加点更早的证据，甚至将汉画像石中习见的楼阁拜谒图中的女主人说成是西王母。还有的竟将一室中夫妇对坐的图像，也指定为穆天子会见西王母。均不免流入钱氏所称"造作"一途。

[5] 《逸礼·王度记》："天子驾六马，诸侯驾四。"《易》京氏传、《春秋公羊传》说同。《史记》以为秦始皇尚水德，故乘六马。汉承秦制，因而不改。

[6] 郭璞：《山海经图赞》："昆仑月精，水之灵府。唯帝下都，西老（姥）之宇。嵯然中峙，号曰天桂（柱）。"

[7] 汉代墓室、祠堂所刻"楼阁拜谒图"中的受礼拜者皆是墓主或祠主，楼阁二层端坐的妇女是其女眷；并无一例外。参看信立祥：《汉代画像石综合研究》页 92—102，文物出版社，2000 年。

50 关于一支"'唐'镂牙尺"

上海博物馆收藏的一支"唐拨镂象牙尺",其图像屡见刊载(图50-1)。它发表在初版的《中国古度量衡图集》上时,定名为"唐鸟兽花卉纹黄牙拨镂尺"。该书的《前言》中说:"唐代度量衡器主要由官府制造,制作精致。传世的象牙尺(指此尺)采用浮雕和拨镂的工艺,饰以亭台花草鸟兽,它既是一支精细的尺,又是一件艺术珍品。"该书的图版说明中谓此尺:"正背两面用双线等分为十个寸格,寸格内分刻花卉、鸟兽、亭宇等纹饰。每寸之间和周边均刻花纹。镂刻精细,反映了唐代高超的牙雕技术。"在文物出版社与日本讲谈社合刊的《上海博物馆》一书中,它的名称改定为"拨镂鸟兽花卉象牙尺",认为这支尺"精致绝伦"。并认为"唐代拨镂牙尺传世之物国内仅存此件,甚为珍贵"[1]。但拨镂一般指坯料染色后再刻镂出本色花纹的工艺,与此尺仅施以阴线刻纹的做法不同。故此尺只可称为"镂牙尺",与拨镂无关,其上更看不出有施浮雕的地方。

唐代宫廷用的镂牙尺是少府监中尚署制作的。《唐六典·中尚署》条注:"每年二月二日,进镂牙尺及木画紫檀尺。"日本奈良正仓院尚藏有唐时传去的这类镂牙尺的实物。

此尺一见之下,立即令人想起日本正仓院所藏牙尺,其纹饰的题材和图案的布局与后者确有相近之处。但试作进一步考察,就发现其中之动物纹的形象羸弱,和唐代的风格距离太大。唐代工艺品虽然也有精粗工拙之分,不能一概而论,可是只要出自唐人之手,总带有那个时代的韵味。何况镂牙尺是名重一时的工艺品,牙料又较易奏刀,所以正仓院所藏牙尺之刻纹无不风骨卓荦,意态酣畅,刀法流丽,充满美感。此尺

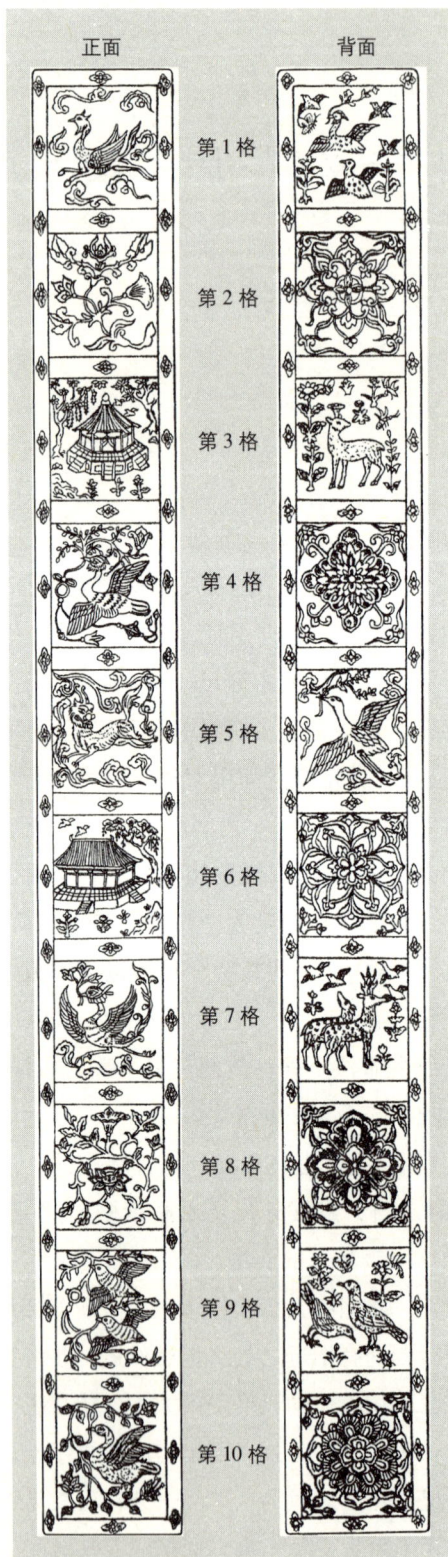

正面　背面

第1格
第2格
第3格
第4格
第5格
第6格
第7格
第8格
第9格
第10格

图 50-1　镂牙尺
上海博物馆藏

如为唐代所制，也应保持大体相当的水平。然而以唐代作品的标准来衡量，却不能不认为尺上的花纹尽是些画虎不成的失败之作，比例失调、安排失当之处比比皆是，完全看不到唐人的匠心；相反，模拟的痕迹却相当明显。所以，它是否为唐物很值得怀疑。唯因目前尚未从尺上取样作碳14测定，或剥下刻纹中的部分色料进行化验，或用其他自然科学手段加以检查，故本文没有这方面的依据。只通过对花纹的分析提出的看法，当然是初步的，带有推测性的。之所以把它写出来，是希望引起识者的注意，以求得问题的进一步研究解决。

此尺刻纹中的鸟兽，如凤、狮、鹿、鹤等，在唐代工艺品中常见，可供比较的材料很多。如此尺正面第 7 格中刻凤纹（图 50-2:1）。这只凤口衔花枝，作阔步奔跑状，和正仓院藏金银平脱花鸟纹八曲葵花镜上之凤纹的构图相似（图 50-2:2）。可是相比之下，尺上的凤纹显得头大、躯体笨重、双腿短小，缺乏在唐代作品上见到的那种昂扬的神气；特别是其尾羽的结构单薄，更给人以萎靡不振的印象。而于上述八曲葵花镜上所见之凤纹，却几乎完全找不出这类缺点。其他唐代铜镜和金银器上的凤纹，身躯也大都秀美遒劲，颈部不长，翼展不太宽，但足部刚强有力。尾羽则高高地向上翻卷，有时呈卷草或花叶状，也有时像一丛绮丽的翎毛；总之，华贵的尾羽是唐代凤鸟纹着力刻画之处，含糊潦草的情况非常少见（图 50-2:3～5）。从比较的结果看，此尺上的凤纹或系摹自上述正仓院之葵花镜，但掌握不住造型的要领，失其矩度，所谓"画虎不成"，即指这种情况而言。

再看狮纹，它出现在此尺正面第 5 格，作奔跑中向一侧顾视之状。这是一种头生双角的狮子，或应称之为神兽（图 50-3:1）。在正仓院藏鸟兽纹八角菱花镜、绿牙拨镂尺、西安何家村出土的银盒及河北正定木庄所出唐·王元遘墓志边饰上均有这类形象（图 50-3:2～6）[2]。唐代狮子造型雄肆，神兽自然更加威武，昂头狞目，巨口利齿，常作咆哮嘶吼状。四肢极其粗壮，肩膊上并有翼形物如火焰升腾。可是此尺上的神兽之四肢纤细得不成比例，且前肢之下为爪，后肢之下为蹄。翼形物也不见了，闭嘴皱眉，全无精彩可言。在乾陵刻石、王元遘墓志等处之气势磅礴的神兽面前，它显得多么孱懦，无法被认定是唐代的作品。不过在它身上仍

图50-2　凤纹

1. 上海博物馆藏镂牙尺
2. 正仓院藏八曲葵花镜
3. 唐·李仁墓石门楣

4. 西安何家村出土银盘
5. 正仓院藏八角菱花镜

图 50-3 神兽纹

1. 上海博物馆藏镂牙尺
2. 正仓院藏八角菱花镜
3. 唐·王元逺墓志边饰

4. 西安何家村出土银盘
5. 乾陵石刻线画
6. 正仓院藏绿牙拨镂尺

图 50-4 鹿纹
1. 上海博物馆藏镂牙尺
2. 正仓院藏银盘
3. 俄罗斯爱米塔契博物馆藏粟特银盘
4. 正仓院藏绿牙拨镂尺
5. 河北宽城出土银盘
6. 内蒙古喀喇沁旗出土银盘

可看出上述正仓院菱花镜上之神兽的已被扭曲的影子。

鹿纹在此尺背面第 3 格与第 7 格中两次出现。第 3 格中刻的是芝角鹿（图 50-4:1）。这种鹿由于其角像有茎有盖的灵芝而得名（图 50-4:2）。它原是从粟特工艺品中的扁角鹿演化而来（图 50-4:3）。唐代工艺师将扁角改成芝形角，虽与其原型已大不相同，但芝形角起初仍是不对称的，前部较短而后部较长，还带有扁角的特征。正仓院所藏与内蒙古赤峰市喀喇沁旗哈达沟门及河北宽城峪耳崖乡大野峪村出土的三件银盘上都饰有这种鹿纹（图 50-4:4、5、6）[3]，其角均前后不对称。其中正仓院银盘之鹿纹的角最大；时代较晚的喀喇沁旗出土银盘之鹿纹的角最小，但其后部仍大于前部，它是唐德宗时宣州刺史刘赞进奉之物，年代为 8 世纪后期。可是唐代工艺品的麟凤纹中，有些麒麟的角却呈花朵形；那是因为要和凤鸟之冠的造型取得一致，以便二者搭配得更为和谐之故[4]。这种式样后来为刻画芝角鹿时所取法，所以到了辽代，芝角鹿的角遂变得像一只高足杯，两侧完全对称了。而此尺之鹿的芝形角也呈杯状，这和唐代的特点是不同的。除此之外，大体看来，尺上的鹿纹可能仿自上述正仓院藏银盘；虽然制尺者买椟还珠，不仅失其精神，亦未能全其皮毛。至于第 7 格中的双鹿，一只成年者头生树枝状长角，另一只未生角的幼鹿回首顾盼。这两只鹿的身姿又和正仓院藏山水鸟兽纹圆镜上的双鹿类似（图 50-5）。

再看鹤纹。它出现在尺背第 5 格中（图 50-6:1）。这只鹤刻画的技巧太差，短而粗的脖颈和两条像是硬插上去的腿，和唐代鹤纹的风格迥异（图 50-6:2～4）。"鹤鸣九皋，声闻于天"，它那翱翔云汉之姿，在这里被阉割得几乎扫地无余。但不排除其原型亦仿自正仓院所藏金银平脱八曲葵花镜。

在这面八曲葵花镜上还有戴胜鸟的形象（图 50-7:2），唯其颈部较长，和正仓院藏木画紫檀双陆局上的戴胜相似（图 50-7:3）。戴胜以头上的羽冠和身上的斑条为特点。唐·王建《戴胜词》"紫冠采采褐羽斑"[5]，亦着眼于此。此尺正面第 4 格中也有一只长颈的戴胜（图 50-7:1），模仿八曲葵花镜的痕迹很明显，但颈部过长。其实唐代之戴胜纹的颈部往往较短（图 50-7:4），如果颈部被拉长得超过限度，形

图 50-5　双鹿纹
1. 上海博物馆藏镂牙尺
2. 正仓院藏圆镜

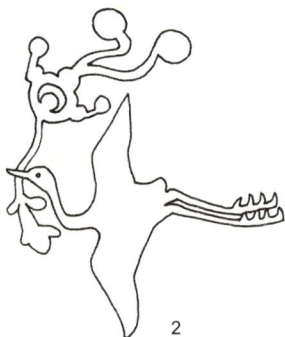

图 50-6　鹤纹
1. 上海博物馆藏镂牙尺
2. 正仓院藏八曲葵花镜
3. 正仓院藏圆镜
4. 西安出土金银平脱镜

图 50-7　戴胜纹

1. 上海博物馆藏镂牙尺
2. 正仓院藏八曲葵花镜
3. 正仓院藏木画紫檀
　 琵琶拨子
4. 正仓院藏棋子

象就走样了。此尺背面第 1 格中还有一对飞鸟，上面的一只也是戴胜，下面那只不知是什么鸟（图 50-8:1）。在唐代艺术品中常出现两只接翅联翮的戴胜。韦洞墓石刻线画、正仓院藏山水鸟兽纹圆镜及红、绿拨镂牙尺上都有这样的例子（图 50-8:2）。鸟兽合群之际，物以类聚的特性很明显，如非同类就难以形成那种声应气求的关系。莺莺自是莺莺，燕燕自是燕燕；让一只戴胜和另一只有点像秃尾巴鹌鹑的鸟比翼双飞，看来是不合情理的。更有意思的是此尺背面第 9 格中刻的一只蝴蝶，其翼上伸出一对弧形弯钩，这种样子的蝴蝶只曾出现在上述八曲葵花镜上，别处从未见过（图 50-9）。此尺之凤、鹤、戴胜、蝴蝶等四种动物的造型均与正仓院那面八曲葵花镜之图纹的轮廓相近，如果都用偶合来解释，恐怕是讲不通的。

　　此尺正面第 10 格中刻的是一只雁，比起尺上的其他鸟兽来，它的

1

2

图 50-8　双鸟纹
1. 上海博物馆藏镂
　牙尺
2. 正仓院藏红牙拨
　镂尺

1

2

图 50-9　蝴蝶纹
1. 上海博物馆藏镂牙尺
2. 正仓院藏八曲葵花镜

造型还看得过去。但以正仓院藏品的图纹与之相较，则是模仿一件密陀僧绘盆上的雁纹（图 50-10）。而且细加观察，更可发现前者在雁头、雁颈、雁翼乃至雁的尾部等处都有不少败笔。所以看来此尺所刻鸟兽，多是正仓院藏品上的纹样之不像样子的仿本。

　　但这并不是说，此尺的图纹中没有新塞进去的东西了，比如其正面第 1 格中就有一个鸟头兽身四足双翼的怪物。吉林集安长川 1 号墓壁画中虽然发现过一个与之略近的形象，但那是 5 世纪中叶高句丽人之作[6]。在唐代，同样的形象还没有在艺术品中见过。再如此尺正面第 3 格和第 6 格中刻画的建筑物，也存在着不合理的地方（图 50-11:1、2）。如第 3 格中的六角攒尖亭子，屋顶上刻出顺垂脊而下的辐射线，表示铺的是上细下粗、层层套接的"竹子瓦"[7]，但唐代根本没有这种瓦（图 50-11:3）。第 6 格中之四注顶的殿堂，面阔为四间，竟无当心间，阶陛正对着柱子。这些构造自建筑史的角度看，都是很不合理的。

　　不仅大处如此，此尺上刻的云纹、宝相花纹及其他花卉纹中也存在着若干破绽。举一个较明显的例子，如此尺正面第 8 格刻有荷花和

图 50-10　雁纹
1. 上海博物馆藏镂牙尺
2. 正仓院藏密陀僧绘盆

1

2

3

图 50-11　建筑物
1、2. 上海博物馆藏镂牙尺
3. 扶风法门寺出土铜塔

图 50-12　花卉纹
1. 上海博物馆藏镂牙尺
2、3. 唐镜花纹，据俞博《唐代金银器》

喇叭花。但在唐代的花卉图案中，习惯上是将荷花和荷叶组织在一起（图 50-12:2、3）。不知制此尺者是出于误解还是故弄玄虚，竟将荷叶改成喇叭花（图 50-12:1），全失唐人之用意。

　　从这些迹象看来，此尺并非唐物，而是后世之作。鉴于尺上的图像大部是从正仓院藏品中套过来的，而我国许多人对正仓院藏品之细节的了解，是在 1926—1927 年间东京审美书院刊出《东瀛珠光》一书之后，所以制作此尺的时间不会太早。据说此尺为乌程蒋氏旧藏。王国维《观堂集林·日本奈良正仓院藏六唐尺摹本跋》中所说："丙寅（1926 年）五月，乌程蒋谷孙寄余镂牙尺拓本，其形制长短与正仓院所藏唐尺同，此尺即藏谷孙处。"就是指本文讨论的尺。正仓院所藏红牙拨镂尺二支、绿牙拨镂尺二支，皆载于《东瀛珠光》第一册中，此册恰于 1926 年出版，仿制镂牙尺者如持该书为据，刚好赶得上。但由于仿家力图抢占商机，可能无暇仔细阅览，加以仓促寻来的刻工之理解能力与工艺水平与唐代巨匠迥相悬隔，所以也就难免拼凑得谬误百出了。

（原载《文物天地》1993 年第 6 期）

注释

[1]　上海博物馆编:《上海博物馆》图版 133、134,文物出版社／讲谈社,1985 年。

[2]　何家村银盒见《陕西出土文物》图 60,陕西人民出版社,1973 年。王元逵墓志见《唐成德军节度使王元逵墓清理简报》,《考古与文物》1983 年第 1 期。

[3]　喀喇沁旗出土银盘见《考古》1977 年第 5 期。宽城出土银盘见《考古》1985 年第 9 期。

[4]　如西安何家村出土麟凤纹银盒,见《唐代金银器》图 74、75,文物出版社,1985 年。

[5]　《全唐诗》五函五册。

[6]　见《文物》1980 年第 7 期,图版 8。

[7]　梁思成:《清式营造则例·营造算例》11 章 3 节·庚,建筑工业出版社,1981 年。

跋

有幸生在"读图时代"，问学之途多了一束光照。以往全凭在文献中反复摸索其形的古代器物，竟在光照下现身，并且在"公共考古"的气氛下，它不再局限于书斋，而是一步步走向大众。近年不同规模、不同专题的博物馆在各个县市兴建，常规展之外，各种专题展览每年举办不可胜数，"读图时代"的人，真的很幸福。但是还应该说，"读图"是向"读图"者的思考能力提出了更高的要求。"看图说话"，"看"起来不难，"看"懂却并不容易。真正读懂图像，必要有对图像之时代的思想观念、社会风俗、典章制度等等的深透了解，这一切，无不与对文献的理解和把握密切相关。此外不可少的是"读图"经验之积累，如是，方能从"当下"读出它的前世今生。二十一年前甫从遇安师问学，入门第一课便是分析某著名辞书中的插图之误，用作对比和讲解的材料，则即经遇安师研究出所以、考订出名称的考古发现之器物。以后的课程很多是安排在博物馆里，今收入这部书里的不少文章就是当年看展时我所聆听的教示。十一年前在台湾出版时，名作《孙机谈文物》，封面照片原是老师在博物馆里给我讲课的一瞬。遇安师的讲话总是极有感染力，一旦落墨，更是从无丝毫苟且，笔力雄健，辞旨精朗，风致静深，是一贯的风格，却又以它的渊博与厚实，耐得反复温习。这里的多数篇章都不是新作，但依然开卷如新，不仅研究方法没有过时，讨论的问题又何曾过时，比如写于二十年前的《中国茶文化与日本茶道》一文，对于今天热衷把"茶道"一词强加于中国茶文化的人们来说，实在要认真读几遍才好。《玉具剑与璏式佩剑法》、《刺鹅锥》、《水禽衔鱼缸灯》都早已成为经典，广为学界采用。《中国梵钟》则是同类题目的奠基之作，至今显示着它厚重的分量。《固原北魏漆棺画》最是"读图"的范本，于是我们知道，文献与图像的互证，最终揭明的不仅仅是一事一物的性质与名称，而是它的背后吾人所力求把握的历史事件。我曾在《仰观集》的读后感中写道：念及《仰观集》之取意，即《兰亭集序》所谓"仰观宇宙之大，俯察品类之盛，所以游目骋怀，足以极视听之乐"，则也不妨说，仰观与俯察，便是遇安师始终的研究方法，它自然也是学术研究之坦途。如今"大师"的称号已被叫滥了，其实最终教人折服的不会是称号，而是扎实的学养与卓越的见识。遇安师不是"大师"，他是以发现问题、解决问题而令人由衷信服与钦敬的智者。

《孙机谈文物》一书原有作者《后记》，是一则极好的文字，今受老友之命介绍此书的三联新版，思索再三，难得精要，不如将台湾版《后记》照引如下：

"现今尊之为'文物'者，在古代，多数曾经是日常生活用品，以其功能在当时的社会生活中有着自己的位置。若干重器和宝器，只不过是将这种属性加以强化和神化。从探讨文物固有的社会功能的观点出发，她们如同架设在时间隧道一端之大大小小的透镜，从中可以窥测到活的古史。倘使角度合宜，调焦得当，还能看见某些重大事件的细节、特殊技艺的妙谛，和不因岁月流逝而消褪的美的闪光。"

扬之水恭纪于丙申端午

图书在版编目（CIP）数据

从历史中醒来：孙机谈中国古文物/孙机著. —北京：生活·
读书·新知三联书店，2016.8（2016.12 重印）
ISBN 978-7-108-05615-3

Ⅰ.①从… Ⅱ.①孙… Ⅲ.①文物-鉴赏-中国-文集
Ⅳ.① K870.4-53

中国版本图书馆 CIP 数据核字（2015）第 310918 号

封扉题签　孙　机
特邀编辑　孙晓林
责任编辑　冯金红
装帧设计　蔡立国
责任校对　张国荣
责任印制　宋　家

出版发行　**生活·讀書·新知** 三联书店
　　　　　（北京市东城区美术馆东街 22 号 100010）
网　　址　www.sdxjpc.com
经　　销　新华书店
印　　刷　河北鹏润印刷有限公司
版　　次　2016 年 8 月北京第 1 版
　　　　　2016 年 12 月北京第 4 次印刷
开　　本　720 毫米×1020 毫米　1/16　印张 28.25
字　　数　287 千字　图 305 幅
印　　数　25,001-35,000 册
定　　价　78.00 元
（印装查询：01064002715；邮购查询：01084010542）